ALESSANDRO DEFILIPPI

DANUBIO ROSSO

L'alba dei barbari

OSCAR MONDADORI

I edizione Omnibus gennaio 2011
I edizione Oscar bestsellers settembre 2012

ISBN 978-88-04-61968-0

Questo volume è stato stampato
presso Mondadori Printing S.p.A.
Stabilimento NSM - Cles (TN)
Stampato in Italia. Printed in Italy

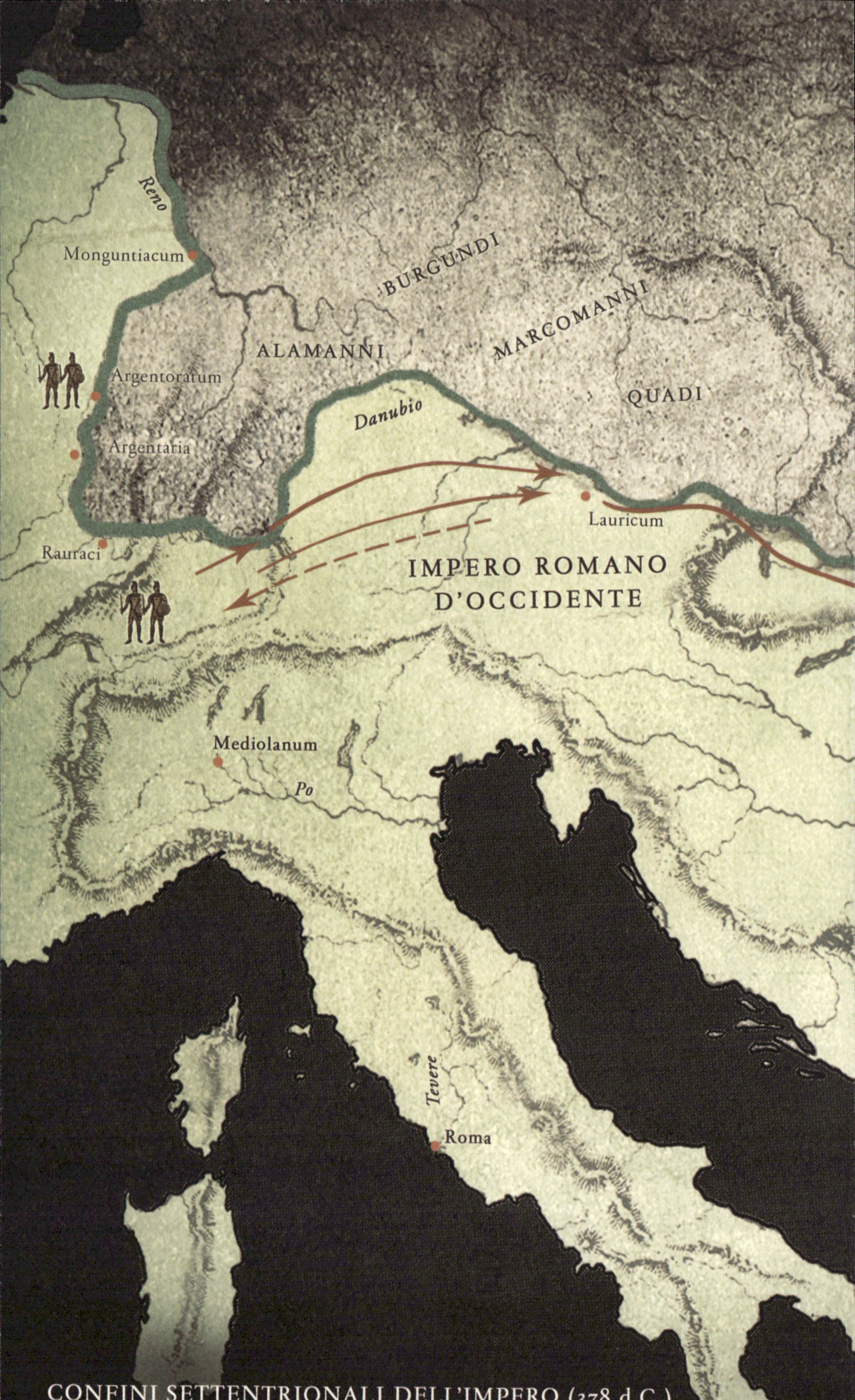

CONFINI SETTENTRIONALI DELL'IMPERO (378 d.C.)

Spostamenti delle forze romane d'Occidente
Spostamenti delle forze romane d'Oriente
Battaglie
Forze romane d'Occidente
Forze romane d'Oriente
Esercito principale goto-alano
Banda di guerra alana
SARMATI
GOTI
ALANI
Tanis
UNNI
mium
Ad Salices
Danubio
Campo di Marte
Marcianopoli
Naissus
Serdica
Cabyle
Develtum
Berea
Filippopoli
Adrianopoli
Axios
Costantinopoli
Strimone
Perinto
IMPERO ROMANO
D'ORIENTE

VALERIO MASSIMO MANFREDI
presenta
IL ROMANZO DI ROMA

La Storia come romanzo? Perché no? E in particolare la Storia di Roma, l'avventura di una città che arrivò a identificarsi con il mondo, di un impero che riunì entro i suoi confini un terzo del genere umano. Uno Stato ecumenico con quasi ottomila città collegate da trecentomila chilometri di strade, difeso, al culmine della sua potenza, da trentasette legioni schierate su una frontiera di oltre quattromila chilometri.

Le sue vicende, le lotte interne per il potere, le imprese dei grandi condottieri, le fatiche dei contadini, le loro rivendicazioni sociali, gli scontri fra popolari e aristocratici, i grandi oratori e principi del foro, l'incredibile resistenza e il valore dei legionari, lo spirito di avventura dei viaggiatori e dei mercanti, il disperato coraggio dei gladiatori nell'arena, il canto lirico ed epico dei grandi poeti, l'austero rigore dei filosofi e dei pensatori. Tutta la storia prodigiosa di questa città è profondamente intrisa di passioni e di emozioni fortissime.

La Storia è un'altra cosa, si dirà. Verissimo. La Storia è il tentativo del genere umano di recuperare e trasmettere la propria memoria come patrimonio per le generazioni future. Ma la memoria di un passato tanto grande e allo stesso tempo così difficile da interpretare induce sentimenti contrastanti: la nostalgia di trascorsi grandiosi e perduti, la curiosità di capire l'intimo carattere di protagonisti e comprimari, il fascino di una vicenda lontana nel tempo e nello spazio. Ognuno di noi, anche gli studiosi che indagano con metodo scientifico il nostro passato, vorrebbe in realtà poterlo vedere e rivivere anche solo per pochi minuti: sentire gli odori e i profumi, i rumori, il suono della lingua, delle sue espressioni gergali e popolari, assistere ai giochi dei bambini, a una rappresentazione teatrale, a una gara sportiva, assaggiare i cibi e il vino. Assistere alla vita, in una parola. Ma si tratta di un sogno irrealizzabile: da quelle epoche remote ci sono giunti solo dei testi scritti. Non abbiamo filmati o riprese televisive, e la possibilità di risalire il corso dei secoli come un fiume in piena non verrà mai realizzata. Il romanzo, la narrazione emotiva degli eventi può in parte rispondere a questa aspirazione, un genere di esposizione che non si limita agli aspetti politici e cronologici ma che tenta, con lo strumento narrativo, di recuperare anche la vita.

Non sono pochi oggi gli storici e perfino gli archeologi che vorrebbero sperimentare un diverso modo di raccontare che divenisse accessibile e coinvolgente anche per chi non riesce ad affrontare la dura disciplina dell'espressione scientifica, senza rinunciare per questo al rigore della ricostruzione cronologica, politica e ambientale. In fondo è giusto sperimentare: ognuno di noi può essere raggiunto in diversi modi o in un unico. L'importante è rendersi conto che la storia che andremo qui a leggere è una sorta di macchina del tempo che ci porterà in un'epoca lontana, nella nostra patria ancestrale, non inventando nulla, non forzando la testimonianza delle fonti ma aggiungendo in più un itinerario partecipato in cui ci sarà possibile muoverci come all'interno di un gigantesco diorama, condividendo lo spazio virtuale della narrazione con i personaggi che la popolano. Una narrazione che avrà il fascino dell'ibrido, la solidità della documentazione e la vibrazione del sentimento, un viaggio che alla fine ci permetterà di guardare al nostro mondo con occhi diversi.

V.M.M.

DANUBIO ROSSO

Molte sono le forme dei demoni.
EURIPIDE

Preludio nel futuro

LA CERCA

... gli dirò che sono la vendetta.
SHAKESPEARE

1

Foce del Danubio, Provincia della Mesia Inferiore. Anno MCXXXI dalla fondazione di Roma, VIII giorno prima delle Calende di novembre (25 ottobre 378 d.C.).

L'uomo dai capelli bianchi cavalca lentamente lungo il sentiero a malapena visibile nell'erba umida. È il primo giorno di freddo, qui, presso la foce del grande fiume, e l'uomo si è avvolto nel suo mantello. Nero il mantello, nero lo scudo che oscilla agganciato all'arcione. L'uomo ha spostato il balteo sulla spalla sinistra, in modo che la lunga spada gli ricada sulla schiena, con l'elsa a portata di mano. L'arco e una faretra colma di frecce spuntano dall'altra spalla.

Ha il volto cupo, segnato da rughe profonde, a malapena nascoste dalla barba corta e dai baffi che gli circondano le labbra. Le sue armi sono lucide per l'uso e per la manutenzione. Armi di un soldato. Ha i capelli bianchi e corti, come gli aculei di un riccio, ma dimostra un'età tra i quaranta e i cinquant'anni. Al collo porta un laccio di cuoio, da cui pendono due oggetti: un sacchetto di pelle consunta e una ciocca di capelli biondi.

L'uomo attraversa la foresta senza timore. Tra i rami degli alberi s'impigliano ciuffi di nebbia, ma nell'aria si avverte un tenue odore di bruciato. Un gruppo di viandanti, qualche miglio più indietro, gli ha detto che più in là – non sa quanto – iniziano le paludi. A oriente, un villaggio, e forse una barca per attraversare il delta del fiume.

Quando li ha incontrati lo hanno guardato con paura, cercando rifugio dietro i tronchi delle querce che fiancheggiano il sentiero. Uomini e donne con gli abiti laceri, i volti smunti, il terrore negli occhi. Un carretto trainato a mano, con poche, povere cose, tra cui troneggiava una capra bianca con le mammelle gonfie di latte. È smontato da cavallo e ha parlato con una vecchia che, unica, è rimasta diritta nel centro del sentiero. La vecchia gli ha indicato la strada e, prima che lui si allontanasse, gli ha sfiorato la fronte con le dita. Non ha voluto parlare, nella sua lingua a malapena comprensibile, di che cosa li ha spinti a fuggire.

L'odore di bruciato si fa più intenso. Gli alberi qua e là hanno rami spezzati e profondi tagli nella corteccia. Poco dopo l'incontro con i fuggiaschi, l'uomo ha visto il cadavere di un uccello notturno. Il gufo era inchiodato per le ali sul tronco di un salice, in croce. Lo fissava con gli occhi morti e indifferenti.

Quando raggiunge il villaggio il sole sta calando. Da lì iniziano le paludi del delta. Grandi stagni arrossati dal tramonto e distese di canne che si perdono verso l'orizzonte. L'erba è affogata nelle marcite e il cavallo esita. La nebbia si è sollevata e la temperatura è più calda. L'uomo smonta, conducendo il cavallo alla mano.

L'odore di bruciato viene dal villaggio, dove le capanne sono ridotte a scheletri fumanti. Le reti dei pescatori, stese ad asciugare su alti essiccatoi, sono state adoperate per legare gli abitanti. Conta una trentina di cadaveri. Uomini, donne, vecchi, bambini.

Si china accanto al corpo di una giovane donna. Il taglio che le recide la gola è ancora fresco e i polsi portano lacerazioni ed escoriazioni. Controlla gli altri corpi. Tutti evidentemente sono stati uccisi dopo essere stati legati.

Al centro del villaggio, dove le capanne lasciano uno spazio vuoto, sorge un oggetto che finora l'uomo ha evitato di guardare. Ora si avvicina e rimane a lungo a osservarlo.

Una croce, rozzamente fabbricata con due tronchi di pioppo legati con rami di rampicante. I tronchi sono semicarbonizzati ma hanno retto. Sul braccio superiore, il teschio di un asino o di un cavallo. Bianco, calcinato dalle fiamme.

Con un calcio l'uomo abbatte la croce. Si volta e si avvicina all'acqua, in cerca di qualcosa. Una barca, un tronco scavato.

Qualcosa.

2

Ha remato nel buio che scende, orientandosi con Vespero, la stella della sera. Ora però la notte è fonda e deve trovare un approdo. Poco fa, al chiarore della luna piena, ha intravisto il tetto di una capanna sbucare dal folto della riva destra. Forse la casa di un pescatore, forse un deposito per le reti.

Approda in un'ansa nascosta dai canneti, a circa uno stadio dalla capanna, facendo scivolare silenziosamente la barca tra le ninfee e le pannocchie brune delle tife. Scarica la sella e la bisaccia e le nasconde, con l'arco, in un cespuglio sulla terra asciutta. Prima o poi dovrà cercarsi un altro cavallo. Ma ora deve attraversare le paludi del delta.

Si muove con cautela, anche se tutto intorno pare tranquillo. Ha sentito uno stridio di gabbiani, confuso e acuto, provenire dalla capanna, poi un ticchettio, come d'un beccare ripetuto. S'è arrestato bruscamente, estraendo la spada. La spalla, ferita mesi prima, gli duole ancora, ma ora riesce a sollevare il braccio oltre la testa. S'incammina tra i canneti, nell'acqua che gli arriva alle caviglie, attento a evitare ogni rumore.

Dall'esterno la capanna sembra deserta. Nessun suono. Nessun movimento. Ma un piccolo fuoco arde in un focolare di pietra a qualche passo dall'ingresso. Sulla porta, una forma scura, avvolta da un turbinio di penne. Uno stormo di gabbiani, che becca, litiga, stride. L'uomo si avvicina e con la spada scaccia gli uccelli. Sa già cosa vedrà.

Il pescatore è stato crocifisso con spesse corde legate ai polsi e alle caviglie e assicurate alle travi del tetto. Ha una ferita nel petto che sanguina ancora. Il corpo e il volto sono coperti di minuscole ferite dove la carne è stata strappata dal becco dei gabbiani. L'uomo gli appoggia una mano sul collo e avverte ancora un lieve battito. Con delicatezza lo slega, adagiandolo sul suo mantello. Il pescatore non ha nessuna possibilità di sopravvivere. È solo questione di tempo.

I gabbiani sono ritornati. Si sono posati a poca distanza, irrequieti sulle loro zampe che spiccano gialle nell'oscurità. Si avvicinano, si allontanano. Ogni volta si fanno più presso.

Il pescatore ha dischiuso a fatica gli occhi e bisbiglia qualcosa. L'uomo si china sulla sua bocca. È un sussurro, poco più di un respiro.

Un nome.

Gogmagog.

3

L'uomo dai capelli bianchi ha seppellito il pescatore nella terra umida della sponda, vicino alle radici di un salice. Ha atteso l'alba, ha ripreso l'arco e la sella dal nascondiglio e si è addentrato nel folto della vegetazione. Oggi sembra un'altra stagione: il cielo è limpido e l'aria calda fin dalle prime ore del giorno.

C'è una pista, tra l'erba. Gli steli sono stati schiacciati di fresco dal peso di più cavalli e tra i rovi sono impigliati bioccoli di lana grezza e grigiastra. L'uomo li osserva e riprende il cammino, ogni volta più cauto. Più avanti le tracce si fanno sempre più evidenti, mentre il caldo aumenta e l'erba diviene secca, scricchiolante sotto i piedi.

Il primo che avvista è una vedetta. Un barbaro venuto da oriente, si direbbe. È basso e tozzo, dal colorito olivastro e gli zigomi pronunciati sul volto piatto e largo, tinto completamente d'azzurro. I capelli, lucenti d'olio, gli formano un casco nero e ispido intorno al capo. L'uomo dai capelli bianchi si arresta a distanza di sicurezza. Posa la sella e l'arco, poi, muovendosi carponi, arriva alle spalle del barbaro; inspira, trattiene il fiato e si rialza, e con unico movimento gli preme una mano sulla bocca e gli affonda la lama di un corto coltello nella gola. Sostiene il morente finché non smette di sussultare e lo depone a terra, nascondendolo tra i cespugli.

L'accampamento non può essere molto lontano. L'uomo recupera l'arco e sempre procedendo chino raggiunge il limitare di una radura stretta e lunga. Voci. L'uomo si accovaccia rapidamente dietro una quercia.

I barbari in vista sono otto. Siedono intorno a un fuoco su cui arrostiscono dei conigli selvatici. L'uomo conta i cavalli impastoiati. Nove. Quello in più doveva appartenere alla sentinella. I barbari sfilano i conigli dagli spiedi e si preparano a mangiare. Sono sporchi, incrostati di fango, e indossano vesti lacere, ma le cotte di maglia sono lucenti e le armi posate accanto al fuoco ben curate. Gli scudi sono di legno e bronzo, con una testa d'asino dipinta rozzamente intorno all'umbone. Qualcuno ha piantato una piccola croce tra l'erba, e i barbari, prima di mangiare, vi s'inginocchiano davanti. Poi tornano a sedere presso il fuoco.

L'uomo ha tempo. Così si muove intorno alla radura, valutando la vegetazione. L'erba è secca in quella zona della foresta, come se l'avesse asciugata il sole dell'estate e le paludi fossero lontane. Ne raccoglie alcuni fasci, i più aridi, insieme a una manciata di ramoscelli.

Alza il capo: il cielo è azzurro, privo di nuvole, e s'è alzato un vento teso e caldo, insolito per la stagione. L'uomo annuisce tra sé pensieroso.

Quando torna al suo rifugio dietro la quercia, i barbari hanno finito il loro pranzo. Si alzano e depositano le ossa spolpate ai piedi della croce, formando un rozzo monticello biancastro. Uno di loro pianta il cranio di un coniglio sulla cima della croce.

L'uomo lega con pazienza le erbe secche alle aste di tre frecce. Poi, tenendosi nell'ombra, s'inerpica sul tronco della quercia. Trova una posizione stabile su un'inforcatura tra due grossi rami, al riparo delle fronde ingiallite ma ancora folte. S'inumidisce l'indice e controlla la direzione del vento. Estrae dalla bisaccia una selce e un sacchetto contenente una polvere di cristalli semitrasparenti. *Nitrum*. Salnitro. Strofina con quella polvere le erbe e le punte delle tre frecce.

Sfila dalla cintura un tozzo coltello da caccia e batte con il dorso ottuso sulla selce. La pioggia di scintille cade sull'erba e sulla polvere bianca e la freccia s'infiamma.

L'uomo incocca, mira, scocca. Un'altra freccia, un'altra ancora.

Solo all'ultima freccia uno dei barbari nota l'asta incendiata solcare il cielo e lancia un grido d'allarme, ma l'erba secca ai margini della radura ha preso subito fuoco, e le fiamme, spinte dal vento, avanzano verso il bivacco. I barbari balzano in piedi, urlando. Poi, all'ordine reciso del più anziano, raccolgono le armi e corrono verso i cavalli. Li sciolgono, montano, si lanciano verso il sentiero.

L'uomo ha esaurito le frecce incendiarie e inizia a mirare ai cavalieri. È un tiratore rapido e preciso. Quattro barbari sono già a terra, prima che gli altri si rendano conto di dove è appostato e si dirigano verso la quercia. Un ultimo tiro, un quinto barbaro che crolla a terra.

I tre superstiti sono ai piedi dell'albero; uno si sporge dalla sella e inizia a salire, mentre gli altri frugano nel fogliame con le lance. L'arco ora è inutile e l'uomo dai capelli bianchi lo lascia cadere al suolo, mentre sfila la spada dal fodero sulla spalla. Il barbaro è salito, rapido e silenzioso come un gatto, fino all'inforcatura dove siede l'uomo. L'uomo attende, immobile. Con un grugnito il barbaro si issa sul ramo e nel farlo china la testa, come l'uomo si attende. Un fendente dall'alto al basso. La testa del barbaro vola in una lenta parabola e il corpo rimane per un attimo sospeso, prima di rovinare a terra, strappando le fronde e i rami più sottili.

L'uomo dai capelli bianchi ha rinfoderato la spada ed è già balzato giù, atterrando sul dorso del cavallo di uno dei due guerrieri rimasti. Affonda la lama spessa del coltello da caccia tra le maglie della cotta dell'avversario, un palmo sopra la vita. Ruota il polso e il guerriero crolla al suolo.

In quel momento una mano afferra la caviglia dell'uomo, disarcionandolo. L'ultimo dei barbari è il capo, asciutto e muscoloso, dai movimenti rapidi e bruschi. L'uomo dai capelli bianchi non riesce ad attutire la caduta e batte violentemente la schiena. Rimane col fiato mozzo, mentre l'ombra del guerriero incombe su di lui. Il barbaro solleva l'ascia e l'abbassa brutalmente. Con un guizzo l'uomo scivola via, e l'ascia si pianta nel terreno sfiorandogli la spalla da poco cicatrizzata. Il dolore è atroce. L'uomo balza in piedi, il braccio destro formicolante e inerte. Evita un altro colpo e si getta contro il ventre del barbaro. Rotolano insieme, lottando tra l'erba e i rovi, finché l'uomo dai capelli bianchi sente il braccio destro riprendere vita. Ora però il barbaro gli è a cavalcioni, lo schiaccia con il suo peso e stringe entrambe le mani sul suo collo. L'uomo rantola, il respiro come legno ardente. Poi il suo braccio destro scatta in avanti, il coltello in mano, e affonda la lama nella coscia del barbaro. Il barbaro lascia la presa, cade su un fianco e l'uomo dai capelli bianchi, ansimante, gli è sopra, le ginocchia che gli bloccano le braccia, il coltello alla gola.

Il barbaro si immobilizza e lo fissa; si morde il labbro inferiore per non gridare.

L'uomo spinge appena il coltello. «Dov'è diretto?» domanda con voce ancora strozzata. «Dov'è Gogmagog?»

A quel nome il barbaro scuote il capo, un lampo di terrore negli occhi. L'uomo gli affonda le dita nella ferita alla coscia. Il barbaro geme, inarcandosi. Urla.

«Se non parli ti uccido.»

«Mi ucciderà lui.» La lingua del barbaro è quasi incomprensibile.

«Io lo farò prima. Parla.»

Gli occhi del barbaro guizzano di lato, come se avesse avvertito una presenza accanto a loro. L'uomo getta un rapido sguardo intorno: la radura è deserta. «Parla!» ripete.

«Gogmagog è dappertutto!» grida il barbaro. «Lui ci vede.»

L'uomo affonda appena il pugnale. Il barbaro geme. Ancora una pressione. Il barbaro chiude gli occhi, li riapre di scatto. «A settentrione» sussurra. «Tomi. Sul Ponto Eusino.»

L'uomo si risolleva lentamente, il corpo dolorante. «Ti lascerò in vita» dice. Rinfodera il pugnale. La gamba del barbaro continua a sanguinare. L'uomo si volta, raccoglie l'arco.

Un fruscio alle sue spalle. Il barbaro è riuscito a rialzarsi, vacilla ma si tiene eretto. Impugnando una grossa pietra si getta su di lui con un grugnito.

Un latrato feroce spezza l'aria. Un enorme mastino nero è comparso dal nulla e balza sul barbaro. Il barbaro urla. Il mastino addenta una sola volta, torcendo. La grossa testa nera scatta di lato. La gola del barbaro è un fiotto di sangue.

Il mastino è sparito, repentinamente come è apparso. L'uomo dai capelli bianchi si avvicina al cadavere, ansimando per riprendere fiato. Si curva in avanti, le mani sulle ginocchia, vomita un rivolo di bile.

Raccoglie l'arco e la spada. Prima di allontanarsi getterà la croce dei barbari nel fuoco. Poi tornerà verso la barca.

È calmo. Il dio – ora lo sa – è ancora con lui.

Parte prima
I SEGNI DELLA TEMPESTA

Il mio dio è la mia spada.
Antico detto sarmata

PIOGGIA

1

Durostorum, rive del Danubio, Provincia della Mesia Inferiore, sponda romana del confine dell'impero d'Oriente. Anno MCXXIX dalla fondazione di Roma, XIII giorno prima delle Calende di dicembre (19 novembre 376 d.C.).

Pioggia sulla riva del grande fiume. Pioggia sottile e gelida, che gonfiava le acque grigie, annunciando l'inverno in arrivo dal massiccio dell'Emo. La notte era percorsa dai suoni della foresta, a poche centinaia di passi dal fiume. La nebbia saliva dal fango, dove gli stivali dei legionari lasciavano impronte profonde. Camminavano in fila, cauti e silenziosi, sostenendosi con le lunghe lance nei punti più scoscesi. Dieci uomini appesantiti dalle cotte di maglia, dai panni imbevuti di pioggia. Non portavano scudi. Quella notte non ne avrebbero avuto bisogno.

Costeggiarono il fiume lungo lo stretto sentiero che conduceva a settentrione, dove il Danubio si restringeva nell'attraversare una gola rocciosa. L'alba era vicina.

Nell'oscurità che si faceva livida, il tribuno si arrestò. Si chinò, sollevando un braccio. Gli uomini si accovacciarono, mentre un veterano gli strisciava accanto. Nascosti dagli arbusti, osservarono il fiume ai loro piedi. Il tribuno indicò i canneti sottostanti, che ondeggiavano nell'ombra come percorsi dal vento. Ma di vento, in quella notte gelida, non c'era traccia. La nebbia ristagnava immobile, satura dell'odore greve del fiume.

Il veterano annuì lentamente, chiamando gli uomini con un cenno. Scivolarono lungo l'anfratto, senza rumore.

Il movimento delle canne s'era arrestato. Il cielo, a oriente, andava schiarendosi. Sulla riva giaceva in secca un tronco rozzamente scavato: forse una quercia. Poteva sembrare un relitto portato dal fiume. Accanto, due lunghe pertiche.

Il tribuno si voltò ancora verso le canne. Non ebbe bisogno di gesti: i legionari posarono le lance e impugnarono le spade, lanciandosi nel folto senza una parola.

Prima, un grido di donna, poi l'ansimare convulso di una lotta. Infine, in silenzio, la cortina di canne si riaprì. I legionari ne emersero, spingendo innanzi i prigionieri: un uomo con le brache e la blusa chiazzate di sangue, una donna bionda e alta che reggeva tra le braccia un bambino dagli occhi sbarrati. Altri due bambini erano aggrappati alla sua veste. Tutti avevano il volto smagrito e sotto la tunica spessa le mammelle della donna pendevano flosce.

L'uomo perdeva sangue dal braccio destro. Colpendolo col piatto della spada, il veterano lo costrinse a prostrarsi di fronte al tribuno. «*Tu es stercus!*» gridò. «Inginocchiati.» Si abbassò fino ad accostargli le labbra all'orecchio. «*Tuam matrem futui*» sussurrò. Il prigioniero rimase immobile, il capo chino. Il veterano si rialzò. «Non capisce.»

Il tribuno afferrò il prigioniero per i capelli, forzandolo a sollevare la testa. Avvicinò il suo volto a quello dell'uomo, fino a sentirne l'odore, misto di sangue e di paura.

«Non è lui» disse, con voce tranquilla. «Non è Fritigerno.» Si voltò verso il fiume, dando le spalle ai prigionieri, le mani intrecciate dietro la schiena.

Con un movimento abituale, il veterano passò il filo della spada lungo il collo dell'uomo. Il getto di sangue inondò la tunica della donna, che sollevò il volto verso il cielo, ululando come un animale. Il veterano pulì la spada sulla pelliccia del morto. «La donna è giovane. Portatela al campo.»

«E i bambini?»

Tutti fissarono il tribuno. Anche la donna, gli occhi larghi e vuoti.

Il tribuno pareva interessato solo allo scorrere del fiume. «Uccideteli.» Si allontanò a passi lenti, mentre le grida alle sue spalle riempivano l'aria.

L'alba era sorta.

2

Marco Sulpicio Rufo, tribuno della XI legione limitanea, la *Claudia Pia et Fidelis*, si lasciò cadere su una roccia muscosa. Il *dux* gli voltava la schiena, impegnato a farsi sistemare il mantello da un servo. Marco alzò gli occhi verso il cielo plumbeo: in alto, un uccello dalle larghe ali ruotava sul campo. Volava così da giorni. I vecchi, veterani delle battaglie contro i Goti, avevano iniziato a osservarlo con timore. Un'aquila, come quella che stava sulle insegne dell'impero. Sarebbe stato un segno di vittoria, ma inizialmente le aquile erano due. Qualche giorno prima, un gruppo di esploratori era ritornato trasportando il cadavere della seconda. L'avevano caricata su uno scudo, le grandi ali aperte, una freccia nel torace. I veterani avevano esaminato la freccia: una punta d'osso, di quelle usate dai Tervingi. Avevano scosso il capo e mormorato a lungo. L'aquila uccisa portava la guerra. Portava la morte.

Marco era esausto. Da giorni il turno di sorveglianza notturno lungo il fiume era suo e dei suoi uomini. Quando infine Massimo, il *dux*, si voltò verso di lui, aveva quasi preso sonno. Massimo lo scosse con durezza.

«I bambini.» Marco aprì gli occhi. «I bambini» ripeté, come in sogno.

«Quali bambini?»

Marco fissò il superiore, levando le mani in segno di scusa. «I bambini» disse una terza volta. Mosse la testa, come per cancellarne un pensiero. «Ti chiedo perdono, *dux*. Stavo sognando.»

Massimo lo osservò in silenzio. Era un uomo quasi anziano, dai capelli color del ferro, al termine della sua carriera. Presto sarebbe tornato a Roma e voleva che il suo generale,

Lupicino, *comes rei militaris* della Mesia Inferiore, fosse contento di lui. Non c'era spazio per gli errori, a Durostorum, sul confine. Non c'era spazio per gli errori in quel momento, con Valente sul trono.

«Qui non si sogna.» Marco annuì. «Qui non si sogna. Certo.»

«Il rapporto.»

«Abbiamo trovato la barca. Un tronco. Scavato con le pietre o con il fuoco. Non hanno ferro da sprecare.»

Il *dux* gli posò una mano sulla spalla, stringendo con forza. «Dio ci protegge, allora.»

«Era una famiglia. Una famiglia che cercava di passare il fiume. Avevano fame.»

«Che ne hai fatto?»

Un silenzio.

«Ho eseguito i tuoi ordini.»

«Gli ordini...»

«Li ho fatti uccidere.»

«Stanotte avrai lo stesso turno. Controllerai la riva verso settentrione.» Massimo, assorto, si voltò in direzione del fiume, invisibile oltre le mura dei *castra*. «Fritigerno potrebbe commettere un errore, prima o poi. Cercare di passare, da solo o con pochi uomini. E noi lo prenderemo.» Tornò a guardare Marco. «Va', ora.»

Il tribuno si alzò, fissandolo.

«Va'. Devi dormire» ripeté Massimo.

«Cosa stiamo aspettando, qui?»

Massimo si guardò intorno. Nei *castra*, i legionari si preparavano a un'altra giornata. La foresta poco lontano incombeva cupa, silenziosa. Non si doveva mai entrare nella foresta, se non in forze. Gli schiavi goti dicevano che tra gli alberi si nascondevano i figli delle streghe e degli spiriti del male. Li chiamavano Unni. Massimo serrò le labbra. Un cristiano non credeva a quelle storie, ma molti tra i suoi uomini erano ancora pagani. E i Goti sapevano essere convincenti.

«Aspettiamo. Dalmatico è partito da quasi un mese, ma l'imperatore è ad Antiochia, a organizzare la spedizione contro i Persiani, e non pensa certo a noi. Aspettiamo.»

Marco lasciò il pretorio, dove risiedeva il *dux*, avviandosi verso i *contubernia*, gli alloggiamenti della truppa. Davanti alla sua bottega, un fabbro martellava cocciuto una lama che avrebbe poi immerso nell'acqua gelida, per temprarla. Poco lontano, sotto il portico del *valetudinarium*, un legionario medicava con un impacco vegetale la gamba di un commilitone. Il giovane, quasi imberbe, fissava con occhi smarriti la vasta ferita che gli lacerava il polpaccio. Più in là, i lavatoi erano affollati dalle donne dei soldati, che sciacquavano i panni nell'acqua gelata. Una di loro aveva un neonato attaccato al seno: lo reggeva con un braccio e con l'altro sbatteva un paio di brache contro le pietre piatte. Marco la osservò con gli occhi pesanti. Sentiva le membra rotte e pregustava il sonno: avrebbe dormito, come sempre, con i suoi uomini. Se fosse stato fortunato, non avrebbe sognato i bambini che aveva fatto uccidere.

Senza pensare oltrepassò la bassa costruzione dei dormitori, dirigendosi invece verso la porta pretoria, affacciata sul fiume. Salutò le sentinelle, camminò sull'erba fradicia, incurante della pioggia, fino alla sponda.

Il Danubio scorreva lento. Un immenso animale grigio. Trascinava detriti e cadaveri di animali. Piccole carcasse erano impigliate tra i canneti.

Il tribuno sollevò lo sguardo. Sull'altra sponda, colonne di fumo nero si alzavano dagli accampamenti goti. I carri sembravano migliaia, circondati dalle fiamme dei falò. In piedi, proprio di fronte a lui, un uomo alto, sul cui capo luccicava qualcosa che pareva una corona. Guardò verso Marco, che guardava verso di lui.

3

Antiochia, palazzo imperiale. Anno MCXXIX dalla fondazione di Roma, XII giorno prima delle Calende di dicembre (20 novembre 376 d.C.).

Era stata una notte insonne e solo alle prime luci dell'alba l'imperatore Flavio Giulio Valente era riuscito ad assopirsi.

Ora gemeva tra i lini impregnati di sudore, visitato da un incubo. Non era certo il primo: fin da bambino gli accadeva di svegliare con un grido Valentiniano, il fratello maggiore che dormiva accanto a lui. Erano gli anni passati, a Cibalae, in Pannonia, o nelle tenute del padre, in Africa e in Britannia.

Non era certo il primo, ma mai Valente ne aveva sognato uno simile. Nel sogno, sapeva che la morte incombeva su di lui.

Si mosse bruscamente nel letto, urtando con un braccio il calice appoggiato accanto. Il calice cadde, rompendosi in frammenti di vetro verde e opaco e il fragore risuonò nella stanza. Ora Valente era desto, gli occhi ancora chiusi, incapace di muoversi. Fu angosciosamente certo di essere cieco, paralizzato. I suoi servi lo avrebbero trovato così. Qualcuno avrebbe pianto, altri sorriso nell'ombra, e lui sarebbe stato sepolto ancora vivo, andando incontro al destino di soffocare nella tomba, impotente. Sentiva sul viso un peso che gli toglieva il respiro, un sacco nero che lo avvolgeva. Con uno sforzo che lo lasciò esausto riuscì infine a gridare.

Udì, come da molto lontano, richiami, voci concitate. Poi, la porta della grande camera si spalancò.

Sulla soglia, illuminata dalle lucerne, si stagliava la figura di un uomo alto, massiccio, quasi un gigante. La luce baluginante gli segnava linee nette e taglienti sul volto. Portava le insegne di *magister* della *schola palatina*, la guardia personale di Valente. Si avvicinò al letto, chinandosi per sostenere il corpo molle dell'imperatore.

Valente aveva gli occhi semichiusi, che mostravano una semiluna bianca, e dalla bocca gli colava una schiuma densa e grigiastra. L'uomo lo scosse, poi, senza esitare, lo colpì al volto con la mano aperta. Le guardie e i servi che reggevano le lampade distolsero il capo. Nessuno poteva colpire il corpo sacro dell'imperatore. Nessuno poteva vederlo colpire.

Valente aprì gli occhi, le pupille piccole come la punta di un ago. «Batraz» mormorò. Afferrò la tunica dell'uomo con mani che parevano artigli, con unghie che graffiavano. «Sei qui. Allora sono vivo.»

Batraz annuì lentamente, chiamando un servo con un cenno. «L'infuso per l'imperatore.»

Il servo scomparve, mentre qualcuno scostava le tende dalle finestre e nella stanza penetrava il chiarore dell'alba. Era un giorno cupo. Nuvole basse.

«C'era un sole scarlatto, al tramonto.» Valente s'era messo a sedere, il corpo imperlato di sudore. «Aveva il colore del sangue. E fragore, e grida. E un calore che ardeva accanto a me.»

«Era un incubo, Augusto.» Batraz prese la ciotola portagli dal servo. «Nient'altro che un incubo.» La tazza conteneva un liquido verdastro e denso, dal profumo amaro. Sostenendo il capo dell'imperatore, lo aiutò a bere, a piccoli sorsi.

«C'era dell'altro.» Valente gli fermò la mano, allontanando la ciotola. «Una testa d'asino mozza e una mano che mi soffocava. Grande, ma era anche un velo nero che mi s'incollava alla bocca e alle narici. Poi sentivo il rumore dell'acqua e in quell'istante, ecco, sapevo che stavo morendo.»

L'imperatore finì l'infuso. Si alzò, le gambe scosse da un tremito convulso, gettandosi sulle spalle un mantello purpureo. S'accostò vacillando alla finestra e inspirò profondamente l'aria fredda. «Fa' venire il monaco» ordinò. «Voglio pregare.»

4

Il vento batteva le mura del palazzo, scuotendone i vetri spessi, sibilando lungo i camminamenti, insinuandosi, oltre le porte sbarrate, fin nel lungo corridoio ancora buio, dove i servi abbassavano il capo mormorando al passaggio dei due uomini. Batraz, avvolto in una tunica di lana grigia, camminava a passi silenziosi, come un animale nella foresta, consapevole dell'alta figura vestita di nero che lo seguiva. Un'ancella piegò il ginocchio, segnandosi sul petto. L'uomo in nero sollevò la destra in segno di benedizione.

Di fronte alla porta degli appartamenti imperiali le guardie si scostarono, spalancando i battenti. Valente sedeva di fronte alla finestra. Un servo aveva appena terminato di lavargli il volto e le mani con una pezza umida, mentre un altro gli versava una coppa di vino leggero, la medicina consigliatagli da Ermocrate, il medico di corte, e di cui spesso Valente abusava. L'imperatore si voltò, il viso corrucciato che si distendeva in un sorriso.

«Ertegul, eccoti. Tu sei sempre lontano nei momenti peggiori.»

Il monaco entrò nella stanza, curvando appena il capo. Era alto, più di sei piedi, con una corta barba nera che contrastava con il capo rasato. Camminava tenendo il lungo corpo magro ripiegato su se stesso.

«Il tuo uomo mi ha detto che hai avuto un incubo.»

«Il peggiore sin da quando nacqui. E voglio che tu me lo spieghi.»

«Queste non sono parole degne d'un cristiano.» Ertegul scosse il capo. «I sogni non dicono nulla sul futuro. Non dare ascolto a Ermocrate. È un pagano.»

La stanza era in penombra. L'imperatore aveva dato ordine di spegnere i lumi e il cielo, fuori, era fosco, privo di luce. Il volto di Ertegul era immerso nell'oscurità.

«Ho sognato di morire.»

«Devi pregare. Per purificarti dei tuoi peccati.» Il monaco si voltò verso Batraz, fissandolo in silenzio.

«Va', Batraz.» Valente alzò la destra. «Torna dai tuoi uomini.»

Sul volto di Ertegul comparve un sottile sorriso. «A meno che anche il nostro guerriero non desideri invocare Dio nel santo nome di Ario.»

Batraz non disse nulla. Immobile sulla soglia ricambiava lo sguardo di Ertegul.

«Ma già. Dimentico che il capo delle tue guardie è un pagano.» Il monaco sorrise ancora. «Un pagano come *magister scholae palatinae.*» Scosse la testa. «Capo dei *Gentiles Seniores.* Almeno cinquecento uomini scelti al suo comando. Una ben strana decisione, per un erede di Costantino, Augusto.» Volse il capo verso Valente. «Forse non dovresti affidare la tua vita a un uomo che adora i massi e i tronchi della foresta.»

Il volto di Batraz era una pietra.

«Sono un Sarmata» disse infine. «Gli dei mi proteggono.»
«I tuoi dei. Non sono che fantasie.»

Batraz ignorò le parole del monaco, rivolgendosi all'imperatore. «Questa notte è arrivato un messo da Durostorum, Augusto. Chiede udienza. E domani, all'ora sesta, hai convocato il concistoro.»

Ma Valente non lo stava più ascoltando. Teneva gli occhi sul monaco che incombeva su di lui, nella sua veste nera.

5

Si sentiva soffocare, nelle sale del palazzo. Si gettò il mantello sulle spalle, assicurandosi la lunga spada da cavaliere al fianco sinistro, e scese lo scalone di marmo che univa gli appartamenti imperiali alla sala del consiglio. Percorse i corridoi gremiti di postulanti e funzionari, tutti in attesa che l'imperatore si decidesse a riceverli. Si stava preparando la guerra contro Sapore II, signore dei Persiani, e il tempo stringeva. Da quando Papa, il re armeno, era stato assassinato a Tarso, l'impero aveva perduto un alleato e la situazione sul confine orientale era precipitata. Il *limes* era sul punto di crollare.

Scese un'altra scalinata e attraversò i cortili, osservando le spesse mura che ricordavano più una fortezza che un palazzo. Una fortezza che sfidava il tempo, l'aveva definita Valente. Nidi di gabbiani di fiume sugli spalti, legionari ovunque, le mani sulle armi, lo sguardo verso oriente, ad attendere una guerra annunciata. Fra di loro, vestiti di nero, gli uomini della guardia palatina, a gruppi di due o tre, silenziosi, onnipresenti. Con un gesto, Batraz rifiutò la scorta che gli veniva offerta e si fermò nelle scuderie, per controllare che il suo sauro avesse ricevuto la giusta dose di fieno e avena.

E finalmente fu fuori, oltre il portale sorvegliato da un nugolo di sentinelle.

L'Oronte scorreva di fronte a lui, separando la città dall'isola su cui sorgeva il palazzo. Antiochia gli si stendeva davanti come un gran corpo. Batraz annusò l'aria, cercando, come sempre, un odore di terra umida che quella terra di Siria non poteva portargli. Si avvolse nel mantello, dirigendosi verso il ponte.

S'inoltrò per le strade strette, fiancheggiate da alte case dalle finestre anguste, dove gli inquilini si parlavano da un piano all'altro con grida sonore. Superò le botteghe degli artigiani, allineate sotto i porticati, e s'inoltrò nel mercato, affollato di contadini carichi delle loro ceste. Uomini e donne correvano, si chiamavano, si urtavano, insultandosi, ridendo. Un cesto di mele si rovesciò e i frutti rotolarono sul selciato, rossi, fiammeggianti. Batraz ne raccolse uno, pulendolo sulla tunica e affondandovi i denti. Una vecchia, avvolta in cenci privi di colore, gli si avvicinò, tenendo per il collo un'anatra viva. Lo afferrò per un braccio, mettendogliela proprio davanti al viso.

«Compra, bel soldato. È un pranzo degno dell'imperatore.»

Batraz scostò la vecchia che lo insultò sottovoce, mentre l'anatra lo guardava con i suoi piccoli occhi puntuti e vuoti. Dalla finestra di una delle *insulae* si sporgeva una puttana greca, grandi occhi neri e bistrati, seni quasi nudi sotto un velo sottile. I capezzoli erano un alone scuro che traspariva dall'abito.

Gli sorrise. «Se non è l'anatra che vuoi, forse è altro che desideri. Sali da me, guerriero?»

Batraz le fece un cenno di saluto. «Dopo, forse.» Non aveva voglia di donne quel mattino, nemmeno di Marpessa. Il sogno di Valente gli aveva lasciato un sapore acre in bocca, come se fosse stato lui stesso a sognare quell'incubo di morte.

Si diresse verso l'anfiteatro, in cerca di una delle rivendite di vino che abbondavano nei dintorni. Una coppa, forse due, di *merum*, vino puro non annacquato, gli avrebbero restituito un umore meno cupo. Avanzava a fatica tra la folla che s'infittiva. Le grida dei venditori ambulanti riempivano l'aria, con l'odore della frutta e del pesce e con quello acre del sudore. Di fronte a un banco, due servi si contendevano, per i loro padroni, un vaso colmo di *garum*.

«È fatto solo con le interiora delle sardine» disse il venditore in siriaco, un sorriso ampio sul volto mellifluo, un pesante accento greco. Si passò una mano tra i capelli radi e immerse il cucchiaio nel vaso, ritirandolo colmo di salsa densa, dall'afrore di decomposizione. Dagli angoli dei vicoli si levavano vortici di sabbia che trasportavano foglie morte, detriti, piccoli ossi d'animali.

Avvicinandosi all'anfiteatro, gli odori si facevano più intensi: bestie chiuse nelle stalle, sterco di cavalli. E poi, quello inconfondibile della morte: un qualche cadavere di animale o di uomo, abbandonato. Ma quel giorno c'era qualcosa di diverso nell'aria pesante: un sentore metallico che Batraz conosceva bene. Sangue fresco. Lungo il vicolo fu costretto a fermarsi, il cammino sbarrato da una folla urlante. Bambini coperti di stracci s'infilavano tra le gambe degli adulti facendoli vacillare, le mani colme di sassi. Un'anziana matrona, il volto coperto da uno spesso strato di biacca, gridava parole senza senso, tormentandosi i riccioli grigi appena acconciati. Teneva per mano un uomo dal viso liscio e inespressivo, un vecchio dai tratti infantili, gli occhi a mandorla, la bocca aperta da cui colava un sottile rivolo di saliva.

All'arrivo di Batraz la folla tacque. Si aprì lentamente, lasciandogli spazio, evitando di sfiorare Batraz l'Uccisore. Il vento s'era fatto più teso, i vortici di polvere nascondevano i muri delle case. Il fetore di sangue era più intenso, mescolato a un odore sottile, sconosciuto.

La sabbia fine gli entrava negli occhi, accecandolo. Al fondo della via, dove uomini e donne formavano un semicerchio, una forma indistinta occupava la strada. Il vento continuava a rinforzare e la polvere si levava in grandi cortine che velavano la luce del giorno, mentre nel budello tra le case scendeva l'oscurità.

Si fermò, studiando il cielo, coperto da nuvole basse come un tetto grigio. Nel vicolo si vedeva a stento. La forma in fondo alla strada biancheggiava appena, muovendosi con rari, bruschi sussulti. I bambini, tenendosi lontani, la bersagliavano di sassi con tonfi sordi. Batraz si rese conto di camminare su terra umida, scura. Ne prese un grumo tra le dita: era impregnata di sangue. Riprese ad avanzare, un passo dopo l'altro.

Riconobbe quello che giaceva sul terreno solo quando giunse a pochi passi. Una grande vacca bianca, dalle corna semilunate, coricata su un fianco. Scalciava, negli spasimi di una troppo lunga agonia. Tra le zampe posteriori, in un lago di sangue e di liquido amniotico, un vitello cercava di alzarsi in piedi, unito ancora alla madre dal cordone ombelicale. Il vitello aveva due teste, una cieca e una con un solo occhio, che lo osservava immobile. Batraz ricordò gli occhi dell'anatra offertagli poco prima. Poi, quelli dell'imperatore, fissi sul suo incubo. Tutti, anatra, vitello, uomo, avevano lo stesso sguardo, vuoto e al tempo stesso consapevole.

Allontanò i bambini con un gesto rabbioso. S'inginocchiò, mentre il vitello gli lappava le dita con le sue due lingue, per poi crollare sulle zampe troppo sottili. Prese tra le mani le teste, più piccole dei suoi palmi. Respirando a fatica l'animale lo fissò e in quel grande occhio bruno e umido, Batraz vide riflesso il suo volto. Estrasse il pugnale. Lentamente, senza distogliere lo sguardo, lo appoggiò sul petto del vitello. Mormorò una breve preghiera. Affondò la lama.

IL RE DEVE UCCIDERE DA SOLO

1

Durostorum, Mesia Inferiore. Anno MCXXIX dalla fondazione di Roma, XI giorno prima delle Calende di dicembre (21 novembre 376 d.C.).

«Fermiamoci qui. Siedi con me.»

Erano arrivati alla riva del fiume, qualche centinaio di passi oltre la porta pretoria. Un servo dai folti capelli biondi aprì la sedia da campo e Massimo vi si lasciò pesantemente cadere. A Marco non restò che accovacciarsi sulla terra nuda, di fronte a lui. Incrociò le gambe, spostando il pomo della spada che gli premeva sul fianco.

Scendeva la sera e i corvi alzavano il loro verso sul greto del fiume, frugando con il becco tra i sassi. Massimo allontanò il servo con un cenno brusco. Rimasero soli.

«Non possiamo fidarci di loro» disse Massimo. «Sono Goti. Tervingi, come quelli.»

Indicò la sponda opposta. In lontananza s'intravedeva un gruppo di donne riempire d'acqua grandi otri di pelle. Dopo giorni finalmente la pioggia era cessata e dai carriaggi dei barbari veniva odore di legna bruciata e di carne.

«Ti ho fatto venire qui perché non voglio che nessun altro senta gli ordini del *comes*. Solo coloro che devono eseguirli.»

Marco continuò a tacere. Guardò il *dux* con occhi interrogativi.

«Spie. Disertori.» Massimo osservò il volto di Marco e rise. «Quanti sono i barbari tra i tuoi uomini?»

Marco rifletté brevemente. Li conosceva uno per uno, anche quelli agli ordini del suo secondo. «Più della metà.»

Massimo scosse il capo. «Più di metà sono potenziali spie, allora. Più di metà possibili disertori.»

«Nell'XI legione?» La voce di Marco vibrò.

«Sei giovane, tribuno. L'XI legione non è più quella dei tempi di Gallieno. Sei volte pia, sei volte fedele.» Massimo scosse ancora la testa, con un mezzo sorriso. «Quanti sono i Goti tra quei sessanta? Quanti sono della tribù dei Tervingi, come Fritigerno e i suoi?»

Marco annuì. «Capisco.»

«Dopo l'incontro con Lupicino, quando il *comes* ha deciso di inviare Dalmatico dall'imperatore, sicuramente Fritigerno ha passato più volte il fiume. Per vedere le nostre postazioni. Per contare i nostri uomini. Eppure non siamo mai riusciti a catturarlo. Perché?»

«*Delatores*. Spie.»

«Sì. Qui siamo sul confine, tribuno. Alla fine del mondo. Non possiamo fidarci di nessuno. Eppure, io devo fidarmi di te.»

Marco non disse nulla.

«È un grave momento, questo, per l'impero. E l'imperatore...» Massimo s'interruppe bruscamente. «Devo fidarmi di te» ripeté. «Ma non è ancora venuto il momento.» S'alzò in piedi, scorrendo con lo sguardo i carriaggi dei Goti. «Questa sera il tuo incarico sarà un altro.»

2

Sponda del Danubio di fronte a Durostorum, Dacia. Anno MCXXIX dalla fondazione di Roma, XI giorno prima delle Calende di dicembre (21 novembre 376 d.C.).

Cavalcavano in fila, tra gli stagni coperti di nenufari e i frassini spogli che si stagliavano contro il cielo livido. Alle loro spalle un ultimo bagliore rossastro andava spegnendosi oltre le nuvole.

Avevano cacciato tutto il giorno nella foresta a settentrione e ora, mentre il crepuscolo si scuriva, portavano al campo il loro bottino. Tre grandi cinghiali, due maschi e una femmina, quattro caprioli e una ventina tra anatre e folaghe, garzette e spatole. E un sacco colmo di corteccia di salice, per le febbri. Stava tutto su un carro dalle ruote piene, che arrancava sul terreno umido. Cibo per la loro gente. E speranza che anche gli altri gruppi di cacciatori fossero stati protetti dagli dei o dal Dio degli Ariani, perché il cibo non bastava mai. E gli Unni erano sempre più vicini.

Fritigerno si voltò, la sinistra appoggiata sul dorso caldo del cavallo. C'erano tutti e sette, i suoi sette cavalieri, legati a lui da un patto di sangue. Alle sue spalle cavalcava Nanderit, che per due volte lo aveva salvato dalla morte, poi Tulgilo il grasso, Oderic, dai capelli chiari come il latte, Waduulf, che, in un fodero di cuoio sulla schiena, portava la spada più lunga e più pesante, Giberit il fabbro, il giovane Ranilo, cui ancora non era cresciuta la barba e che cantava a mezza voce, e infine Felithanc, fratello di Nanderit, quello che i Romani chiamavano Orso. Tutti uomini fatti, eccetto Ranilo: corpi grossi e muscolosi che la fame aveva appena iniziato a scavare, baffi folti e biondi, oppure capelli del colore delle ali dei corvi, come lui, *Frithugairns,* il loro re.

Si avvolse meglio nel mantello di pelle d'orso. La cotta di maglia lo infastidiva e sentiva che sulle spalle gli si erano già formate delle piccole piaghe. Ma Nanderit aveva insistito perché la indossasse. Tu sei il re, aveva detto, e come posso tornare al campo a raccontare che le zanne di un vecchio cinghiale se lo sono portato via, il re.

Fritigerno sorrise. Solo poche miglia e sarebbero stati a casa, se per casa si poteva intendere l'accampamento dove lo attendeva la sua donna. Là i bambini gridavano per la fame e le madri li allattavano con mammelle vizze. Ma il dio della caccia era stato generoso, quel giorno, e lui aveva ucciso il cinghiale più grosso. Lo aveva atteso da solo, accosciato sul terreno, la lancia ben fissata accanto al piede destro, ad aspettare quell'urto di una violenza quasi incomprensibile. Solo quando il cinghiale era crollato a terra, la lancia affondata nel petto, i suoi compagni erano usciti dal sottobosco, raggiungendolo nella radura, perché il re *deve* uccidere da solo. Poi Nanderit s'era avvicinato e aveva finito la grande bestia con il pugnale. Lui era rimasto a guardare il cinghiale negli occhi, a cercare di capire quando si sarebbero velati, quando la vita sarebbe fuggita da quel corpo. Ora la sua preda giaceva sul carro e le sue cosce sarebbero andate a lui, e i suoi figli avrebbero mangiato bene, quella notte. La birra e l'idromele avrebbero fatto il resto.

Cavalcava assorto, pensando a Ghiveric, suo fratello, l'ambasciatore inviato a Valente, da tempo partito per il meridione. Ormai avrebbe dovuto essere arrivato a corte. Forse aveva già parlato con l'imperatore. L'imperatore: Fritigerno non se ne fidava. Lo aveva conosciuto anni prima, quando Athanareiks, che Valente chiamava Atanarico, aveva negoziato con lui la pace, dopo l'attacco romano.

Si erano incontrati tutti e tre su una chiatta in mezzo al grande fiume, perché Athanareiks aveva giurato di non mettere mai piede sul territorio romano e non voleva che un Romano calpestasse quello della sua gente. Non era stato un cattivo accordo, ma Valente aveva insistito che i Goti si convertissero al Dio di Ario. Athanareiks aveva rifiutato; lui, invece, non s'era pronunciato. Ma in quella situazione convertirsi o almeno fingere di farlo avrebbe potuto essere una buona idea per convincere Valente e i suoi preti a lasciar loro passare il fiume. E poi, il libro dei cristiani, la Bibbia che il monaco Ulfila aveva tradotto, era arrivato fino a loro e anche nella sua tribù molti parlavano di Dio e di Cristo. E Valente, tutti lo sapevano, era molto religioso. Aveva per consigliere un monaco, si diceva.

Fritigerno si riscosse. Scendeva una neve sottile e asciutta, che gli picchiettava sul viso. La prima neve dell'anno. Di lì a poco, nei carri avrebbe fatto sempre più freddo, e i bambini sarebbero morti. Non c'era più tempo: doveva convincere Valente a lasciargli passare il fiume: non avevano più casa e il vecchio mondo non esisteva più. Alle loro spalle cavalcavano i figli delle streghe. Gli Unni si nutrivano di carne cruda, che tenevano a frollare tra la sella e il dorso del cavallo. Impugnavano archi che lui non aveva mai visto, fatti di sezioni di legno e d'osso e lunghi quasi sei piedi. Non portavano armature, gli Unni, ma avevano piccoli cavalli veloci e con quegli archi avevano fatto strage tra la sua gente. Dunque valeva ben la pena di rinunciare agli dei, che non avevano protetto i Tervingi. O di fingere di farlo.

Da dietro gli giunse un richiamo. Nanderit faceva cenno verso l'alto. Stavano per entrare nell'ultimo tratto prima dell'accampamento, dove la foresta era più fitta e i rami degli alberi si richiudevano su di loro come un tetto.

Nanderit gli si affiancò. «Vado avanti io.»

«È il re che deve andare avanti.» Fritigerno lo squadrò con occhi duri.

«Sarà così» sogghignò Nanderit, «ma il mio re stasera sembra dormire in sella. Sei passato davanti alla tana di un procione senza accorgertene e sei così distratto che avrei potuto farti cadere da cavallo prima ancora che mi vedessi arrivare, come quando eravamo ragazzi.»

«Forse hai ragione.» Fritigerno rise, sorpreso di esserne ancora capace. «Pensavo all'inverno, e a Ghiveric.»

«Che gli dei lo proteggano. Non potremo resistere ancora molto.»

«No. Se non arriva l'autorizzazione di Valente dovremo provare a passare il fiume lo stesso, prima del gelo. E sarà guerra.»

Nanderit annusò l'aria.

«Non ci vorrà molto, temo. Ma ora» rise «pensiamo ad arrivare a casa. Stasera arrosto di cinghiale e birra. E donne.»

«Dovrai sposarti anche tu, prima o poi, e fare figli.»

«Mai, finché nelle tribù ci saranno fanciulle accoglienti. E stasera ho da offrire un'intera coscia di cinghiale.»

«Affrettiamoci, allora, altrimenti le tue fanciulle se la prenderanno con me. E preferisco affrontare i Romani.» Fritigerno rallentò per farsi superare. «Vai avanti.»

Entrarono nel folto, la mano stretta sulla lancia. I Romani non si erano mai spinti oltre il fiume, ma in quel tratto di foresta gli orsi non mancavano e trovarsene uno davanti poteva essere una sgradita sorpresa. O magari no: la carne d'orso era buona, condita con miele ed erbe.

Il buio intorno s'era infittito, appena rotto dalle fiaccole che Waduulf aveva acceso sul carro. Nella foresta s'era fatto silenzio: persino Ranilo aveva smesso di cantare. Fritigerno, voltandosi, lo vide raddrizzare la schiena e sbirciare intorno, nell'ombra. Si udiva solo il suono degli zoccoli attutito dal terreno muscoso, e l'urlo di una civetta che si perdeva lontano.

Nanderit sollevò il capo verso l'alto. «C'è troppo silenzio, stanotte.»

Risuonò un sibilo, poi un tonfo sordo. Nanderit cadde di schianto sul collo del cavallo. La punta di una freccia gli sporgeva dalla spalla destra. Dalle querce piovve un nugolo di altre frecce. Si conficcarono nel terreno, nel carro, nelle carni. Il cavallo di Fritigerno, colpito, crollò sulle zampe anteriori. Lui era già balzato giù, atterrando sul piede destro che cedette con un dolore violento. Rotolò su se stesso, verso il bordo del sentiero, la lancia sollevata, stretta contro il fianco. Dagli alberi, uomini vestiti di nero si gettavano sui suoi senza un suono. Fritigerno vide Tulgilo a terra, un avversario che gli premeva sulla schiena. L'uomo, il volto coperto di nerofumo, nero come uno spirito del male, lo tirò per i capelli, costringendolo a sollevare il capo. Rapido gli passò il coltello sulla gola.

Sangue esplose rosso nella notte. Cavalli terrorizzati si scontrarono con suoni cupi. Ranilo perse l'equilibrio, rimase sospeso per un momento, si abbatté sotto gli zoccoli. In piedi sul carro, Waduulf il gigante roteava la sua enorme spada. Due uomini cercavano di colpirlo con le lance. Lui afferrò una fiaccola, la affondò nel viso di quello più vicino, che si scostò urlando e fuggì, i capelli come una corona di fiamme.

Tutto avvenne in pochi istanti, in silenzio, e solo allora, mentre il fragore dello scontro pareva scatenarsi d'improvviso, Fritigerno riuscì a muoversi. Si alzò, affondando i talloni nel muschio soffice. Era in piedi. Si deve morire in piedi, pensò.

«Romani!» gridò.

Corse, cercando di dominare il dolore al piede destro. La

sua lancia affondò nel dorso dell'uomo che aveva abbattuto Tulgilo. Senza fermarsi a recuperarla, estrasse la spada. Si guardò alle spalle. Nanderit, caduto da cavallo, si era rialzato a fatica, spezzando la coda della freccia. Combatteva appoggiato al tronco di un albero. Lo vide liberarsi di un avversario con un colpo di piatto sul volto. L'uomo crollò, il viso insanguinato, gli occhi ciechi. Altri Romani avanzavano.

«Fuggi!» gridò Nanderit. «È te che vogliono.»

Fritigerno tornò a girarsi, la spada impugnata all'altezza del ventre, le ginocchia appena piegate.

Inspirò profondamente. Aveva pochi attimi a disposizione. Controllò il sentiero: terreno umido, infido. Grosse radici che sporgevano sui lati, insinuandosi nel sottobosco, fitto e denso come un muro. Da lì non sarebbe passato. Si voltò. Una ventina di Romani stavano attaccando il carro. Oderic e Felithanc, l'Orso, avevano raggiunto Waduulf e combattevano schiena contro schiena, coperti di sangue. Da quel lato, nessun altro dei suoi uomini era in piedi. Dall'altra parte, quattro soli Romani bloccavano il sentiero verso l'accampamento, tenuti a bada dalla spada di Nanderit. Una possibile via di fuga.

Ma la decisione era presa. Fritigerno si lanciò verso il carro, la spada in pugno, gridando un unico grido. Se si deve finire, si deve finire bene. A un ordine secco, tre Romani subito si disimpegnarono e avanzarono verso di lui, uno al centro del sentiero, gli altri sui lati.

Fritigerno si arrestò, aspettandoli.

Un altro respiro profondo. Svuotò la mente, valutando la situazione. Non erano uomini armati, gli altri. Erano oggetti. E lui aveva tutto il tempo. Il Romano alla sua sinistra aveva una lunga spada da cavaliere. Gli altri impugnavano gladi corti e robusti, adatti per il combattimento corpo a corpo. L'uomo con la spada avrebbe fatto una finta per distrarlo e permettere ai compagni di avvicinarsi a portata di lama corta. Fritigerno lo fronteggiò spostando il peso all'indietro e molleggiando sulle ginocchia, la spada rivolta a terra, la mano sinistra, chiusa a pugno, che bilanciava il corpo. Quando il Romano tentò un affondo, si voltò verso gli altri due, roteando la spada. Fece un passo, spostando il peso in avanti e lasciandosi cadere sulle ginocchia. Mosse appena il braccio sinistro e nel suo pugno comparve un coltello dalla lama larga. Il primo Romano finì diritto sul pugnale, facendo ancora due passi, mentre la lama affondava nell'addome. Fritigerno sentì, attraverso l'impugnatura, le convulsioni di un corpo che muore. Roteando ancora la spada, liberò il pugnale.

Era in piedi, circondato da altri Romani sopraggiunti. Alle sue spalle il grido di Nanderit: «Non c'è speranza!».

Le urla lo assordavano e il sudore gli colava sugli occhi. Nel suo petto c'era una bestia che rodeva di furore e angoscia.

«Uccidi finché puoi» gridò in risposta.

I Romani s'avvicinarono, mentre lui teneva la spada diritta davanti a sé. Udì la civetta far risuonare due volte il suo verso. È una bella notte per morire, pensò.

E mentre tutto per un momento sembrava immobile, esplose un fragore di grida e di zoccoli. Un gruppo di cavalieri sbucò dal sentiero illuminato dalla luna. Tervingi. Cacciatori di ritorno al campo. Con i cavalli schiacciarono i Romani contro i tronchi degli alberi, li colpirono dall'alto con le lance. Le ossa si spezzarono con uno schianto. Nei ventri si aprirono squarci e nella foresta salì odore di feci e di sangue.

Fritigerno, con un'unica mossa, affondò la spada nel collo di un avversario.

Tutto finì rapidamente. Solo due Romani erano sopravvissuti e ora erano immobili, disarmati, circondati dai Goti.

Fritigerno sollevò la mano per fermare i suoi uomini. Uno dei Romani, un veterano dai corti capelli impregnati di sangue, cadde in ginocchio, le mani premute sul ventre da cui colava un sangue denso e nero. L'altro, un uomo ancora giovane dal volto terreo, fissò Fritigerno senza abbassare lo sguardo.

«Io ti conosco. Tu sei Fritigerno. Il capo dei Tervingi. Il re.»

«E tu chi sei?» Fritigerno rispose in un latino incerto.

«Marco Sulpicio Rufo, tribuno della XI legione.»

Fritigerno si appoggiò alla spada. La neve era cessata e un vento leggero faceva oscillare i rami spogli della foresta.

«Eri qui per uccidermi.»

«Ero qui per catturarti.»

Il re si guardò attorno. Giberit non avrebbe più forgiato né spade né vomeri. Tulgilo non avrebbe sofferto più la fame. E Ranilo non avrebbe mai più cantato. I cadaveri dei Romani giacevano in un unico mucchio di braccia e gambe sghembe, mutilate.

«Hai ucciso i miei fratelli di sangue.»

«È la guerra.»

Waduulf spinse il tribuno in avanti, facendolo cadere in ginocchio. «Noi non siamo in guerra con voi. Noi cerchiamo una terra dove stare.»

Marco tacque. Waduulf con un calcio lo scaraventò a terra, voltandosi verso Fritigerno.

«Lo uccido?»

Il re rifletté. Osservò il tribuno che ricambiò il suo sguardo. Occhi neri, privi di paura.

Scosse il capo. «Non ora. Portatelo all'accampamento.»

«E lui?» Il gigante indicò il veterano.

«Lasciatelo qui. Avrà il tempo di morire.»

3

Antiochia, palazzo imperiale. Anno MCXXIX dalla fondazione di Roma, XI giorno prima delle Calende di dicembre (21 novembre 376 d.C.).

Batraz attraversò lentamente l'anticamera della sala basilicale, affondata nella penombra. Indossava una semplice tunica bianca sopra le brache a sbuffo. Nessuna insegna, nessun ornamento. Apparentemente, nessuna arma. Non si porta la spada al concistoro. Ma, tra le pieghe della tunica, in un semplice fodero di pelle nera, nascondeva un pugnale sottile, un *pugio*. Un dono di Vittore, *magister equitum*, consigliere dell'imperatore, l'unico con cui Batraz si sentisse a proprio agio. Con lui poteva parlare la sua lingua, discutere di cavalli e di donne. Non si entra disarmati al concistoro, non in questi tempi, gli aveva detto Vittore, donandogli il *pugio*.

I servi dell'imperatore erano passati a tirare le pesanti cortine e dalle finestre affacciate sul fiume non penetrava alcuna luce. Era uno di quei giorni: uno dei giorni in cui Valente voleva che il mondo intorno a lui si muovesse nell'ombra. Nel palazzo imperiale servi e funzionari camminavano con passo leggero e le guardie sussurravano. Se avesse potuto, l'imperatore avrebbe fatto tacere anche la città al di là delle mura massicce.

Ma la città parlava, mormorava. Quel mattino, all'ora seconda, appena sorta l'alba, Batraz era uscito dal palazzo. Aveva indossato un corto mantello grigio, il cappuccio calato sul volto ed era tornato nelle strade intorno all'anfiteatro, fingendosi uno schiavo intento alle compere per il pranzo dei suoi *domini*. La schiena incurvata per dissimulare la statura, la voce resa un sussurro, aveva fatto qualche domanda e aveva ascoltato molto. Il cadavere della vacca e del suo vitello erano ancora abbandonati nella polvere, coperti di mosche. Nessuno s'era occupato di trascinarli via. Il pescivendolo da cui aveva acquistato un polpo grasso e sodo aveva ammiccato, indicandoli. Che è successo, aveva chiesto lui. Il pescivendolo s'era guardato intorno, poi gli aveva accostato la bocca all'orecchio. È un cattivo auspicio, aveva mormorato. E non è il primo. Alle porte della città c'è uno stagno coperto di uccelli morti. Batraz lo aveva fissato senza parlare. Sono presagi di guerra, aveva continuato il pescivendolo. Di rovina. Accanto a lui, una vecchia aveva annuito. Dicono che stanno arrivando i figli delle streghe, aveva farfugliato, mostrando le gengive prive di denti. Ci uccideranno tutti. E l'imperatore sta morendo, aveva aggiunto.

Batraz aveva pagato e se n'era andato col suo polpo. Lungo la strada, fitti capannelli di persone sussurravano tra di loro. Batraz aveva regalato il polpo a un bambino ed era tornato a palazzo. L'ora del concistoro si avvicinava.

4

Abbandonato su un sedile nell'anticamera, il volto chiazzato di polvere e fango, sedeva da ore il tribuno Dalmatico, il messo venuto dal Danubio. Accanto, avvolto in un mantello di pelliccia, un uomo alto, biondo, dal volto rigido. Un Goto, un barbaro. Come me, pensò Batraz, come tanti altri qui. I due erano arrivati nella notte e Dalmatico non aveva voluto riposare né perdere tempo a lavarsi il viso. S'era sdraiato sul pavimento, di fronte alle guardie di palazzo, ad attendere che Valente si svegliasse. Del messaggio che portava non aveva fatto cenno a nessuno, nemmeno al cubiculario, il potentissimo liberto al servizio personale dell'imperatore.

Sul pavimento, Dalmatico dormiva un sonno agitato, risvegliandosi a ogni rumore, mentre il Goto fissava la parete ornata di grottesche. Con un gesto, Batraz li indicò ai suoi uomini. «Portate dell'acqua e del cibo» ordinò.

Poi entrò nella sala del concistoro. L'attesa di Dalmatico sarebbe stata lunga.

Anche la sala, divisa in tre navate da due file di colonne di porfido, era semibuia. Batraz sedette in uno degli stalli di marmo. Sono sempre più frequenti i giorni come questi, pensò. E i consiglieri in numero ogni volta minore. Poco discosto da lui sedeva Ermocrate, il medico greco, da cui l'imperatore non si separava mai. Un mestiere pericoloso, il suo: solo pochi mesi prima, a Costantinopoli, in uno dei suoi non rari accessi d'ira, Valente gli aveva scagliato addosso un braciere e il medico ne portava ancora i segni sul volto e sulle braccia. Seguiva l'imperatore da anni, da prima che Batraz fosse nominato a capo della guardia imperiale, da prima ancora della rivolta di Procopio, l'usurpatore. Da molto prima dell'arrivo di quel monaco ariano, quell'Ertegul, apparso d'improvviso a corte, forse venuto dalle foreste del massiccio dell'Emo. Forse, da chissà dove.

Batraz sfiorò l'amuleto nel sacchetto di pelle di serpente appeso al collo. Pronunciò a bassa voce poche parole nella sua antica lingua: uno scongiuro. Ertegul era un Goto. Tra Goti e Sarmati non correva buon sangue. E anche se Batraz era un uomo maturo – aveva da poco passato i quarant'anni, secondo i racconti della sua vecchia madre – di Ertegul diffidava. Il monaco adorava il Cristo, quello che si era fatto crocifiggere per gli uomini. O almeno così si diceva. Ma quel Cristo, così aveva imparato Batraz, era un dio di misericordia. Secondo Ario, una specie di dio di rango inferiore, di una sostanza diversa dal Padre, gli aveva spiegato una sera l'imperatore, in vena di conversioni. Ertegul era ariano come Valente, ma in lui, di misericordia, Batraz non ne aveva mai veduta. In nessun tempo. In nessun luogo.

Batraz si guardò intorno. C'erano due vecchi, due senatori di cui non ricordava il nome. Valente li portava con sé per salvare le apparenze, perché non si dicesse che il Senato era svuotato di ogni potere. Presenziavano ai consigli, bocche sdentate e biascicanti, ma non contavano nulla. I loro compagni erano morti durante la rivolta di Procopio o ritirati in qualche città dell'Oriente oppure al sicuro, a Costantinopoli. C'era Sereniano, il *comes domesticorum*, accanto al *magister officiorum*. Dietro di loro, in un angolo buio, sedevano i generali Frigerido e Sebastiano. Mancava Ricomere, inviato presso Graziano, nipote di Valente, il ragazzo imperatore, che reggeva l'Occidente dopo la morte di Valentiniano. Mancava anche Vittore, forse a colloquio con Valente.

Come sempre, l'imperatore si faceva attendere. Solo molto dopo che l'ora nona era trascorsa, il cubiculario comparve sulla soglia della sala, annunciandone l'ingresso. Valente entrò in silenzio, lo sguardo cupo, seguito da Vittore e da Ertegul, nella sua tonaca nera. Ermocrate, con un inchino, subito gli si avvicinò, ma Valente lo scacciò con un gesto impaziente, lasciando cadere a terra il mantello purpureo, che il medico s'affrettò a raccogliere. Lo tenne stretto al petto mentre tornava a sedersi. Era il mantello del suo imperatore e lui badava bene, nel portarlo, che non sfiorasse il pavimento.

Ertegul lanciò una breve occhiata al cubiculario. A un cenno del liberto, le guardie palatine spalancarono una porta secondaria, facendo entrare Dalmatico e il suo compagno.

Di fronte all'imperatore, il tribuno piegò il ginocchio, mentre il Goto rimaneva immobile, lo sguardo che correva lungo le navate. Valente li ignorò, lasciandosi cadere sul seggio di marmo che gli era riservato, mentre alle sue spalle scivolava la sagoma di Ertegul.

L'imperatore sollevò gli occhi, fissando Dalmatico senza dir nulla, massaggiandosi con l'indice il naso aquilino. Dalmatico si rialzò, guardandosi intorno, mentre il silenzio si prolungava. Dall'angolo più buio della basilica si udì Sebastiano schiarirsi la gola. Dalmatico riconobbe nell'ombra il generale e il suo viso sembrò rilassarsi.

«Dunque, tribuno. Perché sei qui? È un viaggio lungo, dal Danubio.»

Ertegul aveva parlato senza quasi muovere le labbra.

Dalmatico guardò sconcertato Valente. «Ho un messaggio per l'imperatore.»

Ertegul sorrise appena. «L'imperatore è davanti a te e ti ascolta. Parla, dunque.»

«Ho l'ordine di riferirlo solo a lui.»

Ertegul alzò la destra, indicando gli stalli. «Sei davanti ai consiglieri dell'imperatore. Loro sono le sue orecchie.»

La gola di Dalmatico si mosse, inghiottendo a vuoto.

«Parla» ripeté Ertegul.

«Parla, soldato. È il tuo imperatore che te lo ordina.» La voce di Valente era poco più di un sussurro.

Sì, pensò Batraz, è una di quelle giornate. Anzi, delle peggiori. Con la coda dell'occhio intravide Ermocrate far cenno a un servo. L'uomo gli tese un'ampolla di sottile vetro verde. Ermocrate la nascose nella veste: il tonico dell'imperatore era pronto. Ce ne sarebbe stato presto bisogno.

Dalmatico chinò il capo. «Lupicino mi ha inviato per accompagnare quest'uomo. Il suo nome è Ghiveric. Porta un'ambasceria di suo fratello Fritigerno, re dei Tervingi.»

Valente mosse appena la testa. Osservò il Goto con l'indifferenza con cui si osserva un animale. «E che cosa vuole tuo fratello dall'imperatore?» domandò, la voce calma.

Mentre Dalmatico scuoteva il capo, Batraz s'appoggiò

allo schienale. Non era un buon segno, quella voce. Spesso precedeva uno scoppio d'ira.

«Non parla la nostra lingua, Augusto» disse il tribuno. «Gli farò io da interprete.»

«Sentiamo, allora. E in fretta.»

A un cenno di Dalmatico, il barbaro iniziò a parlare nel suo dialetto germanico. Batraz ascoltava, la fronte corrugata, osservando il volto immobile di Ertegul.

«Basta così.» La parola risuonò nella sala come uno schianto. Valente si alzò, un rivolo di sudore sul volto. «Non voglio ascoltare questa lingua da bestie. Mi soffoca.» Si passò una mano sulla gola. «Che cosa sta dicendo, tribuno? Sbrigati. Non abbiamo tempo da perdere.» Poi si rivolse al monaco. «Dobbiamo parlare della guerra con la Persia. E poi devo pregare.»

Ertegul annuì, il volto sempre impassibile.

Mentre Dalmatico esitava, la bocca semiaperta, Batraz si alzò lentamente. «Io ho capito quel che dice il Goto, Augusto.»

«Il comandante della tua guardia è sempre fonte di sorprese, Augusto.» Ertegul fece un passo in avanti, a lato dell'imperatore. «Non sapevo parlassi questa lingua, *magister scholae palatinae*.»

«Ho vissuto a lungo tra i Goti, Ertegul.» Batraz fissava il monaco con occhi tranquilli. «Ma anche tu devi aver capito. Tu appartieni al loro stesso popolo.»

«Io sono un cittadino romano.»

«Certo, monaco.»

Valente fece un cenno brusco. «Smettetela. Non voglio che i miei uomini si mordano come cani. Parla tu, Batraz.»

«Ha detto che porta un'ambasciata importante. Il popolo dei Tervingi è stato cacciato dalle sue terre. Dai figli delle streghe e degli spiriti del male, ha detto. Cavalieri crudeli e terribili. Hanno distrutto le loro case, bruciato i loro campi, divorato le loro greggi. Ora i Goti sono accampati sulla sponda del Danubio, di fronte a Durostorum. Chiedono di passare il fiume e di essere accolti nelle terre dell'impero, per servirti e trovare protezione.»

Un brusio si levò nella sala. I due senatori si guardarono, per poi riprendere a biascicare la loro saliva. Vittore era in piedi accanto alla soglia, la mano celata sotto il mantello. *Non entrare disarmato in nessuna assemblea, Batraz, nemmeno al concistoro.* Nell'ombra, Frigerido balzò in piedi, aprì la bocca guardando l'imperatore, tornò a sedere, il volto pallido. Al suo fianco, Sebastiano si passò una mano sul mento rasato. Sorrideva, indifferente al tumulto.

«Entrare nell'impero?» Vittore era avanzato fino al centro della sala. «È una follia.» Si rivolse a Dalmatico: «Quanti sono i Goti, tribuno?».

«Migliaia di carri.»

«E i guerrieri?»

«Molte migliaia. Decine di migliaia, forse. Ogni giorno altri ne arrivano da oriente e dal settentrione.»

Nella sala tornò il silenzio.

Frigerido si alzò nuovamente, appoggiandosi al bancone di marmo. «È troppo pericoloso, Augusto. Le legioni limitanee sono state sguarnite. Non potremmo mai controllare una tale quantità di gente. È un intero esercito.»

«Sono d'accordo.» La voce di Vittore era profonda e calma. «Sul *limes*, in Mesia Inferiore, abbiamo solo la *I Italica* e la *XI Claudia*. E molti dei loro uomini sono stati trasferiti ad Antiochia per preparare la guerra con i Persiani.» Fece una lunga pausa nel silenzio generale, fissando l'imperatore, come a riprendere un discorso precedente. «E poi, tu sai, Augusto, diffido del *comes* Lupicino. È un uomo corrotto.»

Valente non disse nulla, riprendendo a passarsi l'indice sul dorso del naso.

«Che lingua pungente, *magister equitum*.» Ertegul fece un altro passo innanzi. «Insulti uno dei *comites* dell'imperatore.»

«L'imperatore sa ciò che penso. Non mi fido di Lupicino dai tempi della rivolta di Procopio. E nemmeno di Massimo, che comanda a Durostorum.»

«Eppure il *comes* Lupicino rimase fedele all'imperatore. Come Massimo.»

«Ci sono molti tipi di fedeltà, Ertegul. Anche quella della convenienza. Dovresti saperne qualcosa.»

«Taci, Vittore.»

«Obbedisco, Augusto.»

«Bene.» Valente si guardò intorno. «Dunque Fritigerno vuole passare il Danubio» disse lentamente, con voce ironica. «Che cosa consigliano i miei consiglieri?»

Batraz tornò ad alzarsi. «Io sono d'accordo con Vittore, Augusto. È troppo pericoloso lasciare entrare un esercito in armi nel nostro territorio.»

«E perché in armi?» Fu Sebastiano a parlare, sorridendo all'imperatore. «Possiamo disarmarli al momento del passaggio.»

«E come potremmo farlo?» Il sorriso di Batraz era ironico. «Andrai tu in persona, Sebastiano? Andrai tu, con i pochi uomini che abbiamo a Durostorum, a cercare le armi nascoste nei carri? E credi che i Goti si lascerebbero disarmare senza combattere?»

«Se anche combattessero...» Sebastiano camminava lentamente lungo il perimetro della sala. «Se anche combattessero, sono solo barbari. E noi siamo Romani.»

«Sono un barbaro anche io, Sebastiano.» Il tono di Batraz era calmo. Indifferente. «Anche Frigerido lo è. Anche Vittore. Vuoi provare a disarmare uno di noi?»

Il generale tacque, senza smettere di sorridere. Batraz si voltò verso l'imperatore. «Ti chiedo perdono, Augusto. Mi sono lasciato trasportare dall'ira.»

«È gelida la tua ira, Batraz.» Valente annuì. «E dopotutto, forse non mi dispiace vedere i miei uomini come cani feroci. Avremo bisogno di ferocia per sconfiggere Sapore.» Si alzò, misurando la navata centrale con passi lenti. «Tu sei preoccupato per il numero di questi profughi e per il rischio che possano essere... irrequieti. È un timore giusto e sensato. Non mi aspetto minore prudenza dal capo delle mie guardie.» Si rivolse a Vittore. «Né dal generale della mia cavalleria. Però, potrebbero esserci buoni motivi per accogliere questi barbari.»

«Come sempre vedi chiaramente, Augusto.» Sebastiano chinò il capo in segno di devozione. «I Goti sono buoni guerrieri, anche se non sono Romani. E potrebbero accrescere il numero delle tue truppe.»

«È possibile.» Il volto di Valente passava dalle zone d'ombra a quelle illuminate dalle grandi lampade di bronzo. «Inoltre, in questo modo, avremmo meno bisogno dei coscritti delle province. E le province dovrebbero pagare anziché darci soldati.»

«E questo potrebbe essere utile per le casse dell'impero.» Sebastiano intervenne, la voce bassa. «Potremmo avere buoni guerrieri già parzialmente addestrati e inoltre più denaro per la guerra contro Sapore.»

«Potremmo.» Valente tacque, riflettendo. Nella basilica il silenzio era completo. Poi l'imperatore si riscosse. Fece un cenno a Ermocrate che subito gli si avvicinò, aiutandolo a indossare il mantello. «Ma ora» continuò Valente, «è il tempo della preghiera. Vieni, Ertegul, intanto anche tu mi dirai la tua opinione.» Si voltò verso gli altri. «In quanto a voi, miei *comites*, saprete la mia decisione molto presto.»

I GUERRIERI PARTONO SEMPRE

Es misero tristis et asper, Amor.
TIBULLO

1

Sponda del Danubio di fronte a Durostorum, Dacia. Anno MCXXIX dalla fondazione di Roma, Calende di dicembre (1° dicembre 376 d.C.).

L'inverno era arrivato. Da più di una settimana una pioggia sottile e ghiacciata intrideva gli abiti e gelava la pelle. E presto sarebbe giunta la neve vera. Non c'erano rifugi asciutti dove ripararsi. Non per Marco, che di notte cercava il sonno addossato a una roccia, coperto dal solo mantello.

Era confinato nel cerchio di carri dei fratelli di sangue e dei parenti più stretti di Fritigerno. Una ventina di grandi carri di legno, dalle ruote piene scheggiate dai sassi. Su ciascuno era stata stesa una doppia tela grezza, ormai impregnata dalla pioggia che scorreva in ruscelli ghiacciati intridendo abiti e coperte. Ma i Goti parevano non farci caso. Si avvolgevano più strettamente nei mantelli e continuavano a fare le loro cose. Affilavano le spade, riparavano le poche cotte di maglia ferrata che possedevano, trofeo di vittorie contro i Romani o contro i cavalieri sarmati. Tessevano indumenti di lana pesante e sostituivano le parti danneggiate dei carri. Preparavano zuppe di cipolla e radici, facendo bollire ossa ormai fragili per le troppe cotture. Proteggevano solo i fuochi e i giacigli dei bambini più piccoli.

Nell'aria c'era odore di corpi e di letame, di terra umida, di braci e di cibo. Ma il cibo era scarso. La pioggia aveva reso il terreno difficile e gli animali della foresta si tenevano al riparo. Si mangiava spesso una piatta focaccia di farina grigiastra; si beveva l'acqua del fiume.

Marco si passò la mano sul volto scarno, coperto da una barba incolta. Non era mai stato legato, nemmeno il primo giorno, quando Fritigerno si era fatto consegnare la spada, facendogli giurare sul suo onore di non tentare la fuga. Nessuno dei Goti lo aveva aggredito né disturbato: per tutti era stata sufficiente la decisione del re. Il *reiks*, dicevano loro. Non era facile capire chi comandava davvero, tra i Tervingi. Ciascuna tribù – *kuni*, come la chiamavano – aveva un capo o dei capi, i *reiks*, e nulla pareva decidersi senza un'assemblea. Ma, aveva intuito Marco, c'era qualcuno che contava più degli altri. Fritigerno, naturalmente. E poi un Tervingio alto, cupo, che aveva sentito chiamare Alavivo e di cui talvolta aveva avvertito lo sguardo freddo e ostile. Lui e Fritigerno conversavano spesso, lasciandosi quasi sempre dopo uno scambio di parole secche e brusche.

Marco aveva fame. Le donne gli avevano portato un po' di focaccia, ma ogni giorno la porzione era minore. Non poteva nemmeno cacciare: era libero di muoversi all'interno del cerchio di carri, ma gli era proibito uscirne, e solo talvolta, inerpicandosi su una roccia, spingeva lo sguardo verso settentrione. A occidente incombeva la foresta, mentre a oriente i carri si susseguivano fino al basso orizzonte nebbioso, infiniti. Ovunque fumo di legna, grida di bambini, canti lenti delle donne, bassi voli di corvi. Gli uomini, se non erano a caccia, rimanevano sui carri, a giocare con pietruzze che lanciavano come gli aliossi, oppure si addestravano con le spade, a due per volta, circondati da compagni silenziosi e attenti. A volte anche Marco si fermava a osservarli. Buoni soldati, quei Tervingi: intrepidi e feroci, ma male organizzati. Ottimi cavalieri, ma i cavalli erano pochi e un manipolo di fanteria romana in formazione serrata, usando i vecchi gladi anziché le lunghe *spathae*, avrebbe potuto aver ragione di un numero di loro anche molto superiore, purché appiedati. Non era forse successo così all'imperatore Giuliano, in Germania?

Seguendo le mosse dei duellanti, spesso Marco era stato tentato di suggerire, con le poche parole che aveva appreso, una parata o una finta a un guerriero troppo ingenuo. Aveva taciuto, sorpreso però di provare per quegli uomini ispidi, quei barbari, un senso di comunanza, come se il fatto di essere come lui guerrieri fosse più importante che essere Romani o Tervingi.

Quella sera, però, nessun duello. C'era fermento, nell'aria. Gli uomini del cerchio di carri avevano mangiato qualcosa, carne secca e farinata, e si erano allontanati a piccoli gruppi nell'oscurità, le fiaccole resinate in mano. A poco a poco era sceso il silenzio e i suoni, le voci avevano taciuto. Si sentivano solo lo scorrere del fiume ingrossato dalle piogge e il brusio che proveniva dagli accampamenti vicini.

Anche i bambini erano scomparsi, richiamati sui carri dalle donne. Per tutto il pomeriggio erano stati intorno allo straniero – così lo chiamavano, come i Romani chiamavano loro: barbari, stranieri – vociando e facendogli piccoli dispetti. Marco, sempre stupito dal biondo, talvolta quasi bianco, dei capelli dei bimbi, aveva insegnato loro il *ludus castellorum*, il gioco delle noci. Aveva messo tre noci una vicino all'altra, a formare un triangolo, e una quarta in equilibrio sulle tre. Con altre noci, colpendole con l'indice o con il pollice, bisognava cercare di abbattere quella in bilico, la torre del castello, senza scompigliare la base. Avevano giocato finché le madri erano venute a riprenderseli, lasciando lui, tribuno senza spada, a giocare da solo quel gioco tante volte perso o vinto nelle strade di Capua, la sua città.

Marco era solo. La pioggia era cessata da qualche minuto e lo strato spesso di nuvole lasciava intravedere a oriente la falce della luna. Si alzò dalla bassa pietra muscosa su cui era rimasto seduto dopo la cena. Passeggiando, s'avvicinò ai carri, immersi nella notte. Solo qualche fuoco illuminava la grande radura. Da sotto le tende grigie si udivano i bisbigli delle madri e le risa dei bambini che s'apprestavano al sonno.

Non c'erano uomini di guardia. In quel momento, Marco si rese conto di essere libero. Avrebbe potuto tentare la fuga, scivolare tra le ruote sull'erba fradicia, costeggiare gli altri cerchi di carri e, con un po' di fortuna, raggiungere la sponda del fiume. E rubare una delle zattere che da giorni i Tervingi andavano costruendo, sotto l'occhio delle sentinelle romane sull'altra riva.

I Romani. Il suo popolo. Da quando era nelle mani dei Tervingi non c'era stato nessun tentativo di liberarlo. Che lui fosse prigioniero era stato fatto capire con chiarezza. Il giorno dopo la sua cattura, il più alto tra gli uomini di Fritigerno, Waduulf, quello dal quasi impronunciabile nome, lo aveva condotto, quella volta sì in catene, sulla sponda, di fronte ai *castra* romani. Gli aveva cacciato con forza sulla testa un elmo ammaccato, con la cresta di traverso – un vecchio elmo da centurione – e lo aveva spinto con i piedi nell'acqua gelida. Infine le vedette di Durostorum lo avevano avvistato ed erano rientrate oltre la porta pretoria. Di lì a poco era comparso un uomo anziano, seguito da un gruppo di ufficiali. Marco non aveva potuto esserne certo, ma da lontano gli era parso Massimo, il *dux*. Senza un gesto, Massimo aveva osservato a lungo, per poi rientrare. Allora Waduulf lo aveva ricondotto indietro, i piedi intirizziti che scivolavano sull'erba. Da quel momento, nulla. I suoi compagni certo lo davano per morto e questo suscitava in lui rabbia sorda, accendeva il furore. Scosse il capo violentemente. Da lì si sentiva l'odore del fiume. Ma non l'odore di Roma.

Verso occidente, dalla foresta, saliva un rumorio. Alcune voci scoppiavano con violenza, per poi acquietarsi. Un tamburo rimbombò cupamente due, tre volte. Erano tamburi diversi da quelli dei Romani: grandi vasi di terracotta su cui era tesa una pelle d'animale. Marco ne aveva visto uno solo, sul carro del *reiks*, ma quella era la prima volta che ne sentiva il suono.

Il tamburo tacque. Di nuovo tutto era silenzio. In lontananza si udì il gemito di una civetta. Era un segno di morte o era Minerva, l'antica dea scacciata dal Cristo, che si faceva sentire nella notte? Marco il cristiano con il pollice si segnò una croce sulla fronte, si avvolse nel mantello, perché la pioggia era cessata ma s'era levato un vento freddo, e s'avviò verso settentrione, da dove era venuto il suono del tamburo.

2

Si diresse verso il limitare della foresta, tenendosi nell'ombra più cupa dei carri. Nessuna sentinella: tutte concentrate sulla sponda del Danubio o verso settentrione, da dove sarebbero giunti gli spiriti del male. Un cane emerse dall'ombra, parandoglisi di fronte. Marco s'arrestò, mentre il grande mastino grigio lo fissava con i denti scoperti in un ringhio appena avvertibile. Si chinò lentamente, afferrando un ramo che sporgeva da un falò semispento e tirandolo con cautela verso di sé. Rimase immobile, la mano stretta attorno al ramo. Poteva sentire il calore del fuoco scaldargli il fianco destro, mentre l'altra metà del suo corpo era gelida, come il sudore che gli colava sul viso. Si fissarono a lungo, poi il cane abbassò il capo e trotterellò verso di lui. Gli infilò la testa tra le cosce, annusandogli i genitali, per allontanarsi, come se lo giudicasse anche lui troppo poco importante per aggredirlo o dare l'allarme.

Restò ancora qualche istante accucciato, scosso da un lieve tremito, poi oltrepassò l'ultimo cerchio di carri e s'inoltrò nella foresta. Tra le felci il terreno era costellato di decine di impronte. Seguì un sentiero quasi invisibile, attento a non provocare alcun rumore, finché i rami delle querce s'infittirono e la luna scomparve dietro un baluardo di nubi.

Ora era cieco, perduto. Nell'oscurità i suoni parevano più netti e vicini. Qualcosa frugò in un cespuglio, mentre un refolo di vento portava un sentore selvatico. A volte i cinghiali si spingevano fino al confine dell'accampamento. A volte, dicevano le donne, gli spiriti del male erano così vicini da poterne sentire l'odore. Poi qualcosa gli sfiorò il volto e si perse in lontananza. Non aveva sentito nulla, né un battito d'ali né un movimento. Si voltò di scatto, la mano che cercava l'elsa di una spada che non c'era. E ancora una volta si sentì lambire la fronte da una carezza umida. Si lasciò cadere a terra, tenendo le mani sul viso, il respiro affannoso, in quel buio solido come un muro. Non voleva più sentire quel tocco sul volto. Non temerò alcun male, si sforzò di pensare: i cristiani non temono le creature della notte. Non temono gli spiriti del male.

Solo dopo qualche minuto scostò le dita. Silenzio. Allungò le mani, prima davanti a sé, poi in ogni direzione. Niente, non c'era niente. Si rialzò faticosamente. Il sentiero era scomparso e si rese conto d'aver perduto l'orientamento. Pensò che avrebbe potuto vagare tutta la notte nella foresta. E poi pensò che forse quella notte era senza fine. Si fece un rapido segno di croce. Cristo è la luce, la luce tornerà.

Fu allora che intravide in lontananza il bagliore di un fuoco.

3

La radura era un mosaico di ombre e di luci. È grande, pensò Marco, vasta quasi come il Circo Massimo, a Roma, che aveva visto una sola volta, da bambino, accompagnato per mano dal padre. Nel centro ardeva un falò e di tanto in tanto un uomo gli s'accostava per alimentarlo. Allora il fuoco si alzava, ruggiva, illuminando i volti dei Goti radunati in cerchio. Non avrebbe saputo contarli: ve n'erano anche sotto i rami, neri come pece, delle querce. Cento, forse duecento o più. I *reiks* e i giudici della tribù.

Muovendosi con cautela s'arrampicò su una roccia muscosa, nascondendosi dietro una corona di sempreverdi bassi e fitti. Il muschio era fradicio e i rovi gli graffiavano le ginocchia e i polpacci. L'assemblea pareva appena iniziata e i Tervingi, per parlare, raggiungevano, uno alla volta, il centro della radura, le spalle al falò. Marco tese l'orecchio, ma era in grado di riconoscere solo qualche parola di quella lingua feroce. Fiume, armi, barche. Si spostò di pochi pollici, protendendo il capo tra le foglie puntute del cespuglio, attento a che la sua ombra non cadesse nella luce del fuoco.

Fritigerno sedeva su uno scranno di legno, in prima fila, un sottile cerchio d'oro sul capo, le dita affondate nella barba. I suoi uomini ascoltavano in piedi o accovacciati, incuranti del fango. Era il turno di un barbaro di alta statura, i capelli raccolti in trecce, una striscia di colore azzurro che gli attraversava il viso e il collo, fino a scomparire sotto una lorica ammaccata. Indicò il *reiks,* pronunciando poche rabbiose parole, che Marco non riuscì a comprendere. Da un'ala dell'assemblea si levò un mormorio crescente. Gli uomini annuivano, battendo i pugni sul palmo della mano. Uno gridò, accennando un movimento, come se tendesse un arco. Un povero, pensò Marco; tra i Goti solo i poveri combattevano con l'arco; eppure era lì, partecipava all'assemblea, poteva dire la sua al cospetto del re.

Guerra; parlavano di *guerra.*

Poi Fritigerno si alzò, il braccio levato, e tutti tacquero. Fritigerno fece un gesto e un uomo alto, dalle spalle larghe, in piedi dietro di lui, si allontanò tra la folla. Marco sentì un brivido lungo il braccio ancora fasciato da una pezza. Nanderit, uno dei fratelli di sangue del re, quello che lo aveva ferito durante l'agguato.

Nanderit ritornò dopo pochi minuti, conducendo con sé un uomo tozzo, dai capelli neri e lisci, avvolto in una tonaca scura chiazzata di sudore. Un prete, dalla pelle olivastra e dal volto rasato. Un Romano. Il Goto lo spinse nel cerchio di luce del falò, di fianco a Fritigerno, per poi sparire nell'ombra.

Il prete teneva gli occhi fissi a terra. Quando Fritigerno gli posò una mano sulla spalla si scostò con un tremito. Il *reiks* lo costrinse a voltarsi verso l'assemblea, sussurrandogli qualcosa, la bocca vicina all'orecchio, mentre le dita che serravano la spalla del prete si facevano bianche e l'uomo stringeva i denti per il dolore. Infine Fritigerno lo lasciò, vacillante, dinanzi all'assemblea.

Dopo una lunga esitazione, il prete iniziò. Parlava in latino, con voce tremante, il capo sempre chino. Salutò la nobile assemblea dei Tervingi e lentamente Fritigerno prese a tradurre.

Marco si mosse appena, facendo scricchiolare i rami del cespuglio, poi strisciò in avanti ancora di qualche pollice, per sentire meglio. Dal nulla, una mano lo spinse violentemente a terra, facendogli affondare la bocca tra i rovi. Due braccia enormi lo strinsero, sollevandolo ed esponendolo alla luce del fuoco. Non ebbe bisogno di voltarsi: gli bastò l'odore per capire.

Waduulf.

Nel silenzio improvviso Fritigerno alzò gli occhi e lo guardò, senza alcuna sorpresa, come se si fosse aspettato di vederlo lì. A un suo cenno, Waduulf lasciò Marco. Un altro cenno. Un invito. Seguito dal Goto, Marco si lasciò scivolare lungo la roccia.

Quando si trovò di fronte al *reiks* lo fissò senza abbassare lo sguardo. Il viso di Fritigerno era calmo, come sempre. Il prete accanto a lui si era ritratto, le braccia serrate ad abbracciarsi il petto.

«Potevo fuggire» disse Marco a bassa voce. «E non l'ho fatto.»

Fritigerno ebbe un mezzo sorriso. «E perché non l'hai fatto, Romano?»

Marco tacque, rendendosi conto di non sapere che rispondere. In realtà, pensò, se lo stava domandando lui stesso.

«Ma ora sei qui, Romano. E, poiché eri così curioso, puoi ascoltare ciò che dice il nostro ospite.» Fritigerno indicò il prete. «Si chiama Marcello, così ci ha detto. E viene da Antiochia. Dove siede il tuo imperatore. Porta il messaggio di un suo consigliere.» Poi estrasse la spada e con la punta, delicatamente, spinse il prete al centro del cerchio di luce del falò. «Parla, messaggero» disse.

Il prete guardò i volti immobili dei Goti. Il sudore gli colava sul volto in grosse gocce torbide. Cercò con gli occhi Marco, che distolse lo sguardo. Nell'aria, inconfondibile, odore di urina. Una grande chiazza di umidità si era formata all'altezza del ventre sulla tonaca dell'uomo.

«Parla, prete» disse il tribuno, senza pensare.

E nel pronunciare quelle parole sentì sulle labbra il sapore del disprezzo.

4

Antiochia. Anno MCXXIX dalla fondazione di Roma, IV giorno prima delle None di dicembre (2 dicembre 376 d.C.).

Notte, l'ora a mezzo tra il tramonto e l'alba. L'ora in cui si nasce e si muore. Nella camera la lucerna proiettava sulle pareti le ombre intrecciate di un uomo e di una donna. Le ombre s'avvicinavano, si univano, parevano fondersi. Poi si separarono e l'ombra dell'uomo si allontanò dal letto, distaccandosi da quella della donna.

Rabbrividendo, Batraz si avvolse nel mantello. Le notti invernali erano fredde anche ad Antiochia di Siria. Passò nel *triclinium,* indugiando di fronte all'affresco erotico che dominava una delle pareti. Un grande cigno bianco nell'abbraccio delle cosce di Leda. Sul tavolo, coperto da un telo di lino, era stata apparecchiata una cena frugale: olive, miele, formaggio di capra. Un mazzo di fiori fresco in un vaso di vetro sottile. L'odore del vino si mescolava a quello del sesso.

Sedette, mentre la donna nuda gli passava le mani sulle spalle, cercando, tra i muscoli, grumi di tensione e di stanchezza. I seni della donna oscillavano lentamente, sfiorandogli la schiena.

«Non dimentichi mai di essere greca.»

«Perché dovrei dimenticare la mia terra? Ti ho preparato un pasto da re.» Marpessa sorrise, il volto appena illuminato. «Degno di un re pastore, come gli antichi.»

«Io non sono un re. E avrei preferito della carne.» Batraz rise, intingendo il formaggio nel miele. Lo portò alla bocca, assaporandone il contrasto dolce e aspro. «Ma non credo che tu possa andare a caccia di cinghiali.» Si passò le dita tra i capelli, dove da qualche tempo il grigio aveva iniziato a prevalere sul castano.

«La carne scarseggia, in questi giorni.» Marpessa si affacciò, nuda com'era, alla finestra: Antiochia era immersa nella notte. Un cane ululava nell'oscurità; da lontano veniva il pianto d'un bambino, seguito dal canto monotono di una donna. «Le bestie muoiono lungo le strade e i loro cadaveri imputridiscono in poche ore. E nessuno osa toccarli.»

Batraz si versò una coppa di vino. La avvicinò alla bocca per subito posarla, senza aver bevuto. Sentiva sulle mani la lingua rasposa di un vitello dall'unico occhio. Per un momento gli parve che un odore di sangue sovrastasse quello dei loro corpi. «Superstizioni, nient'altro. Anche qui, tra i cristiani di Antiochia, come tra noi, che chiamano pagani.» Scosse il capo, annusandosi le dita, cercandovi ancora il sentore di lei. Ma quello di sangue era più forte.

«Gli animali muoiono. I bambini nascono già morti. E qualcuno dice che da lontano arriveranno gli spiriti del male.»

«Fantasie. Solo fantasie. In tutta la città. Una vecchia m'ha raccontato di uno stagno coperto di uccelli morti.»

«Io l'ho visto. Due giorni fa. Erano corvi e l'acqua era rossa di sangue e nera di penne. Si erano uccisi tra di loro, sventrandosi con i becchi.» Marpessa si voltò, fissandolo con occhi che parevano pozze di buio. «Tu me lo diresti, guerriero? Me lo diresti se stesse accadendo qualcosa? Se davvero stessero arrivando gli spiriti del male? Me lo diresti, così che io possa prepararmi a morire?» Fece una pausa. «Io credo negli dei della mia gente, negli spiriti della notte. Non credo nel Dio dei Romani. Nessuno verrà a salvarci.»

Nella stanza si fece silenzio. Batraz osservava il vino nella coppa. Sulla parete l'ombra della donna era gigantesca.

«Gli spiriti del male non esistono.»

«Il popolo ha paura. Parla di cavalieri che vengono da oltre un grande fiume, a settentrione, e che si nutrono di carne cruda, come le bestie.» Marpessa, scossa da un lungo tremito, si strinse le braccia con le mani. «C'è odore di morte ovunque. Come se...»

«Come se?»

«Come se fossimo vicini alla fine.»

Tacquero finché il silenzio non venne rotto da una voce, giù nella via. Marpessa guardò Batraz, esitando. La voce tornò a risuonare.

«Attendi qualcuno?»

«No. E solo i miei uomini sanno che sono qui.»

Marpessa si sporse oltre il davanzale, il corpo nudo illuminato dalle lucerne. «Chi chiama?» gridò.

Da sotto rispose una voce bassa.

Marpessa si voltò. Sorrise appena. «Cercano te, guerriero.»

L'uomo sulla soglia portava le insegne della guardia palatina. Osservò il corpo nudo della donna con un sorriso allegro, appena celato dalla barba rossa venata di grigio.

«Rivestiti, Marpessa. Sei troppo bella così.» Per entrare dovette chinare il capo. Si scaldò le mani davanti al braciere che ardeva in un angolo e sedette di fronte a Batraz, salutandolo con un cenno, come se una lunga consuetudine li unisse. «E il *magister* potrebbe ingelosirsi.»

«Mi hai già vista nuda molte volte, Farnag» rispose la donna, riparandosi dietro un paravento. Ne emerse con una tunica grigia, di lana grezza. Si raccolse i capelli, come un'ancella.

«Questo è vero, ma prima che Batraz iniziasse a frequentarti» Farnag annuì. «E poi, vestita così, hai l'aria di una vera cristiana, di quelle che qui amano tanto.»

Batraz sorrise senza parlare. Farnag allungò la mano per prendere la coppa di vino. La portò alle labbra, bevendone un lungo sorso. «Vino greco.» Si asciugò le labbra. «L'imperatore ti ha mandato a chiamare» disse a voce più bassa.

Batraz masticò lentamente un secondo pezzo di formaggio, senza sentirne il sapore. «Porta altre due coppe» disse a Marpessa. «Se l'imperatore mi cerca nel cuore della notte non possono essere buone notizie. E quindi, beviamo, prima di andare.»

Marpessa riempì le coppe. Ne sollevò una, osservando il vino ondeggiare oleoso. «Stai per partire, guerriero.» Non era una domanda.

Batraz guardò il volto di lei, seminascosto dai capelli neri e lucenti. Sollevò una mano con un gesto brusco, per poi passarla con dolcezza su quei capelli. «E tu come puoi saperlo, donna? L'hai letto nel tuo vino?»

«Lo so, guerriero.»

«Sei una maga, allora.»

«Tutte le donne del mio paese sono maghe. Anche le puttane.»

Batraz non spostò la mano. Con le dita le sfiorò il volto. Il naso, le sopracciglia. «Non senti anche tu odore di sangue, in questa città, Farnag?» Aveva parlato senza smettere di guardare Marpessa.

Farnag scosse le spalle. «Non più di quanto ce ne sia in ogni città dell'impero.» Fissò la schiena del suo *magister*, poi si versò una seconda coppa di vino e abbandonò silenziosamente la stanza.

Marpessa allontanò la mano di Batraz. Si chinò, per prendere la spada appoggiata alla parete. «Non mi hai mai spiegato che cosa significa il tuo nome» disse. «E poi, dove hai lasciato cadere la tunica?» Si risollevò, le dita che scorrevano rapide sul viso. «Ecco» disse, tendendogli la veste.

Batraz si sollevò pesantemente. «Non è il nome con cui mi chiamò mia madre. Batraz è il nome di un eroe.» S'infilò la tunica. «Un grande guerriero, che scendeva dal cielo come un fulmine. Un uomo fatto d'acciaio.»

«E perché ti chiamano così?»

«Hanno iniziato i miei uomini, quando combattevamo i Persiani, con l'imperatore Giuliano.»

«Molti anni fa, allora.»

«Molti.»

«E anche tu sei un uomo fatto d'acciaio?»

Batraz allacciò il fodero della spada con gesti lenti. Pareva cercare una risposta. «Io sono un uccisore. L'Uccisore: la gente mi chiama così.» Chinò il capo. «Ma sono stanco. E avrei voluto passare questa notte con te.»

L'olio nella lucerna andava scemando. Marpessa si accostò a Batraz, appoggiandogli il capo sul petto. Poi si allontanò, respingendolo con rabbia.

«Le puttane non dovrebbero mai piangere. E i guerrieri partono sempre.»

«È una vecchia storia.»

Lei lo guardò senza dire nulla; poi sollevò la mano a sfiorargli la fronte. «Bada a te.»

Quando Batraz fu sulla soglia lo richiamò ancora.
«Non m'hai detto qual è il tuo vero nome.»
«Mi chiamo Marg.»
«E cosa significa nella tua lingua?»
«Significa morte.»

5

Il vento sugli spalti del palazzo fendeva la notte come una lama. Là in fondo, ai piedi della torre settentrionale, un uomo basso, infagottato in un ampio mantello rosso, guardava la città sottostante. L'ombra della torre era una cavità nera nella luce delle fiaccole.

Farnag si fermò all'inizio del camminamento, la mano sulla spada. «Va'. Io rimango qui.»

«Dove sono le sentinelle?» Batraz si guardò attorno. Le mura erano deserte.

«L'imperatore le ha fatte allontanare. Vuole che nessuno possa sentire ciò che ti dirà. E io sono il vostro cane da guardia.»

Farnag strinse il braccio dell'amico, poi si voltò, per andare a prendere posto accanto alla scala. Batraz lo osservò mentre si allontanava: un barbaro alto, snello, che vegliava per il suo amico e per il loro signore. Alzò lo sguardo. La luna era celata dalle nuvole. Un uccello notturno si aggirava tra le torri.

Sospirò profondamente e andò incontro al suo imperatore.

«Eccomi, Augusto. Mi hai mandato a cercare.»

«Avvicinati, Batraz.» La voce di Valente era stanca.

L'imperatore osservava la città immersa nell'oscurità. Solo verso occidente risplendeva il bagliore delle fornaci, dove si lavorava tutta la notte, tutte le notti.

«Stanno forgiando le armi per la guerra contro i Persiani.»

«Saranno pronte presto, Augusto. E partiremo.»

«Sì. Presto saranno pronte. E presto partirò. E la fama sarà mia. La fama di avere sconfitto Sapore. Vendicherò la vergogna di Roma e di Valeriano.» Valente tese il pugno verso oriente. «Sono passati più di cento anni. Cento anni, e ancora tutti ricordano che un imperatore romano fu catturato dai Persiani e che il loro re lo usò come sgabello per montare a cavallo.» Scoprì i denti, che balenarono per un istante nel riflesso dei fuochi. «E poi lo fece scuoiare e fece dipingere la sua pelle di rosso. Per usarla come trofeo. Cento anni, Batraz. Cento anni sono trascorsi. E ora tocca a me vendicarlo.»

«Lo faremo, Augusto.»

«Ho bisogno di uomini. Di soldati.» L'imperatore si voltò bruscamente verso Batraz. Aveva gli occhi semichiusi, l'alito che sapeva di vino.

Batraz rimase in silenzio, il volto illuminato dalle fiaccole. Valente piegò il capo prima verso sinistra, poi verso destra, come in ascolto. «Mio fratello Valentiniano era un soldato» disse, la voce lieve, cantante. «L'imperatore Gioviano gli diede il comando della sua guardia personale. Come io l'ho affidato a te.» Valente aveva chiuso gli occhi; forse stava parlando a se stesso. «Solo Dio sa se ti toccherà una sorte analoga alla sua. Prima *magister scholae palatinae* e poi Augusto. Ma lui...» la voce salì ancora, incrinandosi, «lui era un guerriero. Un grande guerriero, come te. E anche suo figlio, quel ragazzo imberbe, è vissuto sempre sui campi di battaglia. E così, quando si parlava dell'impero, tutto era Valentiniano. E ora, tutto è Graziano, il ragazzo.» L'imperatore riaprì gli occhi. Fissò Batraz ma fu come se il suo sguardo lo attraversasse senza vederlo. «E invece il mio nome...»

«Tu hai sconfitto Procopio, Augusto. Hai salvato l'impero.»

«Il mio nome non significa ancora nulla. Ed è tempo che incuta timore ai nemici dell'impero. Ai miei nemici.» Il pugno di Valente si abbatté sulla balaustra. Tra le dita, un rivolo di sangue. L'imperatore sollevò la mano, la fissò stupito, poi la portò alla bocca, leccando via il sangue, come avrebbe fatto un bambino. Quando riprese, la sua voce era di nuovo quella di un uomo di quasi cinquant'anni. «Permetterò ai Goti di attraversare il Danubio. I guerrieri più validi verranno condotti qui, per unirsi al mio esercito. Manderò un mio legato. E tu sarai la sua scorta. E dovrai arruolare i miei nuovi soldati.» Si voltò bruscamente verso Batraz. «Nessuno dovrà sapere nulla finché il mio incaricato non sarà di ritorno.»

«Come comandi, Augusto.» Nel buio, il volto di Batraz era di pietra. Sfiorò il suo amuleto. Marpessa, dopotutto, aveva ragione. Sarebbe partito per il confine. Ed era stanco. Così stanco.

«Tu non approvi, vero?» La voce di Valente era bassa, quasi inudibile.

Batraz inspirò profondamente. «Credo sia un errore, Augusto. I Goti sono diversi da noi. Porteranno la diversità. L'impero non sarà più lo stesso.»

Valente rise. Una risata soffocata. «Come misuri le parole, Batraz. Tu credi che io porterò Roma alla rovina.» Si voltò bruscamente verso il Sarmata. «Non è così, forse?»

«Quel che credo non è importante, Augusto. Farò quel che comandi. Fino alla fine.»

«Fedele fino alla fine. La fine tua? La tua morte? O la mia? O quella di Roma?» Valente unì le mani, stringendo le dita finché non divennero bianche. «Eppure» sussurrò, «eppure io non posso agire diversamente. Ho bisogno di quegli uomini.» Si riscosse. «Partirai il giorno dopo domani, all'alba.» La voce era netta, ora. La voce dell'imperatore. «Porterai con te i migliori tra i tuoi uomini. I migliori. Dovrai proteggere il mio legato. Fino alla morte.»

«Andrò, Augusto. Ma, in mia assenza, chi veglierà su di te?»

L'ombra presso la torre s'increspò, si mosse. Ne emerse Vittore. Venne verso di loro, calmo come sempre.

«Lo farò io, Sarmata. E farò come se fossi tu.»

Batraz annuì. «Chi dovrò proteggere, Augusto?»

Valente tacque per un momento. «Dovrai proteggere il mio monaco, Batraz. Il mio legato sarà Ertegul.» Poi tornò a rivolgere lo sguardo verso la città. «Ricorda. Fino alla morte.»

IL DOLORE È UNA LUCE CHE BRUCIA IL CORPO E RENDE PIÙ LIMPIDI I PENSIERI

1

Sponda del Danubio di fronte a Durostorum, Dacia. Anno MCXXIX dalla fondazione di Roma, XIII giorno prima delle Calende di gennaio (20 dicembre 376 d.C.).

Accoccolato a terra, scavava nel tronco di quercia con tutte le sue forze. Per abbatterlo e prepararlo aveva adoperato diversi arnesi: un'ascia, una pietra aguzza, un puntale di legno indurito nel fuoco. Ma il migliore si era rivelato lo scalpello di ferro che gli aveva forgiato Waduulf, con la punta scheggiata e inutilizzabile di una vecchia lancia. Avrebbe poi unito il tronco agli altri che giacevano poco lontano, già inchiavardati con caviglie di legno e legati con grosse funi. Una zattera: una zattera per attraversare quel fiume. Lavorava sulla sponda coperta di neve, senza sentire freddo. L'odore dell'acqua gli dava una strana ebbrezza. Ma forse, pensò, era solo la fame.

Sul tronco cadde l'ombra di un uomo, in piedi alle sue spalle. Non si voltò e continuò testardamente a scavare il foro dove innestare la caviglia di legno.

«Sei un buon carpentiere, Romano. Ma è tempo di smettere e di mangiare.»

Fritigerno era in piedi dietro di lui, avvolto in un pesante mantello di pelliccia d'orso. Un orso che certo doveva aver ucciso lui stesso. Il *reiks* sembrava esausto e aveva il volto scavato. Non portava armi né corazza, solo i panni più caldi che possedeva. Per un momento, Marco pensò che quella era l'occasione, il tempo opportuno: il *kairós*, come lo chiamava Evandro, il liberto greco che gli aveva fatto da precettore una vita prima. Un'altra vita. Avrebbe potuto, con un gesto solo, conficcare lo scalpello nel ventre del *reiks* e gettarsi in acqua. Forse i Goti lo avrebbero colpito con le loro frecce. Forse il fiume gelido se lo sarebbe portato via. Forse invece ce l'avrebbe fatta a raggiungere la riva opposta o le barche che incrociavano davanti ai *castra*, cariche di soldati.

Guardò la mano che impugnava lo scalpello. Fritigerno lo osservava in silenzio, seguendo i suoi gesti.

«Hai detto tu che bisogna affrettarsi» disse il tribuno, nel suo incerto parlare.

Il *reiks* rivolse lo sguardo verso settentrione, annusando l'aria. «C'è odore di gelo. Tornerà a nevicare e il fiume potrebbe ghiacciare.»

Marco lasciò cadere lo scalpello. Non era quello il *kairós*, o forse sì e lui lo aveva lasciato trascorrere. Per un istante se ne domandò il perché, ma già il pensiero era scivolato via.

«Hai avuto notizie?» domandò.

«Nessuna. I tuoi, dall'altra parte, ci sorvegliano. Nient'altro. Ma il prete dice che è questione di giorni, poi riceveranno l'ordine di lasciarci passare.»

«Ti fidi di lui?»

«Devo fidarmi di qualcuno. Anche di qualche Romano.»

Marco accennò alla sponda opposta. «Loro non si fidano di te.»

«E tu?»

Il tribuno si alzò in piedi, raccogliendo una spessa coperta e gettandosela sulle spalle. In lontananza, un uomo alto e massiccio gli faceva cenno di avvicinarsi.

«Waduulf mi chiama.»

«Ti ha tenuto da parte della focaccia e un po' di carne.»

Si avviarono verso l'accampamento. Marco sentiva le braccia leggere e pesanti allo stesso tempo. Aveva abbandonato lo scalpello accanto al tronco. Lo avrebbe recuperato più tardi, per completare il suo lavoro.

«Per stasera la zattera sarà finita. Una in più.»

«Una in più.» Fritigerno si arrestò, posandogli una mano sulla spalla. «Sei libero, Romano. Non ho bisogno di prigionieri. Puoi tornare dai tuoi. La barca con cui siete arrivati quella notte è pronta. Nessuno ti fermerà.»

Marco distolse lo sguardo, volgendosi verso l'accampamento. «Attraverserò il fiume con voi.» L'odore di legna bruciata arrivava fin lì e si udivano le grida dei bambini. «Ho ancora dei giochi da insegnare ai tuoi figli.»

2

Oltre Apollonia Pontica, Provincia di Tracia, verso il confine con la Mesia Inferiore. Anno MCXXIX dalla fondazione di Roma, XII giorno prima delle Calende di gennaio (21 dicembre 376 d.C.).

Sorgeva l'alba quando la squadra di cavalieri catafratti lasciò Apollonia Pontica. Il cielo, coperto da una coltre di nuvole, ingrigiva sul mare e il vento lasciava sulle labbra una polvere salata. I catafratti seguirono la costa rocciosa finché non incontrarono la mulattiera indicata dai pescatori, invasa dall'erba e dai sassi. A un cenno di Farnag, entrarono nella pianura tracia, accompagnati dal suono della risacca che a mano a mano si affievoliva, fino a perdersi.

Batraz cavalcava in fondo alla fila, il volto scuro. S'era svegliato molto prima del tempo, senza più riuscire a riprendere sonno. Era uscito dalla tenda, lanterna in mano, e s'era diretto verso la riva del mare, attraversando un tratto di rocce sconnesse fino agli scogli. Nella notte, il Ponto Eusino si stendeva di fronte a lui, nero indistinguibile contro il nero del cielo, e il vento portava l'odore della terra alle sue spalle. Un vento gelido, che scendeva da occidente, dai monti dell'Emo. Batraz era entrato nell'acqua con i piedi nudi, sentendo il freddo risalirgli lungo le gambe. Aveva cercato di ricordare il sogno da cui era stato destato, ma ne rammentava solo la forma scura di un cane enorme e un riflesso rossastro, colore del sangue. Si era seduto sugli scogli, finché Farnag, alle prime luci dell'aurora, era venuto a cercarlo.

Procedevano al passo, per non sfiancare i cavalli. Fino a Durostorum non ne avrebbero più trovati di freschi. Avevano percorso più di novecento miglia: Siria, Cilicia, Galatia, Bitinia, Costantinopoli. Poi la Tracia, lungo la costa del Ponto Eusino fino ad Apollonia. Rimanevano le ultime duecento miglia prima dei *castra*. Le più pericolose. Per ridurre i tempi, Batraz aveva deciso di attraversare in diagonale la pianura, percorrendo stretti sentieri e rinunciando alla protezione della linea di fortificazioni lungo il *limes*. Dovevano attraversare una regione battuta da bande di Alani, che guadavano indisturbati il Danubio passando per il labirinto di paludi del delta.

Con sé aveva solo ventiquattro cavalieri. E poi aveva Farnag. Tre gruppi di otto uomini, quelli che i Romani chiamavano *contubernia*. Sarmati che da anni condividevano cibo, donne, giaciglio, morte. Come lui li aveva spartiti con Farnag. Li chiamavano catafratti per le loro pesanti armature. Lamelle di metallo e d'osso, fissate su spesse vesti di cuoio. Sopra indossavano un mantello nero e portavano due lunghe *spathae* dal pomo ad anello, una alla cintura e l'altra assicurata alla sella, accanto all'arco e allo scudo. Cavalcavano impugnando il *kontós*, una lancia lunga più di sette cubiti. Con lo stesso braccio reggevano uno scudo nero e privo di ornamenti. Alla partenza, Ertegul, montando sulla sua giumenta bianca, aveva domandato a Batraz perché sugli scudi rotondi non vi fossero la *chi* e la *ro*, il monogramma greco del Cristo. Non c'è Dio, per noi, aveva risposto Batraz allontanandosi.

Cavalcavano da ore. Il mare era ormai dimenticato e nella pianura bruna erano comparse larghe chiazze di neve, mentre nuvole basse e pesanti si accumulavano all'orizzonte. Sulle colline scendeva la nebbia, presagio di maltempo.

Quando iniziò a nevicare, il cielo si fece ancora più scuro. La neve trascinata dal vento li investiva con mulinelli gelidi, accumulandosi sul terreno. Neve bagnata, infida. In testa alla colonna, Farnag sentì il cavallo scivolare sul suolo viscido. Gli uomini dietro di lui erano un serpente nero, al centro del quale il manto bianco di Ertegul si confondeva con la neve. Batraz li seguiva, a distanza di una ventina di passi.

«Rallentiamo.» Farnag sentì la sua voce disperdersi nel sibilo del vento. Baxagos, il cavaliere alle sue spalle, annuì, la barba incrostata di ghiaccio. «Tieni tu la testa della colonna» aggiunse Farnag girando il cavallo. Raggiunse Batraz mentre il vento aumentava. «È una tormenta.» Rialzò il cappuccio del mantello. «Dobbiamo fermarci o rischieremo di smarrirci.»

«Siamo troppo esposti.» Batraz fece un cenno verso la pianura.

«Temi gli Alani?»

«Alani, Goti o quelli che chiamano Unni.»

«Gli spiriti del male?»

«Così dicono. Figli di streghe gote e di esseri notturni.»

Farnag rise seccamente. «E noi che ci facciamo in questo gelo, fra streghe e spiriti?»

«Lo sai. L'imperatore vuole nuovi soldati e noi dobbiamo proteggere il suo messo.»

«E, per proteggerlo, Augusto invia il capo della sua guardia personale?» Le labbra di Farnag si stirarono appena. «Non ha senso. Tanto valeva mandare il *magister equitum*.»

«È Ertegul che ha voluto così.»

«Come lo sai?»

«Me lo ha confidato Vittore, prima che partissimo.»

Continuarono a cavalcare fianco a fianco, nella pianura bianca e uniforme. Batraz sentiva la neve posarsi sulle sue spalle, avvolgendolo in un bozzolo freddo. La notte precedente, durante il sogno, aveva avvertito un violento dolore alla nuca, che solo lentamente si era trasformato in un senso di peso. Ora era quasi svanito, ma rimaneva in lui un'inquietudine che non sapeva spiegarsi: qualcosa che pareva annidarsi dentro di lui, alla base del collo, nei muscoli che si tendevano sotto la nuca. Quando la voce di Farnag lo riscosse, si rese conto d'aver taciuto a lungo, perso nei suoi pensieri. Non era bene per un guerriero. Non era bene per un capo.

«Mi hai sentito?» Farnag lo osservava con attenzione. «Stai bene?»

«Sì, certo. Ero distratto.»

«Non è un luogo adatto per distrarsi.»

Batraz non rispose. Farnag lo fissò ancora per qualche istante, poi volse lo sguardo verso la colonna. Gli uomini avanzavano ingobbiti, avvolti nei loro mantelli. Freddo. Faceva freddo.

«Perché ha scelto te?» domandò. Anche parlare era difficile.

«Forse per allontanarmi da Valente. L'imperatore mi ascolta ancora. Ed è stato Ertegul a convincerlo di lasciar attraversare il Danubio ai Goti.»

«E tu cosa ne pensi?»

«È una follia.» Il fiato di Batraz si condensava in nuvole opache. «Così si mette a rischio l'impero.»

«Tu pensi troppo, amico mio. Sei più romano che sarmata, ormai. E poi, esiste ancora l'impero? È qui l'impero di Roma e di Costantinopoli? In questa landa ghiacciata?» Farnag indicò la pianura bianca. «Valentiniano lo ha spezzato in due. Metà a lui, metà al fratello. E ha trascorso la vita a cercare di tenere insieme la sua parte.»

«Era un soldato, come noi. È questo il lavoro dei soldati.»

«Ma non quello dei preti. Guarda. Non ce la fa più.» Davanti a loro, Ertegul si era lasciato staccare dalla colonna e pareva vacillare. «Il monaco è stanco» sogghignò Farnag.

«È giusto. È a causa sua se siamo qui.»

Farnag aggrottò le sopracciglia. «Lui non è un prete come gli altri.»

«È un monaco, anzi un eremita. Ha vissuto da solo per anni.» Batraz parlava come se avesse in bocca un cattivo sapore. «Nel deserto egiziano. Poi è arrivato ad Antiochia, con una visione.» Batraz si voltò verso l'amico. «O almeno così dice. Una visione per l'imperatore. E Valente non se n'è più separato.»

«Mi mette a disagio. A palazzo compare sempre quando meno te lo aspetti. Se credessi agli spiriti del male, giurerei che è lui il loro re.»

Batraz rise, nella bocca ancora gusto di fiele e di acqua gelida; lungo il collo, una fitta breve, violenta. Mentre procedevano in silenzio, dalla testa della colonna venne un richiamo. Baxagos galoppò a fatica verso di loro, indicando le colline. Sul crinale, al di sopra della nebbia, un gruppo di cavalieri procedeva nella loro stessa direzione. Meno di un miglio di distanza. Galoppavano veloci nonostante la tormenta, su piccoli cavalli pezzati.

«Alani?» domandò Farnag.

«Non sembrano portare corazze. Vedremmo dei riflessi, anche con questa luce.»

«Sono molto più numerosi di noi.»

Batraz si sporse sulla sella, gli occhi sulle colline. La stanchezza e il dolore erano svaniti. «Archi. Sporgono oltre le loro teste.»

«Sono molto lunghi. Non potrebbero essere lance?»

«Archi.» Batraz scosse il capo. «Gli Unni ne hanno di simili.»

«Come lo sai?»

«Ne ho incontrati, molti anni fa, nelle pianure della Scizia. E li ho visti usare quell'arco.»

Farnag diede un colpo di tallone al suo baio, trattenendolo con le redini. «Attacchiamo?»

«Gli arcieri ci massacrerebbero dall'alto.»

«Abbiamo le armature.»

«Quegli archi hanno una gittata di più di duecento passi. Le frecce trapasserebbero le piastre.»

«E allora che facciamo?»

«Sono più leggeri di noi.» Batraz scrutò la pianura. «Non riusciremo mai a distanziarli.» Indicò verso settentrione. «Cerchiamo di raggiungere quegli alberi. Li affronteremo là. Prendi tu la testa della squadra. Io avviserò il monaco.»

Farnag fissò il suo capo senza parlare, poi, prima di allontanarsi a un galoppo leggero, annuì lentamente.

Il volto di Ertegul era pallido, chiazzato da livide occhiaie.

«Sei stanco, prete?» Batraz afferrò le redini del cavallo del monaco. «Dobbiamo correre.»

«Allora correremo. Non preoccuparti per me.» Sotto il cappuccio, gli occhi di Ertegul erano chiari come ghiaccio. Privi di espressione. «Chi sono quei cavalieri, *magister scholae palatinae*?»

«Forse gli spiriti del male di cui si parla ad Antiochia.»

Ertegul scoprì i denti nella parodia di un sorriso. Denti bianchi, perfetti. Denti da lupo, pensò Batraz.

«Allora sono figli del demonio.»

«Anche lui è un dio come gli altri.»

«Lui è un servo, pagano. Come me e come te. Ma fa parte del piano di Dio. Verrà un giorno in cui scenderà nel mondo, e lo chiameranno Anticristo. Allora il Regno dei Cieli sarà vicino.»

«Tu sei pazzo, prete. Ma io ho promesso all'imperatore di proteggerti a ogni costo. E lo farò.»

Sulle colline i barbari avevano iniziato a scendere in diagonale lungo il versante.

«Vogliono tagliarci la strada» mormorò Batraz. «Andiamo» gridò. «Presto.» Piantò i talloni nel ventre del sauro, spingendolo al galoppo per raggiungere la testa della colonna. Sotto gli zoccoli del cavallo la neve, ora più asciutta, si alzava in cortine farinose. A Batraz parve di udire alle sue spalle una breve risata. Forse il monaco rideva perché avrebbe incontrato il suo diavolo.

Galopparono, sulla neve che imbiancava la terra. Dietro di loro, la tormenta e un rimbombo attutito che annunciava l'avvicinarsi dei barbari. Il volto del giovane Dodoi, accanto a Batraz, era pallido. «Spiriti. Spiriti nella nebbia.»

Un sibilo, una freccia si piantò nel terreno, a pochi passi dalla colonna.

«Gli spiriti non lanciano frecce.» Batraz diede di tallone. «Galoppa, ragazzo.»

«Non si vede più nulla.» Farnag teneva gli occhi semichiusi.

«Gli alberi sono poco distanti.»

Una lunga ombra scura apparve dinanzi a loro. Querce. Batraz si arrestò bruscamente sul limitare del bosco. «Qui non potranno sfruttare i cavalli. Divisione in due squadre.»

Il sauro pestava nervoso il terreno. «Metà uomini con te, Farnag. Appiedati, disposizione a muro. Tu, monaco, dietro, spalle a un tronco.»

Il tonfo degli zoccoli si avvicinava. Batraz guardò gli uomini scelti da Farnag, a ciascuno rivolgendo un cenno. «Prima scaglieranno le frecce in alto, per farvi alzare gli scudi, poi mireranno in basso. Al ventre. Sono veloci.» Tacque brevemente. «Gli altri con me, presto.» Con un colpo di talloni spinse il cavallo al galoppo, verso destra, dove gli alberi erano più radi. Seguito da metà della colonna, scomparve nel bianco mulinante.

Con un gesto, Farnag fece smontare i guerrieri. Sei si accovacciarono, sovrapponendo i bordi degli scudi. Le lance, la base conficcata nel terreno, rivolte obliquamente in alto. Gli altri sei, in piedi alle loro spalle, gli scudi inclinati a proteggere le teste dei compagni. Lance con la punta verso il basso. Gli uomini si muovevano in silenzio. Rapidi, precisi.

«Tu, monaco, contro questa quercia» sussurrò Farnag. Controllò la posizione degli uomini. Poi si accostò al più anziano, un catafratto dai lunghi capelli bianchi protetti dall'elmo ogivale, il mantello chiuso da una fibula d'oro a forma di cervo. «Yaguz, tenetevi pronti a passare alla formazione a *orbiter.*»

Il cavaliere avvicinò la bocca all'orecchio del vicino per passare l'ordine. Farnag, a fianco del muro di scudi, attese, entrambe le spade in pugno.

Nessun suono, solo il sibilo del vento. Le sopracciglia degli uomini erano bianche di neve, le barbe imperlate di gocce limpide. Appoggiato al tronco, Ertegul aveva estratto un lungo pugnale. Attendeva anche lui, il volto sottile e impassibile. Il vento sembrò calare. Sulla fronte di Farnag si formò una goccia di sudore gelido che gli scorse lungo la tempia. Il tempo era immobile.

Poi, dalla parete di nebbia e neve che incombeva davanti a loro, piovve un nugolo di frecce. Cadevano dall'alto, sul capo dei catafratti.

«Fermi» gridò Farnag. «Non spostate gli scudi.»

La seconda bordata di frecce, in orizzontale, si conficcò negli scudi della prima fila. Una colpì la quercia, pochi palmi sopra il capo di Ertegul. Il monaco la afferrò, spezzandola con un'unica torsione.

«Fermi» ripeté Farnag.

Nessuno si mosse. Gli scudi erano un istrice con dodici punte di morte. Sulla neve, un rivolo di sangue, rosso come le bacche del sorbo. Non si udiva nulla, poi due altre ondate di frecce.

I catafratti attesero, senza muovere un muscolo. La nebbia era un muro perlaceo, attraversato da fiocchi di neve sempre più grandi.

Nella caligine risuonò un ordine in una lingua incomprensibile. Neve e nebbia si squarciarono e un gruppo di guerrieri irruppe urlando. Bassi, dalla pelle giallastra, avevano lunghi capelli neri e oleosi, occhi sottili e obliqui. Demoni, pensò Farnag, poi uno di quei demoni gli puntò alla gola una daga dalla lama tozza e larga. Farnag parò incrociando le spade. Disarmò l'avversario, squarciandogli una coscia con un violento fendente. Il barbaro crollò come un albero spezzato e il suo sangue gli inondò il volto. L'uomo cercò di risollevarsi, la gamba ferita scossa da violenti tremiti. Farnag lo schiacciò con un piede contro la neve, conficcandogli le spade nella schiena.

La prima fila di catafratti resse l'urto. Un Sarmata lasciò cadere lo scudo e piantò la sua lancia nel ventre di uno degli aggressori. Impugnandola a due mani, sollevò di forza l'uomo scalciante e urlante. Il sangue esplose come un torrente che avesse infranto gli argini. Farnag, attaccato da due avversari, falciò l'aria in un fendente largo, in apparenza goffo. Uno dei barbari si avvicinò troppo. La lama di Farnag incontrò la sua gola.

Grida, frastuono, odore di sangue. Farnag si muoveva sul fianco del gruppo di Unni, colpendoli con le due spade, parata e affondo. Cadaveri si ammassavano davanti al muro di scudi, ma i Sarmati iniziavano a vacillare, le lance spezzate. I barbari colpivano con pesanti mazze e i catafratti erano costretti a lasciare spazio tra gli scudi, per usare le spade. Yaguz era finito all'esterno delle file e si batteva con un barbaro gigantesco. L'Unno vibrò la mazza e Yaguz cadde, reggendosi il braccio sanguinante. I Sarmati iniziarono ad arretrare, un passo per volta, trascinando i feriti.

Farnag frugò con gli occhi nella tormenta. Un'ombra comparve oltre il biancore. «Ora!» gridò. «*Orbis!*»

I catafratti si riunirono in cerchio, gli scudi serrati, i volti protetti, in un guscio di legno e metallo.

Un ordine secco.

Alle spalle dei barbari, partorito dalla nebbia, comparve Batraz. Gettò il mantello nella neve, sollevando la spada. «Scagliate.»

Gli uomini di Batraz tesero gli archi. Disposti in due file, mentre una fila estraeva una nuova freccia e si preparava, l'altra prendeva la mira e scoccava. Due, tre, quattro volte. Una decina di Unni caddero l'uno sull'altro, prima che il loro capo, il gigante che aveva ferito Yaguz, comprendesse ciò che stava accadendo. Ma i due gruppi di Sarmati estrassero le spade, lanciandosi contro di loro. Li schiacciarono tra due fronti, macellandoli con le lame lunghe e affilate. Farnag danzava sulla neve, spade in pugno. Roteava, s'arrestava, colpiva, si ritraeva.

Facendosi largo nella mischia, Batraz cercò di avvicinarsi al capo dei barbari. Si liberò di due avversari con fendenti corti, all'altezza dell'addome; ne abbatté un altro colpendolo con lo scudo, sentendo lo schianto delle ossa che si spezzavano, come rami secchi. A pochi passi da lui, il gigante aveva costretto Dodoi contro un albero. Il ragazzo aveva perduto la spada e schivava i colpi di mazza, che si abbattevano sulla corteccia, strappandone larghe schegge. Ancora una finta, ma Dodoi era ormai stanco e si mosse con lentezza: la mazza lo colpì di striscio sulla spalla, gettandolo a terra. Prima che l'Unno potesse finirlo, Batraz lo affrontò.

Si guardarono immobili, sordi al fragore della battaglia. Il barbaro aveva una larga faccia piatta, priva di espressione. Oltre alla mazza, nella sinistra teneva una spada ricurva, bagnata di sangue. Batraz tentò un affondo che il gigante deviò, poi, prima che potesse rimettersi in guardia, il barbaro fece un passo innanzi vibrando la mazza. Il colpo fece esplodere lo scudo di Batraz in frammenti di legno e metallo e il Sarmata vacillò stordito, mentre la spada del barbaro falciava l'aria, mordendogli le carni, tre dita sopra i tendini del ginocchio.

Il dolore è una luce che brucia il corpo e rende più limpidi i pensieri.

Per un momento tutto si fermò. I fiocchi di neve rimasero sospesi nell'aria. La bocca del gigante era spalancata in un grido congelato, nero; la mazza sollevata per lo strazio definitivo. Una rosa di gocce di sangue galleggiava immobile nell'aria, accanto alla gamba ferita. Tutto tacque. Mentre una fitta bruciante gli artigliava la nuca, Batraz vide accanto a sé la sagoma di un grande mastino nero, lo stesso del suo sogno. Solo il cane si muoveva nell'immobilità. Si raccolse sulle zampe posteriori, per balzare verso il barbaro. Sembrò nuotare nell'aria.

Il dolore è una luce che brucia il corpo e rende più limpidi i pensieri.

Tutto esplose nel movimento. La fitta alla nuca si dissolse. Il cane era scomparso. I fiocchi ripresero a vorticare. Esplose l'urlo del barbaro. Il sangue di Batraz si depositò sulla neve. La mazza iniziò la sua discesa.

Batraz reggeva ancora lo scudo squarciato. Evitò la mazza facendo un unico passo a destra e con il bordo dello scudo, cerchiato di metallo, colpì la testa del gigante. Con un fendente lo trafisse alla spalla. La lama rimase conficcata nei muscoli duri come pietre e Batraz la strappò via, aprendo una larga ferita sul petto dell'avversario. Il barbaro fece due passi indietro, lanciandosi un rapido sguardo intorno. I Sarmati stavano massacrando i suoi uomini. Si gettò di lato, rotolando su se stesso. Si rialzò a fatica e corse verso la quercia dove era accucciato Ertegul, lasciando sulla neve una lunga traccia scarlatta. Afferrò il monaco con la sinistra, facendosene scudo e gli puntò la spada alla gola, il braccio destro coperto di sangue.

Aveva cessato di nevicare e la nebbia si stava sollevando. I barbari superstiti erano in fuga. Nella piana davanti al bosco, i Sarmati circondarono il gigante. L'uomo aveva occhi piccoli e obliqui, vuoti, il corpo percorso da un tremito.

Batraz impugnò la spada a due mani, facendo un cenno a Farnag, che si spostò a destra della quercia, l'arco con la freccia incoccata. Farnag appoggiò il ginocchio a terra. Tese l'arco. Mirò al fianco del barbaro.

Batraz si avvicinò lentamente all'albero, in un largo arco di cerchio. Camminava di lato, come un granchio coperto di metallo. Un passo per volta, gli occhi fissi in quelli del barbaro.

«Lascialo andare» disse in sarmata. La sua voce era calma, bassa.

Il barbaro rise, mostrando una larga cavità nera tra i denti superiori. Premette appena la lama. Un velo di sangue scorse sul collo del monaco.

Da un ramo cadde un cumulo di neve. Un tonfo soffice. Batraz esitò. Non poteva esserci nessun vincitore. Il barbaro avrebbe perso la vita, lui avrebbe perso il monaco. Nessun vincitore, nessuna pietà. Con la coda dell'occhio vide Farnag immobile, l'arco teso. Sollevò poco per volta la spada. Una finta, per permettere a Farnag di colpire. Prima che il barbaro sgozzasse il prete. Forse.

Poi, con un violento colpo di reni, Ertegul liberò un braccio dalla stretta del barbaro. Nella sua mano, il pugnale. Lo affondò nel fianco del gigante. Fino all'elsa.

3

La luce declinava mentre i cavalieri trascinavano i cadaveri dei barbari, ammucchiandoli in un cumulo al di là del bosco. Sulla neve rimasero larghe chiazze di sangue ghiacciato, frammenti di scudi, spade spezzate.

«Ci accampiamo qui?» Farnag si accoccolò di fronte al suo capo. Batraz sedeva con la schiena appoggiata a un tronco, il ginocchio fasciato. La voce dell'amico lo riscosse dai suoi pensieri. Annuì.

«Dobbiamo curare i feriti. E potrebbe non essere finita.»

«Credi che torneranno?»

«Non credo. Penso fosse una banda isolata. E abbiamo ucciso il loro capo.»

Farnag si lasciò cadere sulla neve, sfilandosi l'elmo. «Abbiamo bisogno di riposare.» Fiutò l'aria. Qualcuno aveva preparato un focolare in un cerchio di pietre, dove stava arrostendo un coniglio selvatico. «E di mangiare» aggiunse. «Siamo stati fortunati. Solo feriti. Sette.»

«Come sta Yaguz?»

«Bene. Nessun osso rotto. Dodoi lo ha medicato con le erbe che mi ha dato la tua donna.»

«Non è la mia donna.»

«Perché è una puttana?» Farnag scrollò le spalle. «Quando uso una spada, è la mia spada. Quando incontro la morte, è la mia morte. E quando sto con una donna, è la mia donna.»

«È una buona filosofia.»

«È l'unica che conosco. Sei tu quello che sa leggere.»

«Non è colpa mia. Mi insegnò mio padre. A leggere. Era stato anche lui con i Romani. Così, quando ero ragazzo, mi fece leggere i suoi libri. Aveva Virgilio, Catullo. Seneca.»

«Chi sono?»

«Poeti. Filosofi.»

Tacquero, osservando il coniglio che sfrigolava sullo spiedo mentre scendeva la sera. C'era odore di carne nell'aria, e di erbe. Farnag si slacciò una fiasca dalla cintura, tendendola all'amico.

«Vino. Viene dalla Grecia.»

Il vino aveva un sapore forte, di resina e legno. Si passarono la fiasca, senza parlare.

«Ho avuto una visione» disse Batraz, rompendo il silenzio.

«Una visione?»

«Quando il loro capo mi ha ferito. È stato come se il tempo si fosse fermato.» Batraz stese la mano per prendere la fiasca. Ne bevve un lungo sorso. Da uno squarcio tra le nubi la luna illuminava la neve e i rami delle querce. «Ho sentito la voce di mio padre. *Il dolore è una luce che brucia il corpo e rende più limpidi i pensieri*. Diceva così. Ed era la sua voce.»

Bevve ancora. «Era la frase che ripeteva ogni volta, quando m'insegnava a battermi. Voleva che non temessi il dolore.»

«Una frase da filosofo.»

Gli occhi di Batraz erano fissi sul fuoco. Sul suo volto danzavano i riflessi delle fiamme.

«Era la sua voce» ripeté. «E poi tutto si è fermato.» Si voltò verso Farnag. «Tutto. Vedevo te, le spade in mano. La neve immobile nell'aria. Anche il sangue che sprizzava dalla mia ferita. Immobile. Sospeso. E il barbaro teneva la mazza sulla mia testa. Pronto a farmela a pezzi. Aveva la bocca spalancata e ferma, come un cadavere. Poi ho risentito mio padre.»

«Il dolore è una luce che brucia il corpo e rende più limpidi i pensieri.» Una voce era risuonata alle loro spalle. Si voltarono bruscamente. Ertegul li guardava, le braccia conserte. Nel chiarore del fuoco il suo volto era una lama rossastra.

Farnag si alzò lentamente in piedi. «Ci spii, monaco?»

Una risata sommessa. «Lo diceva anche mio padre. Pure lui voleva che non temessi il dolore.» Il monaco guardò a lungo Batraz. «Dio ci ha protetti, oggi.»

«Sono state le spade a proteggerci. E il coraggio.»

«Quando sarà il tempo dell'Anticristo il coraggio non basterà. Ci sarà una pioggia di fuoco e nel cielo appariranno grandi bestie.»

«Allora avremo più carne da mangiare» sorrise Farnag.

Ertegul li fissò entrambi. «Conservate il vostro coraggio. Ne avrete bisogno prima che sia tutto finito.» Si allontanò nell'ombra degli alberi.

«Il Dio dei Cristiani fa male agli uomini, se li rende così.» Farnag tornò a sedersi. «Preferisco le tue visioni. Forse sarà stato il furore della battaglia.»

«Forse.»

«C'è qualcosa che non mi hai raccontato.»

Batraz spostò la gamba ferita. Il ginocchio pulsava, nonostante l'impacco di erbe. Si accoccolò a terra accanto al fuoco, strappando un brandello di carne dal coniglio. Masticò lentamente. «C'è qualcosa che non ti ho raccontato» disse, senza voltarsi. «Tutto era immobile nella mia visione. Ma c'era un cane. Un mastino nero, che aggrediva il barbaro. Poi le cose hanno ricominciato a muoversi. E il cane è scomparso.»

«Hai sognato durante la battaglia. Non è molto prudente.»

«Se era un sogno non è stato il primo. Avevo già visto quel cane. La notte scorsa.»

Farnag si avvicinò al fuoco. «Simargl. Il cane alato. È un presagio.» Frugò a lungo nelle braci con il coltello finché la punta divenne rossa.«Un presagio di morte.»

«Ho avuto paura di morire, oggi.» Batraz sfiorò il sacchetto di pelle che gli pendeva dal collo.

«Io ho sempre paura quando combatto. Credo sia giusto.»

«Anche io. Ma oggi ero certo di morire.»

Farnag fissò la lama incandescente. «Forse il presagio non era per te.»

4

Ripartirono poco dopo l'alba. La nebbia era nuovamente scesa a cancellare la pianura e il respiro si condensava in nuvole biancastre. Andavano in un'uniformità livida, un cunicolo di neve e nebbia, dove ciascuno vedeva solo il cavaliere che lo precedeva. Il vento talora si alzava, fischiando, poi taceva e nel silenzio risuonavano i tonfi soffici degli zoccoli. Nessuno parlava. Di tanto in tanto, ai margini dello sguardo, pareva di intravedere forme in movimento, grigio su grigio, bianco su bianco.

«Sei certo che sia la direzione giusta?» La barba di Farnag era incrostata di aghi di gelo. «Cavalchiamo da ore.»

Batraz teneva gli occhi fissi nella nebbia, come a seguire un'invisibile traccia.

«Gli uomini sono preoccupati?»

«Sono inquieti.»

«Se gli Unni avessero voluto, li avremmo già avuti addosso.»

Farnag scosse la testa. «Non hanno paura dei barbari. Dicono che c'è qualcosa nella nebbia. Qualcosa che ci accompagna.»

«Quello che ci accompagna è la morte.» Batraz affondò i talloni nei fianchi del sauro, allontanandosi dall'amico. Dolore alla gamba ferita. «La portiamo con noi. Non dobbiamo temerla.»

Rimase solo, in testa alla colonna. Quello che non poteva dire è che, da quando si erano messi in cammino, era tornato a sentire il dolore alla nuca, profondo, pulsante, e davanti a lui era ricomparso, silenzioso, il mastino nero del sogno. Avanzava sicuro nella nebbia, talvolta si girava come per controllare che lui lo stesse seguendo. Lui lo seguiva.

Continuarono a cavalcare. Un odore di fumo, sempre più intenso. Batraz alzò la destra per arrestare la colonna. Il cane nero era scomparso, e in lontananza s'intravedeva un bagliore rossastro.

«Qualcosa brucia più avanti.»

Farnag si accostò. «Dovrebbero esserci dei villaggi. Così hanno detto i pescatori ad Apollonia.»

Batraz annuì, poi diede il segnale di tornare ad avanzare.

5

Il villaggio era un pugno di capanne di paglia e di legno. Quando lo raggiunsero, gli ultimi focolai dell'incendio si stavano spegnendo, soffocati dalla neve. Al fumo si sovrapponeva un sentore di carne bruciata. Batraz avvertì una contrazione alla bocca dello stomaco. Fame, disgusto, pietà. Furore.

Scavalcavano cadaveri di contadini. Gente vestita di cenci; nella schiena, le aste delle frecce che ne avevano interrotto la fuga. Un bambino giaceva bocconi accanto a una brocca in frantumi. Non aveva tracce di ferite ma, quando Batraz smontò per voltarne il corpo, lo sentì gelido. Guardò quel viso sottile e bianco, poi, col palmo della mano, delicatamente, gli chiuse gli occhi.

«Gli Unni.» Sotto la maschera di ghiaccio il volto di Farnag era rigido. «Ci precedono di poche ore.» Calciò via da un cadavere un tizzone morente. Una pioggia di scintille si spense nella neve. «Hanno ucciso anche le donne e i bambini.»

«Hanno paura di noi. Non hanno perso tempo a recuperare le frecce.» Batraz si rialzò, indicando i cadaveri. «Sono Sarmati. Forse della tribù dei Roxolani. Fratelli.» La contrazione al ventre si fece più forte. «Frugate qui intorno. Cercate i superstiti. Cercate!» Si voltò, incontrando lo sguardo di Ertegul. Il monaco, ancora a cavallo, osservava la scena senza alcuna espressione. «Vieni qui, prete. C'è del lavoro per te. Prega per questi morti.»

Ertegul lo fissò da sotto il cappuccio. «Che t'importa? Sono pagani. Continueranno a bruciare per l'eternità.»

Con un gesto brutale Batraz afferrò le redini della giumenta bianca. Sfoderò la spada, appoggiandone la punta sul petto del monaco. «Smonta. E prega per loro. O nessun messo arriverà a Durostorum.»

Ertegul si lasciò scivolare a terra, fissando Batraz oltre la lama che li separava. «Perché un pagano vuole che il Dio dei Cristiani perdoni altri pagani?»

Batraz esercitò una pressione maggiore sulla spada. La tunica del monaco si lacerò, arrossandosi.

«Prega per loro, prete.»

«Il tuo imperatore lo saprà.»

«Tu prega.»

Il monaco si frugò nella veste, estraendone una croce dorata. Lanciò un ultimo sguardo a Batraz e si avvicinò al bambino. «Dio degli spiriti e di ogni carne, che calpestasti la morte e annientasti il diavolo e donasti la vita al tuo mondo...» Si chinò sul corpo per sfiorarne la fronte, poi si allontanò, mentre il mormorio si perdeva.

Nella luce lattiginosa, l'unico suono era il belare di una capra. Mentre gli uomini frugavano le capanne, Batraz camminava tra i morti, lividi come ghiaccio profondo. Non c'erano pensieri, in lui. Si fermò al limitare del villaggio. Verso settentrione, una capanna isolata appariva e scompariva nella nebbia. Improvvisa come un tradimento, una fitta gli artigliò la nuca. Cadde in ginocchio, sopraffatto dal dolore e dalla nausea. Per un attimo fu cieco, poi, lentamente, tornò a vedere; prima il biancore della pianura, poi un movimento scuro alla sua destra. La vista gli si schiarì, mentre il dolore iniziava a diminuire. Laggiù, di fronte alla capanna, stava accucciato il cane nero. Batraz si rialzò faticosamente. Doveva affrettarsi. Il mastino lo stava attendendo.

La capanna era stata in parte risparmiata dalle fiamme. Il tetto di zolle di terra era crollato e la porta sfondata. Sulla soglia giaceva il corpo di un vecchio, le dita rapprese attorno a un forcone di legno. Non aveva più volto, il cranio sfondato da un colpo di mazza. Batraz scavalcò il cadavere, sfiorando il cane, immobile accanto al corpo. Ne sentì il fiato caldo sulla pelle. Non si fece domande.

L'interno era immerso nella penombra. Misere suppellettili schiantate dalla furia: un mestolo di legno, un'anfora, una ghirba di pelle. Chinandosi, Batraz raccolse un frammento di vetro verde. Un portaunguenti, da cui emanava ancora un intenso profumo di sandalo. Un oggetto privo di senso in quel luogo.

Nessuno. Non c'era nessuno.

Si voltò per uscire. Sulla soglia, il mastino era in piedi, gli occhi scuri fissi nei suoi. Batraz fece un passo, e il cane silenziosamente gli mostrò i denti. Non vuole che esca. Non vuole che esca senza aver trovato qualcosa. Quel pensiero gli parve estraneo, venuto da altrove. Poi si voltò e prese a frugare tra la paglia e le rovine.

Sentì qualcosa di tiepido ed elastico sotto le dita. Con un gesto impaziente scostò i detriti. Più che vedere, percepì un corpo accovacciato nell'oscurità dell'angolo più lontano. Allungò una mano. Un gemito, il mugolio di una bestia in trappola. «Non temere» sussurrò. Aveva parlato nel suo dialetto. «Non ti voglio fare del male» aggiunse in latino. Nel buio il corpo si ritrasse ancora, sgusciando a destra. Uno scalpiccio, un movimento convulso, poi Batraz tese il braccio e la sua mano si chiuse su un seno di donna.

La teneva, ora, un corpo morbido e duro, gelido e bollente. La donna si divincolò con violenza, mordendogli la mano, poi s'accasciò d'un tratto contro di lui, come un corpo morto.

Batraz uscì nel chiarore cinereo del giorno, sorreggendola tra le braccia. Il cane era scomparso e lui, senza stupore, fece ancora qualche passo, poi posò la donna sulla neve. La esaminò rapidamente: bionda, minuta. Giovane. Nessuna ferita, solo un taglio superficiale su una spalla. Strisce di tintura azzurra sul volto e sul corpo nudo. Chiazze di sangue rappreso sulle cosce.

La frizionò con neve fresca avvolgendola a mano a mano nel suo mantello. Un rumore attutito di passi. Il giovane Dodoi stava correndo verso di lui, in mano la bisaccia con le erbe medicinali.

6

Durostorum, Mesia Inferiore. Anno MCXXIX dalla fondazione di Roma, XI giorno prima delle Calende di gennaio (22 dicembre 376 d.C.).

Massimo si affacciò alla porta decumana, di fronte alla pianura innevata. Da lì doveva venire il messo dell'imperatore. Che arrivasse, non dubitava. Quando, settimane prima, il *comes* Lupicino era giunto inatteso a Durostorum per parlargli, la sua idea gli era parsa eccellente. Inevitabile, anzi. I Goti avrebbero attraversato il Danubio, aveva detto il *comes;* era certo, perché l'imperatore aveva bisogno di soldati per la campagna contro Sapore. Metti insieme le due cose, Massimo. Soldati a buon mercato, denaro dalle province, che saranno felici di tenersi gli uomini validi. L'imperatore non saprà resistere alla richiesta di Fritigerno. E questo... questo ci sarà molto utile. Definitivamente utile. E intanto, per te, c'è anche la possibilità di fare qualche affare con questi barbari. Avranno bisogno di cibo e il prezzo lo stabilirai tu.

Politica, aveva pensato Massimo, ammirato. Questa è politica. Arte del governo. E io ci sono dentro. Ricorda però, aveva aggiunto Lupicino, che bisogna sempre controllare il gioco: se tu riuscissi a catturare qualche capo... Fritigerno o Alavivo, sarebbe meglio.

Così, lui aveva inviato Dalmatico ad Antiochia, con quel barbaro, e ora attendeva la decisione dell'imperatore. Nel frattempo, i suoi uomini più fedeli avevano accumulato viveri in un deposito segreto, dietro il *valetudinarium,* riducendo le razioni degli altri legionari. Viveri da vendere ai Goti. Al prezzo che lui avrebbe deciso.

Ma non era riuscito a catturare nessuno. Aveva invece perso uno dei suoi uomini migliori, Marco. Doveva essere morto da tempo, ormai. E Lupicino non era più lì a consigliarlo. Era rientrato a Marcianopoli, a meridione. E lui era solo.

Massimo aspettava. Il messo dell'imperatore tardava ad arrivare, mentre l'inverno era giunto.

7

Pianura della Mesia Inferiore. Anno MCXXIX dalla fondazione di Roma, XI giorno prima delle Calende di gennaio (22 dicembre 376 d.C.).

Non nevicava più, ma il cielo era grigio come piombo. Avanzavano. La ragazza montava uno dei cavalli di scorta e, pur reggendosi a malapena in sella, cercava di tenere la schiena eretta, il volto ancora coperto di strisce azzurre.

Batraz l'aveva vegliata fin quando aveva riaperto gli occhi. S'era ritratta con un gesto brusco, cercando di coprirsi, per poi rendersi conto che era ancora avvolta nel mantello del guerriero. Lo aveva guardato con sospetto, esitando ad accettare la ciotola di infuso che lui le tendeva. Poi aveva bevuto, lo aveva ancora fissato e, lentamente, aveva iniziato a raccontare. Gli Unni li avevano sorpresi durante la notte, poco prima dell'alba. Non cercavano bottino: volevano sangue, aveva detto. Lei si era salvata perché la sua capanna, prendendo fuoco, era crollata, imprigionandola tra le macerie: la paglia umida, sotto le zolle di terra del tetto, s'era spenta quasi subito. Gli Unni avevano ucciso gli uomini, massacrato i bambini, stuprato le donne. Ma non si erano portati via niente, perché niente c'era da saccheggiare.

Poi erano giunti anche alla sua capanna.

Nel lungo silenzio che era seguito, Batraz aveva annuito lentamente. Non era il sangue degli abitanti del villaggio che gli Unni cercavano, ma il loro, il suo. Aveva sfiorato il suo talismano, chiedendo vendetta a Simargl, il dio-cane alato. Vendetta per quei poveri corpi devastati. Per le donne. Per i bambini. Vendetta e pace per loro, se le parole del Crocifisso erano vere e quei cadaveri erano stati abitati da un'anima. Vendetta e pace anche per la sua anima.

In silenzio lei si era tolta il mantello che ancora l'avvolgeva, e aveva iniziato rabbiosamente a strofinarsi con la neve, come per eliminare ogni traccia. S'era pulita dal sangue che le macchiava le gambe e aveva indossato una tunica pesante. Ma non aveva cancellato le strisce azzurre dal viso. Batraz non le aveva fatto domande. Sapeva cosa significavano.

Le tracce degli Unni erano ancora visibili. Batraz era rimontato in sella e, senza bisogno di ordini, i soldati avevano iniziato a seguire la pista. Lui aveva la mente piena di immagini: la giovane donna, il grifone di nome Simargl, dio della guerra. La croce del Cristo. Aveva scosso il capo rabbiosamente, per cacciare quei pensieri. Quella era l'ora della vendetta.

Li raggiunsero al crepuscolo, mentre la nebbia iniziava a calare.

«Si sono accampati tra quelle rocce.» Yaguz, in testa alla colonna, indicò un gruppo di grandi macigni a settentrione. Pennacchi di fumo scuro salivano tra la foschia, come un segnale.

«Non possono averci visti.» Farnag accennò all'orizzonte appena luminescente.

«No» disse Batraz. «La nebbia ci protegge ed è già quasi buio.»

Le rocce erano addossate a formare due collinette coperte di neve, alte una decina di pertiche, dalla sommità piatta e spoglia come una tavola. Tra i due rilievi, un passaggio angusto, una gola.

«È quasi un fortino.» Yaguz si passò la mano sulla barba canuta. «Io avrei messo le sentinelle su una delle colline. Una sola. È sufficiente per sorvegliare la gola.»

«Possiamo deviare a sinistra, tra quegli alberi.» Farnag parlava assorto, accarezzando il pomo della spada. «Da là dovremmo raggiungere la collina senza essere visti.» Fece una breve pausa. «Forse ci saranno degli uomini anche all'imbocco del passaggio. Se ci fosse luce potremmo usare gli archi.»

«Non credo che sprecheranno le sentinelle, stanotte» disse Yaguz. «Vorranno festeggiare la vittoria.»

Batraz alzò gli occhi verso il cielo. Dal cielo sarebbe venuto Simargl, a guidarli. Stava mandando loro un segno: come la sera precedente, le nubi si andavano diradando. «Ci sarà abbastanza luce» mormorò. Poi si rivolse a Farnag. «E tu salirai lassù.»

Il sorriso di Farnag balenò nella penombra.

Raggiunsero le rocce che era già buio. Avevano abbandonato i mantelli, troppo visibili sulla neve, e affidato i cavalli e i feriti a Dodoi e alla ragazza, al riparo del folto di alberi brulli. Il monaco, che per tutto il pomeriggio aveva taciuto, li aveva guardati allontanarsi con un sorriso crudele.

Attesero in silenzio, a una decina di passi dalla collina. Improvvisa si alzò una folata gelida, che fece gemere i rami spogli.

«Si leva il vento.» Farnag annusò l'aria.

Invisibile nel buio, Batraz annuì lentamente. «Simargl disperde la nebbia per noi.»

«Simargl» ripeté Farnag. «È il momento.»

La luna illuminava la pianura, lasciando gli alberi nell'ombra. Uscirono dalla macchia uno per volta, accovacciandosi ai piedi del pendio. Le pareti della gola, a poche pertiche di distanza, riflettevano il bagliore dei falò e l'aria era piena di clamore.

«Cantano.» Batraz sputò nella neve, per liberarsi del sapore amaro che sentiva nella bocca. «E si raccontano le imprese compiute nel villaggio.» La vendetta era vicina. Era necessaria. Si passò una mano sul volto. Ma la pace non era lì. Era un pensiero nuovo: la pace. Per loro non c'era pace, come non c'era Cristo. C'era solo un lavoro da portare a termine. E il dio alato della vendetta.

«Non si vedono sentinelle.» La voce gli parve venire da lontano. Farnag aveva affondato le mani nella neve del pendio, tastando la roccia.

«Se conosco gli Unni, si sentiranno al sicuro. Avranno lasciato solo un uomo o due, proprio sopra di noi.» La mano di Yaguz indicò verso destra. «L'altra collina è troppo ripida e c'è un ciglione che impedisce di vedere la gola.»

Farnag si voltò verso Batraz, le sclere luccicanti nel buio. «Tu che pensi?»

«Si può salire. Ma dovrete lasciare qui le corazze e le spade. Troppo pesanti.»

«C'è poca luce per tirare.»

«La luna basterà. E lassù» Batraz sollevò lo sguardo «c'è un tratto piano, quasi una tettoia. Da lì dominerete l'accampamento. Poi toccherà a noi.»

«Se ci sorprendono mentre saliamo...»

Batraz sorrise, scoprendo appena i denti. «Io non mi muoverò finché non sarete arrivati.» Allungò una mano dietro la schiena e lentamente si sfilò l'arco dalla spalla.

Senza parlare, Farnag iniziò a slacciarsi la corazza, imitato da altri sei uomini. Armati solo di archi e pugnali, iniziarono a scalare il pendio roccioso, mentre Batraz, la freccia incoccata, li seguiva con lo sguardo. I Sarmati salivano in un silenzio rotto solo dai loro respiri affannosi, i gambali affondati nella neve da cui sbucavano rari arbusti secchi, neri nella luce lunare. Quando furono circa a metà dell'ascesa, uno dei catafratti mise un piede in fallo. Batraz lo vide vacillare, cercare un nuovo appiglio e poi scivolare con entrambi i piedi, oscillare, le mani aggrappate alla roccia. Non un suono. Batraz poteva vedere la bocca dell'uomo spalancata, muta. Al suo fianco, Farnag tese il braccio, afferrandolo per la cintura e issandolo a forza fino a un nuovo appiglio. Nel silenzio, una cascata di sassi rovinò in basso, rimbalzando con suono di grandine, lasciando nella neve una lunga traccia scura.

Gli uomini si immobilizzarono, i corpi accostati alla parete, come lucertole d'inverno contro un muro gelido. Dopo pochi istanti, dal ciglio della collina si sporse una testa.

Un sibilo. Batraz abbassò l'arco, mentre la freccia si conficcava nell'occhio sinistro della sentinella. La testa sparì senza un rumore, senza un grido. Gli uomini di Farnag ripresero la salita. Quando furono in cima, Farnag alzò il braccio, in un lento segnale, e scomparve oltre il ciglio.

«Andiamo.» Batraz estrasse la spada. Dieci uomini. Con lui undici. *Sufficiunt*. Aggirarono le rocce, fino all'imboccatura della gola. Un camminamento stretto, immerso nell'oscurità, che permetteva il passaggio di un uomo alla volta. Batraz alzò la destra, e avanzò da solo, verso il riverbero delle fiamme. Camminava nel buio, seguendo con le dita la parete di roccia. La neve scricchiolava sotto i suoi passi. Gli parve di sentire un respiro alle sue spalle, un ansito. Si voltò, tese le mani. Non c'era nessuno. Riprese il cammino. Solo pochi passi ancora.

L'accampamento era tranquillo. Gli Unni dormivano con i loro cavalli, al calore dei fuochi. Ne contò una trentina: i sopravvissuti dell'attacco del giorno prima. Molti portavano le ferite delle spade sarmate. Fu quasi stupito di non avvertire il dolore alla nuca. Nulla. Non c'erano cani neri a guidarlo. Nessun respiro alle sue spalle. Forse Simargl non lo avrebbe accompagnato, quella notte. Si sporse oltre la roccia. Verso settentrione, due uomini in piedi, gli archi in pugno. I più pericolosi, perché per raggiungerli avrebbero dovuto attraversare tutto l'accampamento. A sinistra, un barbaro risaliva il sentiero verso il ciglio della collina. Lo vide arrestarsi e portare le mani a coppa attorno alla bocca. Un grido. Un richiamo per la vedetta. Cambio della guardia. Ma nessuno poteva rispondergli. Non con una freccia piantata nell'occhio sinistro. L'uomo chiamò di nuovo. Silenzio. L'uomo estrasse la spada ricurva dalla cintura. Un terzo grido, verso l'accampamento.

Gli Unni si mossero nel sonno. Alcuni si riscossero, torpidi, le armi nelle mani ancora molli, fissando l'uomo sul sentiero. Le due sentinelle a settentrione frugarono nelle faretre.

Furono loro i primi a morire. Due frecce ciascuno, per sicurezza. Dalla collina gli uomini di Farnag, ginocchio a terra, prendevano la mira e colpivano. Le ombre nella luce lunare erano lunghe e nere. Due ondate di frecce, tre. Gli uomini in piedi cadevano nel loro sangue, quelli ancora sdraiati morivano nel sonno, senza un gemito.

Ora. Batraz alzò la spada. Senza una voce, i Sarmati si scagliarono nell'accampamento, altre ombre nella luce della luna. Era un massacro. E un massacro era ciò che Batraz desiderava. Negli occhi aveva ancora il bambino gelido che giaceva a terra nel villaggio distrutto. Il sangue sul corpo della ragazza. Mulinò la spada in una serie di finte. Colpì di taglio. Andò di punta con la corta daga che aveva tratto dalla cintura. Colpisci alla gola. La voce di suo padre. Alla gola o all'addome. Un ansito alle sue spalle gli disse che Simargl era giunto. Non c'era dolore nel suo corpo, quella volta. Rise, esilarato dal senso di potenza che avvertiva. La daga tagliò una gola. La spada sventrò un addome. Sangue. Il sangue è la madre del mondo.

I suoi uomini uccidevano. Per un istante vertiginoso, Batraz si domandò se anche loro provassero la stessa esultanza che sentiva lui. Un altro affondo, un altro cadavere. Punta, taglio: la spada lavorava, come l'utensile di un fabbro, come il remo di un marinaio. È questo il lavoro del soldato.

A fermarlo fu il silenzio. Non udiva più, alle spalle, il respiro del suo cane.

Il suo cane?

Si arrestò, di fronte al cadavere di un barbaro. Non c'erano più nemici davanti a lui. La lama era rossa di sangue, l'impugnatura scivolosa. Si asciugò la mano sulla tunica, guardandosi intorno.

Gli Unni giacevano nella neve, come animali macellati, e anche la neve era rossa. L'euforia dentro di lui si era placata e per un momento Batraz si sentì invadere da uno sfinimento denso come la tristezza, lo stesso provato, a volte, dopo l'amore. *Omne animal post coitum triste.* Aristotele, diceva suo padre. Forse. E forse uccidere è come fare all'amore. Se Farnag avesse saputo che cosa stava pensando, avrebbe riso di lui. Se Farnag avesse saputo che s'era fermato a pensare sul campo di battaglia, si sarebbe battuto con lui.

Nell'oscurità rotta dalla luna, un'ombra si aggirava tra i morti, silenziosa come un gatto. Si accostò a un barbaro morente, che gemeva contro il cielo. Un riflesso metallico. Una lama che passava sulla gola dell'Unno. Il barbaro tacque.

La ragazza.

La ragazza, che passava da un corpo all'altro. Che tagliava la gola a chi ancora viveva.

Non so nemmeno come si chiama, pensò Batraz.

ARRIVI

1

Durostorum, Mesia Inferiore. Anno MCXXIX dalla fondazione di Roma, IX giorno prima delle Calende di gennaio (24 dicembre 376 d.C.).

Il servo destò Massimo all'alba, scuotendolo per una spalla. Dalla finestra fluivano i suoni del risveglio: il vocio dei legionari, il berciare di un sottufficiale, i primi colpi di martello del fabbro. E l'odore del pane. Era il giorno del pane fresco.

Massimo aprì gli occhi col desiderio di battere quell'inetto. Doveva svegliarlo proprio in quel momento, mentre sognava di ritrovarsi a Roma, nel profumo di pini del colle di Giano? Si mise a sedere, senza comprendere quel che gli diceva.

«Taci» grugnì. «E portami del vino.» Di fronte all'esitazione del servo, lo colpì sulla bocca col dorso della mano. «Va'» gridò, asciugandosi le dita chiazzate di sangue. Era vecchio e maldestro, quel servo. Lo seguiva fin da quando era bambino e si prendeva troppe libertà. Massimo si passò le dita tra i capelli arruffati, braccando il dolore che gli cerchiava la testa. Era tempo di cacciarlo. O tempo che morisse.

Vuotò avidamente la coppa e se ne fece riempire un'altra. Si sciacquò la bocca, sputando sul pavimento. Aveva bevuto molto, la sera prima, come gli accadeva da qualche tempo. Nostalgia di Roma. Odio per il luogo in cui era confinato: il fiume greve, l'afoso fiato dell'estate, il gelo invernale che gli mordeva le ossa. Ma, *si Deo placet*, presto sarebbe stato a Roma. O a Costantinopoli.

Fissò il servo, gli occhi ancora impastati di sonno. «Che vuoi?»

«Stanno arrivando» sussurrò il vecchio.

«Stupido!» Massimo lo colpì un'altra volta, furioso. Il sangue che gli vide scorrere dal labbro spaccato fu una piccola consolazione. «Dell'acqua, presto. E la mia tunica.»

Li avrebbe attesi nelle sue stanze. Le stanze del *dux*. L'inviato di Valente poteva essere chiunque: un semplice messaggero, lo stesso Dalmatico, che recava il no dell'imperatore. E allora il piano del *comes* Lupicino sarebbe andato in fumo. Niente soldati per l'impero, niente prospettive di carriera. Niente denaro, e tutto quel cibo sottratto alla mensa dei *castra* e nascosto nei depositi, quel cibo da vendere a caro prezzo ai Goti, sarebbe restato lì a marcire. Non si poteva fare come se nulla fosse accaduto.

E se invece l'inviato fosse stato un plenipotenziario di Valente, venuto a dettare le condizioni del passaggio del fiume? Un uomo importante, certo da ingraziarsi, magari da coinvolgere nell'affare. E forse non solo in quello.

Massimo bevve un altro sorso di vino, poi scagliò la coppa per terra. «Che tutto sia pulito al mio ritorno!»

Uscì, nell'aria gelida del mattino.

La colonna era in vista, a poche centinaia di passi dalla porta decumana, nella giornata insperatamente limpida. La pianura era bianca fino all'orizzonte, chiuso a occidente dalla foresta, e il freddo azzannava le carni. Massimo si pentì subito di essere uscito ad accogliere i nuovi arrivati. Quello che vedeva era un ben misero seguito: una ventina di cavalieri in armatura. Barbari, probabilmente. Nell'impero i veri Romani erano sempre di meno: solo barbari, solo possibili traditori. Le cose avevano preso una brutta piega ed era tempo di cambiarle. I barbari erano necessari, ma dovevano obbedire. Lavorare e obbedire. Erano di un'altra razza, e ora invadevano l'impero con le loro voci grevi, i loro costumi grotteschi. E pretendevano di essere trattati come uomini. Ma per lui presto sarebbe stato tempo di ritornare al tepore di Roma, tra i suoi simili, con una buona provvista di oro e argento. O a Costantinopoli, vestendo, perché no, la porpora senatoriale. Se Dio avesse voluto, se Sebastiano, se Lupicino...

I cavalieri portavano scudi neri, senza il monogramma di Cristo. Qualcosa si mosse nella sua mente: un ricordo inquietante, un timore, che scacciò con rabbia. Era un brutto giorno per l'arrivo del legato imperiale: troppo vino, la testa che doleva, brutti ricordi.

Uno dei cavalieri issò l'insegna. Massimo socchiuse gli occhi nel riverbero che il sole nascente traeva dalla neve. Il vessillifero aveva sul capo e sulle spalle una pelle di lupo, ma era di un serpente la statuetta bronzea che luccicava in cima all'asta. Il drago, gli scudi privi d'insegna. Massimo trattenne a stento una bestemmia verso il suo Dio, che gli portava quei visitatori. Il dragone dei Sarmati: gli uomini della *schola palatina*.

E quello privo di insegne, che cavalcava tra gli altri come un semplice soldato, quello alto, quasi un gigante, quello non poteva che essere Batraz, l'Uccisore.

2

Dopo l'assalto al campo dei barbari, i catafratti avevano cavalcato tutta la notte attraverso la pianura uniforme, seguendo le indicazioni della ragazza, che procedeva sicura e silenziosa, guidata solo dalle stelle, luminose come fiaccole nel cielo sgombro di nubi.

«Ti fidi di lei?» Nel buio illuminato dalla neve, Farnag s'era affiancato all'amico. «Hai visto cos'è capace di fare. Potrebbe guidarci in un'imboscata.» Era rabbrividito. «E quei segni azzurri sul volto... È una sacerdotessa. Forse una maga.»

Batraz aveva continuato a cavalcare, gli occhi fissi sulla donna. «Mia madre era una sacerdotessa.» Aveva fatto una pausa, poi s'era voltato verso Farnag. «Mi fido di lei» aveva detto infine.

«Non sappiamo nemmeno come si chiama.»
«Si chiama Leimeie.»
Farnag aveva annuito e taciuto.

Oltrepassarono la porta decumana, fradici di neve, stremati, accolti dai legionari con sguardi diffidenti. La guardia personale dell'imperatore. Uomini taciturni, che combattevano con due spade. Uomini pericolosi. Dodoi si lasciò scivolare a terra, piegò il dorso, le mani sulle ginocchia, poi si rialzò, respirando profondamente, e tese la mano a Yaguz. L'uomo smontò con cautela, attento al braccio ferito, sospeso al collo da un telo impregnato di sangue.

Ancora in sella, Batraz si guardò attorno, valutando le mura alte, ben commesse. Tutto sembrava in ordine. Lucide le armi dei legionari di guardia, ben nutriti i cavalli nelle stalle. Però gli uomini erano pochi, sebbene Durostorum, in quel momento, fosse il luogo più importante dell'impero. Se i Goti avessero attraversato il Danubio, controllarli sarebbe stato un duro lavoro.

Un legionario gli si avvicinò, afferrando le redini del cavallo. Il tuo cavallo è come la tua spada. Solo tuo, come la tua donna. Con un gesto ruvido, Batraz scostò la mano del soldato. Il cavallo scartò bruscamente, mentre l'uomo faceva due passi indietro, gli occhi incupiti. Il Sarmata smontò, facendo forza sulla gamba ferita. A un suo cenno, Dodoi si accostò alla donna per aiutarla a scendere. La ragazza gli appoggiò le mani sulle spalle e, mentre lui la sorreggeva per la vita, la tunica le scoprì, per un istante, la pelle luminosa delle cosce.

Batraz distolse gli occhi, voltandosi infine verso il *dux*, che attendeva in piedi, al centro della corte. Conosceva bene quel volto, anche se non lo vedeva da anni. L'uomo gli rivolse un sorriso aguzzo, sottile.

«Salute a te, *magister scholae palatinae*.»
«Ti saluto, Massimo.»
«Non m'aspettavo d'incontrarti qui.»
«Lo so.»
«È passato molto tempo.»

«Toummara.» Batraz fece una lunga pausa. «Sul Tigri. Tredici anni fa.» Si sfilò l'elmo, appoggiandolo sulla sella. «Ricordi? Le rocce, il deserto. Avevamo le corazze rosse d'argilla.» Con la destra scostò il mantello, scoprendo la spada appesa alla cintura. «E anche allora portavo questa. La spada che mi aveva donato lui, Giuliano. Tu hai ancora la tua?»

Si fissarono, il capo della guardia dell'imperatore e il *dux*. Immobili, tra gli uomini che a poco a poco tacevano e tornavano a dividersi in due gruppi, fronteggiandosi in un largo cerchio. Farnag avanzò cautamente, arrestandosi a qualche passo da Batraz, la mano appoggiata con noncuranza sull'elsa della spada. Sorrise, girando lo sguardo sui suoi uomini. I catafratti sfoderarono lentamente le spade. A un cenno di Yaguz, Dadakos, un guerriero alto, dai lunghi capelli legati in una coda di cavallo, si sfilò l'arco dalle spalle, incoccandovi una freccia. Senza voltarsi, Batraz alzò la destra e Dadakos abbassò l'arco, puntandolo verso terra.

Si fece silenzio, mentre dai *castra* arrivarono altri legionari al comando di un tribuno, le spade sguainate, che si disposero ai fianchi di Massimo. Al bordo del grande cerchio di uomini, Ertegul, il volto coperto dal cappuccio, attendeva, ancora a cavallo, le redini lasciate lente sul collo dell'animale.

Il silenzio durò a lungo, poi Massimo si passò una mano sul volto. «È un ricordo doloroso quello che tu richiami.» Guardò a terra. «La morte di un imperatore.»

Batraz si girò per sfilare la sella dal dorso del cavallo, dando la schiena al *dux*.

«Non so perdonarmi di non aver insistito perché indossasse la corazza, quel mattino.» Massimo seguiva ogni movimento del Sarmata. «Era un uomo coraggioso.»

Batraz si caricò la sella sulla spalla. Si voltò lentamente. «Giuliano era un uomo. E questo non si può dire di molti.» Si avviò verso gli alloggiamenti, facendosi strada tra i legionari. Alle sue spalle, Farnag irrigidì la mano sull'elsa della spada, mentre l'arco di Dadakos tornava a sollevarsi. A un ordine di Massimo i legionari si scostarono, aprendo un varco.

«Che cosa intendi dire, *magister scholae palatinae*?» Il tono di Massimo era ruvido. «O devo chiamarti Batraz l'Uccisore?»

Batraz lo fissò, il viso calmo. «Puoi chiamarmi come vuoi, Massimo. Io non intendo nulla. E tu, invece?»

Ancora silenzio, mentre il tribuno cercava lo sguardo di Massimo, in attesa di un ordine. Poi, la voce di Ertegul. «L'imperatore Giuliano era un pagano.» Il monaco smontò. Abbassò il cappuccio e aprì il mantello, mostrando la croce che portava sul petto. «Per questo i Cristiani lo hanno chiamato l'Apostata. Se avesse creduto nel vero Dio, Dio non ne avrebbe permesso la morte.»

Si avvicinò a Massimo. Le sue labbra sottili si schiusero appena. «Ti saluto, *dux*, e ti porto la parola dell'imperatore.»

Massimo lo fissò con stupore, poi piegò un ginocchio nella neve, il capo chino. «*Abba*.»

Il sole stava salendo nel cielo.

«*Abba*» ripeté Massimo, «benedicimi nel nome del Cristo.»

Un sorriso stirò il volto magro di Ertegul, senza arrivare agli occhi. Il monaco impartì una lenta benedizione e per un momento l'ombra della sua mano nascose il volto di Massimo.

Il tribuno gridò un ordine e i legionari iniziarono a disperdersi, mentre Farnag, con un lungo sospiro, mollava l'impugnatura della spada. Si guardò il palmo della mano, dove l'elsa aveva lasciato una lunga traccia rossa.

«Andiamo» disse ai suoi uomini. «Abbiamo bisogno di riposare.»

Il *dux* si rialzò.

«È lui l'uomo che attendevi, Massimo.» Batraz aveva osservato la scena senza parlare. La sua risata fu amara. «È lui il messo dell'imperatore.»

DECISIONI

Numina in somno sunt sed non pereunt.

1

Durostorum, Mesia Inferiore. Anno MCXXIX dalla fondazione di Roma, VIII giorno prima delle Calende di gennaio (25 dicembre 376 d.C.).

Mattino.

La spianata di fronte alla porta pretoria, quella che d'estate i Romani usavano per le esercitazioni, era stata ripulita dalla neve, ma l'umidità della notte aveva lasciato sull'erba un sottile strato di brina che scricchiolava sotto gli stivali dei legionari. I carpentieri avevano lavorato fino all'alba per preparare un palco di legno, su cui erano stati appoggiati gli sgabelli per Ertegul e per il *dux*. Un altro sgabello, più basso, avrebbe accolto Fritigerno. Non c'era bisogno di un interprete: il monaco ricordava bene la lingua dei suoi padri e il latino del re dei Tervingi sarebbe stato sufficiente per Massimo.

Alle spalle del palco erano schierati da ore uomini in armi, agli ordini di un tribuno. Ertegul era chiuso dall'alba nelle stanze del pretorio, insieme a Massimo. Ne sarebbe uscito solo dopo l'arrivo di Fritigerno.

Sulla passerella che costeggiava le mura dei *castra*, Batraz attendeva, avvolto nel mantello, le mani appoggiate sulle larghe pietre, grigie come il cielo di quella mattina. Il sole del giorno prima era stato una breve illusione e dalla foresta a occidente già saliva lenta la nebbia.

Di fronte alla porta pretoria il Danubio scorreva rapido. Dalla sponda opposta era appena salpata una larga barca dal fondo piatto, priva di insegne, che ora avanzava faticosamente sul fiume ingrossato dalle nevicate. Quattro uomini facevano forza sui remi, mentre altri quattro, le lunghe pertiche pronte, attendevano di raggiungere acque meno profonde. A poppa era tesa una spessa tenda grigia, che ricadeva fin sul pagliolato; Fritigerno, pensò Batraz, era lì. Si accorse con stupore di non provare nulla: né aspettazione né curiosità. Attendeva.

Un suono di passi lungo le mura. Batraz continuò a seguire con lo sguardo la barca, che faticava a tenere la tozza prua verso la riva meridionale.

«Ho pensato che ci avrebbe fatto bene.» Farnag gli si accostò, i capelli rossi raccolti da un nastro, tendendogli la fiasca.

«Ancora il tuo vino greco. È una buona idea.»

«È l'ultimo. Ma nei depositi ho visto delle anfore di vino delle Gallie.» Farnag sogghignò. «Massimo sarà felice di condividerlo con gli uomini della guardia palatina.» Ammiccò. «In verità, tre anfore sono già nella nostra camerata. Ce ne siamo occupati io e Dodoi.»

«Bene.»

Farnag si sporse, osservando il fiume. «Ed ecco l'ospite del monaco. È per lui che siamo qui.»

«E chissà per quanto ci resteremo.» Per un momento, nei pensieri di Batraz comparve il volto di Marpessa, così come l'aveva visto l'ultima volta, gli occhi oscuri nella luce delle candele.

«Sei preoccupato?»

«Fritigerno sta arrivando. Ertegul porrà le sue condizioni e Fritigerno le accetterà. Non può fare altrimenti. E i Goti entreranno nell'impero.»

«Ci siamo entrati anche noi, molti anni fa. E ora ci chiamano Romani. Almeno qualcuno.»

Batraz scosse il capo. «È diverso. Noi eravamo diversi. Questa è la fine dell'impero. La fine di Roma.» Nel parlare si rese conto che quel che diceva era vero. Quel mattino, quelle nubi grigie gonfie di neve, quella barca che beccheggiava sul fiume imbarcando acqua erano il segno di un tempo nuovo, che nessuno poteva prevedere. E lui era laggiù, ai confini del mondo, a vedere l'inizio di quel tempo. E quel tempo poteva significare la fine di ciò che lui conosceva. Fu sorpreso da quel pensiero. Lo scacciò. Lui era un soldato. Non un politico. Non un filosofo.

«Tutti sono diversi, all'inizio.» Farnag scrollò le spalle. «Tutti sono stranieri, barbari, finché non arrivano a Roma. Poi ci sarà chi sposerà una donna di Antiochia o un legionario di Cuma.» Bevve un lungo sorso di vino. «E i loro figli saranno Romani. Forse è l'unico modo in cui l'impero può sopravvivere.»

«Dammi la fiasca.» Batraz annuì. «Forse hai ragione tu. Roma è vecchia. E anche Costantinopoli. C'è bisogno di sangue nuovo.» Versò qualche goccia di vino sulla passerella. «Libiamo agli dei, allora, e al sangue nuovo.» Sorrise, lo sguardo distante. «Che laverà via il nostro dal mondo.»

La barca era arrivata al centro del fiume e i rematori lottavano contro un vortice greve di rami spezzati.

«Cosa c'è tra te e Massimo?»

«È una storia lunga.»

«Abbiamo tempo.»

«Se vuoi.» Batraz inarcò un sopracciglio. «Eravamo insieme, durante la campagna dell'imperatore Giuliano contro i Persiani.» Increspò le labbra in un sorriso ironico. «C'è sempre una campagna contro i Persiani. L'impero ha bisogno di avversari, per sopravvivere.» Tacque, osservando i rematori che cercavano di superare il gorgo. «Amici» riprese. «Eravamo amici. Entrambi guardie personali di Giuliano.»

Farnag ascoltava in silenzio. Era raro che Batraz parlasse di sé. Si doveva tacere.

«Tu eri rimasto in Gallia, a Lutezia.» Batraz ebbe un lieve sorriso. «La mia cara Lutezia, la chiamava Giuliano. Ponti di legno e acque purissime, diceva. Così me la ricordo anche io.»

«Non è cambiata» sussurrò Farnag. «È buono il vino di quelle viti.»

«E io invece lo seguii. Prima a Sirmio, poi a Costantinopoli. Fu là che conobbi Massimo. Era un giovane ufficiale, appena arrivato da Roma. Ma eravamo giovani tutti, allora.»

«Eravamo giovani.»

Batraz sembrò non aver sentito.

«Andammo ad Antiochia. All'inizio andava tutto bene. Giuliano era un uomo, ho detto. Un uomo singolare, che parlava anche con la gente del popolo. Ma lui credeva ancora nei vecchi dei. In Mithra, soprattutto. Non amava i Cristiani. E Massimo, in quei mesi, s'era convertito, proprio ad Antiochia. Non lo disse all'imperatore e mi fece giurare di non parlarne. E io» Batraz chinò il capo, come se si fosse improvvisamente fatto pesante, «io lo feci. Non dissi nulla.» Tese la mano per prendere nuovamente la fiasca. «Ad Antiochia, Giuliano cambiò. Divenne trasandato, sospettoso. Era circondato da gente infida, sebbene lui avesse fatto del suo meglio, come sempre. Ma iniziava a non fidarsi più di nessuno. Se non c'era Sallustio, tu lo conosci, il prefetto del pretorio d'Oriente, il filosofo... Se lui era assente, si fidava solo di me. E di Massimo.» Una risata amara. «Di Massimo.» Un altro sorso di vino. «Poi, qualcuno incendiò il tempio di Apollo, in un bosco vicino alla città. E Giuliano si convinse che erano stati i Cristiani. Non era del tutto in sé, temo. E così fece chiudere la Chiesa Grande di Antiochia e cacciare il vescovo. Ci furono problemi, tumulti, ma non cedette. Da allora, anche Massimo cambiò. Aveva preso a frequentare la casa di Procopio, il cugino di Giuliano.»

«Il ribelle? Colui che fu sconfitto da Valente?»

Batraz annuì. «Sì. All'epoca si diceva che fosse l'erede designato di Giuliano.»

«E Massimo aveva iniziato a ingraziarselo.»

Batraz piegò appena le labbra. Una smorfia.

«Chi può dirlo? Certo è che spesso li si vedeva insieme. Procopio, Massimo e Sebastiano.»

«Sebastiano?»

«Lui. Il generale che qualche settimana fa ha tanto caldeggiato la richiesta di Fritigerno, durante il concistoro.»

Toccò a Farnag ora bere a lungo dalla fiasca.

«È strano. Procopio, Sebastiano e Massimo. Tutti cristiani. Tutti amici. Procopio erede designato, mentre l'esercito elegge prima Gioviano e, alla sua morte, Valentiniano. Valentiniano che divide l'impero con il fratello Valente. Procopio che si ribella e viene infine sconfitto. E ora, anche il nostro Massimo mi sembra molto favorevole al passaggio dei Goti. Come Sebastiano. Come Ertegul. Un altro cristiano.»

«Dimentichi Lupicino. All'epoca della rivolta di Procopio appoggiò Valente, ma si è sempre sospettato che l'abbia fatto solo perché aveva capito chi avrebbe vinto.»

«E anche Lupicino vuole i Goti nell'impero.»

«Proprio così.»

«E il monaco? Lui, che c'entra?»

«Non lo so. Credo che abbia un suo progetto. E non so quale. Ma è un uomo pericoloso. Ed è il primo consigliere dell'imperatore.»

Tacquero a lungo, ciascuno perso nei propri pensieri.

«Pensi a un complotto?» Farnag parlò senza guardare l'amico.

«Ci ho pensato. Ci penso.»

«Un esercito di Goti agli ordini di Sebastiano. O di Lupicino. Per deporre Valente. Gli amici di Procopio che ne vendicano la morte.»

«È possibile. Anche se più che la vendetta credo che desiderino il potere.»

«Sono uomini. Che altro potrebbero desiderare? E in mezzo ci siamo noi. Le guardie dell'imperatore. I suoi uomini. E lui stesso ci ha mandati qui. Dovremmo essere con lui. Per difenderlo.»

«Siamo più utili qui. L'imperatore non sa nulla. Si fida del monaco e di Sebastiano. Ne ho parlato con Vittore. Con lui ad Antiochia, l'imperatore è al sicuro. E io... E noi potremo controllare la situazione qui.»

Farnag sputò oltre le mura. «Politica! Odio la politica. Continua la tua storia.»

«La mia storia... sentivo l'ostilità di Massimo verso Giuliano, ma pensavo che sarebbe passata. Che per un soldato la fedeltà all'imperatore fosse più importante della religione. Era il suo lavoro, fare il soldato. E un lavoro va fatto bene. Con dignità e con coerenza.»

La barca aveva superato il vortice e gli uomini frugavano nell'acqua con le pertiche, in cerca del fondo. Davanti alla porta pretoria, i legionari erano immobili, nel gelo mattutino, ma nei *castra* stava montando l'attesa. I volti erano tirati, pallidi. Anche il fabbro aveva lasciato il lavoro e si era accostato alla porta, spiando il fiume, le mani incrociate sul pesante grembiule di cuoio. Gli uomini di Batraz badavano ai loro cavalli, apparentemente indifferenti a quel che stava accadendo. Avevano però le spade alla cintura e gli archi erano riuniti in un fascio presso la porta delle scuderie. A portata di mano.

«E poi?» domandò Farnag.

Sollevarono gli occhi contemporaneamente, come a un richiamo. Lungo la passerella, in lontananza, una figura avvolta in un mantello scuro veniva verso di loro. Un turbine improvviso di vento le sollevò il cappuccio, scoprendo una lunga treccia bionda. Per un istante la ragazza vacillò, sorpresa dall'aria gelida e vorticante. Poi il vento si chetò e lei riprese il cammino.

Batraz indugiò a osservarla. «Leimeie» disse. «Sta venendo qui.»

Farnag lo afferrò per un braccio. «Continua» disse con voce pressante. «Parlami di Massimo. E dell'imperatore.»

«La campagna andò bene, all'inizio. Eravamo più di sessantamila. Poi l'imperatore divise l'esercito. Metà con lui, metà con Sebastiano e Procopio. Io e Massimo andammo con lui, com'era naturale. C'era anche Vittore, al comando della retroguardia. Giuliano si fidava di noi, e io speravo che a quel punto, lontano dai suoi nuovi amici, Massimo sarebbe tornato quello di un tempo. Ma non fu così. Comunque... comunque andavamo avanti. Vincevamo. Vidi Seleucia, il Tigri... sconfiggemmo i Persiani presso Ctesifonte, ma lì ci fermammo. Non potevamo prendere la città. Avremmo avuto bisogno delle truppe di Procopio, che doveva ricongiungersi con noi. Ma il tempo passava e lui non arrivava mai. Così Giuliano decise di andargli incontro. Faceva caldo, un caldo atroce, e i Persiani ci attaccavano sui fianchi, poi sparivano. Incendiavano i campi e sparivano. Non avevamo più cibo. Avevamo sete. La nostra, ormai, era diventata una ritirata. Sapore ci inseguiva da lontano, ma non accettava mai il combattimento. Ci faceva terra bruciata intorno. Ci spingeva via. Poi...»

Tacque bruscamente. Leimeie li aveva raggiunti. Li fissò senza parlare, poi prese la mano di Batraz e se la posò sul petto. Batraz la guardò come se non la vedesse. Ritrasse la mano e lei rimase, immobile, di fronte a lui.

«Continua amico mio.» Farnag fece un gesto verso di lei. «E tu, donna, va', torna indietro.»

«Lascia che resti» disse bruscamente Batraz. Poi, con voce normale: «Non c'è nulla che non possa ascoltare».

Farnag s'irrigidì. «Come tu desideri, *magister.*» Fece una pausa. Il vento s'era fatto più continuo e batteva gelido le mura. «Continua, *magister.*»

Batraz lo osservò con un mezzo sorriso. «Arrivammo presso Toummara» riprese. «E ci accampammo. Quel mattino ero nella sua tenda. Giuliano era cupo. Taciturno. Nella notte, mi disse, era stato visitato da uno spirito. Il *Genius Publicus.* Il Genio dell'impero. Lo stesso che gli era apparso a Lutezia, quando decise di prendere il potere. Stava lì, ai piedi del letto da campo, il volto velato. Lo aveva guardato a lungo, senza parlare, e poi era svanito. Giuliano disse che il suo tempo era venuto. Fu allora che arrivò Massimo, annunciando che la retroguardia era stata attaccata. Giuliano afferrò la spada, uscendo di corsa. Lo seguii, gridandogli di indossare l'armatura. Mi voltai verso Massimo. Dov'è l'armatura dell'Augusto, gli domandai. Sei tu che la custodisci. Ma lui fece mostra di non sentirmi. Lo afferrai per la veste. Dov'è, gridai. Ma Giuliano era già montato a cavallo. Allora lasciai Massimo e corsi anche io al mio cavallo, ma nel campo c'era confusione, e dovetti organizzare gli uomini. Così, quando raggiunsi Giuliano... quando raggiunsi Giuliano, giaceva a terra, un giavellotto nel fianco. Morì il giorno dopo.»

«Accusasti Massimo?» La voce di Farnag era aspra. Si voltò verso Leimeie. La ragazza fissava il fiume. La zattera era arrivata a poche pertiche dalla riva.

Batraz annuì, lo sguardo assorto. «Sì. Lo accusai di fronte a Sallustio. Ma, pochi giorni dopo, Procopio e Sebastiano ci raggiunsero e lo presero sotto la loro protezione.» Si riscosse. «Fritigerno sta per approdare. E questa è la storia. *Acta est fabula*.»

2

Quando Fritigerno toccò terra, capì che quella non era soltanto la sponda opposta del fiume. Era un altro mondo. Annusò l'aria, stupito di non trovarla diversa. Gli odori erano gli stessi del suo accampamento: l'aroma della zuppa che sobbolliva nelle caldaie, il lezzo di sudore e di tensione che saliva dai legionari schierati di fronte alla porta, il sentore dei cavalli proveniente dalle scuderie. Eppure c'era qualcosa di diverso. Ma non avrebbe saputo dire cosa.

Sbarcando aveva lasciato che il manto di pelliccia d'orso mostrasse la cotta di maglia, lucidata per l'occasione, e la spada dall'elsa ricoperta di cuoio iberico. Quel colloquio di fronte alle mura di Durostorum era un rischio ma, anche se la spada e gli uomini che lo avevano accompagnato gli sarebbero serviti a poco, i Romani dovevano sapere che il re non giungeva disarmato. Ci sarebbe stato dopo il tempo di posare le armi, in omaggio alla sacralità dei colloqui. E più tardi, anche per togliersi la corona. Il sottile cerchio d'oro gelido gli stringeva le tempie, dove il sangue bussava con colpi sordi. Si voltò verso Alavivo, che lo seguiva a pochi passi, la bocca serrata in una smorfia sdegnosa. Non c'erano solo nemici all'esterno, pensò, ma anche tra il suo popolo. Ma pure a quello avrebbe pensato dopo. Se un dopo ci fosse stato. Allontanò con rabbia quelle riflessioni: adesso era il tempo di trattare. Si fermò, esitando, sulla riva del fiume, mentre i suoi uomini sedevano accanto alla barca tirata in secca. Alavivo taceva, chiuso in un silenzio ostile. Nessuno veniva ad accoglierli.

Non accadeva nulla. Dai *castra* non giungeva alcun rumore e dietro il palco di legno i legionari rimanevano immobili e silenziosi. Alle spalle del tribuno, l'*aquilifer*, un africano scuro come la pece, era avvolto in una pelle d'orso e reggeva con la destra l'Aquila Imperiale dorata, con affisse le *phalerae*, i riconoscimenti al valore militare della Legione. Non ce n'era bisogno, pensò Fritigerno. Lui lo conosceva fin troppo bene. Sul capo, l'*aquilifer* portava, come un elmo, la testa di un orso, zanne giallastre e spezzate sul nero del volto del legionario. Il gigante accanto a lui aveva la pelle rosea e i capelli chiari. Un Britanno, forse. Portava una picca, su cui era fissato un drappo purpureo con la figura di un lupo che balzava in avanti. Vicino alla porta, un uomo con un grembiule di cuoio, certo un fabbro, le mani posate sul ventre prominente. Dietro le sue ampie spalle sporgeva il volto pallido d'un ragazzo con la fronte avvolta in una benda intrisa di sangue.

Non accadeva nulla. Rimanevano gli odori, mescolati in quel particolare sentore che – solo allora Fritigerno capì – era l'odore di Roma. Per un istante, provò il desiderio di voltarsi e risalire sulla barca. Quell'odore, pensò, lo avrebbe cambiato. Lo avrebbe reso diverso.

Irritato con se stesso, spostò un piede, trovando una posizione più stabile. Attese. Qualcuno sarebbe venuto.

Uno stormo di anatre tardive attraversò lentamente il cielo, come una freccia verso meridione. Il fiume scorreva con un rombo attutito. Solo dopo un certo tempo, il tribuno si staccò dal gruppo dei legionari e venne verso di loro. Senza una parola, si fece consegnare le armi e li accompagnò fino al palco. Indicò lo sgabello. Continuando a fissare davanti a sé, Fritigerno sedette, consapevole della presenza di Alavivo, in piedi alle sue spalle, inquieto, contrariato. Anche lui, ne era certo, guardava l'Aquila Imperiale.

Trascorse altro tempo e un altro stormo di anatre solcò il cielo. Infine, due figure uscirono lentamente dalla porta pretoria. Un ufficiale basso e dai capelli quasi bianchi, dalla pelle lucida, con una lorica di cuoio su cui luccicavano metalliche le piastre del pettorale. Dietro di lui, un prete alto, magro, avvolto in un mantello bianco che lo rendeva simile a un grande uccello dalle ali ripiegate, il volto semicelato dal cappuccio. Poi il prete sollevò il capo e guardò Fritigerno, con gli occhi sottili di un rapace. Eccolo, pensò Fritigerno. Era lui.

3

Sponda del Danubio di fronte a Durostorum, Mesia Inferiore. Anno MCXXIX dalla fondazione di Roma, VIII giorno prima delle Calende di gennaio (25 dicembre 376 d.C.).

Notte.

«Passeremo il fiume.»

La notte era scesa da poco e la radura, illuminata dal falò, era un cerchio di luce nell'oscurità. Il grande fiume tumultuava lontano, invisibile e presente.

Il re sedeva tra le radici di un grande frassino, circondato dai capi delle tribù. I rami spogli, coperti di neve, gettavano ombre mobili sul suo volto. In piedi alle sue spalle, le braccia conserte, Nanderit, l'unico autorizzato a portare le armi durante l'assemblea, osservava i convenuti. Accanto a lui, su un piccolo fuoco, bolliva una pignatta di terracotta.

L'infuso, di bacche e di piccoli funghi, era quasi pronto.

Mentre i Goti confabulavano fittamente, in attesa che Fritigerno continuasse, dalla prima fila si alzò un uomo alto più della media, le spalle coperte da un mantello rosso degno di un tribuno romano. Accoccolato ai piedi di una quercia, un po' discosto dagli altri, Marco riconobbe Alavivo, con cui Fritigerno divideva il comando militare delle tribù.

Alavivo passò un lento sguardo sui partecipanti, scostandosi dal viso i capelli biondi e lunghi. Trent'anni, pensò Marco. Trenta o poco più. Una cicatrice presso l'angolo dell'occhio destro.

«Che cosa ci chiedono in cambio, i Romani?» Alavivo fece

un passo in avanti e si voltò, rivolgendosi all'assemblea. La sua ombra si stagliò contro il frassino, nascondendo il volto di Fritigerno. «Frithugairns ha parlato con loro in latino.» Si voltò verso il re. «E io non ho capito. Io non so che cosa si sono detti. Io non so che cosa ha detto Frithugairns.»

Tra i Goti, il mormorio si era levato fino a coprire le ultime parole. In quelle voci gutturali Marco avvertì perplessità e stupore. Non in quella di Alavivo, però: l'anima di quell'uomo era ostile. Pericolosa. Il tribuno si rialzò, appoggiandosi al tronco, per studiare il viso di Fritigerno. Il *reiks*, che gli aveva distrattamente concesso di assistere all'assemblea, pareva indifferente a quel che accadeva; le dita affondate nella barba, attendeva che il brusio scemasse.

«Ci offrono della terra, a meridione del grande fiume» disse infine, quando tutti ebbero taciuto. «E cibo per le nostre donne e per i nostri figli. Subito. Appena saremo nel territorio dell'impero.»

Le voci ripresero, salendo ancora di tono. Alavivo sollevò il braccio destro, zittendo l'assemblea. Un'altra cicatrice percorreva la carne dal polso al gomito. Nel riflesso del fuoco i suoi capelli e la sua barba avevano il colore del tramonto. «Questo è ciò che ci offrono. E io ti credo. Ed è quello che vogliamo.» Annuì solennemente. «Ma tu non ci hai ancora detto quel che *loro* vogliono.»

Vi fu una lunga pausa, rotta solo dal sibilo del vento che ravvivava i fuochi.

«Vogliono obbedienza all'impero.» La voce di Fritigerno era calma. «Ci chiedono di coltivare le loro terre, che diventeranno nostre. E di pagare il tributo.»

«Con che cosa pagheremo?» La domanda era risuonata, inattesa, alle spalle di Marco. Waduulf era arrivato attraverso la foresta, senza fare alcun rumore. Al polso, come Nanderit, portava il bracciale dei fratelli di sangue del re. «Non abbiamo più né oro né argento.»

Alavivo annuì ancora. «Con che cosa pagheremo?» ripeté.

Fritigerno non rispose subito. Si guardò attorno.

«Pagheremo in uomini. Soldati per Roma. Soldati per la guerra contro i Persiani.»

Nell'assemblea scoppiò un tumulto di grida. Alavivo, immobile nella luce del falò, sorrideva, evidentemente compiaciuto. Un uomo pericoloso, si ripeté Marco. Si voltò verso Waduulf. «Che cosa dicono?» domandò. «Non riesco a capire.»

«Che non vogliono servire i Romani. Che portarci via i guerrieri è una trappola. Che i Romani vogliono renderci schiavi.»

Fritigerno si era alzato in piedi. Fece un cenno e Nanderit immerse un mestolo di legno nella pignatta, riempiendone una ciotola.

«Dobbiamo attraversare il fiume, altrimenti moriremo di fame prima ancora che gli Unni ci raggiungano. Non c'è più farina e abbiamo poche coperte. I cavalli sono magri e le donne non hanno più latte. Tra poco, cercheremo i nostri figli tra i morti. Se i Romani ci chiedono questo, noi questo accetteremo. Per le nostre donne. Per i nostri figli.» Fritigerno tacque, il capo chino nell'ombra. Poi si risollevò. «E rispetteremo l'accordo. Ma se verremo traditi, combatteremo e porteremo il fuoco tra i nostri nemici.» Fissò Alavivo. «So che molti di noi adorano il Cristo Bianco e il Dio di Ulfila. Io credo ancora ai nostri dei e so che ci guideranno. Il dio del fiume e il dio della guerra.» Fece un'altra pausa, sollevando la ciotola in modo che tutti potessero vederla. «Chiederò il loro consiglio. Ho fatto preparare l'infuso sacro. Quello dei nostri padri. L'infuso dell'estasi. E ora lo berrò.» Chinò nuovamente il capo. «L'infuso mi darà la visione degli dei. La visione della verità.»

Fritigerno accostò la ciotola alle labbra ma, prima che potesse bere, Alavivo gli afferrò la mano con un gesto violento. La ciotola rotolò a terra e l'infuso si rovesciò sulla neve, macchiandola d'un colore rugginoso. Tra i Goti si fece silenzio, subito rotto da nuovi clamori e grida. Waduulf si slanciò in avanti, trattenuto da Marco.

«Sacrilegio!» gridò.

«Aspetta» mormorò il tribuno.

Waduulf lo afferrò per la gola, lo sguardo furente. Il dolore fu immediato e brutale, e Marco vide una luce rossastra lampeggiargli davanti agli occhi. Nelle orecchie, un tintinnio metallico. «Aspetta» ripeté con la voce strozzata. «Il *reiks* sa quello che sta facendo.»

Le dita del guerriero si rilassarono appena, senza mollare la presa. «Io ti ho accolto sul mio carro. Ma se menti, morirai.»

Nel cerchio luminoso, Nanderit aveva sfoderato la spada e l'aveva puntata al petto di Alavivo. Fritigerno lo fermò con un gesto.

«L'assemblea è sacra» disse con voce tranquilla. «Non commettiamo l'errore del nostro fratello.»

Dalle fila dei Goti si levò un mormorio di approvazione. I vecchi annuivano, tacitando i più giovani. Mentre Nanderit rinfoderava la spada, Marco fece a Waduulf un sorriso stentato. Infilò le dita sotto quelle del Goto e fece pressione. Con un grugnito d'assenso, il gigante aprì la mano e Marco si lasciò scivolare a terra. «Hai mani da fabbro, amico mio. Spero che questa sia l'ultima volta che le sentirò su di me.» Annuendo, Waduulf gli tese la destra, per aiutarlo a rialzarsi. Entrambi tornarono a osservare la scena.

Fritigerno aveva raccolto la ciotola e ora la tendeva ad Alavivo perché la riempisse di nuovo.

«Questo è il filtro delle Haliurunne.» Alavivo scosse la testa, la ciotola tra le mani.

Fritigerno annuì.

«Nessuno deve berne» continuò Alavivo, la voce roca. «Nessuno deve bere la bevanda delle streghe.»

Nel silenzio seguito alle sue parole, un vecchio si alzò dalla prima fila. Eretto, scarno, i panni grigi coperti da un mantello di lana. Aveva i piedi nudi, affondati nella neve.

«Igila» sussurrò Waduulf. Marco osservò più attentamente. Igila, il sacerdote cieco, l'uomo più anziano della tribù di Fritigerno. Di lui si diceva fosse muto, perché nessuno ricordava l'ultima volta in cui aveva parlato.

«Le Haliurunne» disse il sacerdote, con voce sorprendentemente chiara. «Chi parla delle Haliurunne?»

«Io, vecchio. Alavivo.»

Il vecchio si avvicinò, appoggiandosi a un bastone di legno di quercia. Si fermò a poco più di un passo da Alavivo. Aveva gli occhi ciechi, coperti da una spessa patina biancastra, e li teneva fissi su di lui, come se avesse potuto vederlo. Allungò la destra, sfiorandogli il volto. «Mi ricordo di tuo padre.»

Alavivo scostò dolcemente la mano di Igila. «Che fai qui, vecchio? Fa freddo.»

«Chi offende gli dei? Tu, che sei cristiano?»

«Non ho offeso i vecchi dei. Le Haliurunne sono streghe. Le madri degli Unni. Filimer, quando arrivò nella terra delle acque, le scacciò dal nostro popolo.»

Igila sorrise. Sul suo volto, la rete delle rughe si distese, formando una V dalla punta rivolta in basso.

«Questa è una storia che raccontano i padri dei nostri padri. E poi ancora i loro padri. E così fino ai tempi delle origini.» Scosse il capo. «Le Haliurunne sono le guide del regno dei morti. Coloro che ci conducono nel grande viaggio.» Si voltò verso l'assemblea. «Filimer, il figlio di Gadareiks, le scacciò e dopo anche noi fummo scacciati dalla terra delle paludi. E ora siamo qui, di nuovo in fuga, qui, dove ci ha condotti il Dio dei cristiani.» Tornò a rivolgersi ad Alavivo. «È questo che vuoi, figlio? Che continuiamo a vagare senza una terra? È questo che vuole il tuo Cristo?»

«L'infuso è maledetto.»

«L'infuso ci dà la vista. E le *belagines,* le nostre consuetudini, non lo vietano.»

«Sei cieco, vecchio. Che cosa vuoi vedere?» Alavivo scagliò la ciotola a terra. «E forse dobbiamo darci nuove leggi. Non esistono gli dei. Solo il Crocifisso. Il figlio di Dio. E noi dobbiamo seguirlo.»

Tra i Goti il tumulto crebbe nuovamente, mentre Alavivo fissava sorridendo l'assemblea, gli occhi freddi e calmi.

«Che cosa succede, ora?» domandò Marco.

«Sono coloro che credono nel Cristo Bianco che insultano i seguaci degli dei. Ma siamo ancora in molti ad adorare Teiws, il signore della guerra. E Frithugairns è il suo sacerdote. La sua voce.»

«Tacete.» L'ordine di Fritigerno risuonò chiaro. «Tacete.

Anche i Romani...» Si rivolse ad Alavivo. «Anche i Romani vogliono che seguiamo la croce. È la loro ultima condizione. E io dico che, se è necessario, la seguiremo tutti, anche quelli che non credono nel tuo Cristo. Anche io.»

Il vociare dell'assemblea divenne assordante. Alcuni si alzavano in piedi, ricacciati bruscamente a terra dai vicini, i pugni levati, le bocche urlanti. Uno di loro, con una minuscola testa rasata e una grande croce di legno sulla tunica, tese le braccia al cielo, scuotendo i polsi carichi di pesanti braccialetti d'osso e di metallo.

«Chi è?» domandò Marco.

«Un prete» brontolò Waduulf.

«Con tutti quei gioielli?»

Waduulf lo guardò con un sorriso ironico. «Perché? I tuoi preti sono diversi?»

Marco lo fissò disgustato. Un prete deve essere umile, pensò. Si segnò con la croce, allontanandosi da quella che rischiava di diventare una gigantesca mischia. I Goti si fronteggiavano in due gruppi, l'uno guidato dal prete e l'altro da un vecchio che portava i capelli grigi raccolti in una treccia spessa. I più anziani già cadevano, urtati da quelli che cercavano di avanzare verso il cerchio di luce del falò. Con un grido rauco, il vecchio con la treccia spinse con violenza un giovane, dal naso arcuato identico al suo, contro il prete. I due si guardarono in cagnesco, i muscoli lucidi di sudore, le braccia tese in avanti, pronte alla presa. Il prete afferrò la croce per il braccio superiore, estraendone una lama larga e pesante. Roteando l'arma fece un passo verso il ragazzo, che si chinò afferrando un grosso sasso tra la neve. Gli altri tacquero d'improvviso, facendo largo ai due avversari, che iniziarono lentamente a muoversi in cerchio. Quando il prete tentò il primo fendente vi fu un grido. Waduulf era piombato tra i due. Li afferrò per le spalle e con un violento strattone li separò, mandandoli a sedere nella neve. Tra la folla vi fu un momento d'esitazione. Molti si frugarono tra le vesti, cavandone coltelli, mentre Waduulf li osservava pacato, le braccia conserte. Scivolando fuori dall'ombra, Marco gli si avvicinò, in pugno lo scalpello con cui lavorava il legno per le zattere. Senza guardarlo, Waduulf accostò la schiena alla sua.

Il vento era calato. Dal folto degli alberi venne lo stridio di un animale notturno. Il prete, ancora a terra, fissava Waduulf, la lama luccicante nella mano.

D'un tratto, il vecchio con la treccia cominciò a ridere «Ti si gelerà il culo, prete» disse.

Il prete lo guardò torvo, senza lasciare la lama. Poi, qualcosa sul suo volto ossuto iniziò a vibrare, le labbra serrate si piegarono nello sforzo di rimanere chiuse e infine si aprirono in una larga, contagiosa risata. Dopo un istante di esitazione, tutti tornarono lentamente a sedersi, parlottando, mentre il vecchio aiutava il prete a rialzarsi. Solo il ragazzo continuava a guardarsi intorno, bellicoso. Infine, il volto rosso di vergogna, sgusciò tra la folla, scomparendo nella foresta.

Marco si voltò verso Waduulf. «Questa volta le mani le hai usate bene.» Waduulf sollevò appena l'angolo della bocca, poi fissò Marco. «Puoi dormire ancora nel mio carro» disse.

Fritigerno aveva seguito la scena con un lieve sorriso. Alzò le braccia, imponendo silenzio. «Ecco cosa accade se non restiamo tutti fratelli.» Guardò Alavivo che annuì, il volto inespressivo. «Dobbiamo decidere» aggiunse il *reiks*. «L'infuso mi dirà quel che vogliono i nostri padri. E se sarà necessario, seguiremo la croce.»

Alavivo lo fissò. «Io non mi fido, Frithugairns. Se qualcuno deve bere la bevanda delle Haliurunne, non voglio che sia tu.»

«Lo farò io.» La voce limpida di Igila risuonò nella radura. «Berrò io l'infuso delle Haliurunne.» Igila si voltò verso Alavivo. «Ti fidi delle mie parole, figlio?»

Con un grugnito Alavivo si allontanò di qualche passo, mentre Fritigerno raccoglieva la ciotola e la riempiva. Il *reiks* prese la mano del sacerdote e la chiuse intorno alla ciotola.

«Ecco» disse. «Bevi.»

Il vecchio bevve e lasciò cadere la ciotola. Chinò il capo e curvò le spalle, come se un grande peso fosse calato su di lui. Rimase a lungo immobile, quasi aggrappato al bastone, poi, come un cencio privo di sostegno, scivolò a terra, accoccolandosi nella neve, le mani che cingevano le ginocchia. In lontananza risuonò un rombo attutito, come il fragore di tamburi lontani.

«Tuona» sussurrò Marco, nel silenzio.

Waduulf annuì, senza staccare gli occhi dal vecchio.

«Come è possibile? È inverno.»

«Taci, cristiano. È la voce di Teiws. Lui si avvicina per parlare.»

Il tuono si ripeté, più prossimo, e Marco sentì vibrare il tronco cui s'era appoggiato. Si avvicinò al fuoco, superando le schiere dei Goti in attesa. Igila sedeva immobile presso il falò. Il velo biancastro che gli ricopriva gli occhi pareva più sottile, venato di azzurro. Un altro rombo, questa volta proprio sopra la radura, fece sussultare Marco. Gli parve che grandi tamburi avessero suonato nella sua testa, nelle sue ossa, nei denti che batterono tra di loro, come per un lungo brivido. E lungo fu anche il tuono, che morì lentamente.

Il vecchio sollevò il capo. La patina bianca era scomparsa, lasciando posto alle iridi azzurre e limpide. Igila pareva fissare qualcosa alle spalle dell'assemblea, con un lieve sorriso sulle labbra. Marco si voltò. Dietro di loro, i rami di una quercia isolata e spoglia ardevano silenziosamente nell'aria ferma, senza un crepitio, senza una scintilla. Marco fece un passo verso l'albero, ma venne fatto sedere bruscamente da Waduulf, che si portò un dito alle labbra, intimandogli di tacere. Il Goto accennò a Igila.

Il vecchio aveva iniziato a tremare, prima lievemente, poi con grandi sussulti. Marco si avvicinò ancora, curvo sulle ginocchia, come un animale.

Poi Igila parlò.

«Il fiume» scandì, con voce bassa. «Il fiume è rosso di sangue. Il mio popolo lo attraversa. Molti muoiono, ma il mio popolo lo attraversa. E il fiume è rosso.»

Fritigerno ascoltava, come tutti, lo sguardo rivolto a terra. Avvolto nell'ombra del frassino, solo Alavivo teneva il capo eretto, la bocca serrata.

«C'è un incendio, lontano.» Il vecchio, dopo una lunga

pausa, aveva ripreso. «Un incendio in una pianura. Morti, migliaia di morti. I morti sono come i chicchi del grano caduto sulla terra.» Si portò le braccia intorno al corpo e prese a dondolarsi, quasi cullandosi, come un bambino. «C'è un uomo che muore. Un uomo che porta la corona. E la pianura è simile al fiume. Rossa di sangue. Rossa del sangue dei Romani.» Il vecchio ebbe un lungo sussulto. Si rizzò in piedi. «La croce» gridò. «Dobbiamo seguire la croce.» Il suo sguardo si fece opaco, pieno di timore. Si coprì il volto con le mani, smarrito. Il tuono risuonò ancora, più lontano. Lungo i rami della quercia il fuoco si stava spegnendo, senza lasciare segni di bruciature. Il vecchio aveva scostato le mani dal viso e i suoi occhi erano bianchi e ciechi. Respirò profondamente, per poi scivolare tra le braccia di Nanderit.

Fritigerno levò alta la mano nella luce delle fiamme. «Attraverseremo il fiume» gridò.

4

Il *reiks* sedeva da solo presso il fuoco morente, nella radura deserta. Marco aveva accompagnato Waduulf fino al carro, poi, con la scusa di andare alle latrine, presso la foresta, era ritornato sui suoi passi.

Si avvicinò, procurando di fare rumore. Non voleva rischiare di trovarsi la spada di Fritigerno alla gola. Passando tra gli arbusti ne spezzò qualche ramo. Fritigerno non si voltò, ma raddrizzò per un momento la schiena, per poi tornare a chinarsi verso il falò.

«Eccoti, Romano» disse, senza guardarlo. «Vedo la tua ombra dinanzi a me. Siedi.»

Marco si accovacciò, accostando le mani alle braci. Teneva lo sguardo sul fuoco.

«Hai sentito, dunque. Passeremo il fiume.» La voce di Fritigerno risuonò monotona. Una voce morta.

Marco gettò una manciata di ramoscelli nel falò. Le fiamme arsero alte, per subito chetarsi.

«Ho sentito.»

Rimasero entrambi in silenzio.

«Che fai qui?» domandò infine Fritigerno.

Marco iniziò a giocherellare con un sasso che teneva in mano.

«Ho sentito le parole di Igila» disse. «Tu credi a quel che ha detto?»

«Non lo so. Non so se gli dei ci parlino ancora.» Il *reiks* sospirò. «Quando ho deciso di bere l'infuso, pensavo che sarebbe stato il modo di convincere il mio popolo a seguirmi.» Scosse il capo. «Non possiamo più resistere a lungo.» Affondò la mano nella neve, portandone una manciata alla bocca e succhiandola. «Ho sete.»

«Quindi tu non credi al tuo dio?»

Fritigerno era un'ombra scura avvolta nel mantello. L'ombra ebbe un fremito.

«Credo in Teiws se può aiutare il mio popolo. Ma sono disposto a credere anche nel tuo Cristo Bianco.»

«Quindi non credi in niente.»

«Un capo non può credere. Deve fare. E credere in un dio spinge a fare troppi errori.»

«Seguirai la croce, però.»

«Mi è utile. È utile ai miei.»

Marco gettò il sasso nel fuoco, osservando le scintille che cadevano tra la neve.

«I tuoi... I miei non sono venuti a cercare di salvarmi.»

«Sarebbe stato troppo rischioso. Avevano già perso troppi uomini.»

«E così hanno perso anche me.»

«Che intendi?»

Marco non rispose. Gettò un altro sasso tra le fiamme.

«Igila ha detto che un re morirà. Non hai paura?»

Fritigerno tacque a lungo.

«Ho paura.» La voce sembrava venire dal buio. «Ma non c'è altra strada. Se devo morire, sarà così.» Si scostò bruscamente il cappuccio dal capo. Rise, e la sua risata risuonò tra gli alberi. «Ma non sono il solo a portare la corona. Anche il tuo signore la porta. Valente.»

«Che farai, allora?»

«Guiderò il mio popolo nelle terre che ci daranno. E veglierò perché non c'ingannino.»

«Io non voglio più essere ingannato.»

«È tempo che tu ritorni tra la tua gente. A prendere il tuo posto. Forse c'incontreremo ancora. Dietro le nostre spade.»

Per la prima volta Marco si voltò per fissare il re.

«Non accadrà» disse. «I Romani mi hanno tradito. E ognuno deve scegliere da che parte stare. Io verrò con te.» Abbassò lo sguardo. «Se tu mi vorrai, *reiks* dei Goti.»

Fritigerno si alzò, camminando intorno al fuoco.

«Alavivo dice che dovrei ucciderti. Che tenerti qui è stato come allevare un serpente nel proprio letto.»

«Se pensi così anche tu, fallo. Non cercherò di fuggire. Siamo soli e io sono disarmato. Fallo ora, *reiks*. Qui.»

Fritigerno si voltò verso la grande quercia ai limiti della radura.

«Hai visto anche tu i rami bruciare?»

«Li ho visti. È per questo che voglio seguirti.»

«Igila, quando si è ripreso, ha detto che devo portarti con me.» Fritigerno era in piedi, a pochi passi. Marco pensò che avrebbe potuto ucciderlo in quel momento. Il re gli girava le spalle. Inerme; pareva aspettare. Marco sorrise. Si frugò nelle vesti, estraendone lo scalpello e lo gettò tra i piedi di Fritigerno. Trascorse altro tempo. Infine il re si voltò. Raccolse lo scalpello, tendendolo a Marco.

«Tienilo. Ne avrai bisogno, per costruire la zattera con cui attraverseremo il fiume.»

DANUBIO ROSSO

1

Durostorum, Mesia Inferiore. Anno MCXXIX dalla fondazione di Roma, VII giorno prima delle Calende di gennaio (26 dicembre 376 d.C.).

Si destò poco prima dell'alba. Nella camerata i suoi uomini dormivano ancora, abbandonati sui giacigli come animali stanchi. Il gelo s'infiltrava dalle basse finestre, sbarrate da imposte di legno mal commesse.

Aveva sognato: ricordava il mastino nero, accucciato ai suoi piedi. Nel sogno cercava di nutrirlo con la carne d'una gallina, ma il cane la respingeva, fiutando l'aria, per poi scomparire. Al suo posto giaceva Leimeie, il viso, libero da ogni traccia di pittura, rivolto verso il suo. Lui aveva allungato una mano e le aveva accarezzato una guancia. Ma subito anche lei era svanita e s'era ritrovato ai piedi di una croce in fiamme. Solo allora, misericordiosamente, s'era svegliato.

Si levò, gettandosi il mantello sulle spalle. Camminò nel buio fino alla porta e uscì nella corte. Dodoi vegliava appoggiato al muro, la lancia tra le mani stanche. Lo salutò con un gesto, gli occhi cerchiati di rosso. Il cielo era ancora scuro, ma a oriente s'intravedeva un velo rossastro.

Immerse la testa nella fontana e l'acqua gelida dissipò le forme confuse che i sogni gli avevano lasciato nella mente. Dopo una breve esitazione si tolse gli abiti e si lavò, sfregandosi con forza tutto il corpo, finché la pelle non divenne rossa. Come il cielo a oriente. Si rivestì e s'avviò verso la porta pretoria.

Il monaco era là, dove s'aspettava di trovarlo, in piedi presso la sponda del fiume, lo sguardo rivolto a settentrione. Due legionari attendevano a pochi passi da lui, i volti scabri e olivastri nascosti dagli elmi.

Quando Batraz lo raggiunse, Ertegul volse appena la testa. «Sei mattiniero, *magister.*»

Dalla riva opposta proveniva il suono ritmato e ottuso di mazze picchiate con forza sul legno.

«Costruiscono altre zattere.» Batraz affondò la testa tra le spalle. Sentiva i muscoli del collo dolenti e affaticati, come se, durante il sonno, avesse tenuto il capo eretto, eretto per guardare qualcosa. Per vedere qualcosa che non ricordava. «Dunque hanno accettato.»

«Ho chiesto un segno.» Il monaco fissava l'accampamento, appena visibile nell'oscurità. «Fino ad allora, siamo preparati a respingerli.» Indicò la sponda.

Nascosti tra i cespugli, invisibili se non si sapeva dove cercare, erano schierati gli arcieri. Gli ufficiali li avevano disposti di fronte alla porta pretoria, lungo una breve insenatura che costituiva una sorta di approdo naturale. Nell'insenatura erano attraccate decine di barche a remi e alcuni grandi pontoni. A occidente, verso la foresta, era schierato, bene in vista, un manipolo di legionari.

«Ci sono altri uomini a oriente, oltre quelle rocce.» Ertegul sorrise. «E a occidente ci sono gli altri forti. Passeranno solo se lo vorremo.»

«Qual è il segno?»

«Tu sei un pagano.» Ertegul scrollò le spalle. «Non capiresti. Passeranno solo se rispetteranno il volere di Dio.»

«Molti di loro credono. Ariani, come te.»

«Molti non basta. Non basta a Dio. Non a me.»

Il cielo si andava schiarendo. Un altro giorno di nubi, ma le nubi a oriente rimanevano rosse e dal fiume saliva un odore pesante.

Batraz scrollò le spalle. «Io servo l'imperatore anche se non credo nel vostro Dio.»

«Tu sei un cane fedele. E lo saresti comunque. Ma Dio dividerà chi è con lui da chi è contro di lui.»

«E che ne farà?» Batraz sogghignò.

«Quelli che non credono in lui moriranno. Per sempre.»

«Mi basta una sola volta.»

«Le Scritture dicono così. E Dio punisce chi non le segue.»

«È uno strano Dio, il tuo.» Batraz respirò a fondo, osservando la nuvola di vapore che ondeggiava nella brezza gelida. «Parla d'amore, ma uccide coloro che non credono. O che non lo conoscono.»

«È un Dio geloso. Nel cuore deve esserci posto solo per lui.»

«Forse non ama farsi conoscere.»

Sulla riva opposta i Goti si stavano muovendo. Un gruppo di uomini liberava dalla neve una spianata a pochi passi dall'acqua.

«Ma tu ci credi davvero?» continuò Batraz.

Ertegul si voltò di scatto, osservandolo con attenzione. «In Dio?»

Batraz scosse il capo. «Penso che non sia questo il problema. Non la fede soltanto.» Dalla bisaccia che aveva a tracolla, estrasse una mezza forma di pane nero. Lo spezzò in due, tendendone una metà al monaco. Masticarono lentamente, impregnando di saliva il pane duro e saporito.

«E cos'altro?» Ertegul affondò nella crosta i denti piccoli e lucenti.

«Politica.»

«Tutto è politica. A volte anche la fede ha bisogno di politica.»

«E tu da che parte stai?»

Ertegul masticò a lungo, poi, con un gesto, chiamò uno dei legionari che gli porse una fiasca d'acqua.

«Tieni» disse. Batraz bevve e gli passò la fiasca.

«Io sto dalla parte del mondo che deve arrivare» disse Ertegul.

«Non sarà più lo stesso, allora.»

Il monaco scrollò le spalle.

«Non è più lo stesso da molto. Ma tu non te ne sei ancora accorto. Per chi sa leggerli, questi sono giorni pieni di segni.»

«Ad Antiochia dicono le stesse cose. Anche le puttane.»

«Guarda.» Ertegul sollevò la mano. «Il cielo è rosso come il sangue. Nascono ovunque bambini deformi. Ieri, la donna di un soldato ha partorito un neonato senza gambe. Lo ha affogato nel fiume ed è fuggita.» Staccò con le dita un altro pezzo di pane. «Gli uomini fanno sogni di morte. Il vecchio tempo è finito. E non c'è spazio per gli uomini che non lo capiscono. Nemmeno per te, *magister scholae palatinae.*» Si voltò, fissando Batraz come se lo vedesse per la prima volta. «Questo sarà il tempo dei barbari, come me. E come te. Tu lo sai. Perché non vuoi accettarlo?»

Nell'alba scarlatta, i Goti accendevano i fuochi. Dall'accampamento si levavano nuvole di fumo grigio. L'odore delle braci arrivava fino a loro, portato dalla brezza.

«È possibile.» Batraz incrociò le braccia. Freddo, faceva freddo. «Questo mondo sta morendo. Ma è il mio e non ne voglio un altro.»

«Già. Roma. Il tuo Catullo, il tuo Virgilio. Ho sentito che sei un lettore. Cosa rara, *magister.* Ma anche Virgilio sapeva che tutto sarebbe cambiato. *Magnus ab integro saeclorum nascitur ordo.* Il grande ordine dei secoli nasce di nuovo. Lo dice nella quarta egloga.»

«La quarta egloga.» Un lieve sorriso sulle labbra di Batraz. Un ricordo. «Mio padre me la fece avere quando ero in Persia. Ne parlai a lungo. Con Vittore, con Giuliano stesso.»

«Abbiamo avuto padri simili. Fu lui a leggermela, la prima volta.»

«Un nuovo ordine. È rischioso.»

«È venuto il tempo...» Ertegul s'interruppe bruscamente, lo sguardo fisso sull'accampamento goto. «Ecco» disse.

Sulla sponda opposta gli uomini avevano attaccato i cavalli a uno dei carri e ora lo guidavano sulla spianata.

«Ecco» ripeté Ertegul.

I Goti arrestarono il carro in modo che fosse ben visibile, con il fianco voltato verso Durostorum. Abbassarono i teli che lo ricoprivano e iniziarono a fare forza con delle grosse funi.

«Che fanno?» domandò Batraz.

«È il segno che attendevo.»

Lentamente, sul carro, una grande croce di legno venne issata fino a quando non fu perfettamente verticale. Poi i Goti affrancarono le funi e uno di loro si arrampicò fino all'incrocio dei bracci. Sulle tre estremità erano avvolti quelli che sembravano dei panni posti a proteggere il legno. Uno dei Goti sul carro sollevò una torcia accesa. L'uomo sulla croce la afferrò e appiccò le fiamme ai panni, che presero adagio a bruciare. Pece, pensò Batraz. Li hanno immersi nella pece.

«Ecco il segno.»

Batraz non rispose. Di fronte ai *castra*, la sponda si andava affollando. Giungevano alla spicciolata, richiamati dalle fiamme. Legionari senza cotta, schiavi, artigiani, donne. Bambini, condotti per mano dalle madri od occhieggianti impauriti dietro i cespugli. Osservavano in silenzio la croce fiammeggiante, come si osserva un'eclissi o una cometa. Tra la folla, i volti illuminati da riflessi rossastri, Batraz vide Farnag, avvolto in un mantello grigio. Guardava la croce con il volto duro, privo d'espressione. Accanto a lui, Dodoi, si appoggiava alla lancia, la bocca semiaperta per lo stupore. Batraz tornò a fissare la croce, cercando di scacciare dalla mente il ricordo del suo sogno. Sentì una mano posarsi sul suo braccio. Leimeie gli stringeva il polso, gli occhi sulla riva opposta. Le sue dita avevano un tremito leggero. Poi, lei gli indicò il fiume.

Nelle acque si riflettevano le fiamme, e il sole, offuscato dalle nuvole quasi cremisi, le copriva di luce. Il Danubio era rosso.

IL POPOLO DELLE ZATTERE

1

Sponda del Danubio di fronte a Durostorum, Dacia. Anno MCXXX dalla fondazione di Roma, Idi di gennaio (13 gennaio 377 d.C.).

Il dio del fiume era furioso. Ingrossato dalle nevicate e dalla pioggia che da due settimane batteva la pianura, il Danubio fustigava i canneti, trascinava rami e detriti verso la foce che li avrebbe ingoiati. Spezzava tronchi. Montava, lungo le sponde, fino a inondare le rive, dove la neve era diventata una poltiglia fangosa e grigia.

E i Goti attraversavano il grande fiume.

Avevano iniziato la mattina stessa. Le prime barche romane avevano passato il Danubio all'alba, rimorchiando i grandi pontoni dalle fiancate basse che avrebbero imbarcato i carri dei barbari. I legionari, al comando del tribuno Manlio, avevano il compito di far salire a bordo prima le donne e i bambini. Solo così, aveva mormorato Ertegul a Massimo, saremo al sicuro. I bambini saranno il nostro scudo. Nemmeno i Goti vorranno uccidere i loro figli. Dopo, toccherà ai vecchi e infine agli uomini validi, che porteranno i carri. E le armi, aveva domandato il *dux*. Le faremo sequestrare. Tutte. Anche quelle dei capi. Massimo aveva annuito, perplesso. Quando Ertegul aveva ripetuto le stesse cose a Batraz, Batraz aveva scosso il capo. E tu credi davvero che ce le consegneranno, aveva detto allontanandosi.

I legionari erano disposti su due file, a coppie separate da una ventina di passi. Facevano passare le donne e i bambini a piccoli gruppi, sorvegliandone l'imbarco. I Goti si trascinavano nella neve molle, i piedi infagottati in panni laceri, i pesanti involti sulle spalle, in una lunga colonna fradicia di pioggia. Il cielo era grigio, uniforme, infinito.

Sesto Autronio, un veterano dai capelli quasi bianchi, si rivolse a Numerio, il legionario di fronte a lui. «Hai paura, ragazzo?» domandò.

Il giovane si reggeva alla lancia, scavando un solco profondo nel fango. Oscillava, come se fosse stato in procinto di svenire. Aveva il volto cereo, rigato dalla pioggia.

«È la prima volta che li vedi da vicino?» Sesto Autronio accennò a settentrione. I Goti dei primi contingenti, separati dalle donne e dai bambini, erano riuniti in uno spiazzo circondato da arcieri e soldati armati di giavellotto, dove i legionari distribuivano ciotole di zuppa calda. Oltre il cordone di Romani, i carri sembravano arrivare fino al basso orizzonte.

«Sono grandi.» Numerio annuì, lo sguardo vuoto. «Sembrano animali. Orsi.»

Sesto Autronio scoppiò a ridere. Estrasse un ramoscello dalla tunica, lo scosse per asciugarlo, e iniziò a pulirsi i denti radi e ingialliti. Indugiò tra i molari, dove si aprivano larghi spazi. «Non sono che bestie.» Si sfilò il berretto frigio, passandosi la mano tra i capelli unti e grondanti. «Grossi, alti, biondi.» Sputò nel fango. «Una razza inferiore.» Sogghignò, indicando una ragazza che avanzava tra le file dei soldati, gli occhi, rivolti a terra, che di tanto in tanto guizzavano impauriti. «Guardala. Ti sembra una donna? È un animale da monta, buona solo per quello.» Con un gesto brusco, il veterano allungò la lancia, sbarrando la strada alla ragazza. «Fermati» disse con la voce roca.

La ragazza inciampò nell'asta e rimase in piedi a fatica, levando lo sguardo verso l'uomo. Sesto Autronio indicò il fagotto che portava sulla schiena. Vi batté sopra con la lancia. «Svuotalo» ordinò. Lei continuò a fissarlo, senza capire, le labbra percorse da un tremito leggero. Sesto Autronio la colpì sulle gambe con il legno della lancia. «Svuotalo» ripeté, gli occhi luccicanti.

La ragazza sembrava non riuscire a muoversi, mentre il tremito le si estendeva a tutto il corpo. A qualche decina di passi, due donne più anziane erano state fermate da un'altra coppia di legionari. La fila era bloccata e i legionari osservavano ridendo Sesto Autronio, mentre donne e bambini si ammassavano, silenziosi come pecore condotte agli stabbi. Gli uomini, oltre la fila degli arcieri, sedevano a terra, privi di armi, sorbendo la zuppa fumante.

«Cosa vuoi fare?» Numerio impugnava la lancia con entrambe le mani, le nocche sbiancate.

«Ci hanno ordinato di controllare che non portino armi, no?» Sesto Autronio sogghignò ancora. «E noi lo facciamo.» Si avvicinò alla ragazza e le strappò brutalmente il fagotto, rovesciandolo al suolo. Frugò con i piedi tra le pezze di stoffa e le ciotole di legno. «Niente» disse. Afferrò la ragazza per un braccio. «Ma queste puttane sono furbe. I pugnali se li tengono addosso.» Piantò la lancia nel terreno e infilò la mano sotto gli abiti della ragazza. «Vediamo cosa nascondi, puttana.»

«Che fai? Lasciala!» Numerio fece un passo in avanti. «Lasciala! Le fai male!»

«Sta' fermo, ragazzo. O te la vedrai con me.» Sesto Autronio alzò appena il capo. «Male a una bestia?» Con un calcio scaraventò la ragazza a terra e, tenendola ferma con le ginocchia, iniziò a frugarle tra i seni. «Vediamo queste tette» ghignò.

«Lasciala» ripeté Numerio, paralizzato dalla paura e dal disgusto. «Non ha fatto niente. Il *vicarius* ti punirà.»

«Gli ufficiali se ne fregano di quel che facciamo.» Sesto Autronio cercava di sollevare la veste della ragazza, che si dibatteva gridando, gli occhi spalancati.

Un urlo risuonò poco lontano, sovrastando le strida dei gabbiani di fiume. Una delle vecchie aveva superato lo sbarramento dei legionari e correva verso di loro. Si gettò su Sesto Autronio, afferrandogli il viso, cercandogli gli occhi con le dita adunche. Il veterano, colto di sorpresa, riuscì a rovesciarla a terra, ma non prima che la vecchia lo colpisse con un calcio sui genitali. Sesto Autronio crollò in ginocchio, mentre la vecchia strisciava verso la la ragazza e le si accovacciava accanto, stringendola tra le braccia. Finalmente Numerio si riscosse dal suo attonimento, chinandosi per aiutare Sesto Autronio a rialzarsi. Il legionario aveva gli occhi iniettati di sangue, un filo di bava rossastra che gli scendeva dalle labbra. Si infilò un dito in bocca, tastando una larga piaga. Nel cadere si era morsicato la lingua.

«*Scortum foedum!*» gridò. Sputò un bolo di saliva rossastra e afferrò la lancia. Prima che Numerio potesse fermarlo, la conficcò nella schiena della vecchia.

Vi fu un silenzio improvviso. La donna inarcò la schiena senza un grido, mentre le sue gambe sussultavano, percuotendo violentemente il terreno due, tre, quattro volte. Infine si fermarono e la donna crollò come un mucchio di stracci insanguinati.

Da lontano, gli altri legionari guardavano immobili, come statue di sale. Poi, dalla fila delle donne, salì un clamore urlante, mentre una pioggia di sassi risuonava sugli scudi e sulle cotte di maglia dei soldati.

Nel recinto a settentrione, i Goti iniziarono a rumoreggiare. Dopo una breve esitazione, gettate le ciotole, si scagliarono contro gli arcieri. Un nugolo di frecce solcò l'aria, facendo cadere una decina di barbari. Poi i lanciatori di giavellotto si fecero avanti, le armi bilanciate nelle mani, il piede destro indietro, pronti a lanciare.

«Fermi!» L'ordine risuonò nella pioggia. Manlio, il tribuno, era comparso alle spalle dei legionari. «Indietro.» I legionari arretrarono, fronteggiando i Goti, poi, dalle fila dei barbari si fece largo Fritigerno. Avanzò scavalcando i cadaveri dei suoi uomini. Si fermò di fronte a Manlio, i denti scoperti dalle labbra pallide.

«I tuoi uomini hanno ucciso una donna.» La sua voce era ferma, colma di una furia gelida. «E ora massacrano i miei.» Avvicinò il volto fino a pochi pollici da quello del tribuno. «Ci avevate detto che eravamo vostri alleati. Che ci avreste dato cibo e case.» Indicò i guerrieri alle sue spalle. «Ci avete disarmati. Ma possiamo uccidervi con le mani nude.»

Manlio non rispose. Poi annuì lentamente. Si voltò verso il sottufficiale alla sua destra. «Fa' abbassare i giavellotti» disse. «E fa' condurre via gli arcieri.» Tornò a rivolgersi a Fritigerno. «I colpevoli saranno puniti. Te lo prometto» disse lentamente. «Dillo ai tuoi uomini. Non accadrà più. Noi siamo alleati.»

Fritigerno fissò il tribuno senza parlare, poi gli voltò le spalle, tornando tra i suoi.

Manlio inspirò a fondo e richiamò il sottufficiale. «Trova gli arcieri che hanno scagliato. E riportali subito a Durostorum. Di loro deciderà il *dux*.» Si avvolse nel mantello, incamminandosi verso la sponda. «Ma prima portami dove hanno ucciso la donna.»

Presso i pontoni i legionari formavano un gruppo serrato. Sesto Autronio, la cotta di maglia chiazzata di sangue, era in piedi accanto al cadavere della vecchia, circondato dai commilitoni che lo guardavano in silenzio. Numerio lo tratteneva per un polso, stringendolo con forza.

«Arriva il tribuno» sussurrò un fromboliere.

I soldati si scostarono, lasciando passare il tribuno. Manlio osservò la pozza scarlatta nel fango, la lancia conficcata nel dorso della vecchia, la ragazza inginocchiata che piangeva, il volto immobile, gli occhi vuoti. I gabbiani stridevano, alti nel cielo e nell'aria c'era odore di sangue e di feci. Il tribuno sollevò il capo. «Chi è stato?» domandò.

Sesto Autronio si divincolò bruscamente, liberandosi della stretta di Numerio con uno strattone violento. «Ha cercato di uccidermi» gridò. Si gettò sul cadavere, frugandolo e risollevandosi frenetico, un coltello nel pugno. «Ecco, guardate!» Sollevò il coltello. «Guardate. Voleva uccidermi.»

Il tribuno si avvicinò, prendendogli il coltello dalla mano. Lo osservò, per poi scagliarlo a terra. «È un pugnale militare. È tuo» disse lentamente. Si rivolse ai soldati: «Prendete quest'uomo e portatelo ai *castra*».

Due legionari afferrarono il veterano per le braccia, torcendogliele dietro la schiena.

Manlio fissò Numerio. «Tu aspetta. Lui era il tuo commilitone e tu non l'hai fermato. Ora tocca a te punirlo.»

Numerio lo guardò, gli occhi sbarrati, le palpebre che vibravano in un tremore irrefrenabile.

«Venti colpi di bastone sulla schiena. Venti sulle gambe. Anche se si spezzano.»

Sesto Autronio sollevò il capo verso il cielo cupo. Gridò, come una bestia ferita, mentre i legionari lo portavano via. Il tribuno continuò a fissare il giovane.

«Sarai in grado di farlo?»

Numerio deglutì con sforzo evidente. Poi annuì.

Il tribuno si passò una mano sul volto. «Sarà fatto in modo che tutti vedano. Abbiamo bisogno che questa gente si fidi di noi. Poi ritorna qui. Prenderai il posto del tuo compagno.»

Senza una parola, il giovane si allontanò. Manlio lo osservò a lungo, poi respirò profondamente e si avviò verso il recinto.

2

Durostorum, Mesia Inferiore. Anno MCXXX dalla fondazione di Roma, XVI giorno prima delle Calende di febbraio (17 gennaio 377 d.C.).

Con un gesto rabbioso, Batraz sollevò il cadavere e lo gettò sugli altri, affastellati ai margini della foresta. Muovendosi nel buio, i legionari accumulavano tra i corpi fascine di legna, che la pioggia inumidiva in pochi minuti. Nell'oscurità la massa informe di cadaveri pareva una bassa collina.

«Non bruceranno mai.» Dodoi si appoggiò all'ascia. «Non c'è più un ramo secco in tutta la foresta.»

«Devono bruciare. O presto arriveranno le febbri. E moriremo anche noi.»

Il giovane annuì con un cenno stanco, poi si caricò l'ascia sulla spalla, incamminandosi verso le ombre nere degli alberi.

Batraz curvò le spalle per rilassare i muscoli della schiena, le mani sulle ginocchia. Si voltò verso le mura dei *castra*, confuse oltre la cortina di pioggia. Sulla riva un grande falò era stato protetto con dei teli di canapa e veniva alimentato continuamente con legna imbevuta di un olio scuro e denso contenuto in grandi anfore. *Naphta*. L'aveva riconosciuta immergendo le dita nel liquido spesso che gli aveva lasciato sulla pelle una patina scivolosa.

Una figura sottile, nera nel riverbero del fuoco, si dirigeva verso Batraz. Un refolo di vento le fece aderire il mantello bagnato al corpo, rivelandone la curva del seno. Batraz si rialzò, massaggiandosi le reni. Vecchio, pensò. Era vecchio. Troppo vecchio.

La donna gli si accostò, abbassando il cappuccio. Il viso di Leimeie era percorso da segni azzurri. Privo, come sempre, di sorriso. Batraz notò che la pittura era fresca, appena sbavata dalla pioggia. Seria come un bambino, la donna scostò il mantello e gli tese una ciotola fumante. «Bevi. È caldo.»

Il guerriero bevve senza distogliere lo sguardo dalla ragazza.

«Gallina. Brodo di gallina. I Romani non ne bevono. Dove l'hai trovato?»

La ragazza increspò appena le labbra. «Farnag è abile. Sa cacciare anche nelle cucine dei *castra*. Probabilmente era la cena del monaco.»

Batraz rise. Sorbì ancora un lungo sorso, poi le porse il brodo.

«E tu? Ne hai bevuto?»

La ragazza scosse il capo, portando la ciotola alla bocca. Si asciugò le labbra con il dorso della mano. «Ci sono molti morti.»

Batraz annuì, indicando il fiume. Sull'acqua nera decine di fiaccole incerte indicavano le barche e i pontoni che continuavano la traversata. «Le correnti sono forti. E il vento non cade.»

«Perché di notte non si fermano?»

Batraz scrollò le spalle. «Fame. Hanno fame. E presto l'avremo anche noi.»

«Non c'è cibo?»

«Così dice Massimo.» Batraz scosse il capo. «Strano. Strano che un forte romano sia a corto di viveri.»

«Tu non gli credi.»

«Non gli credo. Come sempre.»

«Pensi che lo nasconda?»

«Può darsi.»

Si voltarono bruscamente verso il fiume, richiamati da un grido. La corrente aveva spinto uno dei pontoni al di là dell'approdo previsto e il largo scafo piatto veniva trascinato oltre Durostorum, dove le sponde tornavano ad allontanarsi. A qualche centinaio di pertiche più a valle la riva sinistra era quasi invisibile anche di giorno. A bordo della barca che trainava il pontone, i Romani, ombre più nere del cielo, remavano freneticamente, cercando di allontanarsi dai vortici formatisi attorno a una serie di tronchi galleggianti. Le donne, alla luce delle fiaccole, si affannavano a sgottare l'acqua che le onde del gorgo rovesciavano sul pontone, mentre da riva si avvertivano le grida dei bambini.

«Non ce la faranno.» Leimeie fissava il fiume con il volto immobile. «Moriranno.»

Il pontone era ormai stato afferrato dal vortice; lo videro iniziare lentamente a ruotare su se stesso, come un pezzo di sughero gettato da un bambino in una pozzanghera. La prua e la poppa, indistinguibili l'una dall'altra, beccheggiavano sempre più violentemente. Le donne avevano smesso di sgottare e si erano aggrappate alle basse murate, i figli stretti tra le braccia. Poi, dalla barca dei Romani, che il pontone stava trascinando nel gorgo, un soldato si sporse, un'ascia in mano. Con pochi colpi recise la fune che li univa al pontone e la barca, con un balzo in avanti, tornò a lottare contro la corrente. Leimeie lanciò un grido: un grosso tronco aveva urtato brutalmente il fianco del pontone. Videro alcune donne gettarsi nel fiume, stringendo al petto i minuscoli fagotti in cui erano avvolti i neonati, mentre il pontone s'inclinava su un fianco. I bambini, avvinghiati alla murata, presero lentamente a scivolare verso l'acqua e il pontone, ancor più sbilanciato da coloro che cercavano di salvarsi, si sollevò ancora, come una lama. Nella luce delle torce Batraz vide una donna levare in alto il proprio figlio e lanciarlo verso la barca romana. Il piccolo si dibatté nella corrente, un braccio teso verso le mani dei Romani che cercavano invano di afferrarlo. Il braccio rimase sollevato, come un segnale, come il ramo d'un albero, poi scomparve, inghiottito dalle acque. Sul pontone le fiaccole iniziarono a spegnersi sfrigolando. Lo scafo rimase sospeso, oscillando appena, poi, bruscamente, s'inabissò con uno schianto seguito dal silenzio.

Batraz continuò a guardare, le braccia lungo i fianchi. Accanto a lui, un suono confuso, il lamento d'un animale ferito. Solo dopo qualche istante capì che erano i gemiti di Leimeie. Si voltò, tendendo le dita verso il volto della ragazza, ma Leimeie scivolò via, scomparendo nel buio. Batraz sollevò la testa, lasciando che la pioggia gli inondasse il volto. Si avviò adagio verso il falò. Scostando i soldati che alimentavano il fuoco, afferrò una delle fascine già pronte, e l'accostò alle fiamme. Tenendo alta la torcia, raggiunse, quasi correndo, il cumulo dei cadaveri presso la foresta. Si fermò, osservando i corpi lividi e gonfi degli annegati. Infine scagliò la fascina ardente tra i cadaveri e guardò a lungo il fuoco che si levava, annusando l'odore della carne bruciata come un rimorso, come una giusta punizione.

3

Danubio. Anno MCXXX dalla fondazione di Roma, VIII giorno prima delle Calende di febbraio (25 gennaio 377 d.C.).

La zattera sussultava con violenza, preda della corrente. Marco si aggrappò al timone, un tronco di frassino che aveva sagomato con cura lui stesso. Fece forza con tutto il corpo, cercando di mantenere la prua orientata verso la sponda opposta. Le acque scorrevano rabbiose, sollevando alti spruzzi e ricadendo oltre la protezione di travi di quercia.

Dal carro, legato al centro della zattera, provenivano rumori metallici. Marco si asciugò il volto con un gesto stanco. Aguzzò gli occhi. La riva romana era ancora lontana, confusa nella nebbia. Sentì una mano posargli-si sulla spalla.

«Lascia il timone, Romano. È il mio turno.»

I capelli di Waduulf erano fradici, come le sue vesti.

«Sembra di essere in mare.»

«Forse gli dei non vogliono che attraversiamo il fiume.» Waduulf indicò la croce fissata davanti al carro. «Lascia il timone» ripeté.

«Ci sono tronchi galleggianti. Attento.»

Waduulf annuì, pesando con le braccia e il torace sulla traversa del timone. La forza dell'acqua quasi lo spinse via, costringendolo a puntare i piedi tra le travi.

«C'è qualcosa che fa rumore.» Marco accennò al carro.

«Non te ne preoccupare.» Waduulf contrasse appena la bocca, ruotando lievemente il timone per evitare le radici di un frassino trascinato dalla corrente. «Va' ad asciugarti. Ti daranno da bere.»

Marco lo guardò con un sorriso.

«Tu non ti sei asciugato molto.»

«Mia moglie dice che devo lavarmi più spesso» grugnì Waduulf. «E oggi la incontrerò di nuovo.» Sospirò. «E ci saranno anche le sue sorelle. E, peggio di tutte, la loro madre. Non mi consentiranno di ubriacarmi.»

«Verrò a prenderti e berremo insieme.»

«I tuoi capi non te lo permetteranno.»

Marco si aggrappò a una delle funi che trattenevano il carro. Fissò la nebbia, verso Durostorum. «Il mio capo è Frithugairns, ora.»

«Vuoi disertare? Ti riconosceranno.» Waduulf sputò sottovento un pesante grumo di saliva. «Ti batteranno a morte.»

«Mi darai il tuo mantello. E tu prenderai il mio. È grande abbastanza anche per te. Crederanno sia una preda di guerra.» Marco si passò la mano bagnata sul volto, accarezzandosi le guance scavate. «Sono più magro, ora. E ho la barba e i capelli lunghi.»

Tacque, il volto cupo, lo sguardo perso nella nebbia.

Vi fu una lunga pausa, rotta solo dal rombo del fiume.

«Perché li odi?» domandò infine Waduulf. Aveva parlato senza guardare il compagno. Come rivolgendosi all'aria.

Marco non rispose subito.

«Non sono venuti a cercarti» riprese il Goto. «È vero. Ma siamo avversari. Nemici un tempo e forse anche ora. E loro sono la tua gente.»

«È accaduto molto tempo fa.» Marco scrollò le spalle. «Ero bambino.»

Waduulf attese, in silenzio.

«Avevo una nutrice. Una ragazza giovane, bionda.» Le parole di Marco uscivano lentamente, in un sussurro appena percettibile nel fragore delle acque. «Mi pareva bellissima. Mia madre non la vedevo mai. Era sempre malata. E così io stavo sempre con Sivegerna.»

«È un nome goto.»

«Era del tuo popolo. Mi faceva giocare. Mi teneva stretto, la notte, quando avevo paura. Poi...»

«Poi?»

«Poi un amico di mio padre s'invaghì di lei. Gliela chiese. Era disposto a pagare. E molto. Ma mio padre sapeva che io le volevo bene e rifiutò.»

Un'altra pausa, ancora più lunga.

«La rapirono. Mi svegliai un mattino e lei non c'era più. Mio padre la fece cercare, tutto intorno, nella campagna. La ritrovammo a sera. L'avevano gettata in un cespuglio, come una cosa rotta. Morta. Coperta di sangue. Avevano fatto ciò che volevano e poi l'avevano uccisa.» Marco si passò la mano sulla bocca. «Era solo una serva, disse l'amico a mio padre. Gliene avrebbe fatte portare altre. Una serva. Niente più.»

Waduulf fece forza sul timone, distogliendo lo sguardo.

«Sembri davvero uno straniero con quella barba» disse, dopo un po'. «Un barbaro» rise forzatamente Waduulf. «Come ci chiamate voi.» Fissò Marco. «Come ci chiamano loro.»

Marco annuì. Si fregò le mani sul viso.

«E poi, quando sbarcheremo, mi sporcherò la faccia di fango. Chi vuoi che badi a un Goto in più o in meno, laggiù?»

«Che farai, dopo?»

«Seguirò il *reiks*. Gli ho giurato fedeltà. Come a te. Lui non mi ha ucciso e mi ha accolto.» Marco si voltò, il viso aperto in una risata imprevista. «Lo faccio per te» vibrò una pacca sulla schiena di Waduulf, dura come il legno. «Che faresti senza di me, mio grosso amico? Hai bisogno di qualcuno che t'insegni gli usi dei Romani.»

Waduulf gli scoccò uno sguardo corrucciato, poi scoppiò a ridere. Allungò una mano, larga come il ferro di una vanga, e assestò uno scappellotto sulla nuca di Marco. Il Romano oscillò in avanti, aggrappandosi alla fune con entrambe le mani.

«Piuttosto» il viso di Marco era tornato serio, «sei sicuro che siano ben nascoste, le armi?»

Waduulf lo guardò sconcertato. «E tu che ne sai?»

«Vi ho visto caricarle sui carri. E il *reiks* me ne ha parlato.»

«Si fida di te, allora.»

«Così pare.»

Waduulf studiò il viso del compagno. Poi scrollò le spalle, gonfie per lo sforzo. «Le abbiamo messe sotto le carcasse dei cani. Abbiamo dovuto uccidere tutti quelli che rimanevano. Poi abbiamo caricato le carcasse. Puzzano. Diremo che sono la nostra riserva di cibo. I Romani ci crederanno. Per loro noi siamo bestie e possiamo mangiare carne marcia. Ma non andranno a frugarci in mezzo.»

«È il discorso più lungo che ti ho mai sentito fare.» Marco fece un mezzo sorriso. «Hai ragione. I Romani le lasceranno passare.»

4

Durostorum, Mesia Inferiore. Anno MCXXX dalla fondazione di Roma, VIII giorno prima delle Calende di febbraio (25 gennaio 377 d.C.).

Avevano trascinato dei massi dalla foresta fin davanti alla porta pretoria e vi avevano appoggiato corte travi di quercia, a formare dei rudimentali scrittoi. Ingobbiti sugli sgabelli, gli scrivani contavano gli sbarcati, registrandone il numero su tavolette cerate che ammucchiavano nelle ceste al loro fianco. Poi i carri venivano rapidamente ispezionati e i Goti condotti nei recinti a oriente, in una grande spianata a un centinaio di pertiche dalle mura, dove potevano finalmente riunirsi alle loro famiglie. Ogni recinto era sorvegliato da legionari in cotta di maglia, i giavellotti impugnati al riparo degli scudi.

Ertegul scrutava la lunga processione di profughi che sfilava ordinatamente dinanzi agli scrivani. Arricciò il naso, fiutando l'odore di decomposizione che proveniva dai carri riuniti sulla sponda.

«È la carne.» Alle sue spalle, Massimo sogghignò. «Si sono portati le scorte. Carne di cane. Carne putrefatta. E la mangiano.» E presto non avranno nemmeno quella, pensò. E dovranno venire da me. Si stropicciò le mani, indifferente allo sguardo sospettoso del monaco. Poco lontano, una coppia di legionari stava ispezionando un carro: i buoi aggiogati erano crollati sulle zampe anteriori e un ragazzo dai capelli biondi e folti li pungolava con un ramo, mentre un uomo con la casacca lacera faceva forza sui finimenti. I soldati erano saliti sul pianale e rovistavano tra i sacchi e le coperte.

Sotto la pioggia fitta e gelida Durostorum pareva una piccola città, circondata dai carri e da capanne di legna e paglia. Nei campi goti, dai pochi fuochi accesi, salivano colonne di fumo grigio, impregnato dell'odore di brace e di zuppa.

«Quanti uomini sono arrivati dalle altre guarnigioni?»

«Qualche centinaio.» Massimo distolse lo sguardo e fece un cenno a un servo che gli tese una coppa. «Vuoi anche tu del vino?»

«Solo qualche centinaio?» Ertegul scostò bruscamente la mano del Romano. «E quanti, di preciso?»

Il *dux* inghiottì rumorosamente un sorso. Tossì, sprizzando gocce rosse sulla lorica da parata, istoriata d'argento. «Ti farò portare il numero esatto da Settimio.»

Ertegul si alzò. «E tu saresti il *dux*? Tu comanderesti le legioni limitanee della Mesia Inferiore?» La voce del monaco era gelida. «Tu saresti il secondo di Lupicino, del *comes rei militaris* dell'imperatore? Non ti rendi conto, stolto? Abbiamo bisogno di controllare decine di migliaia di uomini.» Ertegul fissò Massimo con uno sguardo carico di disprezzo. «E tu sai bene. Sai bene a cosa mi riferisco.»

Il volto di Massimo era paonazzo. «Non posso sguarnire gli altri forti. A oriente sono stati avvistati gruppi di Greutungi. Altri Goti. Vogliono passare anche loro il fiume. Alle spalle hanno gli Unni, dicono.»

«Abbiamo bisogno di uomini.»

«Ma dobbiamo essere certi di controllarli.» Massimo fece una smorfia. «E troppi legionari potrebbero essere... d'impiccio» sussurrò con tono mellifluo.

Ertegul lo fissò in silenzio. Poi annuì. «E sia. Ma dovrai essere in grado di comandare questi che stiamo facendo sbarcare.» Si voltò, ignorando Massimo. «E presto» disse ancora. Mentre il *dux* scagliava a terra la coppa, sul volto di Ertegul comparve un sorriso sottile.

Altre zattere erano approdate ed era il turno di un carro condotto da una specie di colosso. Il monaco lo osservò da lontano. Ecco un buon guerriero, pensò. Uno da ricordare. Si sporse verso lo scrivano. «Chiedi il nome di quell'uomo» ordinò.

I legionari avevano fermato il colosso e frugavano con la punta delle spade negli interstizi del carro. Poi il più anziano si allontanò, battendo con la spada sulla groppa dei buoi, la mano al volto per turarsi le narici.

«Tengono la carne marcia con le coperte.» Massimo sputò nel fango. «Non cambieranno mai. Possono essere solo servi.»

Mentre lo scrivano annotava, il carro si avviò verso i recinti.

«Tu, fermati.» Ertegul fece un cenno al colosso. «Avvicinati» disse in goto. Il colosso, prima di accostarsi, si voltò verso un uomo più basso, che tirava i buoi per le cregge. L'uomo, ingobbito, un ciuffo di capelli neri che sfuggiva dal cappuccio zuppo, si arrestò, trattenendo le bestie. Si sostenne a un pesante bastone di legno, vacillando. Il monaco lo fissò per un momento, poi si rivolse al colosso. «Qual è il tuo nome?»

«Waduulf» brontolò il colosso a voce bassa.

«Annotalo» ingiunse Ertegul allo scrivano. «E stasera portami la tavoletta.» Sollevò lo sguardo verso Waduulf. «Sei forte. Sai anche usare la spada?» Il gigante annuì con un gesto pesante del capo. «Allora ricordati di me. Ti verrò a cercare. Va', ora.»

Waduulf richiamò con un fischio il compagno, che fece forza sulle corregge. Le ruote cigolarono nel fango.

«Aspetta» ordinò il monaco. «Quel bastone. Quello del tuo amico. È un'arma. Fagliela lasciare qui.»

«Senza non può camminare.»

Ertegul si fece avanti, strappando il bastone dalla mano dell'uomo incappucciato e puntandoglielo contro la gola. «Alza la testa!» Fece un verso di disgusto. «Sei coperto di fango. E puzzi come il tuo carro.» Si voltò verso Waduulf e lo sferzò sul volto con il bastone. Il colosso sussultò, le guance coperte di sangue. Il monaco sorrise, scagliando via il bastone. «Adesso sai come devi rispondermi. E ora trascina via il tuo amico storpio.»

Senza una parola, Waduulf si passò una mano sul viso, poi s'accostò al compagno e lo sorresse con il braccio, dirigendosi verso i recinti.

5

Durostorum, Mesia Inferiore. Anno MCXXX dalla fondazione di Roma, il giorno prima delle Calende di marzo (28 febbraio 377 d.C.).

Scendeva la notte, mentre rientrava dalla caccia. A poco più di uno stadio dalla porta decumana mise i cavalli al passo, lasciando che rilassassero i muscoli del collo, irrigiditi dalla lunga marcia. Procedeva nella pianura fangosa, le redini abbandonate e ciondolanti, il muso del sauro che frugava nella mota in cerca di cibo. Il grosso baio legato alla sella trascinava una slitta di rami intrecciati, su cui aveva caricato le prede uccise.

Durostorum incombeva poco lontano. A oriente, i recinti dove erano rinchiusi i Goti si profilavano bui contro il cielo livido, appena rischiarati dai fuochi morenti. In lontananza, oltre i recinti, spiccava un fabbricato basso, le strette finestre illuminate. Batraz lo fissò incuriosito. Non l'aveva mai notato nei giorni precedenti e la vivacità della luce faceva pensare a un incendio. Ma il gruppo di Romani di fronte alla porta pareva divertirsi, berciando e gesticolando. Altri soldati ne uscivano e si dirigevano verso le mura dei *castra*. Un grido sovrastò lo schiamazzo, facendolo tacere per un istante, poi cessò e gli uomini presero a ridere, battendosi le cosce con le mani.

L'aria era ancora fredda e sapeva di boschi. Non lo attraeva affatto tornare a respirare il tanfo greve di Durostorum, né inciampare nei bambini nudi, figli dei legionari e di schiave germaniche, che ne affollavano le vie. Nella foresta non aveva voluto nessuno con sé e aveva cercato di dimenticarsi del suo compito. D'altronde, per il momento, lui non era indispensabile: prima era necessario condurre i Goti nell'interno, verso le terre che sarebbero state loro affidate. Poi, a Marcianopoli, poco meno di un centinaio di miglia più a meridione, avrebbe iniziato la selezione degli uomini da arruolare per l'imperatore.

La porta decumana era vicina. Dagli spalti qualcuno gli faceva ampi segnali con una lanterna. Poi scomparve e poco dopo il picchetto di guardia spalancò la porta, lasciandone uscire un cavaliere che gli galoppò incontro, il mantello nero ampio come una vela alle sue spalle, il battere degli zoccoli che infrangeva il silenzio. È cupo, pensò Batraz, avvertendo una contrazione allo stomaco. È un suono cupo.

«Eccoti finalmente.» Nella penombra il volto di Farnag era cereo.

«Che succede?» Batraz raccolse le redini e trattenne il sauro.

Farnag gli si affiancò. «Vieni.» Indicò la costruzione illuminata. «Presto.» Estrasse un pugnale e recise i finimenti del baio. Il cavallo, improvvisamente libero, prese a raspare nella mota gelata, mentre i due guerrieri galoppavano verso i recinti.

«Che succede?» ripeté Batraz. Gettò un'occhiata all'amico, rendendosi conto che aveva entrambe le spade infilate nei foderi. «Dove andiamo?»

«Leimeie.» Il nome cadde come una pietra.

«Che stai dicendo?» La contrazione allo stomaco si accentuò. Una sbarra, pensò Batraz. Ho una sbarra nel ventre.

«I soldati hanno chiesto un lupanare. Per le donne gote e per le puttane dei *castra*. A Durostorum non c'era più sufficiente spazio. Massimo ha acconsentito e ha fatto costruire quella capanna. Hanno impiegato meno di un giorno.» Farnag si sfregò le dita sulla bocca, come a raschiarne un sapore corrotto. «Le pagano con del cibo. I Goti sono alla fame.» S'interruppe, esitante.

«Continua.» La voce di Batraz era calma.

«Sono venuti stasera. Un tribuno e tre legionari. La ragazza era con Dodoi, a cercare erbe, ai margini della foresta. Lui era senz'armi. Lo hanno ferito alla testa e hanno portato via lei. Quando si è ripreso, Dodoi è venuto a chiamarmi, pochi minuti fa.»

Batraz affondò i talloni nei fianchi del sauro. La capanna era davanti a loro: luce alle finestre, senso di calore. Gli uomini in attesa sulla soglia si passavano un'anfora di vino e cantavano con voci sguaiate. Sulla porta era dipinto un fallo rosso, con la scritta *"Hic habitat felicitas"*.

Piombarono al galoppo tra i soldati, scaraventando a terra i più vicini. Senza aspettare che il sauro si arrestasse, Batraz balzò al suolo, mentre Farnag tratteneva i cavalli. *Hic habitat felicitas. Hic habitat felicitas.* Con un pugno il Sarmata atterrò un legionario che gli sbarrava la strada.

«*In malam pestem, canes!*» gridò il soldato rialzandosi, la spada sguainata. Batraz gli assestò una ginocchiata nel basso ventre e spalancò con un calcio la porta del lupanare. L'interno era una lunga camerata divisa in una decina di cubicoli chiusi da tende grigie. Su ciascuna delle tende era stato dipinto un nome: Alypia, Guntelda, Lupa... La tenda più vicina, sotto al nome, portava una scritta scarabocchiata di recente. *Bene fellat*, lesse Batraz. Alle sue spalle sentiva il respiro affannoso di Farnag, immobile sulla soglia, entrambe le spade in pugno. Batraz si fermò, le mani sul viso, un dolore sordo che gli pulsava nella nuca. Le grida dei soldati trattenuti da Farnag s'erano fatte fioche e alle sue spalle, come da molto lontano, sentiva avvicinarsi un ansito profondo. Il cane, pensò, il mio cane. È qui. L'ansimare era una corsa, un galoppo. Poi, il dolore al capo raggiunse l'apice e iniziò a scemare. Batraz sfoderò la spada e con un fendente squarciò la prima tenda. L'uomo affondato tra le cosce di una donna bionda dal volto piatto si voltò sorpreso, trovandosi a fissare la sua spada. Un'altra tenda lacerata, un altro uomo, seduto su un basso letto di legno, una donna inginocchiata ai suoi piedi. Capelli rossi, sciolti. Il legionario si alzò di scatto, il membro ancora eretto, un coltello in pugno. Una piattonata violenta sul volto. Il soldato stramazzò sulla terra battuta che iniziò a impregnarsi di sangue. Batraz fissò il volto attonito della donna. Proseguì. Altre tende, altri uomini dalle brache calate, la cotta di maglia gettata in un angolo. Altre donne dagli occhi vuoti. Il fiato rovente del mastino sul collo.

L'ultima tenda. Un nome: Leimeie. La vernice rossa era colata in una larga macchia. Colore del sangue. Batraz sentì un suono basso e rugghiante e capì che proveniva dalla sua gola. Il mastino nero era accanto a lui, pronto a balzare. Non poteva vederlo ma lo sentiva. Con un gesto che gli parve lentissimo, Batraz strappò il tessuto. Davanti a lui, le natiche magre e pallide di un soldato, agitate da un movimento convulso. Da sotto una spalla del legionario, un volto di donna, coperto di trucco pesante. Bianco di cerussa sulla fronte e sul collo, rosso di cinabro sulle guance, nero di bistro intorno agli occhi. Il pugno della ragazza si abbatteva sul fianco del soldato, come affondando un pugnale, sui lombi che si muovevano, sui lombi che la schiacciavano contro il letto sporco. Batraz allungò il braccio destro e afferrò il soldato per i capelli, lo sollevò, sentendone il grido, vedendo il sangue scorrergli lungo il collo. Lo scagliò contro la parete, mentre la ragazza lo fissava in silenzio. Senza guardarla, Batraz spinse la lama della spada contro la gola del legionario. Il ragazzo – non poteva avere più di vent'anni – pareva cieco, le sclere divorate dal bianco degli occhi sbarrati. Batraz appoggiò il palmo della mano sulla lama, iniziando a premerla sul collo del soldato. I latrati del mastino erano assordanti. Nell'aria, odore di sangue. Il suo sangue, che scorreva dal palmo lacerato dal filo della spada.

Fu in quel momento che si sentì afferrare da due braccia robuste, mentre una mano gli stringeva dolorosamente il polso.

«Fermati» gli sussurrò una voce sconosciuta, sovrastata dai ringhi del mastino. «Fermati, fratello.»

Batraz inarcò la schiena, ma lo sconosciuto alle sue spalle gli aveva passato un braccio attorno al collo e gli schiacciava la trachea. Sentì il respiro mancare, poi d'improvviso i latrati del mastino cessarono e Batraz lasciò cadere la spada. La stretta sulla sua gola si allentò. Si voltò: di fronte a lui, il volto di Farnag.

«Fermati, fratello. Lo hai quasi ucciso.»

Batraz guardò il soldato riverso a terra. Scosse il capo. Senza una parola, si avvicinò al letto. Avvolse la ragazza nel suo mantello nero, la aiutò ad alzarsi e la sorresse verso la porta.

Lei lo guardava, i grandi occhi prigionieri del bistro, del cinabro, della cerussa.

6

La notte era gelida e profumata. Il vento del settentrione aveva spazzato via il fetore del campo dei profughi e sgombrato il cielo.

Batraz si arrestò sulla soglia. Di fronte a lui, una ventina di legionari formava un semicerchio illuminato dalle torce, le spade luccicanti nella luce delle fiamme. Un uomo si staccò dalla fila. Un passo avanti. Appoggiò le mani sui fianchi.

«Che fai qui, *magister*?» La voce di Massimo ronfava come un gatto. «Volevi uccidere dei soldati romani?»

Batraz udì il sibilo lieve delle lame di Farnag che uscivano dai foderi. Il corpo di Leimeie s'irrigidì e lui sentì la mano della ragazza sgusciargli sulla schiena, fino ad afferrare il pugnale che portava alla cintura.

«Questa donna viene via con noi» disse, la voce serena.

Massimo rise silenziosamente. «Non sono sicuro che nemmeno voi potrete andarvene. Cosa ne dici, soldato?» Un legionario dal labbro spaccato e sanguinante annuì in silenzio. Aveva sul viso l'impronta della spada di Batraz. «Tu e il tuo compagno avete attaccato dei soldati dell'imperatore.» Massimo incrociò le braccia. «Qui siamo sul *limes.*» Il tono di Massimo era morbido come miele. «Il comando è mio. Non tuo, *magister.* E devo far rispettare le leggi dell'impero. E tu le hai appena infrante.» Schioccò le labbra, come assaporando un boccone ghiotto. «Vediamo. La pena... la pena per aver aggredito i miei uomini...» Un altro lento sorriso. «Ah già. È la morte. Preceduta dalla fustigazione, naturalmente.»

Vi fu un lungo silenzio. Il legionario sfregiato sogghignava, i denti marci rivelati dallo squarcio sul labbro. Batraz tolse lentamente la mano dalla spalla della ragazza, appoggiandola sul pomo della spada. «Puoi tentare, Massimo.»

Un sibilo. Una freccia si conficcò nel terreno, a un palmo dai piedi del *dux.* Dal buio circostante emersero altre figure, avvolte in mantelli neri, quasi invisibili contro il cielo notturno.

«La prossima sarà per te, *dux* Massimo.» La voce di Yaguz risuonò calma.

Massimo si voltò. A meno di venti passi, Dodoi, il capo avvolto in una benda insanguinata, l'arco teso, lo teneva sotto tiro. Gli altri catafratti avevano circondato i legionari e attendevano, armature indossate, ginocchio a terra, frecce incoccate.

«Una trappola!» Massimò tornò a girarsi verso Batraz.

«Nessuna trappola.» Yaguz avanzò nel cerchio delle fiaccole. Camminava leggero, senza far rumore, e la luce riverberava sul fermaglio che gli chiudeva il mantello. «Abbiamo seguito il nostro *magister.*» Si accostò a Massimo. «Sta a te la scelta.»

Massimo si guardò intorno, valutando la situazione. Gettò un'occhiata ai suoi uomini, paralizzati sotto il tiro delle frecce. Dopo una lunga esitazione sollevò il braccio destro, i lineamenti distorti dall'ira. «Andiamo. Non spargiamo sangue inutilmente.» Guardò Batraz. «Avremo tempo per regolare la nostra faccenda.»

«Quando vorrai. Ma prima dimmi cos'è questo.» Con un calcio, Batraz rovesciò una cesta appoggiata accanto alla soglia. La farina si sparse tra il fango, bianca come neve. «Da dove viene questo cibo?»

Massimo lo fissò. «Non andare troppo oltre.» Fece una breve pausa. «Tieniti la ragazza e non cercare altri guai.» S'incamminò verso Durostorum, seguito dai legionari. Lo sfregiato chiudeva la fila, lo sguardo torvo fermo su Batraz.

Quando furono lontani, Farnag si chinò. Si risollevò, succhiandosi le dita bianche di farina «È buona» disse. «Non è la farina che distribuiscono a noi e nei recinti. Quella è infestata dai vermi.»

«Devono aver nascosto del cibo.» Batraz si voltò verso Yaguz. «Ti ringrazio» disse semplicemente. Il vecchio sorrise e richiamò i cavalieri.

«La venderanno ai Goti» aggiunse Batraz, accennando alla cesta.

«Già.» Farnag gli appoggiò una mano sulla spalla. «Porta al sicuro Leimeie» disse. «E guardati alle spalle.»

Batraz annuì. Tese la mano alla ragazza. Scomparvero nel buio, scortati dai Sarmati.

7

Aveva intinto una pezzuola nella vasca della fontana e ora la passava sul viso di Leimeie, rimuovendone gli spessi strati di colore. Nei *castra*, le uniche luci erano le fiaccole sugli spalti e la lanterna che ardeva ai loro piedi, nel cortile assediato dal freddo. L'unico suono, il calpestio oltre le mura della pattuglia di guardia. All'imbocco della Via Quintana, accanto alla porta della camerata riservata ai Sarmati, stava accovacciato Dadakos, l'arco tra le mani.

«Gli occhi. Bruciano» mormorò la ragazza.

«È la tinta.»

«Sto tremando.» Leimeie chiuse gli occhi. «Quel soldato... Se tu non fossi arrivato, lo avrei ucciso. Avrei atteso che si girasse o si chinasse.»

«Lo so.» Batraz inumidì nuovamente il cencio. «Lo so.»

La ragazza riaprì gli occhi. Erano enormi, interrogativi, con i contorni confusi dagli ultimi residui di colore. «Perché sei venuto a prendermi?»

Batraz non rispose. Terminò delicatamente il suo lavoro e strizzò la pezzuola. «Da questa notte dormirai in camerata con noi. Dodoi ha teso una tenda davanti al tuo giaciglio.» Sorrise. «Sarai al sicuro.»

«Il tuo uomo veglierà tutta la notte?» Leimeie accennò alla porta.

«Gli daremo il cambio.»

Lo afferrò per il braccio. Aveva dita forti.

«Voi Romani.» C'era rabbia, nella sua voce. «Sembrate lupi, pronti a sbranarvi l'uno con l'altro. Io non ho mai combattuto la mia gente.»

«Io non sono un Romano. Sono un Sarmata. Come te.»

«Che fai qui, allora?»

Batraz tacque, fissando la mano che gli stringeva il polso. Piccola, quasi infantile, le unghie scheggiate. «Sei una guerriera?» domandò poi.

«Perché me lo chiedi?»

«Le strisce azzurre sul tuo viso, quando ti ho trovato. Farnag crede che tu sia una strega.»

«Allora ha paura di me.» Leimeie soffocò una piccola risata.

«Forse non ha torto. Ti ho visto uccidere, nell'accampamento degli Unni.»

«Le nostre donne combattono al fianco dei loro uomini. Lo hai dimenticato? Hai dimenticato le donne del tuo popolo?»

«No. Non le ho dimenticate.» La bocca di Batraz s'era assottigliata in una linea dura. «Mi biasimi perché sono qui, con i Romani?»

«Ognuno arriva dove lo conduce la vita.» Leimeie scrollò le spalle. «Tu fai quel che devi. Fai quel che puoi. E anche io faccio così.»

«Sì.» La voce di Batraz s'ammorbidì. «Facciamo quel che

dobbiamo. E quel che possiamo.» Sorrise ancora. «E le strisce, dunque?»

«Le avevo appena dipinte. Volevo andare in caccia di quegli uomini.»

«Spada o magia? Guerriera o strega?»

Leimeie scosse il capo. Immerse la mano a coppa nell'acqua gelida, bevendo avidamente.

Batraz annuì nel buio. «Non mi hai risposto» disse. Poi, si sorprese a osservare la curva della guancia di lei, che, senza lasciargli il braccio, s'era voltata di profilo contro il cielo notturno e con l'altra mano, ancora bagnata, s'era scostata i capelli dal volto. E nel guardarla sentì un vuoto caldo nel ventre. Si sporse, sfiorandole una spalla con la punta delle dita.

Lei si girò bruscamente verso di lui. «Cosa vuoi da me?» domandò, stringendogli ancora le dita intorno al polso, la voce colma d'urgenza. «Cosa vuoi da me?»

Batraz le prese la mano, costringendola a lasciare la presa; la rovesciò e passò le dita sul palmo calloso. Si chinò a sfiorarlo con le labbra, poi morse piano la carne nel punto più tenero, nella piega del pollice. Leimeie gli spinse la mano contro i denti, finché un sottile rivolo di sangue le rigò la pelle e lui ne sentì sulla lingua il sapore dolce e metallico. Succhiò, delicatamente, mentre la bocca di Leimeie si schiudeva e il respiro le si spezzava.

Poi la ragazza liberò la mano. «Ora anche io ho la mano ferita. Come te.» Gli passò le dita sul palmo coperto da una crosta rossastra, poi sulle labbra, bagnate del suo sangue. «Sono in debito con te. Devo pagare il mio debito, prima.»

Si alzò e scivolò via, verso la camerata.

8

Era passata la metà della notte e da poco era iniziata a cadere una sottile pioggia gelata. Era stanco, ma sapeva che non sarebbe riuscito a prendere sonno. La schiena gli doleva e sentiva ancora in bocca il sapore del sangue di Leimeie.

Tanto valeva camminare. Salutò con un cenno Dadakos e s'avviò lungo i baraccamenti delle truppe, da cui veniva il fievole pianto dei neonati. Oltrepassò il *valetudinarium* e il granaio. Si accorse, con sorpresa, con irritazione, di essere confuso. Rabbia: era rabbioso perché il suo desiderio era stato frustrato. Ma c'era in lui anche un velo di tristezza. *Melancholia*. Bile nera. Gliene aveva parlato suo padre, nel donargli un libro di Ovidio. Sfregò la mano ferita contro il muro di un edificio, con forza, fino a farla nuovamente sanguinare. Era una donna, la causa di tutta quella confusione? Quel sentirsi debole, irresoluto? Nessun Romano avrebbe potuto capire. E nemmeno i suoi uomini. Nemmeno Farnag. Una donna si prende. O si sposa. Tutto lì. Scosse il capo, greve di stanchezza. Era ora di dormire, senza pensare alle donne. Era vissuto così e sarebbe morto così.

Aveva camminato a lungo per le vie della fortezza, senza badare alla direzione. Sollevò lo sguardo per orientarsi. Di fronte a lui, lucidi di pioggia, i bassi edifici dei *Principia*, il quartier generale e, dall'altra parte della strada, il Pretorio. Da uno squarcio tra le nubi occhieggiava una falce di luna. Sugli scalini sotto il porticato, sedeva un uomo avvolto in un mantello bianco.

«Nemmeno tu dormi?» Batraz si avvicinò, sedendo al suo fianco.

«Il favorito di Vittore.» Ertegul lo guardò da sotto il cappuccio. «È una notte di strani incontri, questa.»

«Fa freddo.»

«E allora che fai qui, al gelo? Credevo che qualcuno avrebbe scaldato il tuo letto, stanotte.»

Batraz scrollò le spalle.

«Massimo è furioso con te. Dice che gli hai teso una trappola.»

Trappole. Batraz scorse con lo sguardo i muri del quartier generale. Mattoni rossi, finestre. Un arco, ancora in costruzione. Un arco per celebrare le fortune dell'impero. Quella presto sarebbe diventata una città importante. E ci sarebbe stato posto per la politica e per le trappole. E per i preti. Per un momento avvertì, pungente, il desiderio di ritornare nella foresta. Le bestie sono più facili da capire. Tu le uccidi. Loro ti uccidono. Niente di più. Niente di meno.

«Non mi stai ascoltando.» La voce di Ertegul lo riportò al presente. Si voltò: il prete lo osservava con un sorriso ironico. Per un momento in quel sorriso gli parve di cogliere qualcosa di noto da molto tempo. Di antico. Poi la sensazione svanì, lasciandogli un fugace, tormentoso senso di vaghezza.

«Ti ascoltavo, prete. Massimo mente. Nessuna trappola.» Voltò appena il capo. «Sapevi del lupanare?»

Il monaco sorrise appena. «I soldati hanno bisogno di donne. E qui sono in pochi ad aver famiglia.»

«E che le donne le rapissero lo sapevi?»

«Massimo è un imbecille.» La fronte di Ertegul s'era aggrottata. «Ma sono forse io il custode di mio fratello?» aggiunse con voce melliflua.

Batraz non rispose. Tacquero entrambi, ascoltando i richiami delle scolte.

«Quando partiremo?» domandò Batraz.

«Sei inquieto, *magister*?»

«Siamo qui da due mesi. E da settimane i Goti sono rinchiusi nei recinti.»

«Ti disturba?»

«Sono uomini. Non bestie. E i Sarmati non trattano così nemmeno gli animali. Hanno fame.»

«Abbiamo poco cibo.»

Una risata amara. «Credo che Massimo abbia nascosto delle scorte. E ora le stia vendendo a caro prezzo ai Goti.»

«*Asino stultior.*» Il monaco increspò la bocca in un'espressione sprezzante. «Non capirà mai ciò che è davvero importante.»

«E che cosa è importante?»

Ertegul non rispose. «Stiamo aspettando rinforzi dalle legioni limitanee» disse dopo un breve silenzio. «Sulla riva settentrionale sono arrivate altre tribù. Greutungi. E cercano di passare il fiume.»

«La gente di Alatheus e Saphrax.»

«Sei informato, vedo.»

Batraz scrollò le spalle. «Gli uomini delle *scholae palatinae* devono conoscere i nemici dell'impero.»

«Non avevo dubbi.» Ertegul sorrise. «L'imperatore ha scelto bene i suoi cani da guardia.»

«E tu, che cane sei?»

Ertegul non rispose. Si alzò, facendo alcuni passi nella corte di fronte al portico. «Non piove più» disse.

«Farnag mi ha detto che Massimo ora fa pattugliare il fiume.»

Il monaco annuì. «Non siamo in grado di controllare anche i Greutungi. Quindi dobbiamo evitare che sbarchino.»

«Quando partiremo, allora?»

«Non lo so. Il mese prossimo, forse. Se avremo abbastanza uomini.»

«Non temi una rivolta? I Goti sono alla fame. E certo non sono disarmati.»

«Una rivolta?» Ertegul si girò. Il cielo ora era sgombro di nubi e la luna pareva la falce di un mietitore pronta a calare su di loro. Nella luminosità bianca i denti del monaco luccicarono. «Una rivolta? E perché mai?»

«Tu la desideri, prete.»

«Tu sei pazzo, soldato.» Ertegul si avvolse più strettamente nel mantello. «E comunque ubbidiremo a Massimo. Deciderà lui la partenza.»

Batraz rise. «Massimo o tu?»

«Che importa?»

«Nulla, in definitiva. Io sono un soldato. Partiremo quando deciderai.» Batraz curvò il collo, facendolo scricchiolare. L'oscurità scivolava in una tonalità grigiastra. L'alba non era lontana. «Così potrai tornare ad Antiochia.»

«Verrò solo fino a Marcianopoli.»

«E che farai laggiù? Porti nuovi ordini per Lupicino o hai un piano di cui l'imperatore è all'oscuro?»

«Io ho un sogno.» Ertegul si drizzò in piedi. «Ma è bene che tu non lo conosca. È un sogno troppo grande per un uomo.» Si stirò, senza mascherare un lungo sbadiglio. «E ora è tempo di riposare almeno un poco. *Vale, magister.*»

Il monaco scomparve sotto il porticato, mentre in lontananza si udiva il grido dei gabbiani. Batraz si alzò pesantemente e si diresse verso la camerata.

Primo interludio

LA CERCA

1

Castrum Album, sulla costa del Ponto Eusino, Scizia Minore. Anno MCXXXI dalla fondazione di Roma, III giorno prima delle None di novembre (3 novembre 378 d.C.).

Quando l'uomo dai capelli bianchi intravede in lontananza la città, tutto gli pare cambiato. Da molti anni non attraversa quelle terre, eppure le ricorda bene. Lui è nato non lontano, su una collina a settentrione, a poco più di cinquanta miglia di distanza. Ricorda i giorni trascorsi con suo padre, a caccia o nei mercati, dove trattavano l'acquisto di pelli per la loro gente. Ricorda d'aver nuotato in quel mare. Ma tutto gli pare cambiato.

Cavalca lungo la costa, fiancheggiando una lunga spiaggia battuta dal vento gelido, e percorrendo i sentieri che attraversano le distese di acquitrini. Dove il litorale inizia a curvare nell'insenatura che ospita, più lontano, la città, qualcosa attira il suo sguardo. La spiaggia alla sua destra è argentea e nera, animata da un continuo brulicare. L'uomo avanza finché non incontra un punto in cui la vegetazione è meno fitta e guida il cavallo per una ripida discesa sabbiosa, inclinando il corpo all'indietro.

Il mare è grigio e cupo e le nuvole verso oriente sono cumuli densi di pioggia. La spiaggia è ricoperta di pesci boccheggianti. Spigole, dentici, rombi. Qua e là un grosso storione mena violenti colpi di coda nell'aria, gli occhi fissi e ciechi. L'uomo attraversa la spiaggia, mentre gli zoccoli del cavallo scivolano tra i corpi guizzanti. Presso l'arenile il mare è coperto di altri pesci, che galleggiano nelle onde basse, il ventre all'insù. I gabbiani volteggiano sull'acqua, scendono in picchiata, risalgono.

L'uomo dai capelli bianchi risale la spiaggia e spinge il cavallo per un sentiero di ciottoli, fino a tornare sulla pista confusa tra l'erba rasata dal vento.

A occidente la pianura è bruna e calva, costellata qua e là da macchie d'alberi grigiastri. All'alba, quando s'è avvicinato agli alberi, ha scoperto che erano stati bruciati, come i pascoli che salgono verso settentrione.

La città ora è vicina. Conosce il suo antico nome greco, Tyras, e quello latino, Castrum Album. Conosce la lingua che parlano i suoi abitanti. Sono gente del suo ceppo. Ricorda un campo romano, vie strette e affollate, il fumo dei focolari. Ora, l'aria grigia è limpida sopra i tetti crollati, che mostrano in più punti i segni del fuoco. Lungo la strada che costeggia l'insenatura incontra cadaveri rattrappiti, carri rovesciati, cesti sventrati. Tutto intorno a lui è livido e scuro, mentre sale verso le porte di Castrum Album.

Ha legato il cavallo fuori delle mura per farlo riposare e ora percorre le vie deserte. Le case hanno le porte sfondate, le finestre vuote e buie. Tra i muri carbonizzati dalle fiamme echeggiano soltanto i suoi passi. Un battente semidivelto cigola al vento, poi s'arresta. Nel silenzio l'uomo si ferma, come se avesse sentito un respiro o un calpestio alle sue spalle. Si volta bruscamente, la spada puntata in avanti.

Nessuno.

Allora riprende a camminare, frugando con lo sguardo nelle cavità vuote delle case. Nell'aria c'è un fetore greve e dolciastro.

Nessuno.

Né vivo né morto.

L'uomo prosegue, in cerca degli abitanti. Qualcuno dev'essere sopravvissuto, nascosto in una *cella vinaria* o nei vigneti oltre le mura. Ma i vigneti, l'uomo li ha visti arrivando, sono stati devastati e distrutti. Nessuno avrebbe potuto nascondervisi.

Forse sono riusciti a fuggire. Forse.

A mano a mano che avanza per le vie l'odore aumenta, sembra impregnargli le vesti e i capelli. Lo conosce bene, ma poche volte l'ha sentito così intenso.

Quando raggiunge la piazza la prima cosa che vede è il porticato di marmo. Non è bianco ma rossastro, butterato di chiazze scure. Il fetore lo colpisce allo stomaco come un pugno. È un muro che sembra di non poter attraversare. L'uomo abbassa gli occhi. Tutta la piazza è coperta di cadaveri ammucchiati in cataste sghembe, in mucchi da cui emergono braccia distese, gambe che penzolano flosce. L'uomo cammina lentamente, su un letto di sangue coagulato. Uomini, bambini, soldati, donne, vecchi, animali. L'uomo cammina verso il centro della piazza, dove si erge una croce alta più di una pertica. Alla croce è stato legato il corpo di un uomo anziano, dalle vesti ricche. Un magistrato della città. Un arconte, come venivano chiamati in quel luogo. Ha una profonda ferita nel costato.

Sul capo, come una corona di spine, gli è stato piantato a forza un cranio d'asino.

2

Ha cavalcato per miglia nella nebbia, attraversando un reticolo di acquitrini e inoltrandosi nei boschi. I frassini e gli ontani comparivano davanti a lui improvvisi dalla foschia, come scheletri neri. Al tramonto, la nebbia si è diradata, mostrando un cielo inaspettatamente sereno. L'uomo si è ritrovato lungo la costa, tra canneti e barche scure dal fondo piatto, e ha capito di aver sbagliato strada. Così ha deciso di fermarsi e ha preparato il bivacco. L'aria è fredda e pulita nella luce del sole che scende.

Il mastino è comparso dopo il crepuscolo. In silenzio, come sempre. Lo ha fissato, di là dal fuoco, con un basso brontolio. Poi, elastico e possente, è scivolato via nel buio. L'uomo ha gettato qualche ramo sul fuoco e si è disposto al sonno.

Sente l'ululato prima dei fruscii. Un suono cupo, appena accennato, e l'uomo è già sveglio, immobile, pronto a scattare. Il fuoco è solo una brace morente. L'ululato si ripete. È il mastino. Non potrebbe confonderlo con altro.

Poi sente i fruscii. Provengono dalla sua sinistra, oltre le rocce tra le quali ha cercato rifugio. Sfila con cautela il coltello da caccia dal fodero. La spada è a qualche passo da lui, troppo lontana per afferrarla senza alzarsi.

Un mormorio nella notte. Tra le canne, alcune ombre si rialzano, stagliandosi contro il cielo stellato. Le conta con calma. Cinque. Cinque uomini. Lo stanno osservando prima di attaccare.

I cinque uomini si avvicinano, facendo crepitare la sabbia sotto i piedi. Un rumore più forte: uno di loro calpesta un ramo secco e per un momento tutti si immobilizzano. L'ululato risuona una terza volta, come un segnale. Ed è allora che l'uomo rotola su se stesso, scomparendo dal cerchio di luce morente del fuoco. Ha scelto la mossa meno prevedibile, e invece di gettarsi verso la spada è scomparso nel buio, tra le canne, proprio dove le cinque ombre ora esitano.

Immobile, attende. Una delle ombre è a meno di un passo da lui. Nel chiarore delle stelle ne intravede il volto camuso, dipinto di azzurro. L'uomo si alza silenzioso e afferra il barbaro, una mano sulla fronte, il braccio intorno alla gola. Una torsione rapida, faticosa come spostare un macigno, e le vertebre del barbaro scricchiolano, si disarticolano con uno schianto. Il barbaro cade tra le canne con un tonfo e l'uomo, approfittando del rumore, scivola in avanti, nel folto, accucciato come un animale. Due ombre si muovono ai suoi fianchi, circa quattro passi l'una dall'altra. Gli altri sono più lontani, ormai accanto al fuoco. Le due ombre si avvicinano, probabilmente per parlarsi. L'uomo balza in piedi, il coltello in pugno, e nel salto ruota su se stesso. Il coltello incontra la gola del barbaro alla sua destra, mentre l'uomo, nel ricadere, dà un colpo di reni e piomba sull'altro avversario, rovesciandolo a terra. L'uomo gli affonda il viso nella sabbia e il coltello alla base del collo. Spinge, finché sente i robusti legamenti cedere e la lama affondare in profondità.

I barbari superstiti corrono verso di lui. Gridano, ora, e l'uomo cerca di ritrarre il coltello, ma la punta è affondata nella sabbia. I barbari sono sopra di lui. Con uno scarto evita un fendente e nel cadere fa scattare la gamba destra in un calcio violento. Uno dei barbari si accascia con un gemito, le mani sui testicoli. Ma l'altro sferra un fendente in discesa che sfiora il capo dell'uomo. Mentre l'uomo cerca di rialzarsi, il barbaro lo colpisce al volto con la mano libera, rigettandolo al suolo e torna intanto a sollevare la spada. Ed è in quel momento che risuona un ringhio. Il mastino è arrivato, ombra enorme che abbatte il barbaro. Una lotta convulsa, poi il mastino serra le fauci. Unisce le mascelle sulla gola del barbaro fino a che si sente uno scatto quasi metallico, quando i denti tornano in contatto.

Il mastino scompare nel buio. Ulula in lontananza.

L'uomo dai capelli bianchi si rialza con fatica. L'ultimo dei suoi avversari, ancora vivo, mugola per il dolore, tentando freneticamente di afferrare la spada, caduta a pochi passi. L'uomo si avvicina e vibra un altro calcio nel ventre del barbaro. Poi recupera il suo coltello e afferra il superstite per i capelli.

«Da dove vieni?» domanda.

Il barbaro lo guarda con occhi in cui solo il dolore è vivo. Vuole parlare. Vuole vivere, pensa l'uomo.

«Da dove vieni?»

«La terra del ghiaccio... Meotide...» la voce del barbaro distorce il nome. Ma per l'uomo dai capelli bianchi è sufficiente. Ricambia lo sguardo del barbaro, senza rabbia, senza furia. E solo allora, di fronte a quello sguardo indifferente, il barbaro inizia a tremare.

Poi, l'uomo gli appoggia la lama sul collo e l'affonda con un gesto rapido.

Parte seconda

NUBI. LAMPI

LA GRANDE MARCIA

1

Pianura della Mesia Inferiore. Anno MCXXX dalla fondazione di Roma, XVII giorno prima delle Calende di luglio (15 giugno 377 d.C.).

Il bambino era crollato a faccia in giù sul terreno spaccato dal sole. La madre, scivolata via con un grido dalla colonna, aveva lasciato cadere il pesante fagotto e ora gli sosteneva il capo con il braccio, cercando di farlo bere da una fiasca e parlandogli con un basso mormorio. Sopra di loro, il sole a picco in un cielo azzurro e impietoso.

Il convoglio sfilava infinito, la coda confusa con l'orizzonte. Migliaia di carri, decine di migliaia di profughi, in larga parte appiedati, sorvegliati da pattuglie di fanti e da coppie di cavalieri al piccolo trotto. Marciavano in silenzio, rotti dalla stanchezza e dal caldo, accompagnati da una nuvola di polvere rossastra e da un calpestio sordo e monotono, spezzato da rari richiami. In alcuni punti, i carri affondavano nel fango fino agli assi delle ruote. Aveva piovuto fino a tre giorni prima e ora il sole, imprevisto e ardente, aveva disseccato gli strati superficiali del terreno, che cedevano sotto il peso dei carri, sprofondandoli nel limo sottostante. La campagna intorno era verde e umida, con folte macchie boscose che risalivano le colline, delimitando larghe strisce di campi coltivati. Una foschia leggera nascondeva l'orizzonte verso meridione, da cui risalivano i primi stormi di anatre.

La donna continuava a cercare di rianimare il figlio, un bambino di non più di otto anni, i piedi che sbucavano nudi e callosi dalle fasce consunte che li avvolgevano. Un carro rallentò: il conducente osservava la scena, incerto se fermarsi per prestare soccorso. Poi, dalla tenda sbucò il volto grinzoso di una vecchia. Un grido gutturale e il conducente tornò a pungolare i buoi con un lungo ramo. Il carro riprese il cammino e la vecchia scomparve sotto la tenda. Da una pattuglia romana poco lontano si distaccò un legionario anziano, che si avvicinò con passo zoppicante.

«Che fai, donna? Muoviti!» Con una verga, il veterano prese a tormentare i fianchi della donna, che si voltò a guardarlo senza capire. «In piedi!» gridò il legionario, vibrando la verga sulla pianta dei piedi del bambino. Le gambe, magre e coperte di croste, ebbero appena un sussulto. «Sta crepando, tuo figlio.» Il legionario rise, afferrando la donna per la veste e scuotendola brutalmente. «Abbandonalo ai corvi!»

«Lasciali stare!» Lungo la fila di Goti che procedevano strascicando i piedi, gli occhi vuoti e indifferenti, un secondo carro s'era arrestato bruscamente. Mentre il conducente, un barbaro alto e massiccio, tratteneva i buoi, il suo compagno, la barba nera e folta che gli oscillava sul petto, correva verso la donna. «Lasciali stare» tornò a gridare. Il colosso osservava la scena dal carro, un pesante bastone nella destra.

Il veterano si voltò, la verga in pugno. «E tu che vuoi?»

L'uomo s'era arrestato a pochi passi, come indeciso, il volto parzialmente celato dal cappuccio grigio.

«Che vuoi?» Il legionario lo scrutò attentamente. «Togliti il cappuccio. Non sembri un Goto. E parli latino.»

«Vieni via, Sesto Autronio.» Un legionario quasi imberbe s'era avvicinato al gruppo. «Permettigli di aiutarli. Li farà salire sul carro.»

Il veterano lo misurò con lo sguardo, strofinandosi la coscia destra. Aveva le brache tagliate sopra il ginocchio e la gamba fasciata fino alla caviglia. «Vuoi farmi nuovamente frustare, Numerio? Vuoi che questa volta mi spezzino le ossa?»

«Non devi batterli.» Il giovane si passò la mano sulla fronte sudata. «Sono gli ordini. E tu sei già stato punito.»

«E che m'importa degli ordini?» Il veterano sollevò la verga. «Vedi qualche ufficiale, qui vicino?» Con un movimento improvviso colpì la donna sulle spalle, strappandole un gemito. La donna abbracciò più strettamente il bambino, facendogli scudo con la schiena. Mentre Sesto Autronio, la bocca deformata da un ghigno, levava di nuovo il braccio, l'uomo dalla barba nera si frappose tra lui e la donna, afferrandogli il polso.

«*Merda!*» Con un gesto convulso il veterano liberò il braccio. «Ora vedrai chi è Sesto Autronio, *fellator*!» Gettò la verga e afferrò l'elsa della spada, ma prima che potesse estrarla dal fodero una voce calma risuonò alle sue spalle.

«Non lo fare, soldato.»

Sesto Autronio si voltò, denti scoperti. Di fronte a lui incombevano due cavalieri a capo scoperto. Due spade, una alla cintola, l'altra affibbiata alla sella. Armature lamellari. Scudi neri, senza insegna. Sesto Autronio deglutì. *Schola palatina. Gentiles Seniores.* Aveva già visto quegli uomini, in lontananza. E se ne era sempre tenuto alla larga.

Il più giovane dei due, snello, dalla barba rossastra appena striata di bianco, smontò con un rapido volteggio, un sorriso allegro e pericoloso sulle labbra. «Io gli ubbidirei, se fossi in te» disse, accennando al compagno.

Sesto Autronio fissò l'uomo rimasto a cavallo. Capelli grigi cortissimi, barba appena più scura, labbra sottili. Occhi castani, freddi. Doveva essere alto più di sei piedi, pensò il veterano. L'Uccisore. Il nome gli risuonò nella mente. Non poteva essere che lui. Chinando il capo, lasciò l'elsa della spada. «Ubbidisco, *magister.*»

Batraz lo guardò con indifferenza. «Qual è il tuo nome, soldato?»

«Mi chiamo Sesto Autronio.» La bocca del veterano era asciutta.

«Me ne ricorderò.» Batraz aveva parlato ignorandolo, già rivolto a Farnag, chinato sul bambino a terra. «Come sta?»

«È vivo.» Farnag scosse il capo. «Malconcio, mezzo morto di fame, ma vivo.»

L'uomo dalla barba nera era rimasto immobile, le braccia lungo i fianchi, il cappuccio calato sul volto. Batraz lo studiò in silenzio. «Tu capisci il latino, a quanto pare.» L'uomo annuì senza rispondere. Batraz accennò un sorriso. «Allora capirai se ti dico di portare la donna e il bambino sul carro.»

L'uomo annuì nuovamente. Senza una parola, si caricò sulle spalle il ragazzo, dirigendosi verso il carro.

«Voi, tornate di pattuglia.» Risalendo a cavallo, Farnag si era rivolto a Numerio. «E tu, bada al tuo commilitone.»

Mentre i legionari si allontanavano, Batraz accennò al carro. I due Goti stavano aiutando la donna a salire. «Singolare, quell'uomo. Quello più basso. È scuro di capelli come un Romano e parla latino.»

«Un disertore?»

«Forse. Ma coraggioso.»

«Questo è certo. Non è il momento migliore per passare dalla parte dei Goti.»

Batraz voltò il cavallo. «Hanno fame. Cerca Baxagos e fagli portare un po' delle nostre razioni. I bambini non devono morire.» Premette gentilmente i talloni nei fianchi del sauro e si allontanò al trotto.

2

Pianura della Mesia Inferiore. Anno MCXXX dalla fondazione di Roma, XV giorno prima delle Calende di luglio (17 giugno 377 d.C.).

«Waduulf. È il momento.»

Marco si voltò, colto di sorpresa. Fritigerno era sopraggiunto senza alcun rumore. Come sempre, d'altronde. Ne osservò il volto smagrito e i muscoli delle braccia, tesi come corde, chiedendosi se anche lui avesse la stessa aria esausta. Era una domanda troppo facile. Camminavano da giorni, nel fango che s'era trasformato in polvere e impregnava ogni corpo, ogni cosa. Le pieghe della pelle, le rughe, i panni indossati. Il poco cibo.

«Andiamo» disse il *reiks*.

Waduulf fece sparire gli aliossi nella fascia che gli stringeva la blusa e si alzò, scambiando un'occhiata con Fritigerno. «E lui?» domandò, accennando a Marco. Fritigerno scosse il capo in segno di diniego e s'avviò verso il carro.

Marco li vide scivolare sotto la tenda, seguiti, da lì a poco, da un gruppetto giunto alla spicciolata. Riconobbe Igila, sostenuto da un ragazzo, e Alavivo. Poi Nanderit e altri capi tribù di cui non conosceva il nome.

Rimase seduto nella polvere, le mani tra le ginocchia, il viso corrucciato, senza badare al bambino che lo aveva raggiunto e gli aveva afferrato il braccio, cercando di attirare la sua attenzione. Da quando lo aveva soccorso, pochi giorni prima, Unwēn – questo era il nome del bambino – non si era più allontanato da lui. La madre, una donna già attempata, gli aveva spiegato che Unwēn significava "inatteso": lo aveva partorito quando ormai il suo ventre era asciutto da molti anni, aveva aggiunto.

Unwēn lo guardò di sottecchi, indicando la bisaccia dove Marco teneva le noci con cui gli aveva insegnato a giocare al *ludus castellorum*. Infine il Romano gli sorrise, scompigliandogli i capelli stopposi. «Non è il momento di giocare» disse. «Va'» aggiunse, indicando un gruppo di bambini che si rincorrevano pochi metri più in là. Unwēn si alzò con una smorfia e si allontanò svogliatamente, scalciando con i piedi scalzi i sassi che affioravano dal terreno. Marco lo vide avvicinarsi a quello che sembrava il capo dei bambini e atterrarlo con una violenta spinta. L'altro gli saltò addosso e i due presero a lottare, ridendo e gridando.

«Hai figli, Romano?» Sivegerna, la madre di Unwēn, gli tendeva una ciotola colma d'acqua.

Marco scosse il capo. «No.»

«Dovresti averne. Sei giovane e forte.»

«E con chi dovrei farli?»

Sivegerna sorrise, sollevando appena le labbra sottili, coperte di rughe.

«Non con me. Io sono vecchia. Ma Waduulf ha molte sorelle e credo che sarebbe felice che tu ti unissi a una di loro.»

«Non è il tempo, donna.»

Sivegerna sospirò. «Questo è il tempo della guerra.»

Marco aggrottò le sopracciglia. «Non siamo in guerra. Stiamo cercando la terra per la tua gente.»

La donna accennò al carro di Fritigerno. «Frithugairns ha convocato la piccola assemblea» disse semplicemente. Poi si alzò, allontanandosi. «Vieni. Ho trovato delle radici. Abbastanza per una zuppa.»

Scendeva la sera. Un vento pungente dissipava il pesante fetore di corpi e di escrementi. Il convoglio s'era fermato per la notte e gli ultimi carri andavano ammassandosi a settentrione. Attorno all'accampamento ardevano già i fuochi dei bivacchi romani. Le donne cercavano i bambini per condurli a dormire e i loro richiami risuonavano nel crepuscolo.

Marco aveva fame. Non mangiava dalla sera prima, quando aveva diviso il suo pezzo di farinata con Unwēn, ma non voleva perdere d'occhio il carro di Fritigerno. All'interno qualcuno aveva acceso una lucerna e le ombre si stagliavano contro la tela grezza. Non si sentiva nulla, se non un mormorio. Attese a lungo, sorbendo la zuppa che Sivegerna gli aveva portato.

La donna e il bambino rimasero con lui accanto al fuoco, finché, a uno a uno, i convenuti uscirono dal carro. Solo Fritigerno e Alavivo non ricomparvero. Waduulf passò accanto a Marco senza una parola, il volto assorto.

La notte avanzava e Sivegerna si era ritirata, portando in braccio Unwēn, che s'era addormentato con la testa sulle ginocchia di Marco. Marco si avvolse meglio nel mantello, rigido per il fango disseccato, e s'appoggiò, quasi invisibile nel buio, a una ruota del carro di Waduulf. La temperatura era calata bruscamente e il Romano cercava di scaldarsi le mani al tepore delle braci. Non sapeva che cosa stesse attendendo. Ma attendeva.

Il tempo trascorse. Quasi metà della notte: *secunda vigilia.*

Marco udì avvicinarsi uno scalpiccio leggero. Due ombre furtive si accostarono al carro di Fritigerno, in cui palpitava ancora il chiarore della lucerna. Istintivamente, Marco si ritrasse dagli ultimi bagliori delle braci, ritirandosi nell'oscurità più fitta. La tenda si sollevò, illuminando i volti dei nuovi arrivati. Marco riconobbe senza sorpresa Marcello, il prete che aveva parlato alla prima assemblea cui aveva assistito. L'altro era un uomo alto, magro, avvolto in un mantello grigio. Il capo rasato, il viso sottile.

Il monaco.

Quello che cavalcava una giumenta bianca in testa alla colonna, accanto a Massimo. Lo aveva veduto spesso, quando si era spinto in avanti, cercando di carpire informazioni.

Non ci volle molto: le ceneri del fuoco erano ancora calde quando il monaco e il prete uscirono, scomparendo nel buio, seguiti dopo qualche momento da Fritigerno e Alavivo. Il *reiks* aveva un'espressione pensierosa, mentre un sorriso aspro tagliava il volto di Alavivo.

Ecco, pensò Marco. Non capiva cosa aveva visto. Ma aveva visto.

3

Pianura della Mesia Inferiore. Anno MCXXX dalla fondazione di Roma, XII giorno prima delle Calende di luglio (20 giugno 377 d.C.).

Quel giorno, i Romani avevano imposto al convoglio di partire molto prima dell'alba, e ora la lunga colonna si snodava lenta, come un serpente gigantesco e grigio. I contadini nei campi lungo la strada si fermavano in silenzio al passaggio dei barbari. Qualcuno si levava il largo cappello di paglia e si segnava sulla fronte e sul petto con una lenta croce. Altri alzavano le mani con il pollice infilato tra le dita, in segno di scongiuro.

«Buona terra, questa.» Waduulf s'era tolto la blusa e a torso nudo si godeva il sole sulle spalle. «Scura, fertile.»

«Sarà qui che ci fermeremo?» Marco indicò l'orizzonte.

In lontananza, minuscola e tremolante per il calore, s'intravedeva la sagoma di pietra di una città. Mura bianche contro il cielo quasi blu. Riflessi metallici che indicavano la presenza di cisterne d'acqua.

«Dove siamo?»

«Marcianopoli.»

«Fritigerno dice che ci aspettano. E ci sarà del cibo, finalmente. Sono stanco di masticare la carne dei cani che ci vendono i Romani.»

«Ho visto donne dare i figli come schiavi agli ufficiali, in cambio di un po' di farina.»

Waduulf annuì cupamente. «Ora è finita. Presto ci assegneranno le terre.»

«E proprio tu vorresti coltivare la terra?» Marco sogghignò. «Lo sai che cercano soldati per Valente. E tu sarai tra i primi a essere scelti.» Si tolse il cappello di paglia che aveva rubato a un contadino e con cui aveva sostituito il cappuccio. «E io verrò con te.»

«Ero un buon contadino, prima che arrivassero gli Unni.» Waduulf sputò un grumo di saliva. «E avevo delle bestie. Vacche, capre.»

Prima che Marco potesse ribattere, furono interrotti da un clamore di grida e dallo schianto di un coccio che si fracassava contro le travi. Da sotto la tenda sgusciò, rapido come un gatto, Unwēn, andandosi a sedere tra i due uomini. Appoggiò la testa alla spalla di Marco.

«Che succede là dentro, ragazzo?» Fece cenno verso Waduulf, ammiccando al bambino. «C'è tempesta?»

Unwēn ridacchiò. «Litigano di nuovo.» Scrutò il volto rabbuiato di Waduulf e soffocò a stento il riso.

«Vuoi dire che tua madre ha di nuovo litigato con quell'ottima donna della moglie di Waduulf?» Marco sollevò le sopracciglia, rivolgendosi al Goto. «È davvero strano, amico mio. Tua moglie ha un carattere così dolce.»

Waduulf sospirò pesantemente. «Proverò a rappacificarle.» S'infilò la blusa e scostò la tenda, scomparendo nel carro. Di lì a poco la sua voce profonda si aggiunse alle grida delle donne.

«Ora litigheranno tutti e tre e per un po' potremo stare tranquilli.» Marco tese i finimenti al bambino. «Va', tocca a te. Portaci a Marcianopoli.» Si sdraiò sul pianale e chiuse gli occhi. «Io cercherò di dormire.»

Come sempre, gli uomini di Batraz si erano tenuti lontani dalle truppe di Massimo. Procedevano al passo, a coppie, Yaguz in testa. Al centro della squadra, Leimeie montava un castrone pezzato, seguita come un'ombra da Dodoi e da Baxagos, che invariabilmente allungavano un braccio per sostenerla dove la strada si faceva più difficile. Distaccati di diversi passi, Batraz e Farnag chiudevano la fila, conversando. La ragazza si voltò a guardarli, poi, con un moto di stizza, girò bruscamente il cavallo e lo mise al trotto per raggiungerli, nonostante il richiamo di Dodoi.

«Cosa ci fanno quei due sempre alle mie spalle?» Il volto di Leimeie era furente. «Da quando siamo partiti li ho sempre con me. Per urinare devo ordinargli di allontanarsi, altrimenti mi seguirebbero anche dietro ai cespugli.»

Batraz, sconcertato, guardò la ragazza senza saper che rispondere, mentre Farnag, l'aria indifferente, rallentava, in modo da rimanere indietro.

«Sono le tue guardie del corpo.» Finalmente Batraz aveva ritrovato la parola.

«Non ne ho nessun bisogno!» La voce di Leimeie era diventata un grido di rabbia. «Mi so difendere.»

«Resteranno con te.» Batraz gridò a sua volta. «Almeno finché saremo a Marcianopoli.» Abbassò il tono, irritato con se stesso. «Poi...»

«Poi... Sai solo dire poi! Vuoi dirmi che cosa farai di me, allora?»

«Di te?» Batraz esitò. «Ma... nulla. Voglio solo proteggerti.»

«E fino a quando, Batraz? Vuoi condurmi con te ad Antiochia? Come tua figlia adottiva? O come amante?»

Di fronte al viso furente della ragazza, Batraz tacque ancora. Amante? Figlia?

«*Magister.*» La voce di Farnag suonò sorprendentemente calma dopo le loro grida. «Abbiamo visite.»

Con un sospiro di sollievo, Batraz fece schermo con la mano al sole quasi orizzontale. Dinanzi a loro, una nuvola di polvere accompagnava un gruppo di cavalieri al galoppo. Davanti a tutti, il *vexillifer* con le insegne della *Claudia Pia et Fidelis.*

«Eccolo» disse Farnag. «Mi aspettavo che ti cercasse, stamattina.» Si rivolse a Leimeie. «Vieni, ragazza. Lasciamoli soli.»

«Siamo arrivati alla meta, Uccisore.» Massimo accostò il suo cavallo al sauro di Batraz. «Marcianopoli. La città più importante della Mesia Inferiore. Finalmente. Ero stanco di Durostorum.»

«Dovevi lasciarli riposare di più.» Batraz teneva gli occhi fissi sul convoglio. «Ne sono morti molti negli ultimi giorni.»

«Riposeranno quando saranno arrivati.» Massimo scrollò le spalle. «E poi, sono stati vecchi e bambini a morire. E donne. Inutili. I guerrieri sono sani. Pronti per te e per l'imperatore.»

Batraz accennò alla città. «Dove li farai accampare?»

«Fuori delle mura, naturalmente. C'è un avvallamento, a circa un miglio a settentrione. Ci scorre un torrente. Potranno togliersi la sete.»

Batraz annuì. «Lo conosco. Ero con Valente quando svernò qui. Anni fa. Combattevamo contro Atanarico.»

«Già, Atanarico.» Massimo fece una lunga pausa. «Stasera ceneremo alla tavola del *comes*» disse, con voce squillante. Le parole risuonarono leggere, casuali.

«Stasera resterò con i miei uomini. Come ogni sera.»

Massimo raccolse le redini, rallentando l'andatura. Cavalcarono a lungo senza parlare, lo sguardo all'orizzonte.

«E quindi...» riprese Massimo, esitando, «e quindi non sarai a cena a palazzo.»

«No. E non credo che la cosa ti addolori.»

Massimo sorrise. «È ora di seppellire la nostra ostilità, *magister*. Non credi?» Il *dux* aveva gli occhi semichiusi, per proteggersi dal sole davanti a loro. Nessuna espressione.

«Che cosa hai in mente, Massimo?» domandò lentamente Batraz.

«Nulla. Siamo entrambi al servizio dell'imperatore. E

non dobbiamo farci la guerra.» Il *dux* strinse le ginocchia sui fianchi del cavallo, sollevandosi dalla sella e inarcando la schiena. «Non ero più abituato a cavalcare tanto a lungo. E comunque» continuò con voce tranquilla, «dovrai pure presentarti al *comes*, questa sera.»

«Prima controllerò che i Goti siano sistemati. Mi presenterò domattina.»

«Niente cena, allora.» Massimo rise. Una risata svogliata. «Te ne pentirai. Lupicino ha cuochi eccellenti.»

«Faranno a meno di me.» Batraz si voltò bruscamente verso il *dux*. «Quando verranno assegnate le terre, piuttosto?»

«Le terre? Deciderà il *comes*.»

«Già. Il *comes*. E tu, invece, farai una distribuzione straordinaria di viveri?»

«Quali viveri?»

«Quelli che porti nei tuoi carri. In fondo alla colonna. O continuerai a venderglieli a caro prezzo?»

«I barbari non hanno bisogno di molto cibo. Nemmeno tu, a quanto pare. Altrimenti stasera verresti a cena a palazzo.»

«Fame e stanchezza sono il modo migliore per controllarli, vero?»

«Come con i cani. Affamali e stancali. Ti ubbidiranno.»

«O ti mozzeranno una mano.»

«Attento alle tue, di mani, Uccisore.» La voce di Massimo era mutata. «Nessuno di noi conosce il proprio destino.» Arrestò il cavallo, facendogli fare una mezza volta. «Devo raggiungere il monaco» disse aspramente. Si allontanò verso la coda della colonna, seguito dallo sguardo diffidente di Batraz.

A poche miglia, le mura di Marcianopoli risplendevano al sole.

LA GUERRA È CERCARE LA PACE...

1

Marcianopoli, Mesia Inferiore. Anno MCXXX dalla fondazione di Roma, VI giorno prima delle Idi di luglio (10 luglio 377 d.C.).

Il sole penetrava nel giardino interno del palazzo comitale, illuminando il *triclinium* con una luce calda e serena. Lupicino si accarezzò i ricci della barba odorosa di unguento, assestandosi meglio sul letto. I servi avevano sparecchiato, gettando, come sempre, gli avanzi sul pavimento, dove si confondevano con le figure del grande mosaico: lische di pesce, teste di lepre, briciole di pane... Guardando le quaglie ancora intere che i cani si contendevano, Lupicino sorrise. Così dev'essere la mensa di un ricco. Di un potente. Fece un cenno e il servo alle sue spalle gli mescé una nuova coppa di vino.

Il *comes* alzò la coppa. «*Contitum paradoxum*. Niente di meno. Non ne berrai di migliore neanche a Costantinopoli.»

Massimo, semidisteso sul cuscino di fronte a lui, sorrise, sollevando la sua coppa.

«Il mio cuoco lo prepara con miele di montagna.» Lupicino bevve un lungo sorso. «E poi, alloro, datteri dall'Egitto, pepe, e zafferano piceno.» Un altro sorso. «Dolce. E forte.»

«*Bene tibi!*» brindò Massimo. «A te, signore della Mesia Inferiore» ammiccò. «E poi, chissà. Comandante delle milizie a Costantinopoli, forse. O ancora di più.»

«È ancora troppo presto, amico mio.» Lupicino dischiuse le

labbra carnose in una smorfia lusingata. «I tempi sono tutto.» Si alzò, la tunica chiazzata di salsa, accostandosi a una finestra.

Dal palazzo, posto su un'altura, si dominava la città. Le strade di Marcianopoli erano gremite di folla e percorse dai carri dei venditori, costretti a evitare i panni stesi ad asciugare alle strette imposte delle *insulae*. In lontananza, il profilo dell'anfiteatro si stagliava contro il cielo sereno. Agli angoli, capannelli di uomini dignitosamente avvolti nel pallio, le teste accostate, discutevano guardandosi intorno, come a controllare che nessun altro li ascoltasse. Le grida degli ambulanti e lo scalpitio degli zoccoli salivano fino alle finestre del *triclinium*.

«Guardali.» Lupicino accennò in basso. «Parlano. Forse cospirano.» Inarcò le sopracciglia. «I barbari li rendono inquieti.» Bevve ancora. «E temono una requisizione di viveri.»

«I Goti vogliono cibo.» Massimo s'era avvicinato, sporgendosi verso l'esterno.

«E tu, ne hai ancora da vendere?» Lupicino sorrise.

«Carri colmi.»

«E allora non si lamentino. Distribuiscilo poco per volta. Il laccio dev'essere corto, perché i cani ubbidiscano.»

«Corto sarà.»

«E il monaco?» Lupicino aggrottò la fronte, colto da un pensiero molesto. «Il messo di Valente?»

«È voluto rimanere fuori dalle mura. Ha cercato una grotta. Per pregare, dice. Dorme sulla nuda terra, avvolto nel suo mantello.»

«Un fanatico. Gliel'ho letto nello sguardo.»

«Sebastiano mi disse di diffidare di lui.»

«Lo ha scritto anche a me.» Il *comes* si fissò pensosamente le mani paffute, cariche di anelli. «Potrebbe avere progetti diversi dai nostri.»

«Lo farò sorvegliare.»

«Così sia, allora. Non perderlo di vista.»

«Ma c'è anche quell'altro.» Massimò restituì la coppa a uno dei servi. «Basta vino, per me.»

«Di chi parli?»

«Batraz.»

«Il capo dei *Gentiles Seniores*?» Lupicino scrollò le spalle. «Ha con sé solo una ventina di uomini. E qui comando io.»

«È un uomo pericoloso. È protetto da Vittore e l'imperatore si fida di lui. E ha un grande ascendente anche sui miei soldati. Ne parlano tutti.» Il labbro superiore di Massimo s'era arricciato in una smorfia di rabbia. «L'Uccisore e i suoi. I guerrieri più coraggiosi dell'impero.»

«Un guerriero morto non è più pericoloso. Nemmeno il più ardito.»

Massimo sorrise. «È quello che penso anche io.»

«Bene. Allora, questa è una faccenda risolta.» Senza voltarsi, Lupicino tese la coppa vuota. Il servo la riempì maldestramente e il vino traboccò, schizzando sulla veste del *comes*.

«Animale!» Lupicino rovesciò la coppa sul volto del servo. «Pulisci. E portami un'altra coppa.» Il servo sgusciò via, strofinandosi gli occhi irritati dal vino. Il *comes* tornò a voltarsi verso Massimo. «Piuttosto. Dobbiamo occuparci dei capi dei barbari.»

«Fritigerno innanzitutto. È lui il più autorevole. E Alavivo. Senza di loro, i Goti saranno nelle nostre mani. Potremo farne quel che vorremo.»

«Allora è tempo di invitarli alla nostra mensa.»

«Già fatto. Domani. Spero di aver interpretato i tuoi desideri.»

Sul volto di Lupicino si aprì un largo sorriso. «Ben fatto, Massimo. Ben fatto.» Si asciugò le dita macchiate di vino sulla veste. «Andrò io stesso a parlare con i cuochi. Sarà un banchetto memorabile.»

2

«E così, domani dividerai il cibo con i Romani.» Con una smorfia, Nanderit posò il cucchiaio di legno. Da oltre la tenda proveniva il fragore del campo.

«Andremo io e Alavivo.» Fritigerno annuì. La zuppa puzzava. «Le donne hanno già lavato il mio mantello.»

«Può essere pericoloso.»

«Avrò una scorta. E poi, dobbiamo trattare. Non possiamo rimanere qui a lungo.»

«Gli uomini lucidano le loro spade.»

«Li ho visti. E non potrei trattenerli.» Sollevò la tenda, osservando la spianata nella quale sorgeva l'accampamento. «E abbiamo poche armi. Troppo poche. E questa non è una posizione difendibile. Siamo nel bel mezzo di un avvallamento, e i Romani potrebbero massacrarci con gli arcieri.»

«Ne porteremmo molti con noi.»

«Ucciderebbero le donne e i bambini. E i nostri figli sono tutto quel che abbiamo.»

Nanderit annuì pensosamente. «Che dice il monaco? Lui non aveva parlato di un banchetto.»

«È scomparso. Forse sarà all'interno della città. Lo incontrerò domani.» Con il pugnale Fritigerno divise in due una mela dalla buccia rossa e vizza, gettandone metà a Nanderit. «Bottino di Waduulf?»

Nanderit annuì.

Fritigerno affondò i denti nella polpa succosa. «Questa è una terra ricca.»

«Lo so. L'ho visto. Waduulf è felice. Vorrebbe fermarsi qui.»

«Se gli dei lo vorranno, lo farà. Ma stasera guiderà la mia scorta.»

«Verrò io.»

«Tu rimarrai qui, al comando del campo.»

Nanderit sorrise appena. «Al comando!» Scosse il capo. «C'è fermento tra i capi. Vogliono cibo, e subito. Ho mandato Waduulf a saccheggiare un paio di fattorie per evitare che prendessero le armi. Ma non so per quanto ancora riusciremo a controllarli.» Espirò a fondo. «Cominciano a mormorare anche contro di te. Però, se dovesse accaderti qualcosa, la mia testa varrebbe meno di una moneta di rame. I più giovani vorrebbero vedere il colore del mio sangue.» Diede un morso alla mela. «No, fratello mio. Verrò con te, a guardarti le spalle, come sempre. Waduulf rimarrà qui, a badare alla tua donna. E sarà quel che sarà.»

Fritigerno lo guardò interrogativamente. «Hai un cattivo presagio?»

«Ho sempre cattivi presagi.» Nanderit rise, la bocca ampia sulla faccia arrossata dal sole. «Ma mi hanno sempre ingannato.» Scostò la tenda e saltò dal carro. «Sarà così anche questa volta, fratello» gridò incamminandosi.

Appena fu lontano, raccolse un sasso e lo scagliò violentemente contro una roccia. Il sasso rimbalzò, andando a posarsi tra l'erba morbida e lucida. Nanderit lo fissò con gli occhi cupi, poi girò lo sguardo intorno a sé. Colline basse, dolci. Campi coltivati. Pascoli. Grandi distese su cui cavalcare. Boschi pieni di selvaggina. Anche a lui sarebbe piaciuto restare lì. Ma aveva un cattivo presagio.

3

Marcianopoli, Mesia Inferiore. Anno MCXXX dalla fondazione di Roma, V giorno prima delle Idi di luglio (11 luglio 377 d.C.).

La città era silenziosa e addormentata. Batraz camminava guardingo lungo i vicoli stretti, rabbrividendo sotto il mantello grigio e corto, simile a quello portato dai servi. Le sere e le notti erano ancora fresche, anche se gli edifici conservavano parte del tepore del sole. S'era mescolato con i venditori ambulanti, ascoltando attento e senza fare domande, finché, con il calare della sera, i banchi erano stati sgomberati. Era da sempre il suo modo di raccogliere informazioni, e quel che aveva scoperto non gli piaceva. C'era fermento tra il popolo: inquietudine per la presenza dei Goti alle porte della città e furia per alcune fattorie razziate. Fino a quel momento non c'erano stati morti e si diceva che Lupicino avesse rimborsato i proprietari terrieri. Ma era come una catasta di legna secca. Una scintilla e il fuoco sarebbe divampato. Doveva parlare con il *comes*, pensò, con un senso di disgusto. L'indomani. L'indomani stesso. Lo avrebbe convinto a distribuire ai Goti i viveri nascosti e avrebbe mandato i suoi nell'accampamento, a scegliere le nuove reclute per Valente.

L'odore di cibo che proveniva dalle case gli ricordò che non mangiava dal mattino. Era ora di rientrare: Dodoi certo gli aveva tenuto da parte qualcosa. Anche solo una zuppa di legumi, o le piccole polpette di maiale che spesso aggiungeva al rancio.

Il quartiere era avvolto da un'oscurità quasi totale, rotta dalla luce che illuminava qualche rara finestra aperta. Era convinto di essere nei paraggi delle terme, ma non riusciva a orientarsi. S'infilò in un budello angusto, pensando di risparmiare tempo e si ritrovò immerso nelle tenebre. Un raggio di luna vagabondo disegnava i dettagli del lastricato.

Si fermò bruscamente: un'ombra più scura era guizzata sui ciottoli, cancellando per un momento il riflesso lunare. Poi tutto era tornato come prima: la sera limpida e fresca, i bianchi e i neri dei sassi. Imprecò sottovoce, per non aver portato con sé una lucerna. I cadaveri, nelle notti delle città romane, non erano infrequenti. Tagliagole, ladri, miserabili disposti a piantare un coltello nella schiena di chiunque per poche monete o per un mantello di lana. Estrasse lentamente il pugnale dal fodero nascosto sulla schiena. Non aveva spada: un servo non può portarne una. Ma in quegli spazi ristretti gli sarebbe stata solo d'impiccio.

Udì una risata soffocata davanti a lui. Rapido, si sfilò il mantello, avvolgendoselo intorno al braccio sinistro e tese il pugnale in avanti, la mano all'altezza dei fianchi, la punta rivolta in alto. La posizione giusta per sventrare il malcapitato che avesse tentato di aggredirlo. La risata risuonò ancora, ora dietro di lui. Si addossò al muro ruvido dell'*insula*, le spalle al sicuro. Ancora la risata. Più vicina. Ma dove? Un bambino, pareva il riso di un bambino. Ci sarebbe certo stato anche un uomo con lui. Forse, più d'uno. Fletté le ginocchia, pronto a balzare di lato.

«Che fai di notte, soldato?»

La voce era risuonata alla sua destra, lieve. Poi un fruscio e un raggio di luce lo abbagliò. Una lanterna cieca. Istintivamente affondò il pugnale nell'aria.

«Non hai bisogno di difenderti.»

La luce ruotò, rischiarando un volto di donna, simile a una maschera su uno sfondo nero.

«Leimeie.» Il nome gli sfuggì dalle labbra. Rinfoderò il pugnale, pieno di vergogna e di sdegno. S'era lasciato sorprendere da una donna.

«Sono la tua scorta, soldato» disse la ragazza abbassando la lanterna.

«Che fai qui?» domandò rabbiosamente Batraz. «Dov'è Baxagos?» Le strisce azzurre erano evidenti sul volto di Leimeie, che indossava un mantello nero, certo prestatole da uno dei suoi uomini. Dodoi, pensò Batraz. L'unico poco più alto di lei.

«A cercarmi da qualche parte. Non è bravo quanto pensi.»

«La notte non è fatta per una donna sola.»

«Forse no. Ma io non sono romana. Continui a dimenticarlo.»

«Non lo dimentico. La tua lingua tagliente non me lo permette. Nessuna Romana oserebbe parlare a un uomo come fai tu.»

«Non le invidio, allora, anche se camminano coperte di gioielli. E io ho desiderato rubarglieli.» Leimeie si fece seria. «E comunque non mi farò più sorprendere come a Durostorum.»

Batraz sentì la collera scivolare via come acqua. «Ne sono sicuro, ragazza.»

«Perché non sei al banchetto, questa sera?»

«Non mi piacciono i banchetti. E non mi piacciono certe persone.»

«Nemmeno a me. Continuo a non capire che cosa tu faccia tra di loro.»

«Ho giurato fedeltà all'imperatore.» Era semplice.

«Questo lo capisco.» Leimeie lo fissò a lungo. «Anche io ho giurato fedeltà.» Abbassò gli occhi.

Tacquero entrambi, evitando di guardarsi; poi il momento trascorse.

«Avrai fame» disse ruvidamente Batraz. «Andiamo. Raggiungiamo gli altri. Così potrai prenderti gioco di Baxagos.»

4

Il banchetto durava da ore: la prima vigilia era trascorsa e i servi avevano acceso il grande lampadario a olio del *triclinium* e le lanterne del giardino. In quella sala Fritigerno si sentiva prigioniero: avrebbe voluto essere all'aria aperta, in un bosco, a cavallo. Ovunque eccetto che lì, dov'era spiato dagli sguardi dei commensali, esposto come un orso in catene al mercato. E invece ancora nessuno sembrava sazio: si bevevano calici di vino accompagnati da acciughe salate e il ronzio della conversazione non accennava a scemare.

E non aveva ancora parlato con Lupicino.

Al loro arrivo, di fronte al solenne portone istoriato, erano stati separati dalla scorta. Sotto gli occhi scandalizzati degli schiavi della *familia*, i guerrieri erano entrati nell'atrio, lasciando orme fangose sul mosaico del pavimento. Si erano accoccolati accanto a una vasca in cui galleggiavano grandi piante acquatiche. Nanderit, la spada appoggiata sulle ginocchia, aveva salutato Fritigerno con il suo sorriso storto e aveva immerso le mani nell'acqua, cercando di afferrare i piccoli pesci che vi guizzavano.

Un servo fastosamente vestito, che s'era presentato come il *nomenclator* di Lupicino, aveva squadrato Fritigerno e Alavivo con una smorfia sprezzante, mentre due schiavi prendevano i loro mantelli con la punta delle dita. Poi li aveva guidati in un lungo giro per il palazzo, indicando quelle che evidentemente erano alcune tra le ricchezze del suo padrone: piatti e bacili d'argento, posati su grandi tavoli accostati alle pareti; casse rinforzate da fasce di ferro; dipinti di dei che mangiavano o s'accoppiavano e di fronte ai quali Fritigerno non aveva saputo reprimere un fastidio subito dissimulato. Alavivo, gli occhi fissi davanti a sé, non aveva degnato di uno sguardo le pareti, calde di rosso, di nero, di giallo. Avevano oltrepassato un portico, al cui soffitto erano appesi dischi di metallo sbalzato che oscillavano appena, e infine erano entrati in un'ampia stanza affacciata su un giardino interno, adorno di statue.

I convitati, già sdraiati su grandi letti triclinari coperti di cuscini rossi, li avevano guardati, interrompendo bruscamente la conversazione. Un letto era occupato da sole donne. La più vecchia, dal viso paffuto ricoperto da uno strato di polvere bianca, si era ritratta impercettibilmente, la bocca corrugata, mentre una ragazza, i capelli rossi acconciati in quella che pareva una fiamma, aveva portato una mano alla bocca, nascondendo un sorriso e bisbigliando qualcosa all'orecchio delle vicine. Poi tutte e tre avevano ridacchiato, guardandoli come si valuta un bue che si vorrebbe acquistare.

Tra gli uomini, Fritigerno aveva riconosciuto Massimo, che s'era alzato per invitarli ad accomodarsi accanto a lui. Un uomo pingue, con pesanti anelli alle mani, aveva fatto un cenno annoiato di saluto, sorridendo con le labbra a cuore e subito riprendendo a parlare con la ragazza con i capelli rossi. Alavivo s'era lasciato cadere con un grugnito sul lettino, mentre Fritigerno s'era seduto rigidamente, affondando in quei cuscini troppo morbidi. S'era sciacquato le dita in una coppa d'acqua profumata, allontanando con un gesto il servo che si era avvicinato per sfilargli gli stivali.

A un battito di mani erano comparsi altri servi, carichi di vassoi colmi di cibo che avevano deposto sui bassi tavoli tra i letti. Lattuga con vari condimenti, piselli fritti accompagnati dal sedano, lenticchie e cavoli tagliati in strisce sottili, uova sode coperte di salsa, zucchine speziate odorose di cumino. Al centro, un enorme piatto colmo di conchiglie già aperte, dai riflessi madreperlacei.

«*Ostreas!*» aveva sussurrato Massimo, con un sorriso goloso.

Le conchiglie erano immerse in un letto di ghiaccio e accompagnate da certi pesci lunghi e carnosi, simili a serpenti, affogati in una salsa densa dall'odore aspro. Le donne avevano parlottato sottovoce, lanciando rapidi sguardi ai Goti, finché la più anziana, la matrona dal volto coperto di cipria, s'era alzata. Aveva sussurrato qualcosa alle altre che avevano soffocato una risata e s'era sdraiata accanto ad Alavivo, intingendo le dita nella salsa. Poi le aveva tese verso di lui, che dopo averle annusate con diffidenza, le aveva afferrato il polso, succhiandole voracemente i polpastrelli. La donna aveva squittito, con un misto di piacere e di timore.

Era stato il segnale d'inizio del banchetto. Tutti s'erano serviti dai vassoi, aiutandosi con le mani e con piccoli piatti che tenevano nella sinistra. L'odore forte delle vivande aveva procurato a Fritigerno un lieve senso di disgusto. Sotto quegli aromi aspri e dolci ne aveva avvertito uno, sottile ma inequivocabile, di decomposizione.

«Ci sarà tempo per parlare. Adesso goditi le *gustationes*» gli aveva detto Massimo. «E il *mulsum*» aveva aggiunto, indicando un cratere colmo di vino mescolato con il miele. «Il cuoco di Lupicino è degno di Costantinopoli.»

Fritigerno aveva scartato le conchiglie, servendosi invece da un piatto di verdure e di uova sode, condite con una crema agrodolce di formaggio fresco. Nessuno era parso più badargli, e Lupicino – certo doveva essere lui l'uomo carico di anelli cui gli schiavi presentavano i piatti prima di servirli – aveva continuato a parlare con la ragazza, lanciando talora qualche motteggio incomprensibile a Massimo. La conversazione generale, accompagnata da un musico che suonava la cetra, era punteggiata da esclamazioni d'entusiasmo alla comparsa di ogni nuovo vassoio. Fritigerno aveva bevuto due boccali di quel vino dolce prima di sentirsi girare la testa e di rifiutarne un terzo.

«Non bere troppo» aveva sussurrato ad Alavivo, impegnato ad addentare una pernice farcita. In tutta risposta, Alavivo aveva battuto il boccale vuoto contro il bordo del piatto, chiedendo altro vino e ridendo rumorosamente con la sua vicina.

Dopo un breve intervallo, era stato il turno di un enorme vassoio ricolmo di mammelle e vulve di scrofa, coperte da una salsa dall'intenso afrore di pesce, seguito da un piatto di ghiri disossati e arrostiti. Tanto cibo quanto sarebbe bastato a nutrire molte famiglie per molti giorni. E gli avanzi li gettavano per terra. Ai cani. Fritigerno aveva masticato una crosta di pane. Era sazio. Ma non era ancora venuto il momento di parlare.

5

Nella grotta – una cavità appena accennata nel fianco della collina – il silenzio era infranto solo dal ritmico stillare dell'acqua dalla volta umida.

Il monaco s'assestò il cappuccio. Faceva freddo e le membra gli dolevano. Tornò a inginocchiarsi sul terreno sassoso. Aveva intagliato lui stesso la croce di legno piantata al fondo della grotta. Alla fiamma di una lucerna curvò il capo, cercando in sé il raccoglimento.

Da molto tempo Dio non gli parlava più. Da quando era tornato dal deserto siriaco la Sua voce non si era più fatta sentire ed Ertegul troppo di frequente aveva dovuto prendere le sue decisioni da solo. E anche ora, che il suo obiettivo si faceva sempre più vicino, Dio taceva. Impugnò il coltello e sollevò la veste. Osservò le cosce magre, segnate da pallide cicatrici antiche e da segni rossastri di tagli recenti. Passò la lama sulla carne, osservando il sangue che si raccoglieva sulla pelle e iniziava a gocciolare, lento e denso, imbevendo la terra.

6

«Sei certo che sia la direzione giusta?» Leimeie si fermò in mezzo al vicolo, sollevando lo sguardo. Erano nei pressi delle mura della città e in quella zona le case erano povere, a un piano solo, con i muri coperti di graffiti. Si appoggiò ai mattoni nudi, sotto una finestra illuminata da cui provenivano gemiti e risa.

Batraz sollevò la lanterna, illuminando una delle scritte sul muro. «*Hic ego puellas multas futui*» lesse. «È un bordello. Ho sbagliato strada. Siamo vicini alle mura. Ma dalla parte opposta ai *contubernia*.»

«È strana questa città. Non c'è aria e le strade puzzano. E la gente paga per fare l'amore.» Leimeie si passò una mano sul ventre. «Ho fame. Non potrebbero darci qualcosa da mangiare?»

«In un lupanare?» Batraz sorrise. «Se mai, cercherebbero di mangiare te. E io sarei costretto a ucciderli.»

«Parli bene, soldato.» La ragazza rise. La stessa risata leggera di prima. Batraz non l'aveva mai sentita ridere. «Ma poco fa, al buio, ero meno sicuro di te.»

«Vuoi provare il mio braccio, ragazza?» Allegro, pensò Batraz. Si sentiva allegro, *hilaris*. E anche questa era una novità. *Hilaritas*. Ne ricordava la figura, incisa su un sesterzio di bronzo coniato ai tempi di Adriano. Lo aveva tenuto tra le mani da bambino.

«Forse vorrò provare altro di te, un giorno.» La ragazza lo guardò, gli occhi luminosi nella penombra del vicolo male illuminato. Poi fece un passo verso di lui e premette le labbra sulle sue. Fu un bacio rapido, senza che i loro corpi si sfiorassero. Leimeie si scostò, appoggiandogli una mano sul petto. «Ma sono ancora in debito con te.»

Fu allora che scoppiò il clamore. Urla, voci confuse. Una moltitudine che gridava in lontananza. Un bagliore rossastro illuminò il cielo al di là delle mura.

Batraz imprecò sottovoce. «I Goti. Alle porte, presto!» Afferrò la mano della ragazza e presero a correre in direzione delle grida, nel dedalo di vicoli bui.

7

Nemmeno l'offerta del sangue aveva funzionato. Nemmeno quella volta. Ertegul guardò la pozza ormai coagulata, nera sul terreno. La croce, davanti a lui, era un segno beffardo. Levò il braccio, il pugno chiuso, e lo abbatté sul legno. La croce, divelta, si spezzò in due tronconi privi di senso. Il monaco chinò il capo sulle ginocchia e pianse.

8

Fu Fritigerno a udire per primo. Grida indistinte e poi un frastuono confuso, intervallato da cupi rimbombi, come se qualcuno percuotesse con forza un tronco cavo. Mentre i convitati tacevano, scambiandosi sguardi ansiosi, si fece scivolare sotto la blusa uno dei coltelli abbandonati dai servi sul tavolo. Nel voltarsi vide gli occhi della matrona che lo fissavano. Sorrise, scoprendo i denti, e la donna sgusciò lontano, strisciando sui cuscini, il pugno sulle labbra a trattenere un grido. Accanto a lei, Alavivo russava rumorosamente, la bocca semiaperta, tra le dita un calice sussultante a ogni fremito del petto. Fritigerno lo scosse violentemente, senza risultato. Tornò a sedere, in attesa. Qualcosa stava accadendo. Qualcosa stava per accadere.

Nel silenzio, il *nomenclator* entrò nella sala con passo tranquillo e si chinò a sussurrare qualcosa all'orecchio di Lupicino. Il *comes* si alzò faticosamente, gettando uno sguardo a Massimo e uscì attraverso il giardino.

«Ascoltate. Ascoltate tutti.» Massimo batté le mani per richiamare l'attenzione. «Non sta succedendo nulla di grave. Un incendio in un quartiere periferico. Il *comes* è uscito per dare disposizioni ai *vigiles*. Tra poco, tutto sarà finito.» Sorrise. «È tutto a posto» aggiunse, con uno sguardo inquieto verso Fritigerno.

«Perché me lo ripeti, Romano?» Il tono di Fritigerno era sereno.

«Massimo!»

Lupicino era rientrato e faceva cenno al *dux* di avvicinarsi. Mentre si appartavano accanto alla parete di fondo, dove un Marte nudo era circondato da ninfe appena velate, Fritigerno tastò sotto la stoffa la forma rigida del coltello. Lo impugnò, nascondendolo contro la coscia.

«È la mia gente che grida» disse a voce alta. «Vado dalla mia gente.»

Si alzò, rovesciando con un calcio il basso tavolino di fronte a lui. I calici di vetro verde s'infransero a terra tra i resti del cibo. A passi misurati s'avviò verso la porta, seguito dagli sguardi di tutti, le spalle rigide, in attesa del gelo di una lama. Mentre si sforzava di non accelerare, la distanza gli pareva enorme.

Un sussurro alla sua sinistra; un ordine di Lupicino. Un urto violento sulla schiena, le braccia di un servo che si stringevano sul suo collo. Fritigerno si curvò bruscamente in avanti, sbilanciando l'assalitore, e allo stesso tempo gli assestò una violenta gomitata nel ventre, facendolo cadere sulle ginocchia.

«Ha un coltello!» strillò la matrona, le carni tremanti. «Ci ucciderà tutti.»

Le grida ora s'erano fatte più vicine, alte, tumultuose. Fritigerno sollevò il coltello, ruotando su se stesso, le ginocchia piegate, il braccio sinistro disteso per equilibrarsi. Per un istante non accadde nulla. Lupicino taceva, circondato dai suoi servi. I convitati erano immobili, statue di sale sui grandi letti.

Risuonò un grido, più forte degli altri. Nanderit, la spada insanguinata, seguito da tre guerrieri, irruppe nel giardino. «Via! È una trappola!» Corse verso Fritigerno, travolgendo gli invitati che avevano raccolto le vesti per slanciarsi verso le porte.

Con una ginocchiata Fritigerno abbatté uno degli schiavi che gli si era gettato contro. Un movimento della destra e il coltello affondò nella coscia di un altro. L'uomo crollò a terra, un fiotto di sangue pulsante che inondava le pareti, le mani sulla ferita. Un altro colpo, col pugno chiuso, e un terzo crollò a faccia in giù.

«Alle tue spalle! Fermalo!» gridò Nanderit.

Fritigerno si voltò, vedendo Lupicino battere due colpi su un piccolo piatto di metallo dorato. D'un tratto la stanza fu piena di legionari con le armi levate.

«Via, via!» Mulinando la spada, Nanderit si frappose tra Fritigerno e i soldati. «Via! Presto!» Con un balzo, Fritigerno cercò di avvicinarsi ad Alavivo, che tentava a fatica di rialzarsi. Fece in tempo a vedere la spada di un legionario affondare nel petto del Goto, poi fu raggiunto da Nanderit che lo spinse violentemente verso il giardino. «Fuggi. O sarà tutto inutile.»

Nanderit parò un affondo, poi la lama di un tribuno lo raggiunse al braccio. Uno dei suoi guerrieri prese il suo posto, mentre un altro lo trascinava verso il muro. Poco più in là, i soldati avevano bloccato il terzo Goto. Mentre due legionari lo trattenevano per le braccia, un terzo gli conficcò la spada nel ventre. Fritigerno esitò, facendo un passo verso Nanderit. Poi vide la spada di Massimo calare sul capo del suo amico. Si lanciò verso il giardino, rabbia e dolore e angoscia nei pensieri confusi e mozzi. Corse tra le erbe profumate, corse nei corridoi, rovesciando i tavoli adorni e costringendo i legionari che lo inseguivano a rallentare. Corse fra i dipinti dai colori caldi e belli.

Corse.

9

I due uomini li sorpresero mentre stavano per uscire dal vicolo. Si gettarono su di lui da una finestra buia, scaraventandolo al suolo. Afrore di aglio e di bocche marce. Batraz spostò bruscamente il capo, evitando il coltello che gli cercava la gola, poi spinse il ginocchio contro i testicoli di uno degli aggressori. L'uomo lasciò la presa e Batraz gli puntò il gomito contro il collo, schiacciandogli la nuca con l'altra mano. Digrignò i denti, percependo sotto le dita lo scricchiolio umido di qualcosa che si spezzava, poi, mentre cercava di rialzarsi, sentì un dolore lancinante al capo. Un sasso, riuscì a pensare. Stordito, rotolò via, ma un calcio nelle reni gli mozzò il respiro. Un altro calcio, alla tempia. Mani brutali lo rovesciarono sulla schiena e una lama gli luccicò davanti al viso. Provò, senza riuscirvi, a sollevare un braccio e pensò, in un istante lunghissimo, che quella volta il suo dio non l'aveva protetto e che non avrebbe mai più potuto toccare un corpo di donna. Guardò in volto il suo assassino, confuso nell'oscurità. Poi vide gli occhi dell'uomo colmarsi di stupore e sentì il suo peso rovinargli addosso. Tutto si fece nero e Batraz fu invaso da una grande, calma stanchezza, mentre scivolava via, in quel nero.

10

C'era qualcuno all'ingresso della grotta. Ertegul ne sentiva il respiro affannoso. Qualcuno che attendeva di entrare. Il monaco rimase immobile, le ginocchia martoriate dai sassi. Dopo aver riparato la croce con una striscia di stoffa strappata alla sua tonaca, s'era tracciato un'altra incisione sulla coscia. La prima era una preghiera. La seconda una punizione. Non aveva avuto abbastanza fede. Il mondo era privo di fede e doveva bruciare. E lui ne sarebbe stato lo strumento. Lo strumento di Dio.

Ma Dio taceva.

Il respiro alle sue spalle s'era fatto più calmo. Ertegul curvò la schiena. Se l'uomo era venuto a portargli la morte, lui l'avrebbe accettata. Avrebbe significato che Dio era scontento di lui.

«Padre?» Un sussurro. «Padre. Rispondimi.»

Il monaco si raddrizzò. «Marcello. Entra, figlio.»

Il prete scivolò nella caverna, inginocchiandoglisi di fronte. I capelli neri e untuosi gli nascondevano la parte superiore del volto, lasciando visibile solo la bocca, piccola e tremante.

«Padre...»

«Parla» disse sottovoce Ertegul. «Non c'è tempo per tacere.»

Marcello esitò. Il monaco inclinò il capo con un lento, inquietante sorriso. «Spero che sia qualcosa d'importante.» Una pausa. «Lo spero per te.»

Il prete deglutì a stento. Si guardò intorno. La croce alle spalle di Ertegul oscillava, prossima a cadere. La coperta distesa sul terreno era impregnata di sangue. Marcello rabbrividì. «I Goti, padre» mormorò.

«I Goti? Ebbene?»

«Il *comes* Lupicino oggi ha offerto un banchetto. Ha convocato i capi. Alavivo e Fritigerno.»

«Non me ne ha parlato.» Ertegul socchiuse gli occhi.

Il prete deglutì ancora. «L'ho saputo solo ora. Sono corso dalla città. Per avvisarti. Lupicino li ucciderà.»

Ertegul si alzò lentamente. «Come lo sai?» Fissò il prete. «Bada a ciò che risponderai.»

«Il *nomenclator* del *comes*. È l'amante di... di una mia... di una mia amica.»

«Una donna. Certo. Allora hai detto il vero.» Il monaco raccolse il mantello. «Presto! Dobbiamo andare.» Corse via senza voltarsi. «In città, presto!»

11

Dita gentili gli sfioravano il viso. Qualcuno chiamava il suo nome. Aprì gli occhi, rimpiangendo quel nero quieto che lo costringevano ad abbandonare.

Aveva la testa appoggiata nel grembo di Leimeie e il suo fiato sulla pelle.

«Sei vivo.» Lei parlò con una voce strana, delicata.

«Sono vivo.» Cercò di rimettersi a sedere. Il capo gli doleva. Si portò una mano alla nuca, sentendo uno spesso grumo di sangue sotto i polpastrelli. «Ci hanno aggredito.»

«Hai ucciso il primo.»

«E l'altro?» Batraz si rialzò, appoggiandosi al muro. Vacillò, riprese l'equilibrio. «Dov'è?»

Leimeie girò appena la testa. A meno di due passi da loro, il volto affondato in una pozza di sangue, giaceva il cadavere di uno degli assalitori. Un pugnale piantato nella schiena, a sinistra.

Batraz si voltò verso la ragazza. «Ora non sei più in debito.» Si alzò barcollando e si chinò sul cadavere per frugarne le vesti. «Ha armi d'ordinanza.» Si risollevò. «Sono soldati.»

«Chi li ha mandati?»

Batraz si strinse nelle spalle. «Lupicino. Massimo. Forse tutti e due.» Estrasse il coltello dalla schiena del cadavere, restituendolo alla ragazza. «Dobbiamo raggiungere le mura.» Allungò una mano. «Avrò bisogno di aiuto.»

Leimeie gli passò un braccio intorno alla vita. «Ora tocca a me sostenerti. Andiamo.»

S'incamminarono verso il clamore.

12

L'acqua della vasca nell'atrio era rossa e il cadavere di uno dei suoi guerrieri galleggiava a faccia in giù. Gli altri erano sparsi per la sala, avvinghiati ai corpi dei legionari che li avevano sorpresi. I Romani avevano pagato un alto prezzo.

Frenò la sua corsa e con un gesto brusco strappò la spada dalla mano contratta di uno dei suoi morti. Si sentì osservato da quegli occhi sbarrati e per un momento ne ebbe timore. Come se quei corpi potessero destarsi e trattenerlo.

Le voci dei soldati che lo inseguivano erano più vicine. Aveva perso tempo. Poteva ancora tentare di fuggire. O di affrontarli. Il portone era spalancato e apparentemente privo di sorveglianza. Con un grido si slanciò, la spada tesa, voltandosi prima a sinistra e poi a destra. Nessuno. I legionari dovevano esser tutti all'interno o già presso le mura.

Prese una decisione e si rifugiò nell'ombra di un vicolo. C'era odore di marcio, come se qualche ratto vi fosse andato a morire. Udì i passi dei suoi inseguitori avvicinarsi e si nascose nel vano di una porta. I passi esitarono, tornarono indietro. La sagoma di uno dei legionari si stagliò all'imbocco del vicolo, nella luce di una torcia.

«Qui c'è troppa puzza anche per un barbaro. Non si resiste. Andiamo.»

Il legionario scomparve e i passi si allontanarono rapidi. Fritigerno attese ancora qualche istante, poi sgusciò nella strada male illuminata e deserta. Il clamore, dopo una breve pausa, era ripreso e saliva di tono. Probabilmente la sua gente, disperata e affamata, aveva attaccato le botteghe cresciute come mala erba all'esterno delle mura. La spada stretta in pugno, s'incamminò, cauto.

13

Quando raggiunse il palazzo di Lupicino, Ertegul trovò i servi intenti a trascinare via i cadaveri dall'atrio. Dalle pareti schizzate di sangue saliva un odore dolciastro e greve, che il monaco annusò voracemente, le narici dilatate. Senza una parola, si fece strada tra i servi.

Lupicino, la testa tra le mani, era seduto a uno scrittoio dello studio che dava sul giardino interno, dirimpetto al *triclinium*. In piedi accanto a lui, Massimo, evidentemente a disagio, pareva in attesa di una parola, di una qualsiasi decisione. Senza degnarli di uno sguardo, il monaco attraversò lo studio e si affacciò sul giardino. Sul pavimento del *tricli-*

nium, tra i corpi dei legionari, contò quattro barbari. Cinque, si corresse, riconoscendo Alavivo riverso su uno dei letti del *triclinium*. Ma anche da lì poteva vedere che Fritigerno non era fra i caduti.

«Ertegul» lo chiamò Massimo.

«Che è accaduto?» domandò il monaco senza voltarsi.

Lupicino si alzò pesantemente dallo sgabello. «Che fai qui, monaco?» Con un gesto impose il silenzio a Massimo. «Che vuoi? Mi hanno detto che eri in una grotta. A pregare.»

Ertegul si voltò lentamente, fino a fissarlo negli occhi. «Che cosa hai fatto?» Sorrise.

«Quello che si doveva fare. Ho fatto uccidere Alavivo. Uno dei loro capi più importanti.»

«E Fritigerno?»

Lupicino distolse lo sguardo, le labbra animate da un lieve tremito. «Abbiamo ucciso uno dei suoi fratelli di sangue.» Si portò la mano alla bocca, come per fermarne il movimento.

Senza smettere di sorridere, Ertegul gli vibrò sul volto un violento manrovescio. «Stolto!» Il *comes* si lasciò ricadere sullo sgabello, asciugandosi il rivolo rosso che gli scorreva sul mento.

«Stolto» ripeté il monaco a voce bassa. «Non era il tempo. Avevamo ancora bisogno di loro.» Sollevò Lupicino per la veste, avvicinandogli il viso fino a quando non poté sentire il suo fiato, carico di vino. «E non siete nemmeno riusciti a ucciderli tutti.» Lo lasciò andare bruscamente. «Ora ci attaccheranno. Sono entrato dalla porta a settentrione. A meridione i Goti stanno cercando di entrare in città. Hanno dato fuoco alle capanne. Cercavano cibo. Cercavano armi. E hanno trovato entrambe le cose.»

Lupicino lo guardò, gli occhi attoniti. «Che facciamo ora?»

«L'unica cosa che possiamo fare. Combattiamo.»

Di fronte al nuovo sorriso di Ertegul, Lupicino fece un passo indietro. Chinò il capo. «Combatteremo.»

Il monaco si passò un dito sulle labbra, lo sguardo assente. «E cerchiamo di volgere le circostanze a nostro favore.»

14

La pianura a meridione era illuminata dagli incendi. Bruciavano le capanne e le baracche della periferia, accoccolate ai piedi delle mura come cuccioli in fiamme sotto lo sguardo di una madre indifferente. Bruciavano i carri dei mercanti, radunati sotto il cielo stellato. Bruciavano in lontananza, con un bagliore attenuato, i recinti che circondavano l'accampamento dei Goti, e il fumo saliva nero verso il cielo, offuscando la luce lunare. Colonne di barbari, punteggiate di torce come serpenti luminosi, si dirigevano verso la città e nel passare le torce venivano scagliate nei campi, incendiando i cespugli e l'erba secca. Bruciava la campagna intorno a Marcianopoli e il calore dell'incendio avvolgeva gli uomini sugli spalti in un mantello di sudore.

Ai piedi delle mura infuriava il combattimento. Contadini e mendicanti delle capanne, semplici cittadini, drappelli di soldati privi di ordini precisi erano sciamati dalle porte della città, armati di spade e giavellotti, coltelli e asce, randelli e roncole, e si battevano contro l'avanguardia dei Goti.

Sul cammino di ronda, nella notte rossa, Batraz e Leimeie si fecero largo a fatica tra gli arcieri. Ordini confusi rimbalzavano tra i soldati, che parevano in preda al panico. Isolati da tutti, i Sarmati, arco in pugno, formavano un gruppo ordinato presso una delle torri. Miravano metodicamente nel folto dello scontro, scagliando solo a colpo sicuro.

«Farnag!» gridò Batraz avvicinandosi.

«Sembra che passeggiare per il mercato sia diventato pericoloso.» Farnag gli andò incontro, studiandolo ironicamente. «E zoppichi. Sei stata tu, ragazza, a ridurlo così?»

«Che ti è successo, *magister*?» Yaguz sfiorò le macchie di sangue sul mantello di Batraz. «Ti hanno colpito.»

«Legionari.» La parola cadde nel silenzio. «Un agguato. Uomini di Massimo. O del *comes*.»

A un cenno di Farnag, i Sarmati si schierarono a semicerchio, rivolti ora verso gli arcieri di Lupicino. Tenevano gli archi rivolti verso il basso, la freccia incoccata, pronti a scagliare.

«Ne sei certo?» domandò Farnag.

Batraz annuì. «Ci penseremo dopo.» Si rivolse ai suoi: «Fermi. Sono soldati dell'impero, come noi».

«Tu sei ferito.» Farnag aveva visto l'amico barcollare e portarsi la mano alla nuca.

«Non è importante. Dimmi cos'è accaduto.»

Farnag e Leimeie si scambiarono una rapida occhiata. La ragazza annuì.

«D'accordo» disse Farnag. «Come vuoi.» Indicò la pianura. «I Goti sono arrivati subito dopo il buio. Volevano cibo e hanno cercato di entrare in città. Prima hanno saccheggiato le capanne fuori delle mura e i legionari sono usciti per fermarli. Poi...»

«Poi?»

«Poi qualcuno ha sparso la voce che Fritigerno e Alavivo sono stati uccisi. E allora hanno attaccato.»

Batraz soppesò la notizia, valutando con lo sguardo la situazione. «Chi è al comando tra i legionari?»

«Difficile a dirsi. C'è confusione. Gli ufficiali di Lupicino attendono ordini che non arrivano. Quelli di Massimo hanno tentato di organizzarsi. Ma ci sono molte perdite.»

I Goti cercavano di scalare le mura aggrappandosi alle sporgenze delle grandi pietre bianche, respinti dalle frecce degli arcieri romani. Cadevano numerosi, ma altrettanti ne prendevano il posto.

«Ma il problema è un altro» aggiunse Farnag. «Un piccolo gruppo è riuscito a entrare in città. Hanno attaccato i magazzini dove Lupicino tiene le riserve. Riserve di armi. Guarda.»

Al di là del tiro degli archi era fermo un carro circondato da un assembramento di barbari. Tre uomini scaricavano spade e giavellotti, distribuendoli agli altri.

«Dobbiamo fare una sortita.» Batraz fletté il collo. Il dolore alla testa non accennava a diminuire.

«Nessuno si è ancora sentito di dare l'ordine.»

Furono interrotti da grida che provenivano dalla scala. Un trapestio, poi alcuni Sarmati comparvero sul camminamento, spingendo innanzi un Goto dalle vesti imbrattate di sangue.

«Lo abbiamo sorpreso mentre cercava di fuggire.» Il volto di Yaguz era segnato dalla stanchezza.

Il barbaro era di media statura, con le spalle ampie. Perdeva sangue da una profonda ferita sul braccio destro di cui non pareva essersi accorto. Stava in piedi di fronte a loro, calmo in volto, i muscoli rilassati.

«Tu» disse fissando Batraz. «Io ti ho visto. Tu sei il Sarmata.» Si scostò i capelli dal volto.

«Fritigerno» disse senza sorpresa Batraz.

«Sono io.»

«Non sei morto.»

«Io no.» Un'ombra trascorse sul volto del *reiks*. «Ma Alavivo e la mia scorta sì.» Guardò verso la città. «E Nanderit. Il mio fratello di sangue.»

Un mormorio trascorse tra i Sarmati. Comprendevano bene il dolore annidato negli occhi di Fritigerno.

«Dobbiamo ucciderlo?» L'espressione di Yaguz era incerta. «Si batte bene. Ha ferito due dei nostri.»

Batraz lo ignorò, osservando il Goto. Si guardarono a lungo. «Lasciategli le braccia. Non può fuggire.» Accennò alla pianura. «Dobbiamo attaccare. Lo sai. E sarà un massacro» disse.

Fritigerno annuì. «Moriranno le donne. E i figli. I nostri e i vostri.»

Batraz attese.

«Non sono venuto fino qui per vedere morire i miei figli.» Fritigerno indicò la pianura. «La mia gente pensa che sia morto. Fammi uscire e la porterò via.»

«Come posso fidarmi?»

Fritigerno scoprì i denti in un lento sorriso. «Noi c'intendiamo, Sarmata. Noi siamo simili.»

Batraz rifletté a lungo. «Io credo nell'onore di chi porta le armi.»

«Anche io.»

«E dopo, che accadrà?»

«E dopo sarà la guerra. Siamo stati traditi. Ma guerra tra uomini. Non contro donne e bambini.»

Fritigerno allungò la destra. Dopo un'esitazione Batraz

posò la sua mano sul braccio del Goto, stringendone il polso. Fritigerno fece lo stesso.

Batraz si voltò verso i suoi uomini. A uno a uno i Sarmati annuirono in silenzio. Nell'aria infuocata le grida erano assordanti.

«Dategli un cavallo. E fatelo uscire dalla porta settentrionale.» Batraz si sostenne al parapetto. Il dolore era aumentato bruscamente e sentiva le gambe vacillare. Pensò al suo letto, nella camerata.

«Mi ricorderò di te, Sarmata.» Fritigerno non aveva smesso di fissarlo.

«Anche io. Ci incontreremo ancora. Ma ora va'. E fa' presto.»

Attesero sui camminamenti, mentre dalla città provenivano i suoni dell'allarme. Le fiamme si erano propagate alle prime case e i *vigiles* si affannavano con secchi di cuoio e coperte per spegnere gli incendi.

Videro Fritigerno galoppare in mezzo alle schiere dei Goti. Lo videro afferrare una fiaccola e sollevarla. Un gigante accanto a lui ne portava un'altra con cui illuminava il volto del *reiks*. Di lì a poco piccole squadre a cavallo iniziarono a radunare gli uomini, facendoli allontanare dalle mura.

«E ora?» Baxagos abbassò l'arco che impugnava nelle mani nodose.

Batraz scosse il capo. «E ora lasciamoli andare. Non ci vorrà molto per ritrovarli.» Afferrò il braccio di Leimeie. «Sorreggimi ancora, ragazza. Devo riposare.»

... SPARGENDO SANGUE

1

Presso Marcianopoli, Mesia Inferiore. Anno MCXXX dalla fondazione di Roma, il giorno prima delle Idi di luglio (14 luglio 377 d.C.).

La colonna armata si snodava per circa tre miglia lungo la strada per Cabyle, in direzione della Tracia, tra i pascoli e i campi di quella terra scura e fertile. A occidente, un rilievo di basse colline chiudeva l'orizzonte.

Cinquemila legionari, che a ogni passo facevano vibrare il terreno, sollevando nubi di polvere che ricadevano abbaglianti nell'aria ferma. Gli *exculcatores,* i fasci di giavellotti bilanciati sulla spalla, marciavano in testa, seguiti dagli arcieri e dai frombolieri. Si muovevano sotto il sole, orgogliosi come un corpo unico: solo le file dei fanti semplici talvolta si sfrangiavano sui margini, costringendo qualcuno a rallentare o ad accelerare il passo. Un drappello di cavalleria leggera costituiva l'*agmen primum,* l'avanguardia inviata in perlustrazione, e li precedeva di circa due miglia.

Sul fianco sinistro cavalcava Batraz, seguito dai suoi uomini. Sotto il sole quasi a picco il sudore gli ruscellava sotto la tunica di cuoio, colandogli sulla fronte fino agli occhi, socchiusi per il riverbero. Il peso dell'armatura sulle spalle e sui fianchi era tormentoso.

«Non avevo mai visto un *agmen* in marcia.» La voce di Dodoi era colma di stupore. «Sembrano un millepiedi. Un millepiedi di metallo.»

«Sei vissuto troppo tempo nella tua campagna, ragazzo.» Farnag rise, il volto alzato, a godersi il sole. «Combattere ci farà bene.»

«Non combatteremo» disse Batraz distrattamente. Quella notte, poco prima di partire, Leimeie era scivolata nel suo letto e lo aveva abbracciato con mani che gli erano parse roventi. Erano rimasti così, senza parlare, finché non era venuto il tempo di andare. E senza parlare si erano salutati, nel crepuscolo che precedeva l'alba. Si domandò, senza trovare risposta, perché non l'avesse posseduta, nonostante il desiderio. Ora lo accompagnava il ricordo di quel corpo.

Con un colpo di talloni Farnag gli si avvicinò. Procedevano al passo, nella pianura immersa nella luce bianca.

«Che cosa hai detto?»

«Che oggi a noi è vietato combattere. Ordini di Lupicino.»

«*Scelus!*» Farnag imprecò a mezza voce. «E perché?»

«Dobbiamo osservare la battaglia da lontano. E dovremo partire per Antiochia appena rientrati in città. Per riferire le sue imprese.» Batraz chinò il capo, accentuando grottescamente il gesto. «Questo è il volere del *comes*.»

«E tu hai accettato?»

Batraz scrollò le spalle: «Contro gli stolti non c'è ragione».

«Non capisco.» Farnag accennò al centro della colonna, dove spiccavano la lorica lucida di Lupicino e il suo mantello scarlatto. «È un inetto. Guardalo, parte per la guerra con l'uniforme da parata.»

«Lui e Massimo non ci vogliono vicini in battaglia.» Batraz si sfilò l'elmo appoggiandolo sulla sella e si passò una mano tra i capelli fradici di sudore. «Non sono riusciti a uccidermi. E non vogliono correre rischi.»

«Noi siamo soldati, non sicari.»

«Anche io preferisco non dovermi difendere dagli amici.» Batraz ebbe un sorriso aspro. «Quando si combatte, una freccia o un colpo di spada fanno in fretta ad andare dalla parte sbagliata.»

«E il traditore pensa che tutti siano traditori. Capisco.» Farnag fischiò per richiamare Dodoi. «Rilassati, ragazzo. Oggi assisterai soltanto al macello. Senza parteciparvi.»

Fattosi serio, tornò a rivolgersi a Batraz: «Come pensi andrà a finire?».

«La battaglia? Tra poche ore incontreremo i Goti, e Lupicino vincerà. E noi porteremo all'imperatore degli schiavi per farne dei soldati.» Inspirò l'odore della terra scaldata dal sole. «Così almeno lui crede.»

«E tu?»

«Io credo che Fritigerno sia più abile di quel che crede Lupicino. E i Goti sono più numerosi.» Batraz rispondeva svogliatamente. L'odore di Leimeie era ancora sulla sua pelle.

Farnag scorse con lo sguardo la colonna. «Lupicino avrebbe potuto radunare più uomini.»

«Le legioni limitanee sono già ridotte all'osso. Ma c'erano quelle di stanza a Cabyle. Domandati perché non l'ha fatto.»

«Facile.» Farnag schiacciò una mosca verdazzurra sul collo del cavallo. «Se avesse chiesto aiuto si sarebbe sparsa la voce.»

«E prima o poi Valente avrebbe saputo.»

«Che i Goti, da carne per la sua guerra, sono diventati nemici da combattere» completò Farnag.

«Proprio così. Altri nemici.»

«Non finirà mai, la guerra, vero?» Farnag sogghignò. «Quelli come noi avranno sempre un mestiere.»

«Mai.» L'odore di Leimeie s'era fatto più forte. Batraz strofinò con forza una mano sul dorso del cavallo, per poi passarsela sul volto, sulle narici. Annusò avidamente il sentore dell'animale. «Non finirà mai.»

Continuarono a cavalcare, senza dir più nulla, mentre Dodoi, alle loro spalle, osservava il cielo, duro e azzurro come uno smalto.

2

Era pomeriggio inoltrato quando giunsero in vista dei Goti. Già da un'ora l'avanguardia era rientrata, per schierarsi con gli altri cavalieri sulle ali dell'*agmen*.

Davanti a loro, una muraglia confusa di corpi: i barbari, quasi tutti a piedi, si erano attestati in un punto in cui la strada si alzava in una gobba piatta e larga, da cui dominavano i Romani. Si erano disposti trasversalmente, in un arco di cerchio che si estendeva per un paio di miglia, con i carri disposti in larghi circoli dietro i guerrieri.

Immobile sotto il sole, Batraz li osservava. I volti erano macchie confuse sopra le vesti impolverate. La maggioranza era armata solo di lunghe lance, ma spiccavano numerose le cotte di maglia e le spade, razziate a Marcianopoli. Alle loro spalle, saliva il fumo dei fuochi accesi al riparo dei carri. Laggiù, oltre la portata degli archi, donne, vecchi e bambini attendevano in silenzio. Batraz continuò a guardarli, mentre Dodoi gli si affiancava.

«Che cosa accadrà di loro, se vinciamo?»

I tribuni gridarono un ordine e il millepiedi luccicante iniziò la complessa manovra per schierarsi.

Batraz non rispose. Indicò una collina a sinistra. «È ora di trovarci un luogo da cui assistere allo spettacolo. Lassù andrà bene.» Gridò un ordine e il drappello si avviò per un pendio cosparso di rovi dai rami lunghi e contorti. C'era un profumo nell'aria.

«More» mormorò Dodoi, spingendo il cavallo.

Farnag gli sorrise. «Non sono ancora mature. È troppo presto.»

Il ragazzo indicò il rilievo dove i barbari attendevano lo scontro. «Sono molti.»

Farnag annuì pensosamente. «Più di quanto ricordassi.»

Raggiunsero la cima, accolti da una brezza che scompigliava l'erba bassa e folta e faceva scorrere brividi lungo la pelle accaldata. Smontarono in una radura alle cui spalle si stendeva un fitto bosco di faggi, lasciando che i cavalli brucassero liberamente. Dadakos piantò al centro della radura il vessillo con il drago, mentre Yaguz disponeva gli uomini di sentinella e faceva preparare un focolare con dei sassi larghi e piatti. Alzando la mano in un saluto, Baxagos, l'arco in spalla, scomparve nel folto degli alberi.

Batraz si appoggiò a una roccia coperta di muschio, dove la radura scendeva in un pendio ripido verso la pianura. In basso, i due eserciti si fronteggiavano in un silenzio innaturale, incrinato dal gracchiare dei corvi. Un volo di gru si levava alto nel cielo. I Romani si erano schierati con la cavalleria ai lati; i fanti, al centro, erano fiancheggiati dai frombolieri e dai lanciatori di giavellotto, mentre gli arcieri, alle loro spalle, erano pronti a scagliare le loro frecce con un tiro spiovente.

Sulla collina l'erba odorava di buono e gli insetti ronzavano intorno ai soffioni. Batraz si slacciò il balteo, lasciando cadere la spada a terra. Vi poggiò accanto l'elmo.

«Perché esitano?» domandò Dodoi. Aveva posato anche lui le armi e lasciava che il sole gli scaldasse la schiena indolenzita.

«Aspettano che siano i Goti ad attaccare.» Il vento era calato e la roccia era umida e fresca. Batraz aveva staccato un pezzo di muschio, strofinandolo tra le mani. «Non abbiamo molti cavalli, e Lupicino li userà per accerchiare Fritigerno.»

«È strano. Pensavo che oggi sarei stato anche io laggiù. A combattere.»

Batraz gli lanciò il brandello di muschio. «Quello con gli Unni è stato il tuo primo scontro?»

Il ragazzo annuì.

«Allora Farnag mi ha mentito. Non ti avrei portato con me, se lo avessi saputo.»

«Mi sono comportato male?» Il viso di Dodoi, appena coperto da una lanugine morbida, era corrucciato.

«No. No, certo. Sei stato bravo. Ma non mi sembra che la guerra ti piaccia.»

Dodoi era arrossito. «Da bambino andavo a raccogliere le erbe medicinali, con mia madre. Mi diceva che guarire è importante quanto combattere. Mio zio lo sa.»

«Tuo zio?»

Dodoi guardò Batraz, colmo d'imbarazzo. «Farnag è il fratello di mia madre. Credevo te l'avesse detto, *magister.*»

Batraz lo soppesò con gli occhi. «No. Non lo sapevo. A quanto pare il mio amico non mi dice molte cose.» Accennò un sorriso. «Ma non te ne preoccupare. Sei un bravo guaritore. E ti sei battuto bene.»

Nella pianura, i Romani erano avanzati di alcune pertiche. Formavano un rettangolo preciso, con due ali incurvate sui fianchi, le lance e le spade puntate in alto. Gli ufficiali trattenevano a stento i cavalli, innervositi dall'immobilità. Davanti a loro, lo schieramento dei Goti era attraversato da un movimento continuo. Gruppi di guerrieri uscivano dalle file, scuotendo gli scudi e gridando, per poi rientrare velocemente, come sabbia risucchiata dalla marea.

«Guardate!» Il richiamo di Farnag risuonò nell'aria calma della collina. Dal bosco era uscito Baxagos, reggendo sulle spalle un capriolo con il collo trafitto da una freccia.

Scuoiarono e sventrarono il capriolo, lo misero ad arrostire sulle braci e si riunirono presso la roccia. Nella pianura nulla s'era mosso, mentre il sole, insensibilmente, aveva iniziato a calare verso l'orizzonte.

«Perché non succede niente?» Dodoi ruppe il silenzio che si stava prolungando.

Yaguz si voltò verso Batraz. «Lupicino ha paura.»

«I Goti sono molti di più del previsto» intervenne Farnag.

«Si sono aggiunti i Greutungi.» Batraz non sembrava sorpreso. «Hanno attraversato il Danubio dove le rive non erano sorvegliate.»

«E Lupicino non se lo aspettava.»

«No. Lui no.»

L'odore della carne arrostita s'era fatto più intenso. Nell'aria rimbombò un suono cupo, proveniente dai circoli di carri. I Romani risposero battendo le spade sugli scudi.

«Tamburi» disse Dadakos. «Noi non li usiamo.»

Dalle schiere dei Goti provenne un grido isolato, poi, con un clamore assordante, la massa di guerrieri avanzò. Correvano, le lance tese in avanti, gli umboni bronzei degli scudi simili agli aculei di enormi insetti.

L'urto fu brutale. Gli arcieri romani, sorpresi dalla rapidità dell'attacco, fallirono il primo lancio. Ora la distanza era troppo breve e i legionari serrarono le fila, lasciandosi uno spazio ristretto attraverso il quale adoperare le spade. La massa dei Goti aveva colpito lo schieramento romano come un pugno colpisce un corpo, in un punto preciso, sfondando la prima linea. I Romani iniziarono la manovra di accerchiamento dalle ali, ma le seconde file dei barbari li attesero senza muoversi, le lance piantate nel terreno che schiantavano i fianchi dei cavalli.

Il rimbombo dei tamburi si confondeva con le grida e con il clangore del metallo. Non cessava mai. Al centro della mischia, i Goti caricarono con gli scudi. Ci si batteva in uno spazio talmente ristretto da rendere difficile l'uso delle spade e gli umboni aguzzi schiantavano il legno degli scudi e le cotte di maglia. Sotto quella pressione, il rettangolo dello schieramento romano iniziò lentamente a indietreggiare.

«Li stanno spingendo via.» Le parole di Farnag suonarono involontariamente ammirate. «Come un lottatore più pesante con uno più leggero.»

«Fritigerno è abile.» Batraz non distoglieva gli occhi dalla battaglia. «Sa che i suoi sono male armati. Così adopera gli scudi e il numero.»

«Tu lo vedi?»

Batraz indicò l'altura da cui era partito l'attacco. Un uomo su un cavallo piccolo e pezzato seguiva lo scontro. Aveva accanto una decina di cavalieri e lo si vedeva talora chinarsi verso uno di loro per parlargli. Poi il cavaliere partiva al galoppo, portando i nuovi ordini alle truppe.

«Combatte come uno stratega» disse Yaguz, allontanandosi per controllare la cottura del capriolo.

«La cavalleria è in rotta» mormorò Baxagos.

Le due ali dei Romani erano state decimate dai Goti appiedati e avevano iniziato a ritirarsi, per raggiungere il grosso della fanteria, costretto dai barbari in un semicerchio che si andava restringendo. A mano a mano che i Goti guadagnavano terreno, rivelavano la pianura costellata di cadaveri, l'erba scurita, impregnata di sangue, i corpi dei cavalli distesi sul fianco, le viscere fumanti. Ora i tamburi avevano rallentato il ritmo e il loro suono scuro rimbombava isolato.

«È un massacro.» Dodoi, impallidito, s'era portato la mano alla gola.

«Sarà peggio, se Lupicino non dà l'ordine di ritirata.»

I Goti avevano circondato la fanteria romana, attaccandola con le lance. I fanti, pur protetti dagli scudi, cedevano in più punti, aprendo nello schieramento larghe falle in cui i nemici s'incuneavano, separando le truppe in contingenti più piccoli, che venivano facilmente macellati dai barbari.

«Là! Laggiù!» Dadakos indicava verso settentrione. Lungo la strada offuscata dalla polvere, un drappello di cavalieri romani si era disimpegnato e fuggiva al galoppo verso Marcianopoli, protetto da una trentina di legionari che cercavano di trattenere i barbari.

«È Lupicino che fugge.» La voce di Farnag era cupa. Triste. «Ha abbandonato i suoi soldati.»

I tamburi ripresero il ritmo, mentre nella pianura i Goti sfondavano le ultime linee di resistenza. Piccoli contingenti di legionari ruppero gli indugi e si dispersero nei campi. Le file romane oscillarono, simili a un serpente ferito, con un movimento sempre più rapido, come rami travolti da un vortice, poi si spezzarono in rivoli di uomini che cercavano caoticamente di darsi alla fuga, abbandonando scudi e armi sul terreno.

«*Consummatum est.*» Batraz guardava la carneficina con occhi privi d'espressione.

«I Goti non li inseguono.»

Mentre l'esercito romano era in rotta verso Marcianopoli, i luogotenenti di Fritigerno stavano radunando i loro uomini, riportando indietro quelli che si erano lanciati all'inseguimento.

«Ora raccoglieranno le armi» disse Farnag. Sul campo di battaglia, spade e lance luccicavano al sole, ormai basso sull'orizzonte.

Batraz annuì. «Fritigerno ha trovato le armi di cui aveva bisogno.» Si voltò a guardare i suoi. I volti che lo circondavano erano pieni di sdegno per quel che avevano visto.

«È fuggito» sussurrò Baxagos. «Lupicino è fuggito.»

«E ora che facciamo?» Dodoi aveva gli occhi duri, adulti. «Scendiamo a batterci?»

«Sarebbe inutile» rispose Batraz.

«Verranno loro ad attaccarci.» Farnag fece scorrere la spada più volte nel fodero. «Dobbiamo essere pronti.»

Batraz scrollò le spalle. «Se verranno, combatteremo.» Guardò verso Yaguz che non era più tornato indietro. Aveva sfilato il capriolo dallo spiedo e ora lo faceva a pezzi con un largo coltello da scalco.

«Mangiamo» disse Batraz. «Se dobbiamo morire, facciamolo con il sapore della carne in bocca.»

I Goti giunsero quando del capriolo non restavano che le ossa. Erano non più di una trentina, tutti a cavallo, bene armati di spade romane. Fritigerno, sporco di polvere e di sangue, precedeva un colosso biondo dall'aspetto taciturno e un giovane bruno, dal corpo nervoso.

«Eccoti, infine.» Finendo di masticare, Batraz indicò gli avanzi del pasto. «Non vi abbiamo lasciato nulla.» Sorrise. «Se non le nostre spade.»

Fritigerno lo fissò senza smontare. «Perché non avete combattuto?»

«Ci era stato ordinato di non farlo. Ma ora non c'è nessuno che possa darci ordini.»

Il *reiks* scosse il capo. «Non voglio combattere con te.» Nella pianura i Goti stavano finendo di spogliare delle armi i corpi dei nemici. «Non ora.»

«Uccidiamoli.» Era stato il giovane bruno a parlare. «Non dobbiamo lasciarceli alle spalle. Sono pericolosi.»

«Taci, Marco.» Il tono di Fritigerno era duro. «Ho un debito con loro. Ora è saldato. La prossima volta potremo ucciderli.»

«O ci uccideranno loro» borbottò il colosso biondo.

«Mio fratello Waduulf ti stima molto, Sarmata.»

Batraz si alzò lentamente. Scrutò il volto di Marco che lo guardava con aria di sfida. «Tu sei un Romano» disse. Poi si rivolse a Fritigerno. «Che farai, ora? Attaccherai Marcianopoli?»

«No. Le pietre non mi interessano.» Fritigerno si voltò verso il colosso. «Waduulf, porta qui il prigioniero.» Guardò Batraz. «Ho qualcosa per voi» disse.

Waduulf si fece strada tra i Goti, conducendo un cavallo montato da un uomo con i polsi legati. L'uomo indossava un mantello rosso che gli pendeva sghembo sulle spalle e teneva la testa china, ciondolante. Waduulf si fermò di fronte a Batraz. Si sporse dalla sella e afferrò il prigioniero per i capelli, costringendolo ad alzare la testa. Aveva il viso coperto di sangue: le orecchie e il naso erano stati mozzati e cauterizzati sommariamente.

«Tu lo conosci, Sarmata.» Il tono di Fritigerno era tranquillo. «Quest'uomo si chiama Massimo.» Il *reiks* si rivolse a Waduulf: «Fallo scendere, fratello».

Il colosso si caricò Massimo su una spalla, come un cencio, e lo costrinse a stare in piedi. Massimo rimase immobile, al centro del cerchio di uomini, il capo nuovamente chino.

«Costui ha venduto carne marcia alla mia gente. Farina piena di vermi. Rape putrescenti. E in cambio si è preso i nostri giovani come schiavi.» Fritigerno smontò lentamente. «Ha tradito me e Alavivo, violando il dovere dell'ospitalità.» La voce gli si era incrinata. «E ha ucciso il mio fratello di sangue. Ha ucciso il mio amico.» Estrasse la spada, appoggiandone la punta sull'erba. «Riportalo a Lupicino, perché lo veda.» Sollevò la spada e la ruotò in un arco di cerchio. La testa di Massimo, spiccata dal tronco, rotolò ai piedi di Batraz, mentre il corpo rimaneva ancora eretto per un istante, un fiotto di sangue scarlatto che sprizzava dal collo e saliva verso il cielo. Poi, il cadavere crollò a terra, con un tonfo sordo.

Nessuno parlò. Batraz guardò il capo mozzato senza pensare a niente. Senza provare nulla. Se non un remoto senso di giustizia.

«Ora andremo.» Fritigerno era risalito in sella. «Voi potete ritornare in città. Non vi attaccheremo.» Girò il cavallo e si allontanò al passo, seguito dai suoi uomini.

Batraz piegò un ginocchio. Con la destra rivoltò la testa di Massimo. La sollevò per i capelli. Rimase a fissarla negli occhi vuoti, spalancati.

Secondo interludio

LA CERCA

Quando i mille anni saranno compiuti,
Satana sarà sciolto dalla sua prigione
e verrà fuori per sedurre le nazioni
che sono ai quattro angoli della terra,
il Gog e Magog,
per radunarle alla guerra:
il loro numero è come la sabbia del mare
E salirono sulla pianura della terra
e assediarono il campo dei santi e la città diletta,
e scese un fuoco dal cielo e le divorò.
E il diavolo che le seduce
fu gettato nello stagno di fuoco e di zolfo,
dove si trovano anche la bestia e il falso profeta;
e saranno tormentati giorno e notte,
per i secoli dei secoli.

APOCALISSE, 20, 7-10

1

Costa del Ponto Eusino, Scizia Minore. Anno MCXXXI dalla fondazione di Roma, None di dicembre (5 dicembre 378 d.C.).

Piove: aghi sottili e ghiacciati che il crepuscolo trasformerà in neve. La strada principale del villaggio è impastata di fango, ma gli zoccoli del cavallo scivolano sulla crosta sottostante, gelata e sudicia. Le capanne e le misere case sono grigie, le botteghe chiuse, serrate dagli scuri. La neve sui tetti annerita dalla fuliggine.

L'uomo dai capelli bianchi avanza a fatica tra la folla che vaga senza meta. C'è nell'aria un sentore di paura e di vecchiaia. Vecchi smunti, a malapena coperti da stracci consunti, barcollano in cerca di sostegno; donne macilente rasentano i muri, stringendosi al seno un pane bigio; qualche maiale, le costole in evidenza sotto la pelle, grufola tra le gambe della gente; un guerriero ubriaco siede nella melma, il moncherino della gamba destra esposto alla pioggia, la spada, abbandonata al fianco, coperta di ruggine; e mendicanti, mendicanti ovunque: sciancati, guerci, coperti di piaghe; mendicanti che si fanno largo spingendo arroganti, lamentandosi, chiamando; che si aggrappano ai finimenti del suo cavallo, facendolo sdrucciolare e costringendo l'uomo a respingerli con un calcio o con il piatto della spada.

Due bambini stretti l'uno all'altro in un abbraccio timoroso osservano l'uomo con occhi sgranati. La madre esce da una delle capanne, le narici che vibrano come quelle di un topo, e li conduce all'interno, lo sguardo fisso sull'uomo. Esita sull'uscio, come attendendosi un ordine, un richiamo brutale cui obbedire. Poi china il capo e scivola dentro.

L'uomo dai capelli bianchi procede lentamente. Il suo cavallo è affaticato, e lui esausto. Cerca un luogo. Un pagliericcio per dormire, un tavolo cui appoggiarsi per mangiare e bere un po' di vino. Una faccia da guardare, a cui rivolgersi. Non parla con nessuno da mesi, se non per chiedere indicazioni o per minacciare la morte.

Ed è stanco.

Quando finalmente trova una taverna, è costretto a farsi largo tra un gruppo di ubriachi sdraiati davanti alla porta. Sono uomini giovani, validi: otri pieni di vino che continuano a bere in silenzio, meccanicamente, gli occhi assenti. Appena smontato, un ragazzino, mento aguzzo e scapole alate sotto la tunica lacera, gli si avvicina e a cenni gli fa capire che condurrà il cavallo nella stalla. L'uomo annuisce, dissella il cavallo ed entra nella bassa costruzione.

All'interno il buio è fitto, appena incrinato dalla lucerna sul lungo banco di pietra. Una pentola colma d'acqua bolle su un fuoco stento. C'è odore di vino acido. Non di cibo. Tracce di sterco sul pavimento. Forse animale. Forse umano.

Siede su uno sgabello davanti al bancone e deposita a terra la sella e l'arco. La bisaccia la tiene a tracolla: non vuole sorprese. Sembra non esserci nessuno. Solo un'ombra, contro la parete di fondo, che si muove lentamente, si alza, si avvicina.

«Cosa vuoi, soldato?» La vecchia ha capelli di un bianco sporco e le guance scavate. Biascica le parole attraverso la bocca sdentata, scrutando l'uomo. «Tu non sei dei loro» conclude. «Non hai il viso dipinto.»

L'uomo passa il palmo della mano sulla pietra unta. «Hai da mangiare?» domanda.

La vecchia scrolla le spalle. «Pane e radici.» Ride, mostrando le gengive livide. «Non troverai altro in tutto il villaggio.»

«Vino ne hai?»

La vecchia annuisce.

«Portami del vino e del pane, allora.»

L'uomo intinge il pane nel vino, bianco e acidulo, per ammorbidirlo. Mentre mangia, la vecchia non smette di osservarlo.

«Tu sei un Sarmata» constata dopo un po'. «Come noi.»

Senza smettere di masticare l'uomo si versa un altro po' di vino. «Che cosa è successo, qui?» domanda dopo un lungo silenzio.

«Sono stati loro» inizia la vecchia. «Loro. La prima volta è stata alla fine dell'estate. Hanno bruciato i campi e ucciso gli uomini giovani. Hanno preso quasi tutte le donne.» Ride ancora. «Me non mi hanno voluta» dice. Ma lo sguardo le s'incupisce subito. «Tornano ogni mese. Si portano via tutto il cibo che possiamo raccogliere. E se ce n'è troppo poco, e ce n'è sempre troppo poco, ammazzano qualcuno.»

«Loro, dici. Chi sono, loro?»

La vecchia si guarda intorno, facendogli cenno di tacere. Poi ci ripensa, torna a scuotere le spalle. «Sono vecchia e, anche se mi ammazzano, cosa cambia? E tu mi sembri un uomo giusto.» Si china verso di lui, il fiato, pesante di vino, che gli alita sul volto. «Un bell'uomo.» Si ritrae. «Gogmagog» dice. «Sono i servi di Gogmagog.»

L'uomo inarca un sopracciglio. «E cosa significa?» dice con la bocca semipiena. Pare a suo agio nella taverna scura e umida. Appoggia la schiena al bancone, allunga le gambe per stirarle.

La vecchia ha gli occhi lucidi per le bevute precedenti. Riempie un'altra ciotola di terracotta e beve d'un fiato.

«Buono» dice, passandosi la mano sulle labbra. Se ne versa un secondo.

L'uomo non insiste. Aspetta, gli occhi sempre alla porta da cui penetra la luce livida.

«C'era un prete, una volta» inizia la vecchia. «Veniva da meridione.» Annuisce, sempre più sbronza. «Ci parlava delle Scritture.» Un altro sorso, che le va di traverso. Tossisce, mentre l'uomo continua a masticare. «È lui che ci ha raccontato la storia di Gogmagog.» Gli occhi della vecchia si stanno chiudendo. «È un grande capo. Un capo di gente. Ed è qui, ora. Distruggerà tutto il mondo.» La vecchia, semiassopita, torna a guardarsi intorno, come se il nome pronunciato potesse evocare una presenza. «Non sono uomini. Sono spiriti. Hanno teste di lupo. Di cinghiale. E sono invincibili.» Scuote il capo. «Devi andare via, soldato. Domani è il giorno. Domani loro verranno.» Poi chiude gli occhi, con un grugnito.

L'uomo la scuote, senza brutalità. «Quanti saranno, domani?»

La vecchia ha riaperto gli occhi. Lo guarda senza capire.

«Quanti? Quanti verranno domani?»

Un sorriso furbo increspa le labbra della vecchia. «Quante sono le dita delle mani» farfuglia.

«Ho capito.» L'uomo estrae il coltello da caccia e si taglia un'altra fetta di pane. La mangia con calma, mentre la vecchia ora sonnecchia, il capo chino, le mani, inutili, in grembo.

2

Ha dormito su una panca e s'è destato prima dell'alba. Nella notte ha nevicato e l'uomo ha affondato le mani nella neve fresca che s'è ammucchiata sul pavimento di terra battuta, sfregandosela con forza sul viso. Ha raccolto le sue cose.

La vecchia dorme ancora. Appoggiata al bancone, non s'è mossa da ieri sera, la testa sulle braccia incrociate. L'uomo le depone accanto una manciata di monete di rame ed esce.

Gli ubriachi sono tornati alle loro case o affogano nel vino in qualche angolo. L'aria è grigia, un'alba soffocata.

Il ragazzino è seduto sullo scalino della stalla. Quando vede l'uomo gli corre incontro, afferrandolo per gli abiti, e lo conduce presso il cavallo. Lo ha strigliato e ha trovato un po' di paglia, e il cavallo gli appoggia le frogie umide sulla mano a coppa. Il ragazzo lo indica e accenna alla strada. Poi solleva le spalle, un ramo secco in pugno e, camminando pesantemente per la stalla, mima il passo di un guerriero. Solleva le mani aperte, il palmo in avanti, le dita divaricate. Torna a indicare la strada.

L'uomo dai capelli bianchi annuisce. «Dieci guerrieri. Ho capito.» Arruffa i capelli del ragazzino che gli fa un sorriso con la bocca larga e storta. «Ho capito. Devo andarmene, secondo te.» Si china. Ora tocca a lui indicare l'arco e la spada. Si tocca il torace e poi impugna l'arco, tendendone la corda e rilasciandola con un suono che riecheggia nella stalla.

Il ragazzino lo fissa perplesso, poi sorride di nuovo. Gli afferra la mano e lo guida fuori.

3

C'è un ponte di legno, sulla strada che conduce verso oriente. Scavalca un torrente che trascina acque gonfie di pioggia e neve, per gettarsi, circa un miglio più in là, nel mare color del piombo. Una catasta di legna appoggiata a una roccia sporge sul sentiero, a pochi passi dalla sponda. Quando l'uomo la vede, sorride. Il ponte è angusto: permette il passaggio di un uomo a cavallo alla volta, e la catasta è un riparo perfetto.

Lega il cavallo in un avvallamento protetto dai rovi e siede su un ceppo, controllando le frecce. Il ragazzino non è voluto tornare indietro. Ora scuote la spalla dell'uomo, una mano dietro la schiena e, quando l'uomo solleva il capo, gli mostra la fionda che teneva nascosta. L'uomo aggrotta le sopracciglia, fa cenno di no. Poi guarda meglio il ragazzo, la tunica lacera, il corpo magro, i tendini che sporgono come corde. Il volto scavato dalla fame e dal coraggio. E infine annuisce, dandogli con il pugno un colpo leggero sul petto.

4

I barbari giungono quando il mattino è avanzato. Emergono dalla nebbia che avvolge la strada oltre il ponte e si arrestano prima di imboccarlo.

Non s'aspettavano di trovare qualcuno. L'uomo li ha attesi seduto sul ceppo e quando li vede sopraggiungere si alza. Sfodera la spada, tenendola lungo la gamba. I cavalieri sono meno delle dita delle mani. Solo otto: probabilmente non credono ci sia bisogno di più uomini. Come sempre hanno il volto dipinto d'azzurro, ma quello che sembra il loro capo, in groppa a un morello, ha sulle spalle una pelle di lupo, e il muso della bestia gli nasconde quasi per intero la faccia. In mano porta una croce di legno, con un cranio di animale in cima. Il cranio di un cervo, forse.

Il capo grida qualcosa all'uomo dai capelli bianchi. La sua lingua è talmente oscura che l'uomo non capisce. Si limita a sollevare la spada. Allora il capo ride e si fa di lato. Con un gesto ordina a uno dei suoi di avanzare.

È il momento che l'uomo attendeva. Aspetta che l'altro sia a tiro, poi alza la destra in un segnale, e un sasso scagliato con violenza colpisce il barbaro alla tempia. Il guerriero vacilla, poi s'inclina sul fianco. Per un istante rimane immobile, come sospeso, per poi cadere a testa in giù nelle acque rugghianti del torrente. Dalla catasta di legna ha fatto capolino il ragazzo, la bocca come una mezzaluna sgangherata dalle risa.

L'uomo dalla testa di lupo bercia un altro ordine, e i guerrieri si lanciano sul ponte, uno dietro l'altro, gridando, mentre il capo solleva la croce contro le nubi basse.

Il ponte è lungo meno di trenta passi, e poggia su due serie di pali, infissi nel letto del torrente, e assicurati alle travi da spesse corde di canapa. Quando il barbaro in testa alla colonna dista circa una decina di passi da lui, l'uomo balza verso destra. Impugna un'ascia che gli ha procurato il ragazzo, e la cala sulle corde che uniscono il ponte al primo palo, quello presso la sponda. Un colpo solo, e le corde, già parzialmente segate poco prima, cedono. Il palo vacilla appena, ma l'uomo vi si appoggia con tutto il suo corpo, facendo forza contro una roccia e spostandolo di qualche piede. L'uomo scivola, mentre il palo s'inclina ancora e lui si ritrova a oscillare nel vuoto, ma intanto il ponte vibra, ondeggia, mentre le travi s'inclinano verso destra, e il peso dei cavalieri, infine, fa il resto. I barbari rovinano nel torrente, dove le rocce aguzze spuntano tra la schiuma biancastra. Una colonna di polvere d'acqua si alza, colpendo come un maglio l'uomo aggrappato al palo, accecandolo. Quando ricade, sulla sponda opposta rimangono solo due cavalieri, i visi stravolti dalla rabbia.

Il capo ha l'arco in pugno e sta prendendo la mira.

E poi, un sasso lo colpisce al petto, facendolo vacillare. La freccia guizza verso l'alto in una parabola stretta, ruota su se stessa, ricade nell'acqua. L'uomo dai capelli bianchi ansima, tenendosi avvinghiato al palo con una mano, mentre con l'altra cerca di afferrare le radici di sorbo che sporgono dalla sponda. Un sibilo: la fionda del ragazzino ha lasciato partire un altro sasso, che colpisce il cranio del lupo con un rumore sordo. Il capo dei barbari si accascia sul collo del morello. Non si muove più, mentre il cavallo spaventato sgroppa e il barbaro scivola pesantemente a terra, riverso.

L'uomo dai capelli bianchi è riuscito a risalire sulla sponda. È fradicio, tutto il corpo dolente. Guarda l'ultimo barbaro che si allontana al galoppo nella foschia. Si lascia cadere su una roccia, esausto, mentre il ragazzino gli si avvicina. Il ragazzo ha il viso luminoso d'orgoglio e di rabbia e indica il fuggitivo.

L'uomo scuote il capo. «Lascia che fugga» dice. Si asciuga il volto ancora imperlato d'acqua. «Così Gogmagog capirà chi lo sta cercando.» Il ragazzo lo guarda senza capire. Ha afferrato solo il nome di Gogmagog e le sue labbra si schiudono, scoprendogli ferocemente i denti. L'uomo lo afferra per le spalle e lo scuote. «Li abbiamo battuti» dice. Gli appoggia l'indice sul petto. «Tu li hai battuti.»

Si guardano ansanti, poi scoppiano a ridere, e il ragazzo, col gesto rapido di un bambino, sfiora la fronte dell'uomo con la sua. L'uomo, sempre tenendolo per le spalle lo allontana da sé, fissandolo con aria grave. Sfila il coltello da caccia dal fodero e glielo tende, tenendolo per la lama. «È tuo» dice.

Il ragazzo dapprima non comprende, poi serra le dita sul manico del coltello e lo solleva verso l'alto, mentre la mano dell'uomo si posa sulla sua, stringendo, e il coltello si alza ancora, vittorioso, come per ferire le nubi basse e grigie.

5

L'uomo riparte prima di sera. Attraverserà un guado più a monte e procederà verso oriente. I pastori che si sono timidamente avvicinati dopo lo scontro gli hanno detto che dove il mare ghiaccia, a molte giornate di cammino, c'è la terra di Gogmagog. Lo hanno anche implorato di cambiare strada, perché laggiù certo lo aspettano la morte e la sofferenza. L'uomo li ha guardati senza rispondere.

Prima di montare a cavallo cerca con lo sguardo il ragazzo, senza trovarlo. Uno dei pastori gli posa una mano sul braccio, facendogli cenno di aspettare, e l'uomo attende, le redini in mano.

Quando il ragazzo ritorna, tiene nel pugno una corda sfilacciata, con cui trascina un'asina vecchia e recalcitrante che raglia disperata. Il ragazzo batte una pacca sul dorso insellato dell'asina e mostra all'uomo il coltello e una bisaccia. È pronto. Pronto per partire. Sorride, di un sorriso che gli riempie il viso.

L'asina divarica un'altra volta le mascelle, e il suo raglio riempie l'aria. L'uomo dai capelli bianchi si fa serio e scuote il capo con decisione. Mentre il ragazzo lo guarda con gli angoli della bocca rivolti all'ingiù, l'uomo sale a cavallo e si allontana, nel pomeriggio grigio.

Parte terza

LA TEMPESTA

IL TEMPO DELL'ANTICRISTO

1

Antiochia di Siria, l'ippodromo. Anno MCXXX dalla fondazione di Roma, V giorno prima delle Calende di agosto (28 luglio 377 d.C.).

Al di là delle colonne dell'ippodromo, le mura del palazzo imperiale si stagliavano contro il cielo, dorate dal sole. Schiavi e stallieri si affaccendavano intorno ai carri, mentre gli aurighi si erano riuniti sulla *spina* marmorea al centro della pista, rifugiandosi all'ombra delle statue e dell'obelisco venuto dall'Egitto. Una folla vociante gremiva già le gradinate, dove sventolavano gli stendardi colorati dei *demoi*, le fazioni degli appassionati: Azzurri, Verdi, Rossi e Bianchi. I sostenitori degli Azzurri, in prevalenza mercanti e popolo minuto, erano la maggioranza e occupavano le gradinate a oriente, dirimpetto al palazzo. Da quel lato, tra le file del pubblico, si incrociavano gli ambulanti, le spalle cariche di anfore e ceste di cibo, mentre certe vecchie donne, dai capelli grigi sciolti sulle spalle, cedevano a poco prezzo, tra sussurri e sguardi d'intesa, piccole lamine di metallo su cui erano riportati maledizioni e scongiuri contro cavalli e aurighi avversari degli Azzurri. Gli ammiratori dei Verdi, meno numerosi, sedevano composti dall'altro lato, all'ombra delle mura del palazzo e, avvolti nei loro abiti ricchi o almeno dignitosi, osservavano sprezzanti il fermento del popolo sulle gradinate di fronte. Qua e là spiccava l'elaborata acconciatura che una matrona esibiva agli sguardi ammirati e invidiosi delle amiche, mentre, nelle file superiori, un piccolo gruppo di attrici di teatro, avvolte in veli trasparenti, beveva da grandi calici dorati vino mescolato a miele. Le attrici avevano i volti impastati di zinco e di bistro, e i capezzoli, turgidi sotto le tuniche, sottolineati da un rosso scarlatto.

Tra poco sarebbe iniziata la prima corsa e l'imperatore non s'era ancora mostrato. Sul passaggio scoperto che conduceva direttamente dal palazzo al palco imperiale, le guardie palatine attendevano, immobili nel calore rovente.

Su un rilievo della *spina,* gli schiavi avevano sistemato le sette grandi uova di legno che avrebbero indicato i giri da compiere. All'altezza di una delle *metae,* le curve del percorso, si stavano preparando le quadrighe. Le coppie centrali – tutti nervosi cavalli arabi – venivano attaccate ai timoni dei carri, mentre i due cavalli esterni erano legati solo con lunghe corregge. Gli spettatori valutavano il cavallo esterno di sinistra, il *funalis,* che avrebbe determinato la strettezza e la velocità delle curve, salutavano con un grido il conduttore favorito, soppesandone le condizioni fisiche prima di scommettere. Gli aurighi rispondevano con il braccio alzato, il casco di cuoio già calcato sul capo, e salivano sui carri, avvolgendosi le redini intorno alla vita.

Tutto era pronto, in attesa.

Risuonarono tre squilli. Sul passaggio erano comparsi due suonatori, le trombe di bronzo ricurvo appoggiate sulle spalle. Il fragore del pubblico si chetò, per riprendere subito in un tumulto in cui le grida di entusiasmo si mescolavano a commenti ostili: Valente era uscito dal palazzo e stava andando a prendere posto nel palco, seguito dalla sua corte.

L'imperatore si lasciò cadere sul seggio, rinfrescandosi con un piccolo ventaglio di avorio colorato. Alle sue spalle, sedettero Sebastiano e Frigerido, imitati da alcuni senatori e *magistri.* Molti dignitari, tra cui Sereniano, il *comes dome-*

sticorum, rimasero in piedi, per brillare della luce dell'imperatore, come specchi vicini alla fiamma. Solo Vittore era assente, impegnato sul confine persiano.

Nell'ippodromo scese un grande silenzio. Le otto quadrighe, due per fazione, erano pronte. Gli aurighi trattenevano a stento i cavalli dietro le sbarre di legno dei cancelli di partenza. Da ciascun *carcer* partiva un cavo: erano otto in tutto, che finivano ben tesi nelle mani degli arbitri.

I *litui* fecero risuonare altri due squilli. Gli occhi di tutti erano fissi su Valente, che aveva sollevato un panno rosso, e sembrò che il pubblico trattenesse un unico immenso respiro. Poi l'imperatore lasciò cadere il panno, gli arbitri abbandonarono i cavi e le sbarre dei cancelli dei *carceres* scattarono in basso, liberando la strada ai carri.

Le quadrighe balzarono brutalmente in avanti, strappando nubi di polvere dal fondo della pista. Un urlo enorme le accompagnò, e subito all'inizio del primo rettilineo uno dei due equipaggi azzurri chiuse bruscamente la strada a un carro dei Rossi. L'auriga dei Rossi si gettò all'indietro, trattenendo i cavalli che andarono a colpire col fianco la parete sotto le gradinate. Poi l'auriga rilasciò le redini e il carro si raddrizzò, ma gli Azzurri erano passati, affiancandosi alle quadrighe dei Verdi, partiti dall'interno della curva. A metà del rettilineo i Bianchi e i Rossi erano già indietro di alcune pertiche, mentre Azzurri e Verdi correvano testa a testa, i cavalli interni obliqui sul terreno. Lo spazio tra gli animali si allargava e si restringeva, finché i dorsi si sfioravano per poi tornare ad allontanarsi. Un auriga verde schioccò la frusta sul cavallo interno dell'avversario più vicino, facendolo scartare a destra. Il carro azzurrò oscillò violentemente perdendo terreno prima di rimettersi in asse. Poi vennero la seconda *meta* e il secondo rettilineo, e gli schiavi sulla *spina* si apprestarono a far cadere il primo uovo di legno, mentre una quadriga dei Verdi aveva preso un vantaggio di una decina di passi sugli inseguitori.

Sul passaggio che conduceva al palazzo era comparso il cubiculario. Corse verso il palco, reggendo la lunga veste tra le mani. Si avvicinò all'imperatore, accostandogli la bocca all'orecchio.

Durante il terzo giro, a metà gruppo, un cavallo dei Rossi strappò la correggia. Dopo pochi passi si fermò in mezzo alla pista, mentre sopraggiungeva uno dei carri dei Bianchi. Con uno schianto l'animale venne scagliato contro la *spina* e i cavalli dei Bianchi rotolarono nella polvere, mentre il timone si spezzava e il carro si piegava in avanti. Nel silenzio improvviso del pubblico l'auriga cercò invano di liberarsi delle redini che lo stringevano in vita. Il carro colpì la pista con la parte anteriore e rotolò su se stesso, gettando l'auriga tra le ruote. La ruota destra passò sul suo corpo con un sussulto, poi i cavalli ripresero la corsa, trascinando il carro rovesciato su un fianco e il corpo esanime dell'auriga. Dal pubblico si levò un boato, mentre chi aveva scommesso sui Bianchi imprecava e gli occhi delle donne brillavano avidi e lucidi.

Nessuno del pubblico aveva visto, ma sulla porta del palazzo era comparsa la figura alta e sottile di un religioso. Si avviò lentamente verso l'imperatore.

«Sei giunto, infine.» Valente non aveva distolto gli occhi dalla pista. Ertegul si fermò accanto a lui, senza dir nulla.

«Ho avuto cattive notizie dalla Mesia» aggiunse l'imperatore. «Che hai da dirmi?»

Un altro incidente aveva fatto levare in piedi la folla. Il carro superstite dei Bianchi aveva cercato di sorpassare il Rosso spingendolo contro la *spina,* ma aveva perso il controllo. Entrambe le quadrighe si erano sfracellate con un boato, costringendo a fuggire gli schiavi radunati ai piedi dell'obelisco. Accorsero i barellieri per estrarre gli atleti feriti dai resti dei carri, mentre venivano sgomberati i cavalli e rotolava a terra l'uovo del quinto giro. Più avanti, uno dei carri degli Azzurri aveva perso una ruota e si era fermato strisciando contro le gradinate.

La gara si era ridotta a tre equipaggi: le quadrighe dei Verdi in testa e l'Azzurro rimasto che recuperava terreno sfiorando a ogni curva il basamento della *spina.* Dai mozzi metallici delle ruote sprizzavano scintille e ogni volta il carro pareva sul punto di sfracellarsi contro il marmo, ma l'auriga, un giovane di poco più di vent'anni, le labbra tirate a scoprire i denti, riusciva sempre a controllare i cavalli e a guadagnare qualche passo sugli avversari. Lo scalpitio degli zoccoli rimbombava nel grande catino dell'ippodromo.

«Lupicino è uno stolto.» Ertegul aveva parlato con tono indifferente.

«Eppure tu lo difendesti di fronte a Vittore.»

Il monaco scrollò le spalle. «Meriterebbe di morire.»

«Morirà, appena lo troveremo. Non è tornato a Marcianopoli. E nessuno sa dove sia fuggito.»

«Lo immaginavo.»

Gli schiavi fecero cadere il penultimo uovo nel canale che circondava la *spina*. L'uovo galleggiò via, lentamente.

«Taci, ora» intimò Valente, con un gesto brusco della mano.

L'Azzurro aveva sorpassato uno degli avversari e incalzava l'equipaggio in testa. Era rimasto in piedi solo un uovo di legno: un ultimo giro di pista. Sotto le sferzate dell'auriga azzurro, i quattro morelli accelerarono, portandosi a ridosso del carro rivale. L'aria era colma del rombo sordo delle ruote che vorticavano sulla sabbia ocracea. Sentendo quel suono farsi sempre più vicino, il Verde si voltò indietro. Nel vedere il muso dei morelli a meno di un passo da lui alzò un corto nerbo di bue e lo batté sulle narici dei cavalli. Fu un momento: il Verde aveva calcolato male il tempo e la sua quadriga entrò nell'ultima *meta* senza rallentare: i cavalli, accecati dalla corsa, puntarono diritti verso le gradinate. Mentre il pubblico lanciava un grido d'avvertimento, l'auriga tornò a guardare avanti. Vide il muro venirgli incontro come un masso scagliato contro di lui. Spalancò la bocca in un urlo sommerso dal clamore, poi i cavalli si scontrarono con la gradinata, quasi cercando di superarla con un impossibile salto. Il carro si sfracellò contro i loro posteriori e il conduttore venne scagliato in avanti, cozzando con il capo contro le pietre. Le redini, ancora allacciate in vita, lo trascinarono indietro, lasciando una lunga striscia di sangue. Il Verde ripiombò sulla terra battuta, con un ultimo, frenetico sussulto delle gambe, poi giacque immobile, mentre le bandiere dei giudici si abbassavano, certificando la vittoria dell'Azzurro. Il pubblico sulla gradinata orientale esplose in un clamore di urla e di canti, abbracciandosi e lanciando insulti agli spettatori dirimpetto che, mestamente, iniziarono ad abbandonare l'ippodromo.

Sulla pista restava un cadavere contorto, sotto cui si allargava una larga pozza di sangue.

Valente vibrò un pugno contro il bracciolo. «Ho vinto!» Sorrise. «Sapevo che Scorpo non mi avrebbe tradito!» In pista, il vincitore aveva iniziato un lento giro trionfale. Valente allungò la destra, e i senatori si alzarono uno a uno per andare a deporvi il denaro perduto nelle scommesse. Poi, il carro vittorioso si fermò ai piedi del palco imperiale e l'auriga ne discese, le braccia levate, per salire i gradini che portavano al seggio di Valente. S'inginocchiò, mentre l'imperatore gli deponeva sul capo una corona d'alloro e con un gesto ben visibile gli faceva scivolare in mano un *solidus* d'oro.

«Fate ritardare la prossima corsa.» Mentre Scorpo riceveva il tributo del pubblico, Valente si alzò. «Andiamo» disse a Ertegul.

2

Attraversarono il colonnato che sormontava le mura verso l'Oronte e scesero, raggiungendo il peristilio silenzioso, seguiti dagli occhi inespressivi dei servi. Oltrepassarono gli appartamenti delle donne e quelli degli ufficiali e raggiunsero il *tablinum* di Valente. Il sole entrava dal giardino su cui si apriva lo studio, disegnando forme oblique sulle scene di caccia intarsiate nel marmo. Là il rumorio lontano dell'ippodromo taceva, sostituito dal chiocciolio delle fontane e dal verso delle colombe che tubavano tra i rami dei peschi.

Il cubiculario batté le mani e da una tenda rossa sgusciò uno schiavo che riempì due coppe di Falerno.

«Allora?» Valente assaggiò il vino e si assestò in modo da guardare il monaco con l'occhio sinistro. Da settimane Ermocrate era preoccupato per le condizioni della sua vista e a destra, ormai, l'imperatore vedeva solo confusamente. Sono gli anni, Augusto, aveva detto il medico, ricevendone in compenso un colpo di verga sui polpacci.

«Sai tutto.» Ertegul aveva rifiutato il vino, unendo le mani davanti al volto, i polpastrelli accostati. «I messi mi hanno preceduto.» Da dietro le dita, studiò l'imperatore: ne valutò i gesti lenti, il tremito del capo e degli arti. Quasi cinquant'anni: Valente era vecchio. E malato. Il tempo nuovo era vicino. E bisognava affrettarlo. Il monaco avvertì un senso d'urgenza, il fiato che gli si mozzava. *Festina lente,* si disse, inspirando a fondo.

«So che Lupicino è stato sconfitto.» Valente pareva controllare a stento la rabbia. «Un massacro, anzi. Così mi scrivesti.»

«Più della metà degli uomini» disse Ertegul. «E quasi tutto l'equipaggiamento.»

«Più di metà degli uomini!» La voce di Valente scimmiottò il tono pacato del monaco. «E quasi tutto l'equipaggiamento! Un contabile!» Salì, stridula, sovrastando il mormorio dell'acqua. «Parli come un contabile!» Il tremito delle mani s'era accentuato e dal calice caddero alcune gocce di vino che si allargarono sul pavimento come chiazze di sangue. «Così fanno i miei *dispensatores*. Non il mio consigliere!»

Ertegul non reagì; continuò a fissare l'imperatore, il volto indecifrabile.

«Dunque ora i Goti sono bene armati» mormorò infine Valente, stornando lo sguardo.

«Bene armati.» Il monaco inarcò appena le sopracciglia. «Fritigerno è padrone della Tracia.»

«Padrone della Tracia! Com'è possibile?»

«In assenza di Lupicino le legioni si sono chiuse negli accampamenti, in attesa dei tuoi ordini.» Ertegul s'interruppe, pensoso. «Ordini che non sono arrivati» riprese. «E ora le strade non sono più sicure. Sono battute da torme di Goti.

Aggrediscono e si ritirano subito. Hanno razziato i cavalli nelle fattorie.»

Valente si massaggiò a lungo l'occhio destro. Lo chiuse, lo riaprì. Lo chiuse di nuovo, disturbato dalla luce. «E Batraz? Che fa?»

«Tiene Marcianopoli.» Un mezzo sorriso. «Ha organizzato dei pattugliamenti e delle sortite. Piccoli gruppi di cavalieri. Niente di più.»

Valente si morse il labbro inferiore. «Solo qualche sortita» mormorò. L'occhio aperto era fisso, assorto. «Quanti sono i Goti?»

«Molte migliaia, Augusto. Molte migliaia. Sono stati raggiunti dai Greutungi di Saphrax.»

L'imperatore si era alzato e camminava febbrilmente per il giardino. Si fermò davanti al ninfeo, seguendo i guizzi dei pesci che coloravano le vasche. «Non posso inviare altre truppe. Non ora.» Con le dita, stringeva e rilasciava il bordo della veste. «Vittore è in Persia. E sul Danubio, Unni e Alani premono. Non posso sguarnire il *limes*.»

Il monaco annuì. «Certo, Augusto. Anche se...» S'interruppe bruscamente. Il sole disegnava una linea dura sul suo volto, lasciandone parte nell'oscurità. Osservava la schiena dell'imperatore, curva, stanca.

Valente si voltò. «Tu hai un pensiero, Ertegul. Dimmelo.»

Ertegul sollevò impercettibilmente le spalle.

«Dimmelo» insistette Valente. Sorrise, come un bambino soddisfatto d'aver colto in fallo il precettore. «So che stai pensando qualcosa. Lo sento.»

Il monaco increspò le labbra. Parve riflettere a lungo. «Non è tutto.»

«Che intendi dire?»

«I mercenari» rispose Ertegul.

«I mercenari? Ebbene?»

«In Tracia sono numerosi. C'è fermento tra di loro. Corre notizia che i Goti abbiano vinto, ormai, e che l'impero non sia in grado di reagire.» Una lunga pausa. «Che tu non sia in grado di reagire.»

«Che io non sia in grado di reagire! Che l'imperatore sia

impotente!» Con un gesto brusco Valente spezzò un ramo, scagliandolo nella vasca.

«Così si dice.»

Il monaco si alzò e raggiunse Valente davanti alla grotta artificiale del ninfeo. «Ho ricevuto un messaggio stamani.» Parlava a bassa voce, dolcemente. «Ad Adrianopoli, Sueridas e Colias si sono sollevati contro il magistrato. Sono mercenari goti, come i loro uomini. Sono accampati fuori dalla città. E Fritigerno è in marcia per raggiungerli.»

Valente si lasciò cadere su una delle panche di marmo, le mani tra i radi capelli. Oscillava su se stesso, come un pendolo. Ertegul lo guardava senza espressione.

«Attacchiamo» disse Valente. «Eliminiamoli. O perderemo la Tracia. E presto i Goti saranno a Costantinopoli.»

Un lieve sorriso increspò le labbra di Ertegul. «Che intendi fare, Augusto?»

«Invierò delle truppe.» Valente sollevò il capo, il volto contratto, gli occhi infossati e acquosi. «Quelle che possiamo permetterci di inviare. Manderò Traiano. E Profuturo.»

«Hanno esperienza di battaglia?»

«Sono fedeli. Di questo ho bisogno.»

«Bene. Sia fatta la tua volontà, Augusto.»

L'imperatore trasse un lungo respiro e tornò a chinare il capo, immerso nelle sue riflessioni. Non vide il nuovo sorriso che stirava le labbra del monaco.

3

Dopo il colloquio, Ertegul raggiunse le sue stanze. Scacciò il servo che gli si era accostato per aiutarlo a spogliarsi e si accovacciò ai piedi della parete. Si svestì con gesti bruschi, quasi violenti, rimanendo nudo. Si sdraiò così sul pavimento, freddo nonostante la stagione, la schiena segnata dalle tracce di antiche frustate. Sentiva il suo pene irrigidirsi e premere contro il marmo. Si sforzò di dominarsi, senza successo. Si rialzò, osservando con disgusto quell'asta turgida e arrossata. Frugò tra i suoi abiti, estraendone il coltello, e meticolosamente incise una nuova traccia di sangue sulla pelle della coscia. Il dolore lo invase, delizioso e terribile, e il suo pene, dopo un sussulto, si afflosciò. Ora era pronto, ora poteva pregare. Il Regno Millenario era vicino e presto Dio avrebbe governato il mondo. E Dio lo avrebbe ascoltato, perché prima doveva venire il tempo dell'Anticristo.

4

Cabyle, Tracia. Anno MCXXX dalla fondazione di Roma, XIII giorno prima delle Calende di settembre (20 agosto 377 d.C.).

«Non smembrerò le legioni.» Sotto il sole rovente, il volto aquilino di Traiano era accigliato. Un precettore di fronte a un allievo recalcitrante, pensò Batraz. «Roma darà battaglia in campo aperto, come sempre. E vincerà, come sempre.» Traiano sporse in avanti il mento, piantando gli occhi in faccia a Batraz. «Questi sono i miei ordini. E sono categorici, che ti piacciano o meno, *magister scholae palatinae.*» Pronunciò le ultime parole con un sorriso sardonico.

Batraz sollevò la mano aperta, inspirando con forza l'aria umida e soffocante. La richiuse, stringendo il pugno ed espirando. Controllò il respiro, lasciò ricadere la mano. Scambiò uno sguardo con Farnag che, seduto al suo fianco, non aveva smesso di osservarlo, e si alzò, camminando lungo i resti del muro a secco.

Il consiglio era stato convocato sull'altura che dominava Cabyle, perché così era piaciuto a Traiano. Nel campo ferveva l'attività dei soldati, pronti a schierarsi al grido dei sottufficiali, e nell'officina i fabbri forgiavano le punte per nuove lance, le lame per altre spade. Batraz appoggiò la mano su una delle pietre, calde di sole. Quelle mura diroccate, quel tetto crollato – gli aveva spiegato Leimeie – erano i resti un tempio di Cibele, abbandonato da tempo. Perché quelli erano i giorni del Cristo Bianco e la Grande Madre era stata dimenticata. Ma i ruderi del tempio erano ancora un luogo sacro, in cui le cose seguivano una legge che gli uomini avevano scordato.

Se così era, pensò Batraz con risentimento, doveva trattarsi di una legge che lui non sapeva comprendere. Perché Traiano rifiutava l'evidenza e avrebbe mandato i suoi uomini al macello.

E gli dei, o Dio, se esistevano, erano indifferenti come quel cielo.

Il generale sedeva all'ombra del muro, circondato dai suoi consiglieri. Al suo fianco, Profuturo, il ventre sporgente sotto la tunica, pareva molto più interessato al profumo di carne arrostita che il vento portava dalla città. Non portava armi. Pensava a mangiare. Pensava a mangiare anche in quel momento.

Batraz ritornò sui suoi passi.

«Attaccare in campo aperto non servirebbe» insistette, forzandosi a mantenere un tono pacato. «Fritigerno ha diviso i suoi uomini in piccoli gruppi. Attaccano e fuggono, come furetti. Bisogna organizzare dei rastrellamenti.»

Traiano rise, battendosi le mani sulle ginocchia ossute. «Come furetti!» Si voltò verso i suoi consiglieri, che si affrettarono a sorridere. Solo Profuturo rimase serio, concentrato nel suo odoroso rapimento. Il generale si rifece serio. «Sei un uomo singolare, Batraz. Un grande guerriero.» Fece una pausa. «Dicono.» Un'altra pausa, a beneficio del suo piccolo pubblico. «Un grande guerriero che teme i furetti, forse?»

Batraz non rispose. Aveva iniziato a sentire lungo la nuca un intorpidimento, un lieve dolore. Ebbe un sussulto e vide gli occhi preoccupati di Farnag fissarlo con intenzione. Sii cauto, diceva quello sguardo. Batraz annuì impercettibilmente.

«So che l'imperatore ti onora del suo favore» continuò Traiano. Passò le dita sul pettorale della sua *lorica musculata*, sagomata come un torso umano, quasi a lucidarla. Un'armatura da parata, aveva mormorato Farnag giungendo al consiglio. Proprio come quella di Lupicino.

«Ma qui, l'imperatore non c'è. E io dico che usciremo da Cabyle e daremo battaglia. E di Fritigerno non resterà nemmeno il ricordo.» Traiano si rivolse ai suoi. «Le ultime notizie dicono che sono scesi dalle montagne dove si erano rifugiati. Si dirigono verso il delta del Danubio, a settentrione. Sarà là che li attaccheremo.» Si passò una mano sul mento ben rasato. «L'imperatore Graziano ha inviato un contingente al comando di Ricomere, il suo *comes domesticorum.* Uniremo le nostre forze e schianteremo i barbari.»

«Tu sai quel che è accaduto a Lupicino» disse Batraz. Parlava alla schiena di Traiano. La sua voce risuonò bassa, di gola. Il dolore alla nuca era aumentato. Lo ignorò. Non era il momento. «Anche lui sottovalutò Fritigerno. Io c'ero. Io ho visto.»

«Certo.» Traiano si voltò, le labbra increspate. «Certo. Tu c'eri.» Sorrise. «E non hai combattuto, mi si dice.»

«Lupicino me lo aveva proibito.» Batraz s'era avvicinato, fin quasi a sfiorare le ginocchia di Traiano. Il generale si alzò, fronteggiandolo.

«O perché sei un codardo?»

Il dolore alla nuca era diventato una morsa. Batraz sentì sul braccio le dita ferme di Farnag. Il dolore scemò, lasciandolo lucido e freddo. «Se io sono un codardo puoi sempre provare a dimostrarlo. Di te invece» disse lentamente «si dice che sei un generale da tempo di pace. Più abile a letto che sul campo.»

Prima che qualcuno potesse intervenire, Traiano aveva alzato la mano e aveva colpito Batraz in pieno volto. Farnag balzò in piedi, la spada estratta a metà, ma Batraz lo fermò con uno sguardo.

«L'imperatore disse che era contento che i suoi uomini tentassero di azzannarsi come cani.» Si toccò la guancia su cui era impresso il segno della mano di Traiano. Parlava con voce bassa e gelida. «Ora tu mi hai azzannato. Non lo dimenticherò.»

«Vattene.» Traiano era impallidito. «Non ho bisogno di te. Prendi i tuoi uomini e vattene.»

Batraz annuì senza smettere di fissarlo. Poi, si voltò, seguito da Farnag, e si incamminò lungo il sentiero che scendeva dalla collina.

Ripresero a parlare solo quando giunsero davanti alle porte della città.

«Che faremo?» domandò Farnag.

«Fa' preparare gli uomini.» Batraz sorrise. Si sfiorò ancora la guancia. «Andiamo a caccia di furetti.»

5

A destarlo furono il fruscio e un lieve sussulto del pagliericcio. Batraz aprì gli occhi; la sua mano cercò istintivamente la spada, poi si arrestò, immobile, abbandonata. Nel cubicolo in cui dormiva da solo, la luna tracciava un quadrato netto sulla parete. Nessun rumore: solo un respiro leggero; nell'aria un profumo dolce di pelle sudata.

Leimeie era seduta accanto a lui, con le cosce che sfioravano il suo corpo.

È tiepida, pensò Batraz. Tiepida. Calda e fresca allo stesso tempo.

Lei sorrise, chinandosi su di lui. Nella penombra i suoi occhi erano grandi. Liquidi. «È ora di svegliarsi» sussurrò. «Tra poco partiremo.»

Batraz sollevò la mano e le passò le dita esitanti sulla guancia. Leimeie chinò il capo sulla spalla, stringendo la mano di lui contro il collo e prolungando quella carezza.

«Perché dici partiremo?» Batraz parlò con voce tranquilla. Non era sorpreso: era come se quel momento, in cui lei era lì, accanto a lui, fosse stato sempre presente e al tempo stesso impossibile.

La ragazza lo guardò, gli occhi sereni. «Verrò anche io con te.»

«Non puoi venire.» Batraz scosse il capo. «Io vado a cercare Fritigerno.»

Leimeie gli posò un dito sulle labbra. «Lo so. E so che forse lo ucciderai. O sarà lui a ucciderti. Così è la guerra. Ma io sarò con te.»

«Non voglio.» Batraz scosse ancora il capo, più vigorosamente. «Non voglio che ti accada qualcosa.» Era proprio così, pensò stupito.

Lei sorrise ancora. «Tu dimentichi sempre che le donne sarmate combattono al fianco del loro uomo.» Con un gesto lento lasciò scivolare la tunica a terra, restando bianca e nuda nella penombra. «E io ho pagato il mio debito con te.»

Si chinò ancora, e i suoi capelli si aprirono intorno al volto di lui come la corolla di un fiore. Sulla parete, la luna ritagliava un quadrato netto.

MOVIMENTI

1

Un villaggio nella pianura della Scizia Minore, non lontano dal delta del Danubio. Anno MCXXX dalla fondazione di Roma, III giorno prima delle Calende di settembre (30 agosto 377 d.C.).

Il contadino si terse il sudore che gli scendeva copioso dalla fronte. L'estate era torrida e non accennava a finire: erano sempre così le estati, laggiù, fin da quando ricordava; e lui non s'era mai mosso dal suo villaggio e le rammentava tutte. Sputò attraverso la larga feritoia che gli anni gli avevano aperto tra i denti e si appoggiò al forcone, come ormai gli capitava di fare spesso. Si stancava prima d'un tempo; ma così era la vita.

Dal campo dove raccoglieva il foraggio si vedeva la sua casa, poco più d'una capanna ai confini del villaggio. Il maggiore dei suoi figli stava riparando l'essiccatoio per il fieno con delle corde di canapa. Il contadino valutò il tetto della casa: avrebbero dovuto sistemarlo, prima delle piogge. Suo figlio alzò la mano e lui rispose al saluto. La casa era deserta: le due ragazze avevano condotto le pecore e le capre al pascolo, mentre il piccolo aveva accompagnato la madre a vendere le uova.

Il contadino guardò verso meridione: il cielo era grigio, cupo; una cappa d'afa nascondeva le colline. C'era qualcosa nell'aria, forse un odore, che lo inquietava. Scrollò le spalle e impugnò nuovamente l'attrezzo, inforcando un pesante fascio di fieno e caricandolo sul carro. L'asina, che brucava quieta, sollevò bruscamente la testa, tendendo i finimenti. Il contadino le passò una mano sul dorso coperto di fiaccature. Era quasi vecchia quanto lui, pensò. L'asina si calmò per un momento, poi scosse la testa, con un raglio lacerante.

«Buona» sussurrò il contadino. «Che cos'hai?»

La bestia aveva dilatato le frogie e annusava qualcosa Qualcosa di diverso dal solito.

Il contadino guardò di nuovo verso meridione. A poco meno di un miglio, dove la strada piegava in un gomito, la foschia era più densa. Pareva avvicinarsi rapidamente. Nebbia. O afa. O un temporale. Il contadino lasciò cadere il forcone.

O polvere.

Polvere.

Si lasciò sfuggire un grido, poi si lanciò, con quelle vecchie gambe, verso la sua casa, la prima che sarebbe stata raggiunta. Corse, agitando le braccia. Suo figlio lo udì. Sollevò il capo, guardando verso di lui. Il contadino ebbe il tempo di vederlo sorridere, nella luce livida. Poi un sibilo solcò l'aria e una freccia si conficcò nella schiena del ragazzo.

Il contadino urlò e continuò a urlare, finché una seconda freccia interruppe la sua corsa.

Marco abbassò l'arco. Ammiccò al guerriero che cavalcava al suo fianco. «Li ho colpiti entrambi.» Sorrise. «Quasi duecento passi!» Accarezzò l'arma, composta di sezioni di legno e di osso giustapposte. «È un grande dono quest'arco unno.»

Il guerriero, un Goto dai capelli rossi e con l'orbita destra vuota e attraversata da una lunga cicatrice, annuì. «Un dono del *reiks*» disse rispettosamente. Piegò il collo, per usare l'occhio superstite, sbirciando con invidia l'arco che il Romano s'era assestato sulle spalle.

Nel villaggio, i contadini avevano avvistato il gruppo di Goti. Sbarravano porte e finestre, dopo aver gettato secchi d'acqua sui tetti per inumidirli e proteggerli dagli incendi. Un piccolo gruppo, armato di scuri e forconi, si stava raccogliendo lungo la strada, dove si accatastavano tronchi d'albero in una rudimentale barricata.

«Ormai ci hanno visti.» Marco si passò le dita tra i riccioli della barba. Lasciò affiorare un sorriso, come chi pregusta un buon boccone. Da quando aveva deciso di seguire Fritigerno si sentiva libero, come mai prima d'allora. Anche combattere era diverso. E non aveva più sognato i bambini fatti uccidere lungo il fiume. Le cose cambiano, pensò con gratitudine.

Esaminò i suoi uomini: una quarantina, tutti Tervingi esperti e bellicosi, armati di corazze e spade romane. «Attacchiamo» ordinò. «Non risparmiate nessuno.»

Il guercio al suo fianco si schiarì la voce, turbato. «Il *reiks*...» iniziò esitante, «il *reiks* vuole che il popolo sia con noi. Se li massacriamo, tutti nei dintorni lo verranno a sapere.»

Marco lo valutò con lo sguardo. «Non risparmiate nessuno, ho detto.» Sorrise ancora.

Il guercio chinò il capo.

«Bene. Ora tutto è chiarito. Cinque uomini con me» dispose Marco. «Gli altri al villaggio.»

Il gruppo si divise. Mentre Marco galoppava verso la capanna, il grosso dei suoi continuò in direzione delle basse case oltre i campi.

2

Videro il fumo da lontano. Fumo denso, grasso. Odore di carne bruciata. Batraz diede ordine di fermarsi. Due miglia più in là il cielo fosco era striato di rosso.

«Un incendio» disse Leimeie, trattenendo il cavallo che annusava febbrilmente l'aria. «Un villaggio.» Guardò Batraz. «Stanno bruciando» insistette. Il volto, sotto le strisce azzurre, era cupo. «Dobbiamo andare» disse. «Presto.»

«Sono i Goti. Noi andremo. Tu resti qui.» Batraz si batté il pugno sulla coscia. «Con Dodoi.»

La ragazza lo guardò con durezza. «Mi hai trovato in un

villaggio in fiamme» disse. «E mi hai portata con te.» Poi, senza aggiungere altro, affondò i calcagni nei fianchi del cavallo e si avviò in una nuvola di polvere, scomparendo oltre la curva della strada.

«Fermati!» gridò Batraz.

Farnag gli si accostò, un mezzo sorriso tra la barba striata di grigio. «Tu le hai permesso di venire con noi. E lei è una guerriera.»

«Non potevo lasciarla a Marcianopoli. Lo sai bene.»

«E lei non ci sarebbe mai rimasta.» Un altro sorriso. «Non è così, *magister*?»

Batraz lo guardò furibondo e spinse il cavallo al galoppo. Farnag gridò un ordine e la colonna di catafratti si gettò in avanti, seguendolo.

Quando raggiunsero il villaggio, i Goti stavano incendiando le ultime capanne. Una quarantina, valutò Batraz. Non li avevano visti arrivare, né li avevano sentiti, protetti com'erano dal fumo e dal frastuono. Della ragazza, nessuna traccia.

Sguainò la spada. «Voi occupatevi di loro» ordinò. «Io cerco lei.» Un colpo di tallone e scomparve nella foschia.

Vi fu subito immerso, senza riuscire a orientarsi. I rumori, le urla. Il sibilo delle frecce, il cozzo rovinoso delle lance: tutto sembrava lontano in quello spesso muro grigio che attraversava. Tutto irreale, come le notti trascorse con Leimeie. Come la morte, lontana e prossima.

Dov'era lei? Dov'era?

Guidò il cavallo al passo, tra le case che ardevano come paglia, accarezzandone il collo per chetarne il timore. Il calore era quasi insostenibile: una mano rovente sulla pelle, nel fumo che gli strappava violenti colpi di tosse dalla gola, dai polmoni. E il dio non era con lui. Forse il dio l'aveva dimenticato.

Si ritrovò accecato dalle nubi plumbee e venate di rosso. Si arrestò, immobile, in ascolto. Si udiva solo il crepitio delle fiamme. Le grida della battaglia erano distanti come i sogni notturni.

Forse quella era la morte.

Il pensiero lo sorprese come un veleno lento. Forse la morte era così: non il buio, l'assenza, ma un vagare confuso nella nebbia, in un calore insopportabile che non poteva fargli più nulla. Nulla, perché era già morto. Gli parve d'essersi perduto e per un momento non sentì più niente. Non lo scricchiolio dei tronchi che ardevano e crollavano. Non i lamenti degli uomini feriti. Non c'era niente, lì. Non Dio, chiunque fosse. Non i suoi amici, i suoi fratelli, che stavano combattendo. Non la sua donna. C'era solo il silenzio. E il vuoto.

Poi, udì un grido femminile e il grugnito di un uomo. Si riscosse: le fiamme divampavano attorno a lui e guerrieri morivano a pochi passi. Tossì, nell'aria irrespirabile. Spinse il cavallo in avanti.

Il vento s'era alzato, ravvivando i fuochi e dissolvendo il fumo. In uno squarcio di luce limpida, poco lontano da lui, vide uno spiazzo libero dal fuoco. Davanti a una capanna, il cadavere di un ragazzo, una freccia tra le spalle. Accanto a lui, due corpi avvinghiati, immobili. Un mantello nero, dei capelli biondi.

Smontò, corse. Volò.

Leimeie sedeva a cavalcioni di un uomo coperto di sangue, puntandogli il coltello alla gola. Sentì arrivare Batraz, sollevò il capo, lo guardò con occhi vuoti. Con un violento strattone Batraz la alzò, issandola contro il cielo color cenere. Lei lo fissò senza parlare, mentre lentamente i suoi occhi riprendevano luce. Poi, lui la rimise a terra, frugandole il corpo con le mani, in cerca di ferite che non trovò.

«Sei viva» disse.

«Sono viva» rispose lei.

Un gemito li riscosse. L'uomo a terra s'era sollevato sul busto, tenendosi con la destra la spalla ferita. Il braccio gli pendeva inanimato, spezzato. Batraz si avvicinò, colpendolo con un violento manrovescio che lo fece ricadere all'indietro.

«È il loro capo» disse Leimeie.

Batraz si chinò sull'uomo. Statura media, asciutto. Bruno, con una folta barba che gli copriva il viso. Oltre al braccio spezzato, il coltello di Leimeie gli aveva inciso una profonda ferita in una gamba. Non pareva un barbaro.

«Tu non sei un Goto.» Batraz aveva parlato in latino.

L'uomo sollevò il capo, sputando verso di lui. Lo schizzo gli ricadde sul torace e l'uomo si piegò in avanti, con un singulto.

«Marco. Mi chiamo Marco. *Claudia Pia et Fidelis.*» L'uomo rise, con la voce rotta dal dolore, il volto esangue. «Un tempo. Un tempo. E tu sei il Sarmata. Ti ho riconosciuto. Che onore essere ammazzato dal *magister* di una delle *scholae* dell'imperatore.» Sputò di nuovo: saliva densa mista a sangue.

«Ucciderti non m'interessa. Dimmi dov'è Fritigerno. Parla!» Batraz afferrò il braccio ferito e lo scosse con forza. «Parla!»

Marco si morse le labbra trattenendo un gemito. Altro sangue gli scorse sul mento.

«Fritigerno.» Rise, come inebriato dalla vicinanza della morte. «Tu e la tua puttana non lo prenderete mai. Vi taglierà la gola. A voi. A tutti.»

«Dov'è?» ruggì Batraz, assestandogli un altro schiaffo con il dorso della mano.

«Cercalo presso i salici. Troverai i tuoi amici. I Romani. Uccisi.» Marco rise ancora, con sforzo. «Uccisi come si meritano. Tutti.» Un colpo di tosse, poi il Romano arrovesciò gli occhi con un sussulto e giacque immobile.

«Morto» mormorò Leimeie.

Batraz scosse il capo. «Ha perso i sensi. Ha due brutte ferite. Ma non mortali.» Le fiamme attorno a loro avevano ripreso vigore. «Dobbiamo andare» mormorò.

«Presso i salici. Che intendeva dire?»

«*Ad Salices*. C'è un luogo. Un *oppidum* presso la foce del fiume. A meno di due giorni da qua. Yaguz conosce la strada.»

Un galoppo leggero si dirigeva verso di loro. Un richiamo, e dalla coltre di fumo emerse Farnag, la lama grondante sangue, il volto contratto in una smorfia di disgusto doloroso.

«Eccovi» disse. «Abbiamo finito. Non ci aspettavano. È stato come macellare animali.» Alle sue spalle altre ombre entravano e uscivano dalla foschia. Dodoi, Baxagos... Farnag gettò a terra lo scudo, schiantato da un colpo di lancia. Si fermò presso il Romano svenuto. «Lo conosco. Era con Fritigerno.»

«È un disertore.»

Farnag annuì, asciugandosi gli occhi arrossati e lacrimanti per il fumo. «Nessuna perdita per noi. Gli abitanti del villaggio...»

Leimeie lo fissò in silenzio.

«Morti» disse Farnag. «Hanno ucciso tutti. Anche i vecchi. E i bambini.» Si sollevò in sella, sorreggendosi con le ginocchia contro i fianchi del cavallo. Distolse lo sguardo da Leimeie. «Non c'erano molte donne. Erano nei campi. O al pascolo. Stanno ritornando ora.»

Batraz annuì lentamente. «Romani, Goti.» Indicò Marco. «Portiamo tutti la morte.»

«Questo è il nuovo tempo» mormorò Leimeie. «Non c'è legge. Non c'è giustizia.»

Le fiamme ardevano sempre più alte, insidiando lo spiazzo in cui si trovavano. Yaguz si fece largo tra il fumo.

«Affrettiamoci» disse. «Gli uomini ci aspettano lungo la strada.»

«*Ad Salices.*» Batraz montò a cavallo. «Portaci là, Yaguz.»

3

Pianura della Scizia Minore, nei pressi del delta del Danubio. Anno MCXXX dalla fondazione di Roma, il giorno prima delle Calende di settembre (31 agosto 377 d.C.).

L'afa aveva ceduto ed era una giornata serena e fresca. Anche quell'estate sarebbe finita. Quel mattino, cavalcando verso settentrione, gli uomini avevano taciuto, sconcertati dal numero di carogne di animali disseminate ai bordi della strada. Il fetore di decomposizione soverchiava il profumo dell'erba riscaldata dal sole e il ronzio degli insetti era assordante. Verso mezzogiorno, Dodoi era smontato per esaminare la carcassa coperta di mosche di un cervo maschio. Aveva sfiorato le grandi corna rivestite di fine peluria, gli occhi sbarrati e opachi. Non ci sono segni di ferite, aveva detto.

C'era stato un lungo silenzio. È il tempo della morte, aveva sussurrato infine Leimeie, facendo un gesto di scongiuro e sputando a terra. Batraz aveva ricordato il vitello a due teste di Antiochia e aveva scambiato uno sguardo cupo con Farnag. Erano andati avanti.

S'imbatterono nelle milizie di Traiano nel pomeriggio del giorno successivo. Erano comparse dal crinale di una collina e discendevano lentamente il versante lungo la strada di terra battuta: una massa scura e confusa, da cui il sole non traeva alcun riflesso.

«Non tengono la formazione.» Yaguz, in testa al drappello, fu il primo ad arrestarsi, l'espressione disorientata. I soldati all'orizzonte avanzavano senz'ordine, alcuni lentamente, altri quasi a passo di corsa, distaccando quelli rimasti indietro, che si separavano dalla colonna principale, formando piccoli, caotici gruppi.

«I cavalli.» Baxagos portò una mano alla fronte, per proteggersi dal sole. «Dove sono i cavalli?»

«È vero.» Batraz teneva le mani appoggiate sull'arcione, le redini molli. «Hanno perduto quasi tutti i cavalli.»

Senza bisogno di ordini, i catafratti si schierarono al lato della strada, in attesa. La colonna procedeva scoordinata, sfrangiandosi sui fianchi. Alcuni barcollavano, sostenuti dai commilitoni, altri arrancavano appoggiandosi a rami tagliati in forma di forcella.

«Le insegne» mormorò Dodoi. «Guardate.»

I vessilliferi s'erano radunati in testa alle truppe. Alcune delle insegne erano spezzate. Nessuno tra i Sarmati parlò.

La colonna iniziò a sfilare davanti a loro. Corazze infangate, danneggiate, coperte di sangue; volti segnati, occhi vacui. I feriti non in grado di camminare erano stati sistemati sui carri, e la cavalleria pesante, quasi del tutto appiedata, li scortava, gravata dalle armature. Passò un *vexillifer* solitario, l'elmo coronato da una testa di lupo cui erano state strappate le orecchie, l'insegna oscillante sulla spalla.

«Ecco Traiano» mormorò Farnag.

Il generale cavalcava circondato da un gruppo superstite di arcieri, una vistosa fasciatura sulla coscia destra. Di Profuturo, nessuna traccia. Quando Traiano incrociò lo sguardo di Batraz, girò il capo, voltandosi dall'altra parte e proseguendo, senza una parola.

La colonna sfilò a lungo, nel rumore soffocato dei passi e nel clangore delle armi. Nessuno dei legionari parlava: guardavano davanti a loro, avanzando lentamente, un passo dopo l'altro.

Baxagos chiamò un fromboliere, che marciava strascicando i piedi. «Che è successo?» domandò.

L'uomo lo guardò senza rispondere, poi, con un ampio gesto del braccio, indicò la colonna.

«Dov'è il generale Profuturo, soldato?» Batraz s'era chinato sulla sella.

Il legionario parve riconoscerlo. «Morto» disse.

«Dove state andando?»

«A Marcianopoli. A casa.»

Ci vollero ore prima che tutti fossero passati. Quando la colonna fu solo una nuvola di polvere verso meridione, Farnag si rivolse a Batraz.

«Che facciamo, adesso?»

Batraz scrutò il cielo. «Avremo ancora luce.» Voltò il cavallo, fronteggiando i suoi uomini. Li guardò uno a uno. Baxagos, dal volto impenetrabile, Dodoi, con una ruga verticale che gli increspava la fronte, Dadakos, la lunga coda di cavallo incrostata di terra, Yaguz, l'unico che non sembrava sorpreso di ciò che aveva visto. Tutti gli altri, chiusi nelle loro cotte di maglia e nei loro volti cupi, le lance lucide appoggiate sulle selle. Per ultima, guardò Leimeie. La ragazza indossava una corazza troppo grande per lei e i capelli, riuniti in una treccia bionda e spessa, uscivano dall'elmo ogivale, ricadendole sulla schiena.

«Temo che Roma sia stata sconfitta» disse Batraz. «Anche questa volta in campo aperto. Come a Marcianopoli.» Trattenne il cavallo che pestava nervosamente il terreno con gli anteriori. «I Goti sono troppo numerosi, e sono stati raggiunti dai Greutungi e dai disertori. L'unica cosa che possiamo fare è combatterli come loro hanno fatto. Colpire e fuggire.»

Nessuno dei suoi uomini parlò. Ascoltavano.

«Non conosciamo le loro intenzioni. Forse Fritigerno vuole passare nuovamente il Danubio e rifugiarsi in Dacia.» Batraz trasse un lungo respiro. «Ma dopo oggi...» Guardò verso meridione, dov'era scomparsa la colonna romana. «Ma dopo oggi ha capito che può batterci.» Increspò le labbra. «Ha altri cavalli. Altre armi. Può calare su Marcianopoli. E su Adrianopoli. Può arrivare fino a Costantinopoli.» Diede una pacca sul collo del cavallo. L'aria stava rinfrescando ancora. «Dobbiamo scoprire le sue intenzioni. Seguirlo. Spiarlo.» Tornò a guardare i volti dei catafratti. «Non abbiamo nessuna missione ufficiale. Traiano ci ha vietato di seguirlo e potrebbe denunciarci come disertori davanti a Valente.»

Qualcuno annuì. Altri scrollarono le spalle. Baxagos fece un mezzo, inquietante sorriso.

«Io intendo andare avanti» riprese Batraz. «Ma non posso ordinarvi di farlo. Qui non sono più il vostro capo. E voi non siete i miei soldati.» Inspirò, annuendo a se stesso. «Siete i miei compagni.» Passò le dita sull'amuleto che portava al collo. «E come compagni e uomini liberi, siete voi a dover scegliere.»

Senza una parola, Farnag fece fare pochi passi al suo baio e gli si affiancò. Non si guardarono nemmeno, ma Batraz sentiva il respiro calmo dell'amico accanto a sé. Il silenzio durò qualche istante. Poi fu Dodoi a parlare.

«Proseguiamo» disse.

4

Ad Salices, nei pressi del delta del Danubio. Anno MCXXX dalla fondazione di Roma, Calende di settembre (1° settembre 377 d.C.).

Raggiunsero il campo di battaglia poco prima del tramonto, oltre le colline discese da quello che era stato l'orgoglioso esercito di Traiano. Una landa costellata di marcite, da cui si scorgeva in lontananza la foce del Danubio, sfavillante come una distesa di scaglie di mica. Boschetti di salici punteggiavano la pianura, percorsa da rivoli d'acqua torpida e melmosa. Verso occidente, da un agglomerato di capanne distrutto dalle fiamme, proveniva ancora un lieve calore che il vento portava fino ai cavalieri. Nell'aria, l'odore greve della torba.

I primi cadaveri erano tutti romani. Colpiti alle spalle, sorpresi dalle lance o dalle frecce dei Goti durante una fuga mai conclusa, spogliati delle armi e delle corazze. Più avanti, i corpi dei legionari e dei barbari coprivano la terra, semiaffondati nelle zone più umide. Mani tese ancora in cerca di una spada, bocche spalancate, ventri con il largo squarcio delle spade. Coppie di guerrieri abbracciati come in una danza rituale. A oriente, un cumulo di morti indicava il punto in cui doveva essersi svolto lo scontro più cruento, prima della ritirata romana.

Batraz diede l'ordine di preparare un bivacco sopravvento e, accompagnato da Farnag e Yaguz, s'inoltrò in quel campo di morte. Il fetore del sangue era così intenso da ottundere l'olfatto. Stormi di corvi si accanivano sui cadaveri, mentre i primi lupi solitari, avanguardia di qualche branco, erano apparsi più lontano e vagavano in tondo, avvicinandosi ai cadaveri isolati. Ne strappavano larghi brandelli e s'allontanavano con la loro corsa leggera, rifugiandosi dove i salici si facevano più fitti.

«Una strage.» Farnag s'era portato un lembo del mantello al volto per coprirsi le narici.

«Non solo di Romani.» Con il piede Yaguz rivoltò il corpo di un Goto. «Greutungi» disse, studiandone l'abbigliamento. Indicò, più avanti, il cadavere di un guerriero di bassa statura, dalla pelle olivastra. «E Unni. E Alani.»

«Tutti riuniti, al comando di Fritigerno.» Batraz s'inginocchiò accanto al corpo di un barbaro. Un ragazzo, non più di quindici anni. Qualcuno, durante la lotta, gli aveva strappato l'amuleto che portava al collo e che ora giaceva accanto a lui. Batraz lo posò sul torace del cadavere. Se un'anima esisteva, ne avrebbe avuto bisogno, pensò. «Non un esercito» disse senza voltarsi. «Un popolo.»

«Molti popoli riuniti.» Farnag continuava a proteggersi il naso con il mantello. «Tervingi, Greutungi, Alani, Unni. E ancora gli Alamanni sul confine occidentale. Se non li fermeremo, questa è la fine. Ci odiano.»

«Ci odiano perché hanno fame.» Batraz aveva parlato rimanendo in ginocchio. Osservava il volto del ragazzo morto: prese l'amuleto e lo spinse a forza tra le dita serrate. «E noi abbiamo cibo. E terra.»

Farnag lo studiò annuendo impercettibilmente. «C'è una cosa che mi domando da tempo. Da quando i Tervingi hanno attraversato il Danubio.»

Batraz girò appena il capo. «Che cosa?»

«Tu da che parte stai?» Farnag ebbe una piccola risata imbarazzata. «Lo so che combatti per l'imperatore e che continuerai a farlo. Ma il tuo cuore dove sta?»

Batraz abbassò gli occhi. Rifletté a lungo. «Non lo so, amico mio. Non lo so.»

Farnag lasciò ricadere il mantello. Era giusto sentire l'odore del sangue, vedere la morte che li circondava. «Nemmeno io so da che parte sta il mio cuore.» Si strinse nelle spalle. «Forse, stiamo solo diventando vecchi.»

Yaguz li interruppe con un richiamo. Aveva valutato a passi le dimensioni della pianura, osservando la distribuzione dei cadaveri. «Più di mille morti. Duemila, forse.»

«Torniamo indietro.» Batraz si passò una mano sul volto. Si avviarono. «Non è stata una sconfitta. Le perdite sono alla pari, direi.»

«Dove pensi siano i Goti?» domandò Yaguz.

«Dietro quelle colline, credo. Per un po' rimarranno qui

vicino. Per curare i feriti. Verranno anche a recuperare i corpi per bruciarli o seppellirli. Sposteremo il campo più lontano. Dobbiamo trovare un luogo sicuro.»

Farnag annuì, le sopracciglia aggrottate. «Ma se le perdite sono le stesse...» iniziò. Scosse il capo, incredulo. «Perché Traiano si sta ritirando?»

Batraz sorrise. L'orizzonte si stava scurendo, mentre il sole calava a occidente. «Paura» disse. «Ha avuto paura.»

LA MORTE HA IL VOLTO DI SILENO

1

Antiochia, palazzo imperiale. Anno MCXXX dalla fondazione di Roma, Idi di settembre (13 settembre 377 d.C.).

Quando Nahur, il cubiculario, oltrepassò le porte dei bagni imperiali, fu subito avvolto da un velo di sudore. Il brusco passaggio dalla brezza che spirava lungo il peristilio al vapore del *caldarium* lo fece ansimare. Dagli affreschi sulle pareti – rosso pompeiano, giallo e nero – lo fissavano maschere teatrali alternate a cestini di frutta.

Il *caldarium* era affollato dagli uomini del seguito di Valente, che si cuocevano placidi nell'acqua bollente delle vasche, schizzandosi per gioco con alti zampilli. Due vecchi senatori, i visi vacui, correvano lungo il bordo della vasca più grande, tenendosi per mano e cantando un motivo in voga a teatro nelle ultime settimane. Nel guardarli, Nahur contenne a stento il disprezzo e lo stupore. Appartato in una vasca individuale, aveva riconosciuto il generale Saturnino, l'amico di Gregorio di Nazianzo. Come poteva mescolarsi, lui, un vero cristiano, con quei cialtroni?

Ma non poteva fermarsi a riflettere. Presto: doveva fare presto.

Accennò un rigido inchino che nessuno notò e passò nei *sudataria*, dove il calore era ancora più intenso e le pareti confuse dal vapore. Valente giaceva prono su un lettino, le gambe coperte da un telo di lana fine, gli occhi chiusi, mentre uno schiavo gli massaggiava delicatamente le spalle con olio aromatico. Nell'aria opprimente e profumata, Nahur si schiarì la voce e Valente socchiuse un occhio, quello buono, guardandolo con aria interrogativa. A un suo cenno lo schiavo si allontanò e il cubiculario si chinò su di lui, mormorando. Quando Nahur ebbe finito di parlare, Valente rimase a lungo immobile, gli occhi nuovamente chiusi, il corpo abbandonato. Poi si alzò pesantemente, per farsi asciugare. Nahur fissò il corpo dell'imperatore: il ventre prominente, la pelle delle braccia molle sopra i muscoli, le gambe secche e coperte di una fine peluria scura, il sesso ritratto come un piccolo cilindro vizzo. Sul volto rugoso di Valente, abitualmente corrucciato, aleggiava un'espressione rabbiosa e sgomenta.

Avvolto nell'asciugamano, l'imperatore entrò nel *caldarium*. Mentre nella sala scendeva il silenzio, si avvicinò a Saturnino.

«Va' nel mio studio» disse con voce atona. «E aspettami là.» Si voltò verso Nahur. «Fa' uscire tutti e portami il monaco.» Tacque, poi, come per un'idea improvvisa: «Trovami un coltello» aggiunse bruscamente.

Mentre Nahur si affrettava a obbedirgli, e il *caldarium* si svuotava, l'imperatore fece scivolare a terra il telo e s'immerse nella vasca.

Rimase solo, nell'acqua bollente, nella sala deserta, dove il vapore confondeva la vista.

2

Presso il ninfeo, dove il viale fiancheggiato da colonne che seguiva le antiche mura intersecava quello diretto, oltre l'Oronte, al palazzo imperiale, si era formato un capannello di persone. Servi, sfaccendati, donne di ritorno dal mercato. Due guardie palatine cercavano di allontanare la folla che si assiepava, nascondendo quasi completamente la grande esedra. Una matrona seguita da due servi, il capo appesantito da un'elaborata acconciatura, si accostò, mentre l'assembramento iniziava a disperdersi, tra mormorii e invocazioni appena sussurrate.

«È un segno.» Una popolana si segnò rapidamente sul petto.

«Che Dio ci salvi» bisbigliò un ragazzo.

«La fine è vicina, la fine è vicina.» Un vecchio prete s'era fermato al centro della strada, salmodiando lentamente. «La fine è vicina. Pentiamoci. L'Anticristo è sopra di noi. Pentiamoci.»

La matrona riconobbe un'amica che si allontanava. Fece un cenno per chiamarla, poi vide le lacrime che scorrevano sul suo viso e abbassò la mano. I volti delle persone che sfilavano di fronte a lei erano cupi, angosciati. Si avvicinò al ninfeo, nonostante i mormorii dei servi. Le guardie palatine, che avevano preso posto di fronte alla vasca, si scambiarono uno sguardo incerto, poi, riconoscendo la moglie di uno dei loro superiori, la fecero passare.

La donna percorse i pochi passi che la separavano dalla vasca. Si arrestò, immobile. In superficie galleggiavano decine di pesci morti, rovesciati sul dorso, i ventri bianchi esposti all'aria. L'acqua era rossa e densa, colore del sangue.

3

Ertegul entrò nel *caldarium* deserto. Una fioca luce penetrava dalle feritoie praticate nelle mura, spesse per trattenere il calore. Indugiò sulla soglia, cercando di abituare lo sguardo alla penombra e al vapore bianco e denso. Dalla parete accanto a lui, la maschera teatrale di Sileno, affacciandosi da una tenda cremisi, lo guardava con i suoi occhi vuoti e sbarrati. Sileno, maestro di Dioniso, saggio e folle come Socrate. Come la morte, dicevano gli iniziati ai riti misterici.

Come lui stesso.

Fece un passo e fu avvolto dal vapore. Al fondo della sala, dove la fiamma di una lucerna danzava sul muro, una forma si mosse con un lento sciacquio.

«Vieni, Ertegul.» La voce di Valente risuonò opaca. «Vieni da me.»

Il monaco avanzò nell'oscurità, verso la lucerna, fino alla vasca. Valente era immerso, la schiena appoggiata contro la parete, le braccia sul bordo, le mani invisibili sotto il pelo dell'acqua. La piccola fiamma proiettava sul muro al suo fianco un'ombra grottesca.

«Entra con me.» Il volto dell'imperatore era inerte.

Senza una parola, il monaco si sfilò la tonaca. Il suo corpo nudo, asciutto e segnato di cicatrici, era appena visibile. Lentamente scese i gradini, sentendo il calore scottargli la pelle. Sedette nell'acqua, mentre il sudore gli imperlava la fronte.

«Perché mi hai mandato a chiamare, Augusto?»

«Ho avuto delle notizie.» Valente muoveva le mani sott'acqua, causando lievi gorgoglii.

«Notizie da dove?»

«Da qui. E dalla Mesia.»

Ertegul attese.

«I segni si moltiplicano.» Valente riprese, il tono amaro per il silenzio del monaco. «Come tu avevi predetto. Centinaia di animali morti. Lungo la strada per Costantinopoli. E qui, in città, la vasca del ninfeo, presso il foro, è colma di sangue.»

«Mi dici cose che conosco, Augusto.»

Valente sorrise, sogguardando Ertegul. «Sono altre le notizie che vuoi. Quelle dalla Mesia.» Ora Valente parlava con il ritmo di una cantilena. «Nemmeno Ertegul le sa, questa volta. E deve domandarle a me. Proprio a me. Il fratello del grande Valentiniano. A me, Valente il piccolo, il povero servo di Dio.» Mosse più velocemente le mani, sollevando una piccola onda. Sotto l'acqua, nel riflesso della lucerna, un bagliore apparve e svanì.

Il volto di Ertegul tradì un fremito di disgusto. Poi, per un momento, nei suoi occhi scivolò un'ombra simile alla compassione. Ma fu un istante. Già i suoi tratti avevano ritrovato la loro impassibilità.

«Sono qui, Augusto. Dammi le notizie.»

Valente fissò il monaco con rabbia.

«Traiano ha attaccato i Goti presso *Ad Salices*, alla foce del

Danubio. Abbiamo avuto molte perdite. Anche Profuturo è morto. E Traiano si è ritirato a Marcianopoli.»

«E Fritigerno?»

«Sta di nuovo calando verso meridione. Verso Costantinopoli.»

Ertegul annuì. «Che cosa ordini?»

«Saturnino mi attende nel *tablinum*. È un buon generale. Penso di inviare lui, con altre truppe.» Valente studiò in silenzio il monaco. «Ma potrei agire diversamente.» Sorrise, con la stessa espressione infantile che già Ertegul gli aveva visto altre volte. «Guarda» disse. Sollevò la destra e un coltello gli balenò tra le mani. «Posso farla finita e morire come i grandi.» Si passò delicatamente la lama sul polso sinistro. «Guarda!» gridò. «Io ho il coraggio di farlo!»

Ertegul non disse nulla. Non fece nulla. Attese. Valente premette la lama con più forza, le dita tremanti, segnandosi sul polso una sottile traccia di sangue. Sollevò gli occhi sul volto immobile del monaco. «Posso farlo!» gridò. «Io posso farlo!» Tentò di premere ancora, poi scoppiò in lacrime.

Ertegul si alzò. Torreggiò nudo su di lui. Gli strappò il coltello dalla mano. «Ecco come devi fare.» Con un gesto lento si aprì una ferita sul braccio. Il sangue colò, nero nella penombra, dilatandosi in chiazze dense nell'acqua. Ertegul tese il coltello a Valente. L'imperatore lo guardò tremando, poi con la mano si coprì gli occhi.

«Va' via» disse. «Vattene!»

Ertegul lasciò cadere il coltello e con calma uscì dalla vasca. Si asciugò e tornò a infilare le sue vesti.

«Saturnino ti aspetta» disse, avviandosi verso la porta. Dalla parete la maschera di Sileno lo fissava.

La morte, pensò Ertegul, doveva avere quel volto.

Terzo interludio

LA CERCA

Là, quando il re muore,
scavano una grande fossa quadrata
[e] tutti innalzano
un grande tumulo,
gareggiando
per costruirlo il più grande possibile.

ERODOTO

1

In qualche punto della Scizia. Anno MCXXXI dalla fondazione di Roma, III giorno prima delle Calende di gennaio (30 dicembre 378 d.C.).

La grande pianura è silenziosa sotto la neve, e l'uomo dai capelli bianchi sa bene che si è smarrito. Tutt'intorno, un deserto candido e piatto, abitato da aceri e frassini spogli, neri come corvi. Talvolta il mantello grigio argenteo di una volpe scivola tra le rocce, scomparendo dietro un tronco o confondendosi tra i cespugli nudi. L'uomo conduce lentamente il cavallo nella neve fresca, attento a evitare buche e avvallamenti.

È in cerca di un rifugio dove trascorrere la notte. I pochi villaggi che ha incontrato in questi giorni erano stati devastati e bruciati. Niente cibo. Nessun sopravvissuto. Fino a un certo punto a guidarlo sono stati i cadaveri disseminati lungo i sentieri. Bocche rigide e spalancate; braccia levate in alto come segnali. Poi le nevicate si sono fatte più frequenti e i corpi sono stati inghiottiti da cumuli densi e gelati.

Così ora non sa se sta andando verso oriente: da troppo tempo il cielo è nascosto dalle nubi, e lui s'è orientato con le tracce di muschio sui tronchi o con i voli delle rare oche selvatiche. In lontananza di fronte a sé vede una serie di basse colline, calve come crani calcinati. È là che si sta dirigendo.

Le raggiunge a sera, durante una tormenta di fiocchi gelidi e pungenti. Ma già prima di arrivarvi le ha riconosciute.

Non colline, ma tombe. Kurgan. Tumuli mortuari, più antichi di quanto la memoria dell'uomo possa ricordare. Tumuli che lui ha già visto, da bambino, con suo padre. E suo padre gli ha insegnato a evitarli. Sono luoghi sacri, diceva. Sacri e abitati.

L'uomo vorrebbe proseguire, ma sa di non essere in grado di farlo. Il cavallo è esausto, ha bisogno di un riparo e di una lunga notte di riposo. E anche lui. Porta le dita agli amuleti che tiene appesi al collo: il sacchetto di pelle che contiene erbe e ossa di piccoli animali; la ciocca di capelli biondi, che ogni tanto gli sfiora la pelle come una carezza. Quel luogo è sacro. E maledetto. E lui maledice la stanchezza che non gli permette di procedere oltre.

I kurgan sono cinque: quattro tumuli alti poco più di tre pertiche sono disposti a formare un quadrato, al centro del quale se ne erge un quinto, grande come una piccola collina, che incombe sugli altri. L'uomo non può verificarlo, ma sa che quello è un quadrato perfetto, al cui centro preciso si erge il tumulo maggiore.

I kurgan non sembrano offrire alcun riparo, così l'uomo scava con le mani nella neve accumulata tra le rocce. Le mani gli si ghiacciano, ma continua a scavare, finché riesce a liberare uno spazio sufficiente per il cavallo e per lui. Quando finalmente raggiunge la terra sotto la neve, è dura e gelata, e lui la ricopre con uno strato di rami che strappa dai cespugli. Stende infine il suo mantello per formare una tettoia. Lui stanotte potrà patire il freddo, ma il suo cavallo no.

Quando ha finito, prepara un focolare con le pietre piatte che ha raccolto e accende il fuoco, poi siede tra le zampe dell'animale, scaldandosi al suo fiato. Fruga nella bisaccia, estraendone un pugno di carrube. Nel masticare, il cavallo gli lambisce la mano con la lingua spessa. L'uomo mangia a sua volta: un po' di pane e dei ceci secchi, che succhia a lungo per ammorbidirli. Sente il sonno salirgli lungo le gambe stanche, raggiungergli il ventre, il cuore. La testa gli penzola in avanti, poi il suo respiro si fa lento e profondo.

Nel sogno rivede, dopo molti giorni, il suo mastino. È ritto sul pendio del kurgan più grande, ma è primavera, e il tumulo è assolato, coperto di erba e di piccoli fiori bianchi. L'uomo sta più in basso, e il mastino lo fissa con i suoi grandi occhi cupi. Lui avanza di qualche passo e il mastino si avvia, si volta, come per controllare d'essere seguito, scompare oltre la curva del kurgan. L'uomo lo segue, lungo il sentiero che circonda il tumulo, fino a raggiungere una grande porta aperta sul buio dell'interno. Si arresta al di qua della soglia, un alto triangolo acuto, nero nel sole. Non vuole entrare; ha paura. Il mastino è scomparso, ma ne sente l'ululato provenire dal buio.

E poi si sveglia.

L'ululato risuona nella notte. Il cielo è sgombro, per la prima volta da molti giorni, e una grande luna illumina la pianura. Il fuoco s'è spento e fa freddo.

Un altro ululato. Poi, dopo un breve intervallo, un terzo, che risuona come amplificato da una grande cavità. L'uomo sa che è un richiamo.

Si alza, il corpo dolente fin nelle ossa, i muscoli rigidi, che si rifiutano di obbedire. Vacilla, appoggiandosi al fianco del cavallo che sbuffa nel sonno. Fruga nella bisaccia e ne estrae una torcia impeciata. Batte la selce sul dorso del pugnale. Il coltello da caccia sarebbe stato meglio, ma l'uomo è contento di averlo donato al ragazzo. Quando la fiaccola prende fuoco, la neve intorno risplende di giallo. L'uomo s'incammina verso il kurgan.

Nel percorrerne lentamente il perimetro, la fiamma illumina la grande cupola coperta di neve, dove spuntano, neri e secchi, i rovi. Le ombre s'aggrovigliano al passaggio della luce; tornano a scivolare nell'oscurità.

Il mastino non ha più ululato, ma l'uomo sa che lo sta attendendo. Quando trova la porta, non ne è sorpreso: un triangolo buio, alto più di due pertiche, il cui vertice si perde nell'ombra. Tutto come ha veduto nel sogno.

L'uomo esita, stringendo ancora una volta i suoi amuleti, poi inspira profondamente, senza permettersi di pensare, sguscia nell'interno.

Il corridoio è alto e largo a sufficienza da permettere a un uomo a cavallo di passare senza sfiorarne le pareti. È inclinato verso il basso, tanto che l'uomo rischia di scivolare. La torcia ritaglia la sua ombra, sghemba sulle pareti di pietra. L'uomo cammina, accompagnato dal suo respiro e dai crepitii della fiamma che risuonano nello spazio vuoto. Poi il cunicolo termina con un muro in cui si apre un'altra porta, rettangolare e bassa, chiusa da un battente di legno scuro.

Un suono, un raspare da oltre il legno. Il mastino è là, e l'uomo spinge il battente che si apre senza rumore. L'uomo china il capo ed entra.

Gli ci vuole qualche istante per riuscire a vedere. È in una camera rettangolare, alta, dalle pareti di legno e dal tetto a capanna. Una casa, all'interno della collina. Le pareti sono coperte di scudi e di armi. A terra giacciono finimenti per i cavalli, decorati da piccole sculture prodigiosamente particolareggiate. È la tomba di un re, questo è evidente. Sulla parete di fondo, un'ombra più scura, densa e nera anche nei riverberi della fiaccola. L'uomo s'avvicina: su una lastra di pietra, di fronte a lui, giacciono due corpi avvolti in vesti di seta consumate ma dai colori che ancora risplendono alla luce.

Si avvicina, sfiora con le dita i tessuti. Sono i corpi di un uomo e di una donna. Le vesti, sebbene consunte, conservano il loro colore rosso, e l'uomo, il cui volto è coperto da una maschera metallica, porta sul torace un pettorale d'oro. Al fianco, in un fodero consumato dal tempo, una spada, dall'elsa ricoperta di cuoio che termina in un pomolo, d'oro anch'esso.

L'uomo dai capelli bianchi appoggia una mano sul petto del cadavere e sente sotto le dita qualcosa cedere, sfarinarsi. È adesso che la paura lo sopraffà.

La fiamma della torcia, finora immobile nell'aria ferma, oscilla, come a una brezza penetrata nella tomba. L'uomo si volta, il cuore che batte pesante nel petto, le gambe molli come se fossero piene d'acqua. Vorrebbe fuggire, e fa un passo incerto verso la porta, poi si ferma bruscamente.

Il mastino è di fronte a lui, le zampe anteriori divaricate, la testa massiccia puntata in avanti, i muscoli come corde. Ha le fauci semiaperte che scoprono i denti e dalla gola gli sale un ringhio basso e scuro. L'uomo avanza, e il mastino inarca il dorso, il pelo irto, serrando di scatto le mascelle con un suono metallico.

L'uomo s'immobilizza, retrocede cautamente, finché non sente contro i polpacci la lastra di pietra su cui giacciono i cadaveri. Poi, il mastino balza in avanti e l'uomo istintivamente si getta all'indietro, urtando con la nuca contro la lastra di pietra.

E tutto si fa buio.

2

Riapre gli occhi senza rendersi conto di quanto tempo sia trascorso. La fiaccola, cadendo, s'è spenta, eppure nell'aria c'è una vaga luminescenza rossastra che permette di intravedere i contorni delle pareti. L'uomo rimane a terra, cercando di riprendersi, la nuca dolente, la nausea che gli contrae la bocca. Sa con certezza che il mastino è scomparso. Ma con la stessa certezza sente di non essere solo.

Senza sorpresa nota che il chiarore sta aumentando e ora sembra provenire da dietro le sue spalle. Dopo una lunga esitazione si alza e si volta. Sulla lastra di pietra giace solo il corpo della donna, mentre, in piedi davanti alla parete di fondo, sta l'uomo – il re – avvolto di abiti rossi e ricamati d'oro. Porta un alto cappello a cono, che prima non gli aveva visto, e il volto è sempre coperto dalla maschera di metallo. Il chiarore sembra provenire da lì, dalla maschera che lo guarda con occhi ciechi.

Con un gesto, il re indica l'oscurità davanti a lui. L'uomo torna a voltarsi fissando nel buio e lentamente vi vede prendere forma delle ombre alte e imponenti. Le ombre si muovono ed entrano nella luminosità che proviene dalla figura avvolta di rosso e d'oro. Sono due guerrieri giganteschi, che sembrano fatti di pietra nera. Si sono staccati dal muro ai lati della porta, come due statue che avessero preso vita. Non hanno volto, sotto l'elmo di bronzo: solo un vuoto nero, più nero dell'oscurità circostante. Snudano entrambi la spada e fanno un passo in avanti.

In silenzio.

Poi, quello di destra solleva la spada e la cala con un pesante fendente. L'uomo dai capelli bianchi fa in tempo a scivolare di lato e sente il clangore del metallo che rimbalza contro la lastra di pietra, facendone sprizzare scintille azzurrine. Cade, si rialza e subito si piega sui ginocchi, costrettovi da un colpo di taglio da parte dell'altro gigante.

I due guerrieri avanzano, lenti e agili, e l'uomo indietreggia fino quasi a sfiorare l'alta figura vestita di rosso. Cerca con la mano la spada, subito ricordandosi d'averla lasciata al bivacco. Non ha tempo di rammaricarsene: schiva un altro fendente, ma capisce di non avere scampo. Lo spazio è troppo limitato e lui è inerme. Ancora un passo indietro, e sente un tocco lieve sulla spalla: si volta di scatto e vede che la figura in rosso sfila a sua volta la spada dal fodero. La spada brilla nel chiarore come acciaio, mentre il re la tiene per la lama, tendendola all'uomo, l'elsa in avanti. Senza pensare, l'uomo la impugna e subito la sente ben bilanciata nella mano, come una naturale prosecuzione del suo braccio.

Un taglio alto: la lama di uno dei giganti ruota mirando alla gola, ma l'uomo questa volta può alzare la spada in verticale e fare un passo indietro. Devia il colpo con il piatto dell'arma, e rapido ruota il polso, tentando una stoccata. Il gigante nero si getta indietro per evitare l'affondo e subito il suo posto è preso dal compagno.

Combattono, ora, fendenti e stoccate, tagli bassi e tagli alti, deviazioni e schivate, parate squassanti. Combattono, ma la tomba risuona solo dei gemiti del metallo e dell'ansimare dell'uomo, perché i giganti si battono in un silenzio nero come i loro volti invisibili e sembrano voler attaccare soltanto uno alla volta, così che lui riesce, seppur a fatica, a parare gli affondi e a contrattaccare. La spada, gli pare di conoscerla da sempre. Sa istintivamente a quale distanza porsi dagli avversari e quale forza adoperare nei colpi.

Non si tiene lontano dal nemico, ma cerca il gioco stretto, per sfruttare la maneggevolezza della lama. La penombra gli mostra sempre solo uno dei giganti. L'altro attende, poi lo sostituisce.

Il duello sembra infinito. Solo di rado, con la coda dell'occhio, l'uomo dai capelli bianchi intravede, ritta contro la parete di fondo, la sagoma del re. Non c'è stupore in lui, per quello che sta accadendo: non ce n'è il tempo.

Ma poi tutto si conclude repentinamente; uno dei giganti fa un passo indietro, solleva la spada oltre il capo, tenta un affondo verso il basso. L'uomo si lascia cadere in ginocchio sul pavimento di pietra, si spinge colla punta dei piedi, scivolando in avanti, su quella pietra che ora pare olio e lo conduce verso il ventre dell'avversario. Tiene entrambe le mani sull'elsa e, mentre scivola, vibra un colpo solo, un montante violento, che s'infigge nell'inguine del gigante. Dalla ferita che si apre tra le gambe del guerriero sprizza un fiotto violento di liquido nero, dall'odore metallico, e l'aria risuona di una vibrazione acuta, che sale, sino a che l'uomo non lascia cadere la spada chiazzata d'ombra e si porta le mani sulle orecchie, gemendo, mentre la vibrazione cresce ancora, come un grido, come una lacerazione e di nuovo, infine, l'uomo non vede altro che oscurità e vi cade come dentro a un pozzo privo di luce.

3

Quando si riprende è l'alba. Giace tra la neve, accanto al suo cavallo ancora addormentato. Il fuoco è un mucchio di ceneri grigiastre. Si solleva a stento, il corpo dolorante. Si controlla: non ci sono segni sulle sue carni; non ci sono ferite. Scuote il capo, con rabbia. Un incubo, ecco. Nient'altro che un incubo dettato dalla paura e dalla fatica.

La giornata è limpida e gelida e il sole sorge alla sua destra, indicandogli la strada. È ora di andare. Gogmagog lo attende e la palude Meotide è ancora lontana, oltre la fine del mondo.

L'uomo dai capelli bianchi strofina il dorso del cavallo

con manciate di neve, raccoglie le sue cose, mentre il bianco intorno a lui si copre di una luce dorata. Il kurgan alle sue spalle non è che un tumulo morto e, per un istante, l'uomo sente nel suo petto pulsare la vita.

Poi, mentre appoggia la sella sul dorso del cavallo, gli occhi gli cadono sulla spada allacciata all'arcione. Un fodero consunto, un'elsa di cuoio.

Un pomolo d'oro.

Parte quarta

TEMPO CHE TRASCORRE

NODO CHE SI STRINGE

1

Tracia, circa trenta miglia a settentrione di Cabyle. Anno MCXXXI dalla fondazione di Roma, X giorno prima delle Calende di marzo (20 febbraio 378 d.C.).

Era l'inverno più rigido degli ultimi anni e il freddo aveva preso in ostaggio l'impero.

Aveva preso in ostaggio tutto il mondo.

Se c'era un mondo oltre l'impero.

Erano accampati da settimane a circa trenta miglia da Cabyle, nei cui dintorni si erano radunati i Goti di Sueridas e Colias. La neve era caduta per giorni, impedendo di proseguire e ricoprendo le tende del bivacco. Ogni mattina bisognava scuoterle, per evitare che crollassero per il peso. Ne bastavano tre, ormai. Due per gli uomini, ridotti a quindici dopo mesi di scontri con le bande dei Goti. Nella terza, più piccola, sorvegliata giorno e notte da un Sarmata, dormiva Leimeie.

E ogni notte Batraz si levava nel buio per andare da lei.

Era un rigido inverno, che sembrava non aver fine.

E il mondo stava cambiando.

Farnag scosse la pelliccia d'orso. Era intrisa di sangue e lacerata dal colpo di spada con cui aveva ucciso il precedente proprietario, ma era calda e proteggeva dall'umidità. La nebbia era fitta e non permetteva di vedere che a qualche passo. Farnag si passò la lingua sulle labbra asciutte e sentì formarsi un sottile velo di brina sulla pelle. Si stirò, facendo scricchiolare le articolazioni delle spalle.

Accucciato di fianco alla tenda di Leimeie, Baxagos alzò la mano in un saluto, tornando subito ad affondarla nel mantello. Farnag sorrise con aria interrogativa, accennando alla tenda. Baxagos scosse il capo, e indicò il bosco alle sue spalle. Sulla neve, tracce di stivali si perdevano tra gli alberi.

Batraz sedeva ai piedi di un tronco spoglio, quasi invisibile contro la corteccia nera. Lo sguardo fisso sul fuoco acceso davanti a lui, non s'era accorto dell'avvicinarsi dell'amico.

Farnag si fermò al riparo di un cespuglio, osservandolo. Il volto di Batraz era scavato, gli occhi come caverne scure, la bocca che non sorrideva da tempo, se non brevemente, quando lui al mattino usciva dalla tenda di Leimeie e per un attimo sembrava l'uomo che Farnag aveva conosciuto molti anni prima: più giovane, più fiducioso. Quel giorno, nell'inverno troppo gelido, Batraz gli sembrò un vecchio e Farnag si domandò come dovesse apparirgli lui. Due vecchi guerrieri, pensò, sulle tracce di un nemico troppo forte.

Posò un piede su un ramo secco, spezzandolo volontariamente. Al rumore, Batraz sollevò il capo e lo accolse con un mezzo sorriso.

«Sono mesi ormai che li seguiamo.» Farnag buttò una manciata di rami nel fuoco che si stava spegnendo. La fiamma si ravvivò, gettando riflessi nella nebbia.

«Lo so. Siamo stanchi.»

«Cacciatori e prede. Prede e cacciatori.» Più che parlare, Farnag pareva borbottare con se stesso. «Non so nemmeno più chi siano gli uni e chi gli altri. E cosa abbiamo ottenuto? Niente. Forse abbiamo salvato la pelle a qualche centinaio di bifolchi. E abbiamo perso nove uomini. E Fritigerno, lo abbiamo perduto quando ha lasciato le montagne.»

«So anche questo. Probabilmente abbiamo sbagliato a seguire Sueridas. Fritigerno sarà già oltre il Danubio.» Batraz scosse il capo, scoraggiato. «Imprendibile, come uno spettro. *Phantasia, non homo.*»

«Nemmeno Saturnino è riuscito a fermarli.» Farnag pareva non averlo sentito.

Batraz scrollò le spalle. Si sentiva esausto e il tono di Farnag lo infastidiva, come quello di un precettore lamentoso. Si irritò con se stesso. In realtà, Farnag dava voce a una frustrazione che anche lui condivideva. Tutto lì.

«So anche questo» mormorò.

«Gli uomini sono stremati. Non capiscono che cosa stiamo facendo.» Farnag si strofinò le braccia. «Non dicono nulla. Non a te. Ma non ce la fanno più. Vorrebbero ritornare.»

«Tornare dove?» domandò Batraz. Dove? – si sorprese a pensare, stupito. Ora il suo mondo era lì, in quelle pianure. Gli pareva che non potessero esistere altri luoghi.

Farnag esitò. Rifletteva. «A casa. Ad Antiochia. O magari a Costantinopoli. Dormire in un letto. Trovare una donna. Qualcuno ha figli, che non rivede da un anno.» Guardò Batraz con un'espressione di rimprovero. «Qui c'è la tua donna con te. Non le nostre.»

Batraz annuì. «E tu? Tu vorresti rivedere Marpessa?»

«Marpessa. Te la ricordi ancora?»

«Dicevi che era la mia donna.»

«Forse tu non vuoi avere davvero una donna. Né fare un figlio. Come me.»

«Perché noi non vogliamo fare figli?» Batraz aveva aggrottato le sopracciglia.

Farnag si rialzò. «La neve mi gela il culo. E mi fa venire i dolori.» Si sfregò le natiche sotto la pelliccia. «Perché gli uomini che fanno figli sono diversi. Ci stanno, con i figli. Li vedono crescere. A noi non importa. A noi interessa la nostra vita. Non quella degli altri.»

Uno scricchiolio pesante di passi nella neve. Baxagos veniva verso di loro. Si fermò di fronte al fuoco, stropicciandosi le mani.

«I Goti» disse. «Ieri sera ne sono arrivati altri. Si sono accampati lungo la strada, a circa due miglia da qui. Dadakos li ha visti per caso, mentre andava a dare il cambio a Dodoi.»

«Sono diretti a Byze, per unirsi a Sueridas e Colias.» Farnag diede un calcio alle braci. «Per noi non cambia nulla.

Non possiamo certo attaccarli. E spiarli non serve. Finiranno di svernare qui. Poi, chissà.»

Baxagos lasciò trascorrere del tempo. Osservava anche lui Batraz, che pareva assente, gli occhi nuovamente fissi sul fuoco. Fece un sospiro, come prima di dire qualcosa di scomodo. Nell'aria vorticavano minuti fiocchi di neve.

«Trasportano una pietra rossa su uno dei carri. Un masso. Yaguz l'ha riconosciuta. Dice che è il dio della tribù.»

Batraz sembrava non ascoltare nemmeno.

«Dice» continuò Baxagos «che questa è la tribù di Fritigerno.»

2

Sdraiati nella neve, si tenevano al riparo delle rocce e dei rovi che coronavano la collina. Sotto di loro, centinaia di carri occupavano la pianura ai lati della strada, come un grande, pacifico villaggio. Le donne preparavano il cibo e rimproveravano i bambini, che giocavano alla guerra con grossi rami, scambiandosi vigorose piattonate. Qualcuna si riparava le vesti o si frugava tra i capelli, in cerca di pidocchi. Gli uomini giocavano con gli aliossi, litigavano, berciavano, sonnecchiavano. Una ragazza, con due voluminose trecce bionde, faceva sciogliere blocchi di neve in un calderone, mentre una vecchia accanto a lei tagliava grosse rape bianche.

«Hanno marciato nonostante la neve» bisbigliò Farnag.

«Sapevano che così avrebbero trovato le strade libere dai nostri.» Yaguz scrutava attentamente il formicaio umano alla base della collina. «Fritigerno lo sapeva.»

«Non lo vedo» replicò Farnag.

«È la sua tribù.»

«Ne sei sicuro?» domandò Batraz.

Yaguz accennò alla grande pietra rossastra, eretta accanto ai fuochi nel centro dell'accampamento. «Quello è il loro dio» disse con tono definitivo.

Da uno dei carri saltò agilmente un uomo di statura media, capelli neri, corpo magro. Si avvicinò al calderone, sfilando con destrezza dalle mani della vecchia un grosso cucchiaio di legno. Lo immerse nella zuppa, ma la ragazza gli appoggiò le mani sul petto, spingendolo via. L'uomo rise e si allontanò. Teneva il braccio sinistro rigido, come se lo muovesse a fatica.

«Quello è il Romano» disse Farnag. «Quello ferito da Leimeie.»

«E quello» aggiunse Yaguz, indicando un colosso biondo che era uscito a sua volta dal carro «è il suo amico. Il gigante.»

«Waduulf» sussurrò Batraz. «Segue il *reiks* ovunque.»

Nel campo ora vi era agitazione. Lungo la strada, in lontananza, era comparso un gruppetto di cavalieri.

«Hai visto?» domandò Farnag.

Batraz annuì. «Attendiamo.»

I cavalieri si avvicinarono. Il primo portava sul dorso del cavallo il corpo di un animale. Un cinghiale, probabilmente.

«Buona caccia» constatò Farnag.

Il cavaliere si arrestò tra i carri, seguito da una decina di uomini. Donne e bambini si erano avvicinati per accoglierlo. L'uomo abbassò il cappuccio, mostrando il suo volto.

«Eccolo» disse Batraz.

3

«Tu sei pazzo.» Farnag scagliò la ciotola a terra. Il coccio si schiantò contro una pietra affiorante e il vino caldo tinse la neve di un rosso cupo e brillante. Il falò illuminava la piccola valle dove i Sarmati erano accampati.

«Tu sei pazzo» ripeté rabbiosamente Farnag. «Non te lo permetterò.»

Erano tutti seduti intorno al fuoco, eccetto i due uomini di guardia sulla collina. Batraz si alzò, gettando uno sguardo circolare sui suoi uomini.

«Che cosa vuoi fare, *magister*?» Yaguz parlò con calma. Aveva annodato la barba bianca e lunga in sottili trecce che gli ricadevano sul mantello.

«Voglio entrare nel campo di Fritigerno. E cercare di ucciderlo. Stanotte.»

«E tu pensi che non ti riconosceranno?» Farnag lo interruppe bruscamente. «Ti faranno a pezzi prima che tu possa raggiungerlo.» Afferrò il mantello di Batraz, strattonandolo. Batraz si voltò bruscamente, e la sua mano scattò in avanti, artigliando il collo dell'amico. Per un momento a Farnag parve di trovarsi di fronte uno sconosciuto che lo fissava con occhi folli. Boccheggiò, la gola stretta nella morsa di un dolore acuto, il respiro mozzo, le braccia paralizzate.

Poi, qualcosa trascorse negli occhi di Batraz, che lasciò la presa, barcollando all'indietro e portandosi la destra alla nuca. «Perdonami, amico mio. Perdonami.» Socchiuse gli occhi. «Non me l'aspettavo. Il dio è tornato a visitarmi. Non sapevo più chi eri.» Sedette pesantemente, il capo chino.

Farnag ansimò, massaggiandosi la gola, mentre intorno a loro era sceso un silenzio greve come piombo. La bocca semiaperta, Dodoi scrutava Batraz, mentre gli altri uomini avevano distolto gli occhi.

«Che cosa vuoi ottenere, *magister*?» Il tono di Yaguz era pacato, come se nulla fosse accaduto.

Batraz sollevò lo sguardo. «Se Fritigerno è arrivato fin qui, può significare solo una cosa.» Fece una pausa, gli occhi ancora annebbiati. Intrecciò le dita, stringendo con forza. «Sueridas e Colias sono qui da settimane. E bande di Unni sono in marcia da settentrione.»

«Unni? Come lo sai?» La voce di Farnag era ancora strozzata.

Batraz si voltò appena. «Dodoi» chiamò.

Il ragazzo sedeva in fondo alla fila, seminascosto. Si fece avanti, arrossendo. «Ero nel bosco, ieri. Cercavo qualcosa da mangiare: bacche, un uccello. Un tasso. Qualcosa.»

«Fa' in fretta.»

Dodoi deglutì. «Sono stato sorpreso da due Goti. Probabilmente facevano parte dell'avanguardia di Fritigerno. Abbiamo combattuto.» Esitò.

«E poi?»

«Uno l'ho ucciso subito. Sono stato fortunato. L'altro, ferito. Ferito gravemente, intendo. Ma sono riuscito a... a convincerlo a parlare.» Dodoi arrossì nuovamente. «Non mi piace quello che ho fatto» disse.

«Era necessario.»

Il ragazzo annuì. «Comunque, ha parlato. Due grossi contingenti di Unni stanno convergendo su Cabyle.»

Tra i Sarmati si levò un mormorio. Farnag si rivolse bruscamente a Batraz. «Perché non me lo hai detto?»

«Non era importante. Non ancora.»

Farnag non disse nulla, il volto cupo.

«Avari, Unni. E ora Fritigerno. Significa una cosa sola, ho detto.» Batraz si guardò intorno. Nel silenzio si udivano i piccoli schianti del fuoco. Un lupo ululò in lontananza. «I Goti si preparano a marciare su Costantinopoli.»

Nessuno parlò. I guerrieri erano attoniti. In attesa. Marciare su Costantinopoli. Significava la fine del mondo. Era come se Batraz avesse detto che da quel giorno il sole sarebbe sorto di notte. Scossero il capo, increduli. Poi Farnag prese la parola.

«Marciare su Costantinopoli?» Farnag era cauto, come chi cammina su uno strato di ghiaccio sottile. «Non ha senso. Non sono in grado di prendere la città.»

«È vero, *magister*.» Dadakos fece un gesto brusco, la mano tesa come una lama. «Non ci riuscirebbero mai.»

«Fritigerno ha rinunciato ad assediare Marcianopoli e Adrianopoli.» La voce pensosa di Yaguz fece tacere gli altri. «Sapeva che sarebbe stato sconfitto.»

Batraz annuì. «È così. Ma non credo che voglia prendere la città. È un uomo astuto.»

«E quindi?» domandò Farnag.

«Vuole che il popolo abbia paura. Vuole saccheggiare le campagne intorno. E mostrarsi. Il terrore. Questo vuole. Così Valente sarà costretto ad accettare le sue condizioni. Terra, cibo. Quello che avremmo dovuto dargli fin dal principio.»

Farnag si affondò le dita tra i capelli. «Non è possibile. Non possiamo essere arrivati a questo.»

Batraz gli rivolse uno sguardo calmo. «È così, amico mio. E tu lo sai.» Attese con pazienza che il mormorio degli uomini cessasse. «Non siamo in grado di attaccare Fritigerno» riprese. «Né possiamo sperare di sorprenderlo a caccia, con pochi uomini. Cabyle è troppo vicina. Questa è la nostra unica occasione.»

Vi fu un nuovo silenzio.

«Avvicinarglisi non è impossibile.» Yaguz aveva lo sguardo assorto. «Fritigerno è un capo, non un imperatore. Non ha una scorta e si muove per il campo da solo.»

«Tu sei d'accordo con lui?» gli domandò Farnag.

Yaguz annuì. «È pericoloso ma possibile.»

Batraz sollevò la testa, soffermando lo sguardo su Leimeie, che non aveva ancora detto nulla. «E tu che pensi, donna?» domandò a fatica.

Leimeie non rispose subito. Con un ramoscello semicarbonizzato tracciò un cerchio nella neve e in mezzo vi disegnò una croce uncinata. Trasse dalla veste un pugno di sassi e li lanciò in alto, facendoli ricadere all'interno del cerchio. Batraz si avvicinò, mentre tutti osservavano in silenzio i gesti della ragazza. I sassi si erano disposti in una spirale irregolare che convergeva verso il centro della croce, dove i bracci si incrociavano.

«Penso che tu debba andare» disse. C'era dolore nella sua voce. «Ma non so se ritornerai.» Raccolse i sassi. Li lanciò di nuovo. Questa volta, ricadendo, le pietre si disposero nella figura grossolana di un cerchio. Un cerchio all'interno di un cerchio. «E se ritornerai sarai cambiato.» Leimeie guardò Batraz con gli occhi che sembravano divorarle il volto. «Non sarai più lo stesso uomo. Ma devi andare. È il tuo destino, guerriero.»

«I guerrieri partono sempre» mormorò Batraz, alzandosi e allontanandosi dal fuoco. Camminare gli costava dolore, come se avesse avuto una sbarra di metallo infissa nel dorso. Il dio è vicino, pensò. Frugò con lo sguardo nella nebbia, attendendosi di vedere la massiccia sagoma del cane. Il suo cane. Si passò una mano sugli occhi. Ritornò indietro. «Uomini, ascoltate tutti. Voi, che pensate?»

Farnag scosse rabbiosamente il capo. «Non puoi chiedere a loro. Ti ubbidiranno, come hanno sempre fatto.»

Senza rispondergli, Batraz camminò lentamente lungo

il cerchio di uomini, fermandosi di fronte a ciascuno. Ogni guerriero lo guardò in volto. Ognuno annuì.

L'ultimo della fila era Dodoi. Il ragazzo stornò lo sguardo, poi, lentamente, fece cenno di sì con il capo.

4

Scivolò cauto oltre la cresta della collina. Non c'erano possibilità di penetrare nel campo dalla pianura: i carri erano disposti in cerchio, come sempre, e tra l'uno e l'altro vegliava una sentinella. A intervalli regolari, una pattuglia di guerrieri faceva il giro dall'esterno, scambiando con le sentinelle un richiamo, forse una parola d'ordine.

Lo sapeva sin dal mattino: l'unico modo era scendere dalla collina, con il rischio di essere avvistato. Strisciò tra la neve fresca lungo il crinale, verso settentrione. Là il pendio arrivava a meno di uno stadio dal campo e una bassa lingua di terra, coperta di neve e di rovi, raggiungeva uno dei carri, offrendo una certa copertura.

Aveva abbandonato il mantello nero della *schola* e indossato la pelliccia di orso di Farnag; si era raccolto i capelli, che non tagliava da mesi, in una treccia laterale, che aveva fissato sopra la tempia. Sarebbe stato sufficiente per passare per un Goto. O almeno lo sperava. La lingua non era un problema, e nemmeno l'accento.

Gli sarebbe bastato riuscire a entrare. A uscire non aveva pensato. Da quando aveva visto Fritigerno, il mattino, era come se oltre quella notte non ci fosse nulla. Ma forse era così già da tempo, e l'idea – la certezza – che i Goti potessero arrivare fino a Costantinopoli non era stata che una conseguenza naturale di come si era sentito negli ultimi mesi. Il mondo stava cambiando e lui era certo che in quello nuovo che andava sorgendo non ci sarebbe più stato posto per lui. Meglio continuare a vagare nelle pianure della Tracia, non pensare, visitare di notte una donna che non riusciva a conoscere né a capire; combattere, senza domandarsi per cosa o per chi.

Si calò lungo il versante, attento a non scivolare e a non

fare rumore. La notte era gelida e la sua mente limpida. Guardò il cielo. C'era ancora tempo prima che sorgesse la luna.

Giunto quasi ai piedi della collina inciampò in una radice affiorante e cadde in avanti, in una nuvola di neve ghiacciata e polverizzata, la caviglia trafitta da un dolore lancinante. Rimase immobile, il respiro affannoso, in attesa di capire se quel tonfo sordo avesse destato i sospetti dei Goti. Ma le due sentinelle ai lati del carro più vicino sedevano avvolte nel mantello, apparentemente assopite. Si toccò la caviglia sinistra. L'articolazione era dolorante e si stava rapidamente gonfiando, ma le ossa parevano intatte. Masticò tra i denti una maledizione, senza sapere di quale dio stesse chiedendo la presenza. Alzarsi per controllare se era in grado di stare in piedi era fuori discussione. Fece scivolare il balteo, assestandosi la spada sul dorso, e strisciò sul ventre verso il carro più vicino. Un colpo di tosse lo fece arrestare. Una delle sentinelle si era mossa e guardava nella sua direzione. Batraz rimase immobile tra i rovi, il volto affondato nella pelliccia d'orso. Sentì lo scricchiolio dei passi sulla neve avvicinarsi, esitare, fermarsi.

Strinse la mano sull'elsa del pugnale, in attesa di un movimento. Del colpo di spada che gli avrebbe attraversato il dorso. Sfilò il pugnale dal fodero, attento a muoversi il meno possibile, e si preparò a balzare in piedi. Iniziò a contare: uno, due, tre... Al cinque, decise. Inspirò profondamente e trattenne il fiato: quattro...

Poi i passi ripresero, lenti, allontanandosi.

Lasciò uscire il respiro. Attese qualche istante, poi sollevò il capo. La sentinella era tornata al suo posto, il giavellotto piantato nella neve. Guardingo, Batraz riprese a muoversi.

Sgusciò sotto il carro e si fermò, in ascolto. Sopra di lui un russare profondo. Il vagito debole di un bambino, poi il borbottio di una voce femminile. Il bimbo tacque, mentre si udiva il suono ritmico di un vorace succhiare. Ancora pochi passi. La testa di Batraz sbucò oltre il carro.

Nel campo tutto era immobile, i fuochi ridotti a tizzoni semispenti. Solo in lontananza s'intravedeva un gruppo di uomini e di cavalli. Un altro respiro profondo e Batraz si rizzò in piedi. Appoggiò cautamente il peso sulla caviglia dolorante. Tentò un passo. Teneva.

Era il momento.

Il volto semiaffondato nella pelliccia, camminava tra i carri ostentando sicurezza ed esponendosi al barbaglio delle braci. Se vuoi nascondere qualcosa, mettilo in vista: doveva assomigliare a un Goto, pensare come un Goto. Diventare un Goto. Esasperò il passo dondolante di chi ha trascorso troppo tempo a cavallo, la destra infilata con noncuranza nel balteo, ma pronta a impugnare la spada. Fingendo di ciondolare per il campo, frugava con gli occhi in cerca del carro di Fritigerno. Doveva essere simile agli altri, privo di segni e di emblemi. E poteva essere ovunque: i Goti avevano costituito un solo cerchio del diametro di quasi un miglio: era impossibile controllare tutti i carri. Ricordò che spesso il suo vecchio precettore gli raccontava dell'audacia di Cesare e della sua fortuna: *multum cum in omnibus rebus, tum in re militari potest fortuna.* La sorte lo avrebbe aiutato o sconfitto.

Incrociò due uomini che vacillavano puntellandosi l'un l'altro, manifestamente ubriachi. Il più alto, uno spilungone con il cranio completamente rasato e i baffi piegati in basso, fece due passi incerti all'indietro, urtandolo e costringendolo a forzare sulla caviglia dolente. Batraz lo respinse con un urtone e l'altro si scusò con una pacca e una risata ebbra, allontanandosi nel buio con il compagno.

Tutto era immerso nel sonno. Gli unici movimenti, dalla parte opposta del campo, erano quelli della pattuglia che si preparava a una nuova ispezione del perimetro esterno. Batraz sentì montare dentro di sé un misto di rabbia e impotenza. Non avrebbe trovato Fritigerno prima di essere scoperto e non sarebbe riuscito a fuggire dal campo. Morire, aveva sempre pensato, non era importante. Era un incerto del mestiere, che poteva avvenire a ogni cantone di via, in ogni terra. Morte per metallo, per fuoco, per acqua. Ma quella sarebbe stata una morte stupida. Sogghignò. Farnag aveva ragione. Come sempre. Sarebbe toccato a lui ricondurre gli uomini a casa e proteggere Leimeie.

Leimeie.

Si riscosse. Per un momento s'era dimenticato di dove si trovava e perché era lì. Si era smarrito nel ricordo della pelle calda della ragazza. Dell'abisso dei suoi occhi, che non sapeva mai interpretare. Non era la prima volta che pensieri simili, pensieri folli, lo coglievano nei momenti meno adatti. Nel cuore della battaglia o in notti come quella. Pensieri che gli sarebbero stati fatali, prima o poi. Una distrazione, un ricordo e il filo della sua vita sarebbe stato reciso. Scrollò le spalle. Era arrivato sin lì e non ci sarebbe stato un poi. Quella notte era l'ultima. Non era dispiaciuto. Non aveva timore: in quei mesi si era sentito lontano dal mondo. Scosse il capo. Erano riflessioni sorprendenti, assurde per un soldato. Farnag avrebbe riso dicendogli che non capiva nulla di quel che diceva e che i libri lo avevano rovinato. Che era diventato un filosofo. O si pensa o si usa la spada, avrebbe aggiunto, severo. Batraz osservò la vecchia lama che gli pendeva dal fianco. Forse era stanca di combattere e lui era stanco di portarla.

Una luce vaga illuminava la pianura. Era la prima notte dopo la luna nuova e la falce lunare era sorta.

Un'ombra lunga giungeva fino a lui. Socchiuse gli occhi, per vedere meglio. La pietra, la pietra rossa. Il dio.

Ecco.

Fritigerno era il sacerdote del dio, oltre che il *reiks* della sua tribù. E dove avrebbero eretto la pietra del dio, i Goti, se non accanto al sacerdote?

Si guardò furtivamente attorno. Nessuno. Scivolò leggero verso il carro alle spalle della pietra, dove una lieve luminescenza indicava la presenza di una lucerna accesa.

Non vide nulla, quando accostò l'occhio a uno spiraglio del telo grigio e pesante. Poi la vista s'adeguò al bagliore della fiammella.

Bambini. Bambini coricati sui paglericci, dai più piccoli, che dormivano con il pollice tra le labbra, a un'adolescente bionda che sospirava nel sonno. I figli di Fritigerno. All'estremo opposto del carro una donna ancora giovane offriva il seno al minore, nato evidentemente da poche settimane.

Fritigerno non era lì.

Batraz si ritrasse bruscamente. Un suono di passi, scricchiolanti nella neve, poco lontano. Un colpo di tosse. Sporse appena il capo.

Eccolo.

Il *reiks* si stava avvicinando con un'andatura lenta e affaticata: probabilmente aveva dato istruzioni alla pattuglia e ora ritornava, per il sonno. Batraz si accostò alla fiancata, immobile nell'ombra. Vide Fritigerno fermarsi, poi udì il fruscio della tenda che si sollevava. Un bisbiglio tenero, un vagito.

Il *reiks* aveva preso in braccio il piccolo e gli parlava con un sussurro. Poi lo tese nuovamente alla madre. Sorridendo, alzò il braccio in un saluto e tornò ad allontanarsi. Oltrepassò il carro, quasi sfiorando Batraz che attendeva trattenendo il respiro, e si avviò nella pianura.

L'uomo di guardia a pochi passi pareva dormire. Il *reiks* gli passò accanto senza richiamarlo. Forse cercava un po' di quiete. Forse voleva riflettere. Batraz attese il tempo di dieci respiri. Poi lo seguì.

Fritigerno sedeva su una roccia affiorante dalla neve, la schiena rivolta al campo. Avvolto nel mantello, nella luce della luna pareva una roccia biancastra. Nessuno nei dintorni. Batraz si avvicinò, silenzioso come un gatto. Sfilò il pugnale dal fodero.

Ancora pochi passi. Cinque. Tre.

Ora era in piedi alle spalle del *reiks*.

Esitò. Il dorso di Fritigerno era davanti a lui. Inerme. Un gesto: nient'altro, e l'esito della guerra sarebbe cambiato.

«Eccoti, Sarmata.» Il *reiks* aveva parlato senza voltarsi. «Sei tu, vero? Ho riconosciuto l'odore dell'uomo. È diverso da quello di ogni altro animale.» Alzò il capo, bagnato dai raggi della luna. «Fa' ciò che sei venuto a fare. Non farò nulla per impedirtelo.»

Batraz fece due passi in avanti, fronteggiandolo. Si guardarono senza parlare, poi Batraz sollevò il pugnale, che balenò nella luce della luna, la punta rivolta in alto, simile a un rivolo d'argento liquido.

«Perché non chiami i tuoi? Potrebbero sventrarmi tra pochi istanti.»

Fritigerno lo guardò a lungo. Sereno.

«Ti ho sentito già vicino al carro. Non potevi essere che tu. Non sei stanco di questa guerra, Sarmata?»

Batraz si sedette tra la neve. «Sono stanco. E tu, Goto?»

Fritigerno annuì. «Anche io. Vorrei riposare. Ma devo dare una terra ai miei figli. Tu li hai visti.» Inarcò le sopracciglia. «E tu, perché continui a combattere? Hai solo pochi uomini con te. E una donna. E i generali di Valente non ti amano.» Guardò la pianura. «L'inverno non finisce.» Represse un brivido. «Non ti stupire di quel che so. Tu segui me. Io seguo te.»

«Io...» Batraz rifletté a lungo. «Io combatto perché non so fare altro.»

«Nemmeno io so fare altro.»

«E combatto per l'imperatore. Non dimenticarlo.»

«Il tuo imperatore sarà sconfitto. E forse morirà.»

«Può darsi. Anche se Sebastiano e i suoi uomini vi stanno mettendo in difficoltà.»

«Sono punture d'insetto. Quello dei Goti è un grande corpo.»

Batraz rifletté, silenzioso. «Forse Valente morirà» disse poi. «E io pure. Ma tu poco fa ti saresti lasciato ammazzare come un cane.»

«È vero. Sono stanco. Te l'ho detto. E morire è sempre una buona soluzione.» Fritigerno sogghignò. «Ma tu, perché non mi hai ancora ucciso?»

«Non lo so» constatò Batraz. «Forse perché il mondo sta cambiando. E credo che tu lo cambierai.»

«Allora vuoi vedere il mondo che verrà?»

Batraz scosse il capo. «Sono troppo vecchio. E non credo mi piacerà. Ma temo che debba cambiare.»

Fritigerno annuì pensosamente. «Sarà diverso. Il tempo di Roma sta finendo.»

«Lo so. L'ho letto nei presagi.»

«E allora? Che farai?»

Batraz sorrise. Un sorriso largo, da ragazzo. «Intanto, credo che per stanotte non ti ucciderò. E nemmeno per questo inverno.»

«Lo penso anche io. Finiremo di trascorrere l'inverno qui. Ci rivedremo in primavera, quando cominceremo a muoverci. O forse in estate.» Fritigerno si voltò, gettando uno sguardo verso il campo. «Va', ora, Sarmata. Tra non molto i miei uomini verranno a cercarmi.»

«Sì. Vado.» Batraz rinfoderò il pugnale. «Ma tra noi non è finita.»

«No. Non è finita. Lo so.»

IL CAPPIO

1

Villa imperiale di Melantia, circa diciassette miglia da Costantinopoli. Anno MCXXXI dalla fondazione di Roma, Calende di giugno (1° giugno 378 d.C.).

Il mormorio delle fontane accompagnava l'intera giornata e la notte. Nella grande villa di Valente era impossibile non sentirlo, ovunque si fosse. Come era impossibile non percepire il trascorrere del tempo, scandito dal suono metallico del grande orologio ad acqua presso il ninfeo e dallo spostarsi delle ombre sulle meridiane. Nelle sale, le clessidre venivano regolarmente rovesciate dai servi e si sussurrava che l'imperatore conoscesse il giorno e l'ora della sua morte e che volesse sempre sapere quanto tempo gli rimaneva.

Mancava poco al suo cinquantesimo compleanno.

Valente uscì dalle terme e s'avviò lungo il porticato, la fronte aggrottata, gli occhi socchiusi per difendersi dalla luce del giorno. L'occhio destro talvolta scivolava di lato, rivelando la sclera iniettata di sangue. Dietro di lui, circondato dagli eunuchi di corte, veniva Vittore.

Arrivato sul lastricato di fronte al piccolo teatro che aveva fatto aggiungere alla villa, Valente chiamò con un cenno il generale e andò a sedere su una delle panche di marmo. A una sua occhiata severa gli eunuchi si sparpagliarono per i prati, brontolando sottovoce.

«Ora puoi parlare, Vittore.» Valente si massaggiò l'occhio malato. «Cos'è accaduto ad Adrianopoli?»

«Quel che ti ho detto, Augusto.» Il generale sedette, raccogliendo la tunica tra le ginocchia. «Sebastiano è stato costretto ad accamparsi fuori dalle mura. Dopo le scorrerie dei Goti i cittadini avevano paura. Anche delle sue truppe. Così non li hanno lasciati entrare, se non dopo averlo riconosciuto.»

«È privo di senso.»

Vittore accennò un sorriso. «Privi di senso sono i tempi, Augusto. Tutto sta cambiando.»

Valente lo guardò di sottecchi. «Tutto sta cambiando, dici?» Il tono s'era fatto diffidente. «Che intendi? Che l'imperatore non è più in grado di difendere l'impero?»

Tra i due scese il silenzio. Vittore osservava i giochi d'acqua del ninfeo, mentre Valente continuava a fissarlo.

«Così si dice in Tracia» disse infine Vittore. «Dicono che temiamo Fritigerno.»

«E tu che faresti, allora?»

«Lo sai, Augusto. Continuerei con la tattica di Sebastiano. Piccoli gruppi che attaccano le bande dei barbari. Finché Fritigerno non resterà senza rifornimenti. Allora sarà costretto a risalire verso settentrione. E noi potremo consolidare il confine.» Si voltò verso l'imperatore. «Ci sarà tempo dopo per saldare i conti. Dopo la spedizione in Persia. Non possiamo avere due fronti.»

Valente sollevò la mano in un gesto di stizza. «Non voglio sentirne parlare! Significherebbe rimandare ancora l'invasione della Persia. E dichiarare la nostra debolezza. Ertegul ha ragione: dobbiamo liberarci di Fritigerno. Ora.»

Vittore serrò le labbra. Annuì lentamente, senza smettere di guardare il ninfeo. L'acqua ruscellava da due grandi delfini di marmo, limpida come l'aria che li circondava. Un'allodola passò sopra di loro, volando bassa. Un luogo sereno. Un luogo dove fermarsi.

Vittore chinò il capo. «Dov'è il monaco, ora?» domandò con indifferenza.

«È partito venti giorni fa verso settentrione. Da solo, per raccogliere notizie. Notizie sicure.» Valente si sfregò nervosamente il polso sinistro. Da settimane, Vittore lo vedeva ripetere lo stesso gesto e la pelle irritata iniziava a ulcerarsi. Il generale distolse gli occhi.

«Posso fidarmi solo di Ertegul.» Valente gettò uno sguardo a Vittore. «E di te, certo» aggiunse rapidamente. «Ma è venuto il tempo di affrontare Fritigerno a viso aperto.»

«Graziano si appresta a partire con l'esercito d'Occidente per venirci in aiuto. Potremmo stringere i Goti in una morsa.»

«Non ho bisogno di lui!» Valente aveva gridato. «Li sconfiggerò io» soggiunse a bassa voce.

«Come tu vuoi, Augusto.»

«Bene.» Valente si rilassò. «Questo è deciso. Dimmi che ha fatto Sebastiano, dopo.»

«Ha inseguito la colonna gota e l'ha annientata presso il fiume Ebro. Ha recuperato tutto il bottino.»

«Così si fa. Ma non basta» mormorò Valente. «Non basta. Che fanno le nostre legioni?»

«Sono asserragliate nelle città. Nessuno ha abbastanza uomini per affrontare Fritigerno in campo aperto, e lui controlla le strade. La Tracia ormai è in mano sua.»

«E lui? Lui, dov'è?»

«Nel suo accampamento fortificato nei pressi di Cabyle.»

«Cabyle.» Valente balzò in piedi. «Se dopo *Ad Salices* Traiano si fosse ritirato a Cabyle... li avrebbe potuti fermare.» Passeggiava nervosamente davanti alla panca. Tornò a fermarsi, di fronte a Vittore. «E a Costantinopoli? Ci sono stati altri avvistamenti?»

«Due giorni fa, poche miglia a occidente. Sembrava una banda di Unni. Dalle mura si vedeva il fumo degli incendi.»

«Unni. Alle mura di Costantinopoli.» Valente fece una pausa. «E sul confine occidentale gli Alamanni sono di nuovo inquieti.»

«Come t'ho detto, si dice che l'impero sia debole, Augusto.»

«Avvoltoi!» La voce di Valente salì, stridula. «Avvoltoi che si gettano su di noi.» Respirò profondamente. «Ma non sanno con chi hanno a che fare» disse con tono più calmo. «Piuttosto, qui attorno non s'è visto nulla.»

«Non osano avvicinarsi. Certamente sanno dei movimenti delle truppe.»

Valente annuì. «Vieni» disse. «Andiamo.»

Attraversarono i giardini fino a uno dei corpi laterali della villa. Nei prati i pavoni sollevavano rigidamente le zampe, a evitare immaginari ostacoli. Alla porta, le guardie palatine chinarono il capo, aprendo i battenti. Senza degnarli di uno sguardo, Valente entrò. Vittore lo seguì nella fresca penombra dell'atrio, scambiando una fugace occhiata con il capo della guardia. Salirono per la scala di marmo, raggiungendo il terrazzo.

La pianura era gremita di tende e di soldati. In grandi spiazzi dove l'erba era scomparsa, soffocata dai calzari, i legionari, immersi in nubi di polvere, si esercitavano sotto l'occhio crudele ed esatto dei sottufficiali. Ampi recinti erano affollati dei cavalli delle *scholae*, che s'accostavano col petto alle travi urtandole e scuotendole. Poco lontano, un gruppo di frombolieri tempestava di sassi una decina di ceppi allineati a formare una serie di bersagli.

«Ecco.» Vittore indicò verso meridione. «Una colonna in arrivo, anche oggi. Devono essere gli uomini di Settimio.»

«È un buon esercito, vero?» Valente parlò esitando.

«Certo.» Vittore rispose dopo una breve pausa. «Il migliore che potessi radunare, Augusto.»

«Non potevo sguarnire il confine persiano.»

«No. Non potevi.» Negli occhi di Vittore passò un'ombra. Il sole iniziava a calare e la colonna di legionari in lontananza pareva un serpente scuro contro il cielo rossastro.

«Presto sarà tempo di partire» disse l'imperatore.

Vittore non rispose. Guardava oltre, verso settentrione.

2

Tracia, circa trenta miglia a settentrione di Cabyle. Anno MCXXXI dalla fondazione di Roma, Idi di luglio (15 luglio 378 d.C.).

«Perché vuoi portarmi lassù?» Batraz alzò una mano per proteggersi dal riverbero. Il sole del pomeriggio ardeva dietro la collina e le rovine del tempio si stagliavano nere sulla cima. «Conosco quel luogo. Traiano e Profuturo ci tenevano il consiglio di guerra.»

Un volo di corvi attraversò il cielo. Uno di loro atterrò sulla cima mozza di una colonna. Dal grosso becco pendeva un brandello di carne.

Leimeie non rispose. Si strinse in vita la cintura cui aveva appeso il pugnale.

«Saliamo.» Si voltò verso Batraz. Un sorriso le si aprì sul volto, che l'estate aveva cosparso di lentiggini. «Ti fidi di me?»

«Mi fido di te.»

«E allora vieni.»

Salirono, seguendo le curve dolci del sentiero lungo il pendio. L'aria era fresca e sembrava portare un profumo salato e aspro. Il mare, pensò Batraz. Ma il mare era troppo lontano per sentirne l'odore. E anche per sperare di rivederlo. L'erba sul versante era grassa e tagliente, costellata di papaveri. Un'ape solitaria ronzò intorno all'orecchio di Batraz, indugiò, volò via.

Quando furono in cima, Leimeie si inginocchiò dinanzi alle rovine. Colonne spezzate, muri diroccati. Al di là delle colonne, una radura in cui si ergeva un cubo di pietre regolari, alto poco meno di una pertica, privo di aperture. Batraz attese in piedi, senza sapere come comportarsi.

Dopo un breve raccoglimento, Leimeie frugò nella terra, estraendone tre sassi grigi e ruvidi. Li tenne tra le mani, la fronte china, poi li fece rotolare tra l'erba, finché non si fermarono contro le radici di un cespuglio, disponendosi in un triangolo con il vertice rivolto verso le rovine. Sollevò il capo, nel sole. «La Grande Madre ci dà il permesso di entrare.»

«E dove?» Nel rispondere, Batraz s'accorse con stupore d'aver mormorato. «Dove?» ripeté. «Ci sono solo rovine.»

Leimeie si rialzò, un sorriso misterioso sul volto. Gli prese la mano e lo condusse oltre i basamenti delle colonne, dove l'erba era più bassa e morbida. Senza dir nulla, iniziò a sfilarsi la tunica. Quando fu nuda si sdraiò a terra, le gambe piegate e divaricate. I peli biondi del pube luccicavano al sole, cosparsi di piccole gocce di sudore.

«Vieni. Prendimi.»

Batraz esitò, sconcertato, poi il suo sesso rigonfio premette contro il tessuto della tunica. Si svestì lentamente, sentendo la brezza sulla pelle. Guardò l'erba, il cielo, le rovine, stupito di trovarsi in quel luogo. S'inginocchiò.

Fu dentro di lei. Sentì, in quel momento, che lei era la padrona e lui il servo.

Dopo, rimasero a lungo sdraiati, mentre il sole iniziava a calare.

«Perché qui?» domandò Batraz.

«Perché dovevamo rendere omaggio alla Grande Madre.»

«Rendiamole omaggio più spesso, allora» sorrise Batraz.

«Non devi scherzare su questo.» Leimeie gli lanciò uno sguardo ammonitore. «Vieni con me.»

Si rialzò, incamminandosi, nuda com'era, verso il cubo di pietra a pochi passi da loro. Batraz osservò la schiena candida, le gambe e le braccia scurite dal sole. Fece per indossare la tunica.

«No.» Leimeie si voltò con un gesto reciso. «Devi essere nudo.»

Con passo lento, camminò intorno al cubo, mugolando un canto senza parole e ritornando al punto di partenza, dove l'attendeva Batraz. Poi picchiettò con il pugno le pietre, le labbra serrate. A un certo punto sorrise e infilò le dita in una commessura più larga delle altre, all'altezza circa dei suoi occhi. La pietra venne via facilmente, cadendo a terra con un tonfo soffice.

«Aiutami.» La ragazza aveva già rimosso un'altra pietra. Obbediente, Batraz afferrò quella sottostante e la sfilò, senza sforzo. Un'altra pietra. Un'altra ancora. Oltre la parete di pietre il cubo mostrava una cavità; dall'interno spirò un odore dolciastro, di erbe aromatiche.

«Di più» disse Leimeie.

Lavorarono finché l'apertura non fu sufficiente per passare. Leimeie vi infilò il capo e poi le spalle, sgusciando dentro. Batraz restò solo, nella luce arancione del tramonto.

«Entra.»

Batraz sfiorò l'amuleto che portava al collo, poi scivolò all'interno.

Buio.

Un aroma forte, come di rosmarino.

Poi un crepitio e una luce nel buio. Leimeie stava dinanzi a lui, una torcia in mano. Batraz si guardò intorno. Una stanza quadrata, illuminata dalla fiaccola. Pareti nude, eccetto che per un ripiano su cui giacevano altre torce pronte per essere accese. Al centro del pavimento di terra battuta, quello che pareva un grande vaso rovesciato, incavato in alto, con una serie di fori sulla parete.

Leimeie frugò sul ripiano, traendone un sacchetto di pelle rugosa e polverosa. Lo aprì, annusandone il contenuto. Prese per mano Batraz e con un gesto lo invitò a sedere di fronte al vaso. Si rovesciò nel palmo della mano il contenuto del sacchetto: una polvere d'un verde pallido, mista di frammenti secchi di piccole foglie lanceolate. Tese il palmo verso Batraz.

«Canapa» sussurrò. Poi rovesciò la polvere nell'incavo del vaso. Accostò la torcia e la polvere iniziò a bruciare, col calore della brace. Nella stanza si sparse un fumo denso e greve. L'aroma si fece più forte. Senza parlare, Leimeie indicò la parete del vaso, poi spinse il capo di Batraz, finché le sue labbra non si accostarono a uno dei fori.

«Aspira.»

Il suo volto era immobile e cupo, come le pietre della stanza. Batraz aspirò, trattenendo il fumo nei polmoni. Tossì, gli occhi che lacrimavano, poi aspirò di nuovo. E di nuovo.

Improvvisamente tutto divenne colorato.

Apparve una pianura circondata dalle colline. Il sole era a picco. Migliaia di soldati nella polvere e nella luce che abbacinava. Il clamore era assordante. Grida e stridori. Il volto di un uomo dai denti serrati, con una ferita nel petto che mostrava il cuore che batteva lentamente tra le costole bianche come avorio. Ancora un battito. Un altro. Un altro. Poi il cuore si fermò.

Sangue. La pianura era immersa nel sangue e il cielo si faceva rosso cupo. Poi comparve una croce enorme, sormontata dal teschio di un animale. Un cavallo o un asino. La croce oscillò e la pianura insanguinata scomparve.

Suono limpido. Frusciare dell'acqua. Si vide inginocchiato mentre gridava verso un cielo vuoto e immenso. Un'ombra cupa. Il volto di Leimeie che oscillava contro il cielo, sfrangiandosi come una nuvola.

Pallido. Bianco.

Con un gemito Batraz si gettò all'indietro. Le braccia gli dolevano e si rese conto confusamente che s'era avvinghiato al vaso. Qualcosa di umido sulle labbra. Sapore dolce, metallico. Il naso gli sanguinava. Di nuovo il volto di Leimeie, abbronzato, preoccupato. Confuso in una luce dorata.

«Svegliati, Batraz. Svegliati.»

Batraz mise a fuoco. Era nella stanza di pietra. La ragazza era china su di lui, gli occhi enormi.

«Cosa hai visto? Parla.»

Batraz distolse lo sguardo.

«Nulla» disse. «Non ho visto nulla.»

Ridiscesero la collina in silenzio, mentre cadeva la notte. Batraz sentiva che tra di loro era calata una barriera. Leimeie sapeva che le erbe gli avevano mostrato una visione. Lui non voleva parlarne. Si domandò perché: una visione di morte, di guerra, come tante della sua vita.

Ma ciò di cui non voleva parlare era il volto pallido di lei.

In lontananza l'accampamento di Fritigerno era indicato dai fuochi accesi davanti alle palizzate. Montarono a cavallo, sempre senza parlare, e si diressero verso il loro bivacco.

Quando lo raggiunsero, furono accolti dagli uomini in fermento. Si fabbricavano nuove frecce, si lucidavano le armi. Farnag, davanti alla sua tenda, confabulava con Yaguz, gli occhi a terra, dove avevano tracciato con un ramo una mappa del territorio fino a Costantinopoli.

Batraz smontò, affidando le redini a Dodoi. Il ragazzo lo guardò con gli occhi sbarrati, mentre gli uomini si radunavano intorno a lui, in silenzio, i volti attoniti. Batraz si avvicinò a Farnag. «Che succede?»

Farnag lo fissò a lungo, senza rispondere. «Che è successo a te, amico mio?» disse poi.

«Cosa stai dicendo?» Batraz sentì l'irritazione montare.

«I tuoi capelli.» Farnag tese la mano, sfiorandogli il capo.

Batraz si voltò verso Leimeie. La ragazza, senza dire nulla, gli prese la destra, stringendola forte. Fece un gesto brusco. Dodoi fu il primo a capire. Prese un secchio posato accanto alle tende lo porse a Batraz, reggendolo con le braccia tese. Il Sarmata si specchiò nell'acqua ferma.

I suoi corti capelli erano diventati bianchi. Candidi come neve. Sentì le dita di Leimeie stringersi sulle sue. Si passò la sinistra sul capo. Non pensarci. Non pensare. In lontananza gli parve di sentire un ululato. La voce del mastino.

Vi fu un lungo silenzio. Poi, Farnag parlò come se nulla fosse accaduto.

«Tra non molto ci muoveremo, finalmente» disse, tenendo gli occhi a terra. «Dadakos è tornato prima di sera. Da settentrione stanno arrivando colonne di barbari. Molte colonne.» Sollevò gli occhi verso l'amico. «Fritigerno sta levando il campo. La guerra. La guerra sta per ricominciare.»

3

Villa imperiale di Melantia, circa diciassette miglia da Costantinopoli. Anno MCXXXI dalla fondazione di Roma, III giorno prima delle Calende di agosto (30 luglio 378 d.C.).

Nel cielo notturno, la Lira, Ercole e il Cigno splendevano sopra i fuochi del grande accampamento presso la villa. I soldati, ammucchiati come cose inanimate, riposavano dopo il rancio serale, chiacchierando e giocando prima di ritirarsi per il sonno.

Sesto Autronio uscì dalla tenda, avvicinandosi ai commilitoni del suo *contubernium,* raccolti intorno al falò. Si fece largo con malagrazia tra due legionari e si sedette pesantemente a terra. Indicò la grossa pentola che sobbolliva sulla brace. «Dammi ancora della zuppa, ragazzo.»

Numerio, di fronte a lui, lo guardò con un sogghigno. «Prenditela da solo. Hai le mani per farlo.»

Mentre i legionari ridevano, Sesto Autronio scosse il capo. «Non c'è più rispetto per i veterani.»

Si alzò sbuffando e si riempì la ciotola. Tornò a sedere, impugnando un cucchiaio di legno. Sorbì un primo sorso, scottandosi la lingua. Imprecò, posando la ciotola. «È troppo calda.» Poi passò uno sguardo circolare sui suoi commilitoni. «Non rispettate più i veterani» ripeté. «Sono tempi bui.»

«Piantala, vecchio» intervenne un legionario smilzo e olivastro. «Mangia la tua zuppa e taci.»

Sesto Autronio strizzò appena gli occhi. «Va bene. Tacerò.» Riprese la ciotola, affondandovi il cucchiaio. «E così non saprete le ultime notizie.»

«Che notizie?» domandò lo smilzo, sporgendosi in avanti, le mani a coppa sotto il mento, i gomiti appoggiati sulle ginocchia. Gli altri uomini del *contubernium* smisero di parlare.

Sesto Autronio valutò soddisfatto gli occhi che lo scrutavano; scrollò le spalle e continuò a mangiare.

Nel suo letto Valente giaceva sveglio. Aveva ordinato di aprire le finestre e la brezza notturna gli rinfrescava la pelle accaldata. Un altro sogno. Un altro incubo. Aveva visto Fritigerno, così come l'aveva incontrato anni prima, sul Danubio: s'era ritrovato in una pianura assolata e deserta e un uomo – era lontano e indistinto, ma Valente sapeva che si trattava di Fritigerno – camminava rigidamente verso di lui, impugnando una spada sporca di sangue. L'uomo si avvicinava fino a riempire l'intero orizzonte, finché il suo volto si rivelava un teschio dagli occhi vuoti che s'accostava – da presso, sempre più da presso – e premeva i denti sulle sue labbra.

Valente s'era svegliato con un lamento, un'inspirazione forzata che gli aveva fatto dolere il torace. S'era seduto sul letto e aveva gridato ai servi, perché gli accendessero una lucerna.

Non voleva più dormire, quella notte. Forse, non avrebbe mai più dormito.

«C'è luce, nelle sue stanze.» Rutilio, ultimo erede di una illustre famiglia caduta in disgrazia, indicò la villa. «Non dorme.»

«E fa bene.» Sesto Autronio rise sguaiatamente. «Lui le conosce, le ultime notizie.» Guardò Rutilio con sarcasmo. «E tu potresti essere con lui, tra i cuscini e le donne, se tuo nonno non avesse dilapidato tutto il patrimonio in puttane.»

«*Fellator!*» Rutilio balzò in piedi, la daga in mano, ma già Numerio gli aveva afferrato il polso, torcendolo e facendo cadere l'arma a terra.

«Fermo!» Numerio costrinse il legionario a sedersi. Poi si voltò verso Sesto Autronio. «E tu, su, parla. Di che notizie cianci?»

Sesto Autronio sputò un frammento d'osso, sfiorando la spalla del commilitone. «Ve ne importa qualcosa, delle notizie di un vecchio?»

«Parla e ti tratteremo meglio.»

«Sì, racconta» intervenne Rutilio.

Anche lo smilzo, poco loquace come sempre, fece cenno con il mento, incitando il veterano.

«Non so» Sesto Autronio fece oscillare il capo avanti e indietro. «Non so se ho voglia di parlare.»

A poco a poco la fiammella della lucerna calava e anche le palpebre di Valente iniziavano ad abbassarsi. Il sonno tornava a intorpidirgli le membra. Buio, un vuoto nero, privo di immagini. Valente scivolò in un imbuto oscuro. La fiammella vacillò, languì. Si spense.

Sesto Autronio sospirò. «E va bene» disse, sporgendo appena le labbra. «Visto che insistete....» Si voltò indietro. «Zantikos!» berciò.

Un soldato grosso e biondo, dal torace imponente come una botte, si sporse dalla tenda più vicina.

«Che vuoi?» disse.

«Vieni.» Sesto Autronio fece un gesto d'invito. «Vieni a raccontare anche a loro quel che mi hai detto.»

Zantikos si alzò goffamente e si avvicinò al falò. Camminava con le gambe arcuate, i piedi piatti. «Che vuoi?» ripeté.

«Siedi con noi e bevi un po' di vino» lo sollecitò Numerio. «Sesto Autronio dice che hai informazioni. Cose grosse, importanti.»

«Ah.» Zantikos bevve a lungo, poi si asciugò la bocca con il dorso della mano. «Quello.»

«Dicci, parla.»

Zantikos si guardò intorno, lusingato da tanta attenzione. «Sono tornato da casa mia, in Dacia...» esordì.

«Vai avanti» lo esortò Numerio.

«Là si dice che l'impero è alla fine.»

Intorno al fuoco si fece silenzio.

«Che intendi?» domandò Numerio con una voce che non pareva la sua.

«Che tutti sanno che non siamo in grado di sconfiggere i Goti. Così si stanno radunando le tribù sui confini. Unni, Avari, Alamanni a occidente. Tutti pronti a passare il *limes*.» Sorrise, quasi divertito. «Li avremo addosso prima dell'autunno.»

Lo smilzo guardò i suoi commilitoni, gli occhi smarriti. «Ma che significa? Noi siamo qui, ci prepariamo a partire per combattere...»

«E tu credi davvero che ci muoveremo?» Sesto Autronio sghignazzava. «Tutto questo» fece un gesto circolare con la mano «non è che fumo negli occhi. Vittore vuol far credere ai Goti che siamo forti.» Rise ancora, battendosi grandi colpi sul ginocchio col palmo della mano. «Ma non partiremo mai.»

Il sonno era una massa nera che gli gravava sul petto. Non c'erano sogni: solo, come molto lontano, il presentimento dei sogni. Ma Valente s'era fatto astuto e sapeva tenersene lontano.

Poi, il peso sul petto aumentò, trasformandosi in un movimento, una serie di scosse che lo scrollavano, lo strappavano a quel buio, lo trascinavano verso la luce.

Luce.

Si rannicchiò come un feto, per non lasciarsi vincere da quella forza.

Poi, una voce, fonda e calma.

«Destati, Augusto. Destati.»

Spalancò bruscamente gli occhi.

La lucerna era di nuovo accesa e la fiamma danzava alta. Ai piedi del letto, una forma oscura, incombente. L'imperatore levò la mano davanti al volto per proteggersi.

Poi la forma si mosse, entrando nella luce tremante della lucerna. Un corpo magro e alto, un viso affilato, seminascosto da una barba nera e folta, su cui i riflessi ritagliavano vuoti d'ombra.

«Ertegul» sussurrò Valente.

Il monaco gli si avvicinò, il volto a pochi pollici dal suo. Lo fissò.

«L'impero aspetta la tua voce, servo di Dio. Fritigerno s'è mosso e cala verso la capitale. È tempo di combattere.»

Quarto interludio

LA CERCA

Sal est vita.
Sal est imago mortis.

SAL MYSTICUM,
XXVIII, 14

... habitavit locum,
cui Salinae nomen est...

GAIO GIULIO SOLINO

1

In qualche punto della Scizia, a decine di miglia dalla sponda settentrionale del Ponto Eusino. Anno MCXXXI dalla fondazione di Roma, XVIII giorno prima delle Calende di febbraio (15 gennaio 378 d.C.).

Il vento è salato. La neve è salata. La polvere bianca che stride tra i denti è salata.

Da giorni l'uomo avanza nella tormenta in una terra desolata. La neve sulla terra è sottile, nonostante la bufera. Ma la terra è bianca lo stesso, perché è sale. Il sale scioglie la neve. Ma il sale è bianco.

L'uomo ha attraversato luoghi morti. Gogmagog è dappertutto e ha portato la morte. Gli alberi sono stati bruciati, gli animali uccisi; uccisi gli uomini. La terra liberata dalla neve e cosparsa del sale che ora lui incontra sul suo cammino.

La terra è un deserto. Un deserto di sale.

La luce è viola nel pomeriggio che scende verso la sera, e il sole sembra aver abbandonato per sempre il cielo. Il tempo è immobile.

Quando arrivano i cavalieri dal volto dipinto di azzurro, l'uomo li sente nel vento. C'è odore di metallo nell'aria. Di metallo e di fuoco. L'uomo estrae la spada. La solleva nella tormenta. L'acciaio è scuro nella luce catastrofica, ma il pomolo d'oro scintilla sulla spada del kurgan. Sulla spada del re.

L'uomo avvista i guerrieri su un basso crinale di sale. Distano meno di un miglio. Si arresta, la spada in pugno.

Attende.

I guerrieri sono una decina e appena lo vedono lanciano i cavalli al galoppo. L'uomo attende ancora, poi sprona il cavallo con un alto grido. Davanti a lui corre la sagoma nera del mastino. Non è tempo di tattica o di imboscate. Da molti mesi è il tempo del sangue. Il dolore alla nuca è uno spasimo violento e l'uomo vede solo forme scure di fronte a sé. Quando la spada rotea nell'aria gli pare che si sia mossa da sola. Un urto, una resistenza che subito cede, e la testa di uno dei guerrieri cade nel sale. La spada rotea dall'altro lato, lacerando un braccio che libera un getto di sangue. Poi l'uomo si ritrova oltre la linea dei barbari. Frena il cavallo, lo fa voltare, galoppa verso gli avversari, la spada mulinante come se un braccio che non è il suo la muovesse.

I corpi cadono, uno dopo l'altro, finché l'uomo non resta da solo nella distesa di sale, circondato dai cadaveri. Il sale è scarlatto e bruno.

Berserker.

Parte quinta

MESSE ROSSA

Tristissima noctis imago.

OVIDIO

Nascimur uno modo, multis morimur.

CESTIO PIO

ADUNATA

1

La piana dei pressi di Adrianopoli, Tracia. Anno MCXXXI dalla fondazione di Roma, VI giorno prima delle Idi di agosto (8 agosto 378 d.C.).

Vittore raggiunse la fattoria fortificata lungo la strada per Adrianopoli poco prima di mezzogiorno. Il mattino precedente, le legioni di Valente, circa diecimila uomini, in maggioranza veterani, avevano oltrepassato Nike e s'erano accampate a poca distanza dalle mura di Adrianopoli.

Vittore aveva ancora negli occhi la partenza da Melantia, pochi giorni prima. Il brulichio di migliaia di uomini in cotta di maglia, i cavalli, i carri con le salmerie, le macchine da guerra, scorpioni di legno e ferro pronti a schiantare le mura di tronchi dei campi goti. I legionari acclamavano nel mattino limpido, sollevando spade e giavellotti, e nell'aria c'era odore d'acciaio, di sudore e d'estate. Dalla capitale, il popolo era giunto a frotte: uomini e donne, vecchi e bambini, poveri e ricchi, matrone in portantina, rinfrescate da ampi ventagli di piume, e schiavi madidi di sudore, carichi di cesti ricolmi di pane, formaggio, vino. La folla s'accalcava per vedere la partenza dei soldati di Valente; per poter dire: «Quel giorno io c'ero». Il giorno in cui si muoveva l'esercito che avrebbe liberato la città dall'incubo dei barbari.

Su un palco di fronte alla villa, il vescovo aveva benedetto gli stendardi sotto l'occhio appagato dell'imperatore e aveva ammonito il popolo ad abbandonare le superstizioni e a non prestar fede ai segni nefasti di cui tanto si parlava nella città. La verità stava in Dio e l'imperatore l'avrebbe portata anche ai barbari.

Alle parole del vescovo, Valente aveva sorriso con evidente soddisfazione ed era montato su un castrone arabo per passare in rassegna le truppe. Ertegul era stato un'ombra alle sue spalle per tutto il tempo e Vittore aveva cavalcato dietro di loro, in silenzio.

Durante l'ispezione, Vittore era stato avvicinato da Frigerido, da poco ritornato dalla Tracia. L'imperatore crede che siano felici di andare a combattere, aveva sussurrato Frigerido, accennando ai soldati; non sa che è per il soldo più alto e per il rancio migliore. Vittore aveva stretto le labbra, senza rispondere, e Frigerido si era allontanato, scuotendo il capo.

Le legioni erano partite salutate dal suono delle trombe e dalle grida del popolo, i labari e le insegne oscillanti nel sole del mattino.

Si andava alla guerra. Si andava a vincere.

Vittore aveva continuato a tacere, oppresso da un disagio che s'era accentuato quando la sagoma di Melantia era scomparsa alle sue spalle. In cielo, un corvo solitario li precedeva. Non li abbandonò fino al loro arrivo.

E infine erano arrivati.
Adrianopoli.

2

Gli esploratori erano rientrati nel tardo pomeriggio, con la notizia che i Goti, provenienti da Cabyle, erano attestati su una collina poche miglia a oriente della città. Avevano parlato anche di una fattoria fortificata, non lontana dal Tonzos, il fiume che scendeva da settentrione per gettarsi nell'Hebros vicino ad Adrianopoli. La fattoria era facilmente difendibile e sembrava essere il luogo ideale per valutare il terreno di scontro. Se scontro ci sarebbe stato.

Durante una discussione animata, Vittore era stato costretto a opporsi a Valente, che avrebbe voluto raggiungere subito la fattoria per un consiglio di guerra. Non puoi esporti così, Augusto, aveva detto. Lascia che vada io per primo. La sorpresa era stata che per la prima volta anche il monaco era d'accordo con lui.

Così, all'alba, Vittore s'era messo in cammino, conducendo con sé gli uomini di due *scholae* degli *Scutarii, Prima et Secunda,* un migliaio di cavalieri catafratti, genti provenienti dal massiccio dell'Emo, destinati a proteggere l'arrivo dell'imperatore.

Cassione, uno dei tribuni degli *Scutarii,* raggiunse Vittore di fronte alle mura della fattoria. Gli si affiancò, trattenendo il cavallo, piccolo e nervoso.

«Gli uomini sono schierati tra la fattoria e le colline, *magister.*» Cassione si appoggiò all'arcione di legno. «Un semicerchio, come tu hai ordinato, con gli arcieri al centro.» Osservò il profilo del *magister equitum.* Vittore aveva occhi scuri e vivaci, che balenavano sull'interlocutore per subito posarsi altrove. Ma quel giorno il suo sguardo era lento, distante. Cassione si domandò se l'avesse sentito.

«Bene.» Vittore si voltò verso meridione. Lungo la strada che avevano percorso erano stati scaglionati altri drappelli. «Bene. Possiamo fidarci di Decimo?»

«È uno dei miei uomini migliori. Coprirà la ritirata, se sarà necessario.» Cassione sollevò l'angolo della bocca. «Ma non sarà necessario, *magister.*»

Vittore assentì, pensieroso, fissando le colline davanti a loro. Cassione attendeva, il volto magro impassibile. Dopo un certo tempo diede un colpo di tosse.

«Che cosa ordini ora, *magister*?» Sfiorò con i talloni i fianchi del cavallo. Il baio fece due passi in avanti, poi Cassione raccolse le redini, costringendolo a rinculare.

Vittore scosse lentamente il capo, come per riprendersi da un breve sonno.

«Andiamo più avanti» disse. «Voglio vedere i Goti da vicino.»

Cassione annuì. «Organizzo una scorta.» Voltò il cavallo, facendolo impennare, e si allontanò.

Vittore tornò con lo sguardo alle colline. Sulla sommità di quella centrale, separata dalle altre da ampi spazi pianeggianti, i carri dei Goti erano disposti in una serie di grandi cerchi. I loro profili angolosi spiccavano contro il cielo come i tetti di una città. Più di mille, pensò Vittore. Forse duemila. Duemila carri. Quanti guerrieri ci sarebbero stati? Quanta cavalleria?

«Gli uomini sono pronti, *magister.*» Cassione era già ritornato al suo fianco. «Io e Bacurio verremo con te. Ho affidato il comando a Firmino fino al nostro ritorno.»

Vittore scrollò le spalle. «Andiamo» disse.

Sotto il sole rovente la pianura era brulla, butterata di macchie di rovi e di chiazze d'erba giallastra. Alla loro sinistra, verso occidente, luccicava il corso del Tonzos. Qua e là il vento torrido sollevava nuvole di polvere rossa che offuscavano l'aria. Il sole ritagliava ombre e cose con una luce dura.

«A destra c'è un torrente» constatò Vittore.

Cassione si sfilò l'elmo, asciugandosi la fronte. Premette le dita sul naso, adunco e piantato in mezzo al volto come uno stendardo, ed espirò con forza, per liberare una narice dal muco. «L'ho già fatto controllare. È asciutto. C'è siccità, quest'anno.» Si grattò una tempia, dove i capelli, costretti dall'elmo, erano corti e schiacciati. «A sinistra invece non c'è via di fuga. Il Tonzos non è guadabile.»

«Nessuna possibilità?»

«No.» Cassione sorrise. «Da quella parte non avranno scampo.» Accennò alla collina. «Solo fanteria» aggiunse con sufficienza. «Affogherebbero.»

I Goti avevano acceso grandi fuochi intorno ai carri e il vento portava alle narici di Vittore l'odore della legna bruciata.

«L'inverno ha falcidiato i cavalli.» Bacurio s'era accostato a Cassione. Piccoli, asciutti e bruni, si somigliavano come gemelli.

«Forse la cavalleria è scappata, quando hanno saputo del

nostro arrivo.» Cassione ripeté l'operazione di pulizia con l'altra narice. «Potremmo spingerli nel Tonzos. Un attacco di sorpresa. E tutto è finito.»

Vittore lo guardò duramente. Cassione e Bacurio erano comandanti esperti, anche se talora avventati, ma non avevano mai perduto l'istintivo disprezzo dei Romani nei confronti dei barbari. «I cavalli potrebbero essere nascosti dietro la collina. Per ingannarci. E se attacchiamo potremmo trovarci accerchiati.» Spinse il cavallo innanzi.

Alle sue spalle, Cassione e Bacurio si scambiarono un'occhiata perplessa. Vittore era molto prudente, tutti lo sapevano. E attribuiva molta importanza a quei Goti cenciosi.

«Ha paura» sussurrò Bacurio.

«Forse.» Cassione arricciò le labbra. «Dovremo convincerlo.»

«Una mossa ardita e vinceremo.» Bacurio sorrise. «E tu, non hai paura?»

Cassione sogghignò. «Solo dell'acqua. Non so nuotare e una vecchia maga, anni fa, mi predisse che sarei morto annegato.»

«Qui non corri questo pericolo, direi.»

I due raggiunsero Vittore, che s'era arrestato fuori dalla portata degli arcieri goti, riuniti in prima fila sul versante. Sulla collina nessuno sembrava curarsi di loro. Vittore poteva vedere gli uomini riunirsi intorno ai fuochi per mangiare.

«Sono tranquilli» disse.

«Saranno meno tranquilli, domani» mormorò Bacurio.

«Rientriamo» disse Vittore. «Tra poco arriverà l'imperatore.»

Tornarono indietro e affidarono i cavalli agli stallieri, che li condussero negli stabbi, riforniti di fieno e di paglia fresca. Nahur, il cubiculario di Valente, era già arrivato e aveva organizzato la fattoria come una villa estiva. Vassoi di cibo fresco erano stati preparati e i servi erano disposti negli angoli delle sale, taciti e immobili. Con un inchino pieno di dignità, Nahur salutò Vittore e lo guidò nell'aia, dove erano stati tesi grandi teli bianchi per ripararsi dal sole ardente.

Non c'era ancora nessuno. Il cubiculario scomparve, silenzioso come sempre, e Vittore sedette su uno degli sgabelli pieghevoli, a pochi passi dal tavolo dove era distesa la pergamena giallastra sulla quale era stata tracciata una mappa dei dintorni, da Adrianopoli a Nike, qualche miglio a meridione. Il fiume. Il letto del torrente in secca. Due cerchi a segnare le città; un altro, più piccolo, per indicare il campo romano. Le colline. Un cerchio di monete d'argento segnava la posizione dei Goti.

Valente tardava, probabilmente trattenuto a colloquio con Ricomere, il *comes domesticorum* giunto la sera prima dall'Occidente con notizie di Graziano. Il giovane imperatore comunicava che era in arrivo. Non attaccate, aveva detto Ricomere. Temporeggiate. Li prenderemo in una morsa.

L'aria sapeva di fieno e di concime. Senza pensare, Vittore si alzò e salì gli scalini che conducevano alla cima del muro a protezione della fattoria. Il sole lo investì come acqua bollente. Si fece schermo con la mano: la collina era una massa scura contro il cielo e i movimenti dei Goti erano indistinguibili.

Seguì con gli occhi un immaginario semicerchio. Rotondo come la mia fronte, pensò.

A occidente il Tonzos, a oriente il letto asciutto del torrente senza nome. Le mura di Adrianopoli s'intuivano in lontananza, bianche e minuscole come sassi.

Alzò gli occhi, richiamato da un gracchiare acuto. Sopra di lui, un corvo volava in cerchio. Si domandò se fosse lo stesso che li aveva seguiti da Melantia.

Il corvo è nero. Anche la morte è nera.

A distoglierlo dalle sue riflessioni fu una voce che lo chiamava. Una voce bassa, rauca. Un brivido inatteso gli corse lungo la schiena.

Ai piedi della scala un uomo alto, ossa e muscoli, guardava verso di lui, sorridendo. Indossava vesti palesemente nuove, con le insegne dei *Gentiles Seniores*. Le insegne del *magister*. Vittore lo fissò perplesso, irritato. Poi, lentamente, il suo viso si schiarì.

«Tu.» La sua voce vacillò.

L'uomo aveva i capelli completamente bianchi. Lo vide salire lentamente, fino a fermarglisi di fronte. Poteva sentire il suo odore. Sudore fresco e metallo.

«Sono tornato» disse l'uomo.

«Da molto tempo e da molto lontano» mormorò Vittore. «Batraz.» Solo nel pronunciarne il nome gli parve che l'uomo che aveva di fronte prendesse corpo. Si potesse toccare. Allungò una mano. Lo sfiorò.

«Da molto tempo e da molto lontano.» Batraz si passò le dita tra i capelli. «Sono cambiato.»

Vittore lo guardò senza parlare.

«Così cambiato?» domandò Batraz.

Vittore gli appoggiò la mano sul braccio. «Hai molto da raccontare.»

Squilli di tromba echeggiarono poco lontano. Vittore si voltò bruscamente. «L'imperatore.»

Batraz annuì. «Lo precedevo di poco.»

«Gli hai parlato?»

«Sì. Ha perdonato la mia assenza. Sa che sono qui per combattere per lui.»

«E il monaco?»

«Non s'è opposto.»

«Sono strane le cose che accadono.» Vittore scosse il capo. «Non abbiamo tempo di parlare» aggiunse. «Dobbiamo scendere.» Guardò l'amico con occhi ombrosi. «Hai molto da raccontare» ripeté. «Ma ci sarà tempo.»

«Tempo.» Batraz sorrise, indicando la collina. Il fumo dei falò saliva immobile verso il cielo. «Ci sarà tempo?»

3

Con un gesto Valente fece avvicinare uno schiavo, pescando una quaglia dal piatto che gli veniva teso. Ne masticò una coscia e gettò il resto a terra, ai mastini che lo avevano accompagnato e che sorvegliavano i suoi gesti, il naso vibrante a ogni traccia d'odore.

«Quanti pensi che siano, Vittore?» domandò, la voce

neutra. Senza guardare nessuno dei presenti prese il calice e bevve a piccoli sorsi.

Sedeva all'ombra dei teli, la pelle, pallida e sudata, tesa sugli zigomi lucidi, gli occhi cerchiati da un'ombra livida. L'armatura da parata che aveva voluto indossare gli sagomava sul petto muscoli d'acciaio. In piedi alle sue spalle, Ertegul, il volto privo d'espressione, le braccia segnate da cicatrici biancastre.

Riuniti attorno al tavolo, i generali bevevano parsimoniosamente, scambiandosi sguardi di sottecchi. Gli occhi di Sebastiano setacciavano i presenti, animati e ironici. Accanto a lui, Frigerido, i capelli che formavano un velo biondo sul cranio, masticava svogliatamente un pezzo di focaccia. Ricomere non toccava cibo: severo e taciturno, sembrava volersi tenere lontano da tutti gli altri. Più discosto e confuso tra gli altri ufficiali, avvolto nella tunica come se avesse freddo, Saturnino fissava intento l'imperatore, lo sguardo febbrile. Che ci fa lui qui, aveva domandato Batraz vedendolo arrivare. A Marcianopoli è fuggito. Vittore lo aveva ammonito con gli occhi e Batraz aveva visto Saturnino sussurrare brevemente all'orecchio del monaco. Poi Ertegul aveva preso il suo posto dietro Valente e Saturnino s'era allontanato, nascondendosi dietro le spalle squadrate di Ricomere, senza dar mostra d'avere visto Batraz.

«I carri sulla collina sembrano più di mille.» Vittore sfiorò la pergamena con l'indice. «Potremmo pensare a diecimila guerrieri.»

«Cavalleria?» Valente socchiuse l'occhio destro per ripararlo dal sole.

Vittore esitò. Fu Cassione a prendere la parola.

«Non se ne vede, Augusto. Solo fanteria.»

«Solo fanteria...» Valente si passò la mano sul mento. «Forse i cavalieri sono lontani, a cercare provviste.»

«Potrebbe essere un inganno, Augusto.» La voce di Ricomere era fredda. «Non sappiamo quando potrebbero ritornare.»

Vittore annuì. «Ricomere ha ragione. Se attacchiamo ora,

il rischio è di venire sorpresi. Fritigerno potrebbe aver nascosto la cavalleria dietro la collina.»

«È così, Augusto.» Ricomere era incalzante. «Attendiamo tuo nipote. Circondiamo i Goti. Non permettiamo loro di muoversi e aspettiamo l'arrivo di tuo nipote. Arriverà presto, dalla strada di Filippopoli. Potremo schiacciarli, allora.»

«Non ho bisogno di altre truppe!» Valente si alzò bruscamente, facendo cadere la sedia. Passeggiò all'ombra dei teli, le mani intrecciate dietro la schiena. «Non ho bisogno di nessuno. Nemmeno di mio nipote. Voglio farla finita. Ora!» Rivolse lo sguardo verso Ertegul, come in cerca di sostegno, ma il monaco rimase impassibile, il viso immerso in una chiazza di sole.

Nel silenzio rotto dalle cicale, Nahur scivolò nell'aia. Esitò, vedendo l'espressione dell'imperatore, poi si accostò a Ertegul, parlandogli a bassa voce.

«Augusto.» La voce del monaco risuonò come un richiamo. «Un'ambasceria. Un inviato dai Goti.»

«Chi?»

«Marcello, il prete che tu conosci. Ha seguito Fritigerno in questi mesi. Dietro mio ordine.»

«Dietro tuo ordine» mormorò Valente. «Tutti ordinano, ora. Tutti comandano.» Sorrise senza scoprire i denti. «Fallo passare, allora.»

A un cenno di Ertegul, le guardie presso la porta fecero entrare il prete. Marcello attraversò l'aia, il capo chino, gli occhi che saettavano sui presenti. S'inchinò profondamente di fronte a Valente e rimase in attesa.

«Parla, prete. Che cosa vuole dirmi Fritigerno?»

Marcello si strofinò nervosamente le mani.

«Parla, fratello.» Esortò Ertegul dolcemente. I suoi denti balenarono bianchi nel sole.

«Augusto.» La voce di Marcello tremò. Il prete si schiarì la gola. «Augusto, il *reiks* dei Goti ti manda a dire che è pronto a ritirarsi.»

Tra i presenti si levò un mormorio, subito chetato da un gesto di Valente.

«Dio lo ha consigliato, allora.»

Marcello esitò, fissando l'imperatore.

«Che altro?» domandò Valente, voltandogli la schiena.

«Fritigerno chiede che vengano rispettati i patti. Chiede cibo e casa per la sua gente.»

Le dita di Batraz si contrassero, mentre il Sarmata fissava Ertegul. Il monaco aveva di nuovo sorriso, poi le sue labbra si erano chiuse e il volto era ritornato impenetrabile.

Valente aveva ascoltato senza girarsi. Le spalle gli si contrassero, mentre alzava una mano.

«Taci, ora!»

Marcello fece due passi indietro, le mani che toccavano freneticamente la croce di legno che portava appesa al collo.

«Porta a Fritigerno questa risposta» scandì lentamente l'imperatore. «Se vuole ritirarsi, lo farà senza condizioni. Gli permetterò di farlo. Tornerà verso il Danubio, scortato dalle mie legioni e là si accamperà. Solo allora deciderò che fare.» Si voltò verso il prete. «Digli che implori la misericordia di Dio e di Roma. E forse la sua gente potrà avere cibo e casa. Va', ora.»

Senza dire nulla, Marcello tornò a inginocchiarsi. Si rialzò e sparì oltre la porta della fattoria.

Con un grande sorriso, Valente si rivolse a Ertegul. «Fritigerno ha paura.»

Il monaco annuì lentamente.

Valente tornò verso il tavolo. Batté il pugno sulla pergamena. «Ritorniamo al campo. Domattina, all'alba, ci muoveremo.»

Sebastiano sorrise. «È la scelta giusta, Augusto.»

L'imperatore parve non sentirlo. «Quanti uomini hai con te?» domandò a Batraz.

«Poco meno di cinquanta, Augusto.»

«*Sufficiunt*. Gli *Scutarii* ritorneranno con noi al campo.» Alzò la mano e Bacurio scattò in piedi. «Avrete l'ala sinistra, domani.»

Bacurio annuì. Valente lo fissò a lungo. «Nessuno deve prendere iniziative senza il mio ordine. È chiaro per te, Bacurio?»

«Tratterrò i miei uomini, Augusto, ma hanno desiderio di combattere.»

«Che lo conservino per il momento giusto.» L'imperatore si rivolse a Batraz. «Tu avrai il comando dell'ala destra. Ma stanotte resterai qui. Voglio che la fattoria sia presidiata. Domattina, prima del sorgere del sole, farai una ricognizione e mi riferirai.» Valente aggrottò la fronte. «Potremo essere qui all'ora ottava o alla nona. Avremo tutto il pomeriggio.»

«Basterà, Augusto.» Sebastiano era in piedi, gli occhi socchiusi e luccicanti.

«Basterà, sì. Certo.» Valente strinse i pugni. «Domani vi darò le disposizioni finali. Ma il nostro piano sarà il solito. Attaccheremo e circonderemo i Goti con la cavalleria delle *scholae*. Poi toccherà alle legioni fare il loro lavoro.»

Fissò il sole. «Domani» sussurrò tra sé. «Affrettati, tempo.»

SCHIERAMENTO

1

La piana nei pressi di Adrianopoli, Tracia. Anno MCXXXI dalla fondazione di Roma, V giorno prima delle Idi di agosto (9 agosto 378 d.C.).

Era l'alba.

Cinque giorni alle Idi di agosto.

E nell'alba l'aria era fredda, nonostante la stagione, e il cielo ancora buio, eccetto che per un chiarore argenteo che defluiva lento dall'orizzonte. Batraz smontò da cavallo e si avvolse nel mantello. Si inoltrò in una macchia di ulivi, risalendo per un lieve pendio fino alla sommità calva di un poggio. Il terreno sotto i suoi piedi era duro e friabile. Si chinò a frugare tra l'erba: piogge scarse, terra asciutta. Un buon terreno per la cavalleria, anche se poco elastico. Non si sarebbe dovuto chiedere troppo ai tendini dei cavalli.

La pianura circondava la fattoria in ogni direzione, delimitata a settentrione da un semicerchio di basse colline, ancora nero contro il nero del cielo. Dove l'alba aveva già raggiunto la terra, l'erba riarsa luccicava giallastra, mentre gli uliveti e i vigneti che fiancheggiavano il Tonzos rimanevano in ombra. Sulla collina centrale, i fuochi dei barbari erano spenti. Non si vedeva nulla, nemmeno un movimento, e i carri parevano animali addormentati. Per un momento Batraz pensò che i Goti li avessero ingannati e fossero riusciti a trovare il modo di muoversi senza essere visti. Ora sarebbero stati già là, addosso alle legioni in procinto di mettersi in marcia. Forse i carri erano vuoti, l'accampamento deserto. Un tranello.

Scacciò con irritazione l'idea. Dietro di lui si snodava la strada in terra battuta che proveniva da Adrianopoli. Ancora qualche ora e una nube di polvere avrebbe annunciato l'arrivo di Valente.

Verso oriente, a quasi un miglio di distanza, un edificio tozzo, diroccato. Le rovine di una cappella e di una serie di celle abitate dai monaci, devastate da un'incursione di barbari più di dieci anni prima. Batraz le aveva controllate il pomeriggio precedente. Sotto i tetti, quasi del tutto crollati, i muri sfasciati rivelavano un labirinto di corridoi e di stanze. Sulla facciata della cappella, una croce sghemba indicava il settentrione. Un luogo difendibile, aveva pensato. Un possibile rifugio, se le cose si fossero messe male. Si massaggiò la nuca, senza motivo. Nessun dolore; nessuna sensazione. Eppure oggi sarebbe stata battaglia e proprio quella notte lui aveva sognato il mastino del dio. Ma non voleva ricordare il sogno. Il suo mastino; s'era abituato a pensarlo così. Ma ora il dio pareva averlo abbandonato. Negli ultimi tempi, era stato da solo: battersi e uccidere era stato come macellare delle bestie: un lavoro meticoloso, da eseguire con il minor dispendio possibile di energie. Gli uomini che aveva ucciso non avevano volto né sguardo. Era stato come se a combattere fosse stato un altro.

Sentì un passo lungo il pendio alle sue spalle. Non si voltò, e quasi subito una mano fresca gli toccò il collo. Piegò la nuca all'indietro, accogliendo la carezza.

«Eccoti, *magister.* Nessuno sapeva dove fossi andato.» Leimeie aveva un sorriso ironico sulle labbra.

«*Magister?*»

«Oggi non sei il mio uomo. Sei il mio capo.» La ragazza batté con il palmo sul fodero della spada che portava al fianco. Aveva strisce azzurre fresche sugli zigomi.

Batraz le sollevò il mento, tenendolo tra pollice e indice.

«Sei ancora in tempo per tornare indietro. Dodoi potrebbe accompagnarti e ad Adrianopoli saresti al sicuro.»

«E chi ti proteggerebbe le spalle?»

Senza smettere di fissarlo, Leimeie lo abbracciò, e lui sentì sotto le mani il suo corpo sottile e muscoloso.

«Allora... ricorda la cotta di maglia.»

«La ricorderò.»

Si separarono e scesero per il declivio. Il sole stava salendo, ma sopra di loro il cielo era ancora grigio. Dal fiume si levava una nuvola di foschia attraversata dagli stridii degli aironi. Batraz si sfilò il mantello, gettandoselo su una spalla.

«Sarà una giornata torrida.»

Leimeie gli si parò davanti, costringendolo a fermarsi. Gli passò le dita sulla fronte, tergendogli una goccia di sudore; si portò i polpastrelli alla bocca, leccandoli. «Vuoi fare l'amore?» Spinse il ventre contro il suo.

Un senso di calore nei lombi. «No.» Batraz le prese la mano, accarezzandola con le labbra. Piccoli calli, palmo duro come cuoio, dove premeva l'elsa della spada. «Lo faremo dopo. Quando tutto sarà finito.» Sentì un vuoto nel petto. Un dolore.

«Quando tutto sarà finito.» Leimeie annuì. Parve che un'ombra le passasse sul volto. Una nuvola. Forse. «Vieni. Andiamo al fiume.»

Raggiunsero i canneti, dove l'aria era ancora fresca, e si sdraiarono tra l'erba, senza parlare, sfiorandosi a lunghi intervalli. A mano a mano che il sole saliva, il cielo si faceva azzurro come una lastra.

«Hai fame?» domandò Leimeie. «Ho del formaggio fresco.»

Mangiarono il formaggio acido e bevvero da una pozza tra le canne. Gli aironi ora tacevano e il sole era alto, a picco.

Batraz guardò le ombre corte e nere e si alzò con sforzo evidente. «È ora di andare.» Respirò a fondo l'aria fresca, l'odore dell'acqua. «Tra poco le legioni saranno qui.»

Tornarono indietro, accompagnati dal fischio di un uccello nascosto nel folto. Le canne si scostarono e un martin pescatore frullò verso il pelo dell'acqua, come una lama azzurra.

La pianura era inondata di luce. Sulla collina, tra i carri goti, nessun segno di vita. A meridione, ancora lontana lungo la strada, si levava una grande nube di polvere rossastra.

2

Waduulf saltò a terra, sorreggendosi con la mano sulla fiancata del carro. Fece un cenno rivolto a Fritigerno, seduto con altri capi intorno a un fuoco di braci.

«Stanno arrivando?» Il *reiks* aveva occhi febbrili, segnati da aloni lividi. Si alzò, con il movimento brusco di chi attende una notizia.

Waduulf assentì con il capo.

Nel campo bruciato dal sole regnava il silenzio. Donne e bambini occhieggiavano dai teli grigi che coprivano i carri, mentre i fuochi erano controllati dai guerrieri stessi, in armi, cotte già indossate ed elmi sul capo, lance in mano, punta rivolta a terra o verso il cielo. Tutto – pensò Fritigerno – era pronto. Tutto quel giorno gli pareva fatidico, anche i grandi buoi accosciati a ruminare, le mandibole che ruotavano flemmaticamente. Anche la luce, bianca e inclemente, che non lasciava nulla in ombra.

«Una nuvola di polvere.» Waduulf lo fissò. «Lungo la strada di Adrianopoli. Vengono per combattere. Come tu hai detto.»

Il *reiks* si voltò, cercando gli occhi degli altri capi. «Alatheus?» chiamò.

Il gigantesco capo dei Greutungi annuì senza parlare, imitato dal suo compagno Saphrax, seduto accanto a lui. Si alzarono entrambi, per raggiungere i loro guerrieri. Nell'allontanarsi, Saphrax strinse la spalla di Igila, accoccolato vicino al fuoco, come se avesse freddo anche in quel giorno rovente. Il vecchio sorrise, alzando lo sguardo cieco verso il sole.

Fritigerno si accostò a un varco tra i carri. Appoggiato a una ruota, Marco osservava la pianura, seguendo con lo sguardo le sagome lontane di due cavalieri che ritornavano verso la fattoria fortificata.

«Quanti pensi possano essere?» Fritigerno gli si accoccolò accanto.

Marco sussultò. In uno di quei due gli era parso di riconoscere la ragazza che lo aveva ferito e umiliato. Il braccio prese a pulsargli. «Impossibile dirlo finché non saranno in vista.» Aveva parlato con voce ferma, controllando il dolore.

«Ieri sera Ghiveric ha parlato di diecimila uomini. Più la cavalleria.»

Marco si passò le dita tra la barba, scura come il nerofumo. Il tono inquieto di Fritigerno lo aveva colpito. «Tuo fratello può avere ragione.» Con una smorfia assestò meglio la spalla contro la ruota. «Non di più, certo. Valente non avrà voluto sguarnire il confine con la Persia. E gli Alamanni ci hanno detto che l'esercito d'Occidente è in cammino. Ma certo non arriverà né per oggi né per domani.»

«Meno di ventimila uomini, quindi. Fanti e cavalleria pesante. E arcieri. Molti arcieri.»

«Se conosco i generali di Valente, gli arcieri occuperanno il centro, a oriente della fattoria e del fiume. Pianteranno dei pali appuntiti nel terreno e aspetteranno il momento giusto.»

«Non voglio attaccare per primo.» Fritigerno tamburellò con le dita tra l'erba secca, facendola frusciare. «Ma nemmeno attendere troppo. Non sappiamo quando arriverà Graziano.»

«Allora devi provocarli.» Marco lo fissò. «O far loro credere di essere in vantaggio.» Sogghignò. «I Romani hanno molta fiducia in se stessi.»

Fritigerno annuì. «Troppa, forse.» Senza staccare gli occhi dalla strada in lontananza, Fritigerno alzò la mano. Al suo cenno, Waduulf si chinò a sussurrare poche parole all'orecchio del più anziano tra i capi.

La nuvola di polvere si stava avvicinando. Oltre la cortina rossastra si intravedeva lo scintillio del metallo.

«Pensano già di essere in vantaggio» mormorò Fritigerno. «Basterà schierarsi e attendere.»

Alle sue spalle, i guerrieri si stavano radunando. Fritigerno osservò le schiere, i volti gravi degli uomini in prima fila. Altri continuavano a giungere dal versante opposto della collina. Rivoli di guerrieri, abbigliati con i colori scuri dell'autunno. Il cerchio di carri si stava riempiendo di migliaia di uomini, mentre le donne cercavano con gli occhi i loro compagni, sollevando i figli più piccoli perché potessero vederli.

Quando Waduulf tornò indietro, si accostò al *reiks*. «La cavalleria?» domandò.

Fritigerno osservò il sole. «C'è tempo.»

«Che facciamo, ora?»

«Andiamo a farci vedere dai Romani. Fate spiegare gli uomini. E attendiamo.» Sollevò appena gli angoli delle labbra, in un sorriso sottile. «In silenzio, finché non ve lo dirò io.»

3

«Traiano sta schierando la fanteria.» Il morello di Sebastiano scalpitò, gli zoccoli che raschiavano il terreno asciutto e biancastro. «Oggi la faremo finita.» Frigerido accanto a lui approvò con un gesto del capo.

Valente premette le dita sull'angolo dell'occhio malato, costringendolo a fissare in avanti. «Così sia» mormorò. Quel giorno la corazza gli pareva pesare più del solito. Mosse una spalla, a disagio, cercando sollievo. Inarcò la schiena, percependo uno scricchiolio corrergli lungo la colonna vertebrale.

Erano su un poggio riarso, coperto di ulivi pietrosi e contorti, a poche pertiche dal corso vorticoso del Tonzos. Un gruppo di generali con il loro imperatore, accompagnati dalla scorta e da un drappello di cavalieri in equipaggiamento leggero, pronti a lanciarsi verso le truppe per portare gli ordini dell'imperatore. Con la coda dell'occhio sano, Valente poteva vedere Vittore, un po' discosto e scuro in volto. Alle sue spalle, nascosto dietro la sagoma massiccia di Ricomere, spuntava appena il volto paffuto di Saturnino, tacito come sempre. Il vento rovesciava le foglie degli ulivi, facendole luccicare come scaglie metalliche.

Nella pianura, le legioni si disponevano in ordine di combattimento. Uomini quasi a contatto, file serrate, irte di lance, gli scudi rotondi disposti a formare una barriera. Il sole picchiava come una mazza sulla nuca e le cotte di maglia erano ruvide e pesanti: dove non arrivavano le tuniche, gli anelli metallici segnavano strisce rossastre e rigonfie sulla pelle.

Nel riflesso abbagliante dei dragoni dorati degli stendardi i soldati seguivano rapidi gli ordini gridati dai sottufficiali. Di fronte a loro, una massa oscura e immobile. I Goti avevano abbandonato il cerchio di carri ed erano schierati in cima all'altura. Attendevano in silenzio, ordinatamente, le cotte e le armi luccicanti come denti esposti al sole.

«Ecco gli *auxilia.*» Frigerido accennò in basso.

I reparti barbarici, poco più di un centinaio di uomini ciascuno, tutti altamente addestrati, si stavano sistemando sui fianchi delle legioni. Gli scudi dei *Lanciarii,* al centro dello schieramento, mostravano il loro sole dorato in campo scarlatto. Alla loro destra erano già disposti i *Mattiarii,* una *crux decussata* al centro dello scudo e quattro frecce rivolte ai punti cardinali. Una testuggine irta di punte e di lame.

«Gli uomini migliori» mormorò Sebastiano. «Toccherà a loro l'impatto.»

«Come le falangi di Alessandro» approvò l'imperatore.

I soldati si muovevano orgogliosi, precisi come i pezzi di uno strumento collaudato da secoli. Dopotutto, quella non era che una battaglia. Una delle tante, anche se preceduta da Marcianopoli e *Ad Salices.*

«La cavalleria gota?»

«Non ce n'è traccia, Augusto.»

Valente annusò l'aria. L'odore secco della polvere presto sarebbe stato sovrastato da quello del sangue. Quello era il giorno del sangue, il suo giorno. Dopo Adrianopoli, si sarebbe parlato di Valente. Non più di Valentiniano. Non solo di Graziano.

Colto da un pensiero improvviso, si voltò verso Vittore. «Ertegul?»

Il generale fece avvicinare il cavallo. Sul suo volto era passato un moto di disprezzo, subito represso. «Il monaco non s'è visto.»

«Fallo cercare. Lo voglio al mio fianco.»

«Come tu ordini.»

I soldati continuavano a disporsi, muovendosi rapidamente, formando sul terreno figure geometriche che altrettanto in fretta si disperdevano, per tornare a delinearsi. L'ala sinistra, verso il Tonzos, era ancora sguarnita. Gli *Scutarii,* alla retroguardia durante la marcia, erano in ritardo. Di fronte ai fanti, gli arcieri avevano piantato dei pali aguzzi e si erano inginocchiati dietro a essi, ginocchio piegato, arco in pugno. Qualche freccia era già partita, ma subito i sottufficiali avevano ristabilito l'ordine.

Valente gettò uno sguardo alle spalle. Gli *Scutarii* erano in arrivo e Batraz, con i *Gentiles Seniores,* aveva già preso posto all'ala destra dello schieramento. Tutto era in ordine.

Ma Ertegul, Ertegul, dov'era?

4

«Gli ordini sono di disporsi all'estremo dell'ala destra, a oriente degli altri reparti.» Farnag scrutava attento i catafratti che sfilavano davanti a lui e a Batraz. Facendo avanzare il baio di un passo, ne fermò uno, indicandogli la lancia. L'uomo la sollevò, facendola luccicare nel sole.

«È vecchia, ma l'ho affilata ieri sera.» Sorrise. «È una buona lancia. Mi ha già servito bene.»

Farnag fece un cenno d'assenso. «Va', allora.»

«A destra avremo quest'altro fiume in secca.» Batraz accennò verso meridione. «Percorrendolo si può raggiungere quella chiesa diroccata. Una buona via di fuga.»

«Per noi o per loro?» sorrise Farnag.

«Tu pensi che ce la faremo?»

Farnag non rispose subito. «Sembrano meno di noi.» Tornò a voltarsi verso lo schieramento dei Goti. «Sono silenziosi. Non c'ero abituato. E non si vede la cavalleria.»

«Proprio così.» Nel grande vuoto della pianura, Batraz si accorse d'aver mormorato. «Proprio così» ripeté.

«Ma noi l'abbiamo vista, quando seguivamo Fritigerno. E allora?»

Batraz scrollò le spalle. La vecchia cotta di maglia gli aderiva sul corpo come una seconda pelle. Un vestito.

«Sebastiano ha convinto l'imperatore che sono andati a cercare foraggio.»

«E dove?»

«Lontano, a settentrione. Dove fa meno caldo e l'erba non è così secca.»

Sotto gli zoccoli dei cavalli gli steli giallastri si sbriciolavano, aridi.

«Quindi pensa che non arriveranno in tempo?»

«Così pare.»

Farnag si appoggiò all'arcione, sollevandosi dalla sella. «Ho già le vesciche sul culo» si lamentò. «E me ne verranno altre, oggi.» Si fece pensieroso. «E tu che ne pensi?»

«Delle tue vesciche? O del tuo culo?»

Una risata rapida, secca. «Della cavalleria.»

«Penso che, se Valente conoscesse meglio Fritigerno, non si fiderebbe.»

«Lo credo anche io.» Farnag si sporse per vedere meglio il fiume in secca. «Quella chiesa in rovina potrebbe esserci utile, allora.»

Con un sorriso amaro, Batraz diede un colpo di talloni sui fianchi del suo sauro. Tra i *Gentiles Seniores* che sfilavano – cinquecento uomini; i suoi uomini – aveva scorto il corpo grosso e pesante di Dadakos passare accanto a Dodoi. Li chiamò con un gesto. Il viso del ragazzo sotto l'ogiva dell'elmo era pallido e risoluto.

«Voi due, ricordate. Non dovete mai perdere di vista la ragazza.» Batraz indicò il fondo della fila di cavalieri, dove, tra i mantelli neri, oscillava la treccia bionda di Leimeie. «Mai. Se non volete vedervela con me.»

I due cavalieri annuirono. Poi, Dadakos aprì la bocca in un sorriso, mostrando i grandi denti cariati. «Stanne certo, *magister.* Temo molto di più la tua rabbia di quella dei Goti.»

«Fai bene. La mia rabbia è il tuo inferno.»

Osservando il volto immobile di Batraz, lentamente Dadakos richiuse la bocca, facendosi serio come un bambino rimproverato.

«Saremo sempre al suo fianco» Dodoi si affrettò a intervenire. «Puoi esserne sicuro, *magister.*»

«Lo so. Mi fido di voi.» Li salutò e i due si allontanarono per raggiungere Leimeie. Le si affiancarono e Dodoi le si accostò, sussurrandole poche parole all'orecchio. Le labbra della ragazza si contrassero, mentre cercava con lo sguardo Batraz. Gli passò davanti, seguita dalla sua scorta, fissandolo con occhi duri e irosi, senza una parola.

«Forse la sua rabbia è il tuo inferno, amico mio.» Farnag aveva un lampo divertito negli occhi.

«Puoi dirlo forte.» Batraz annuì. «Ma anche se io non credo nell'inferno, penso che sarà oggi. E non sarà certo come la rabbia di una donna.»

«Hai cattivi pensieri?»

«Stanotte ho sognato il cane. Il mastino di Simargl. Aveva il muso imbrattato di sangue. E tra i denti teneva una corona.»

«Non è necessariamente un cattivo auspicio» sussurrò Farnag.

Batraz si voltò bruscamente, fissandolo, finché Farnag non distolse lo sguardo. «C'era una donna a terra. Non ho visto il suo volto.»

Tacquero, poi Farnag allungò una mano e la posò sulla spalla dell'amico. «Sarà quel che sarà. Non siamo noi a decidere il nostro destino.» Tolse la mano. «Guarda» disse poi. «Cassione e Bacurio sono in arrivo. Sono buoni guerrieri. Tu li conosci bene?»

Batraz annuì. «Bacurio viene dal Caucaso. Sa combattere. Ma è avventato.»

«Ci penserà Vittore a tenerlo a bada.»

«Lo spero.» Batraz raccolse le redini. «Tu rimani qui. Io vado a parlare con Vittore.» Si allontanò al piccolo trotto, verso il poggio che sovrastava il Tonzos. Farnag lo guardò mentre si allontanava, nero come pece contro il chiarore calcinato del giorno.

5

«Siamo di nuovo qui.» Sesto Autronio si appoggiò allo scudo. «Un'altra bella giornata, ci aspetta.» Sputò nell'erba polverosa. Poi sollevò lo sguardo, fissando il sole. «E si crepa di caldo.»

Numerio annusò l'aria. «C'è odore di merda.»

«Qualcuno se la sarà fatta addosso» Sesto Autronio ghignò. Con il gomito allontanò un legionario che gli sfiorava la spalla. «Siamo troppo vicini. Se quelli ci attaccano non possiamo neanche tirar fuori la spada.» Si sporse verso destra. «Ehi tu, Rutilio. C'è puzza di merda. Ti sei cagato addosso?»

La fila di uomini fu attraversata da una risata che si sollevò come un'onda, mentre Rutilio, i denti scoperti, sporgeva verso il compagno la mano con il medio alzato.

«*Digitus impudicus!*» Sesto Autronio sghignazzò, un filo di saliva che gli colava dalla bocca. «Non farti vedere dalle ragazze, Rutilio. Altrimenti quel dito te lo ficcherebbero loro.»

«Silenzio!» Una voce ruggì poco lontano. Di botto, i legionari tacquero, raddrizzando il dorso e fissando in avanti. Manlio, il tribuno, passò tra le file.

«Silenzio. Siete soldati di Roma o cani bastardi?» Con un ramo che teneva in mano il tribuno assestò una sferzata nel mucchio. Dopo un ultimo sguardo iroso, si allontanò a grandi passi.

«Woof, woof» abbaiò piano Sesto Autronio. Ammiccò allo sguardo scandalizzato di Numerio. «Siamo cani, no? Cani bastardi.»

6

Marco si asciugò il sudore che gli colava negli occhi. Indossava una casacca di lana marrone, cucitagli dalla moglie di Waduulf, troppo pesante per il clima.

«Quanto dovremo aspettare ancora?» Erano in prima fila, sul bordo del declivio che conduceva alla pianura, dove le legioni si muovevano rigorose come formiche guerriere. «Si stanno schierando. Non li coglieremo mai di sorpresa.»

Waduulf non si voltò nemmeno. «Aspetteremo finché non ce lo dirà lui.» Accennò verso il centro della fila, dove il cavallo grigio di Fritigerno spiccava tra gli uomini appiedati. Il gigante sospirò. «E non possiamo nemmeno urlare.»

«E credi che le tue grida farebbero paura ai Romani?»

«No. Ma mi farebbero certo pensare di meno al caldo.»

Waduulf appoggiò sul terreno la mazza, la fece ruotare, scavando una buca nella terra argillosa, e vi gravò con tutto il suo peso. «E mi fa anche male la schiena.» Con la sinistra, assestò meglio sulle spalle i foderi delle due spade.

«Ma le hai sempre usate entrambe?» Lo sguardo di Marco era incuriosito.

«Ho imparato dai Sarmati. Ricordi il luogotenente di Batraz?»

«Farnag? Non l'ho mai visto combattere.»

«Sei stato fortunato, allora. Ma oggi imparerai qualcosa.»

Marco sollevò le sopracciglia, perplesso.

«Guarda!» L'esclamazione di Waduulf lo riscosse da pensieri poco piacevoli, dove danzavano vorticosamente due lame gemelle.

«Guarda» ripeté il Goto.

Intorno a Fritigerno s'era formato un assembramento, dominato dalle ampie spalle di Alatheus. Fritigerno era smontato e discuteva animatamente con il Greutungio. Saphrax, alle sue spalle, annuiva con vigore.

«Si prepara qualcosa» sussurrò Marco.

Vennero condotti dei cavalli dal cerchio dei carri e una mezza dozzina di guerrieri vi montarono. Uno di loro si sporse dalla sella per ricevere da Fritigerno quello che sembrava un papiro avvolto in una striscia di tessuto rosso. Poi i cavalieri, al comando di un guerriero anziano, s'incamminarono lungo il pendio.

«Vanno a negoziare» constatò Waduulf.

«Negoziare? Ma oggi si combatte.» Marco si aggrappò al braccio di Waduulf, cercando di sporgersi oltre il mare di teste e di elmi che lo circondava. Due dei cavalieri si erano distaccati dal gruppetto e galoppavano verso settentrione. «Hai visto?» La sua voce era incalzante. «Alatheus e Saphrax se ne vanno.» Si voltò verso Waduulf. «Ci abbandonano!»

«Aspetta qui.» Waduulf dischiuse le labbra, mostrando i denti come un cane e sgusciò via tra la folla dei guerrieri. Attorno a Marco gli uomini sembravano eccitati più che sorpresi. Molti sorridevano, scambiandosi pacche sulle spalle, altri passavano le mani sulle spade e sulle lance con qualcosa di molto simile all'affetto. Nonostante il lungo tempo che aveva passato con loro, pensò Marco, non li avrebbe mai capiti del tutto. Forse era per quello che barbari e Romani dovevano battersi. Non c'era posto per entrambi nell'impero. Forse non ce n'era nel mondo.

«Che succede?» si decise infine a domandare a un guerriero che lo spingeva per avvicinarsi di più alla prima linea.

«È tempo di battaglia» lo rimbeccò l'altro, infilandosi con le spalle tra la folla e raggiungendo il ciglio della collina. «Ecco quel che succede.»

Marco lo fissò stupito. «Ma sono appena partiti per andare da Valente.»

Il guerriero lo guardò con sufficienza. «È per questo che tra poco combatteremo.»

Marco tacque. Il suo stomaco era un groviglio. Paura, certo, come prima di ogni battaglia. Strinse la sinistra intorno all'impugnatura dello scudo, dominando le fitte di dolore che gli provenivano dalla spalla. Paura e dolore. Non c'era altro. Pensò ai bambini che aveva fatto uccidere presso il Danubio. Si domandò perché gli venissero in mente proprio allora.

Pareva un tempo infinitamente lontano.

7

Quando Batraz raggiunse il poggio, i cavalieri goti erano a poche decine di pertiche di distanza. Li vide attraversare la terra di nessuno tra i due schieramenti, al passo tra l'erba bruciata dal sole, preceduti dall'insegna su cui era dipinta con mano incerta una testa di lupo. Si attardò a osservare le loro ombre che iniziavano ad allungarsi.

Il pomeriggio avanzava.

Batraz spronò il baio lungo il pendio e superò al galoppo Saturnino, isolato sul crinale, inzaccherandogli di terra e sabbia il mantello. Salutò Ricomere con un cenno del capo e trattenne bruscamente il cavallo accanto a Vittore. Il baio, non abituato a una mano così pesante, inarcò il collo con un nitrito di protesta, pestando violentemente sul terreno. Batraz lo accarezzò, passandogli le dita sulle vene rigonfie e sussurrandogli all'orecchio, e allungò la mano fino a sfiorargli le narici. Il cavallo si chetò, mettendosi a brucare lentamente.

«Che succede?»

Vittore alzò le spalle. «Negoziatori.»

«Valente vorrà trattare?»

«Non lo so» rispose Vittore. «Sebastiano e Frigerido vogliono chiudere definitivamente la faccenda.»

«Ricomere?»

Vittore si guardò intorno. Ricomere cercava di evitare Saturnino che continuava a seguirlo. «Non è d'accordo.» Abbassò la voce. «Preferirebbe attendere Graziano. Pochi giorni, dice.»

«E tu, come pensi finirà?»

Senza rispondere, Vittore indicò il cielo. Sopra di loro volava un corvo, in cerchi che si stringevano a spirale per poi tornare ad allargarsi.

«Non ho mai visto un corvo comportarsi così» disse Batraz.

«Nemmeno io. Ci segue fin da Melantia.»

«Un presagio?»

«Un cristiano non crede ai presagi.»

«Io non sono cristiano.» La voce di Batraz s'indurì. «E il corvo porta la morte.»

«Svetonio dice che porta la speranza. *Cras, cras,* fa il suo verso. Domani, domani.»

«Credi a Svetonio, se vuoi.» Con uno strattone alle redini, Batraz fece girare il cavallo. «Domani, domani. Mi hai sempre parlato di domani.» Si voltò, fissando l'amico con occhi ostili. «Non c'è domani. Non si può sempre temporeggiare. C'è solo oggi. E oggi si combatterà e non saremo noi a deciderlo. È il giorno del sangue.»

8

«Hai visto?» Sesto Autronio inclinò in avanti lo scudo, appoggiandovisi con le braccia. «Sono stanco.» Posò la fronte sulle mani intrecciate.

«Cosa?» Numerio era disorientato.

«Lassù» disse il veterano senza alzare il capo. «Guarda bene.»

Sul poggio dove svettavano le insegne di Valente, un gruppo di Goti era in attesa, controllato dagli uomini di Cassione. I cavalli brucavano indolenti e gli uomini parlottavano tra di loro, sotto lo sguardo degli *Scutarii*. Circondato dai suoi generali, Valente aveva svolto un rotolo di papiro e leggeva attentamente, la mano che copriva l'occhio malato. Con un gesto brusco tese il papiro a Sebastiano, per tornare a fissare la pianura.

«Che succede?» domandò Numerio.

«Trattano.» Sesto Autronio infilò a stento le dita sotto l'elmo. L'imbottitura di panno era fradicia di sudore. Si frugò tra i capelli. «Trattano. I Goti hanno inviato una lettera all'imperatore.»

«Come fai a dirlo?»

«E cosa vuoi che sia?» Sesto Autronio schiacciò tra le unghie un pidocchio. Osservò i polpastrelli, lucidi di grasso e chiazzati di sangue, e se li strofinò su una coscia. «Quello è un papiro. E sul papiro ci scrivono delle cose. Una lettera d'amore?»

Numerio annuì. Sulla collina, tra gli ufficiali era evidente un certo fermento. Dal gruppo si staccò l'alta figura di Ricomere, che si avvicinò all'imperatore. Valente e il generale di Graziano conversarono a lungo, le teste accostate. Poi, Ricomere si allontanò, dando un ordine a uno dei cavalleggeri in attesa, che subito raccolse le redini e partì verso le retrovie.

«E ora che succede?» Numerio non aveva staccato gli occhi dalla scena.

«Chiedilo a qualcun altro. Io non lo so.» Sesto Autronio schiacciò un altro pidocchio. «Aspettiamo e capiremo.»

Il sole aveva appena iniziato a calare, ma il caldo rimaneva torrido. L'aria secca asciugava la pelle e le labbra e la lingua di Numerio era incollata al palato.

«Ho sete» disse il legionario.

Sesto Autronio scosse la fiasca che portava al fianco. «Vuota, maledizione» imprecò. «E la tua?»

«Vuota. Che si fa?»

«Si attende.»

Il tempo trascorse. Il sole, lentamente, continuava a scendere.

«Qui si muore.» Numerio allontanò le mosche che gli ronzavano attorno al capo.

Sesto Autronio fissò lo schieramento dei Goti. Gli uomini erano immobili, molti a capo scoperto. «Quei bastardi non hanno sete?»

«Ecco» bisbigliò Numerio.

Un gruppo di cavalleggeri aveva raggiunto il poggio. Ricomere stava indossando una veste rossa, mentre uno dei cavalleggeri conduceva una mula riottosa carica di una voluminosa cesta.

«Che fanno?»

«Sei proprio un ragazzo. I Goti hanno chiesto un ostaggio. Un uomo importante. Ricomere si deve essere offerto. Ma deve portare con sé le prove del suo valore. Altrimenti i Goti crederanno che gli abbiamo inviato un pezzente.»

«È un Franco, vero?»

«Così dicono.»

Il generale ora discendeva verso la pianura, preceduto dai Goti e seguito da cinque legionari.

«E quello chi è?» domandò Sesto Autronio a voce bassa.

Una nuvola di polvere si stava avvicinando all'ala sinistra romana, dove gli *Scutarii* erano in prima linea. Un cavallo nero, un uomo solo, in una tunica bianca, un pesante involto sulle spalle.

Sesto Autronio strizzò gli occhi nel riverbero del sole. «È il monaco» disse. «Il monaco dell'imperatore.»

IL GIORNO DEL SANGUE

1

La piana nei pressi di Adrianopoli, Tracia. Anno MCXXXI dalla fondazione di Roma, V giorno prima delle Idi di agosto (9 agosto 378 d.C.).

All'ala sinistra, gli *Scutarii* formavano un muro di scudi raggiati dal bordo porpora. Gli arcieri a cavallo erano in prima fila, mentre dietro di loro si erano allineati gli altri reparti. I vessilliferi, l'elmo coronato da una testa d'orso, sorreggevano le insegne dove luccicavano le aquile d'argento dorato. Tutto era pronto, pensò Bacurio, godendosi il luccichio degli elmi.

«*Merda!* Cosa stanno facendo, adesso?» Cassione, a fianco di Bacurio, era voltato di spalle. Teneva gli occhi socchiusi, per proteggersi dal sole.

Sulla collina, dietro lo schieramento dei Goti, le donne avevano abbassato il telo che ricopriva uno dei carri e vibravano colpi regolari su pelli d'animale tese su vasi di terracotta. Il suono riempiva la pianura.

Bacurio non rispose subito. Ascoltò i tonfi cupi salire dalla collina. Sentì un brivido percorrergli la schiena e per un momento gli parve che il cielo si facesse buio, scuro come quel suono.

«Tamburi» disse infine. «Come quelli che usa la mia gente, nel Caucaso.»

Nel pulsare dei tamburi, Ricomere avanzava con la sua

scorta. Passando di fronte a Bacurio gli rivolse uno sguardo vuoto e proseguì, seguito dalla mula con il suo carico.

«C'è qualcosa che non va.» Cassione scosse il capo. «Non gridano. Non hanno mai gridato. E ora... ora questo.» Si portò una mano alla fronte, stordito dal suono che rimbombava nel semicerchio delle colline.

I Goti formavano una massa scura e allungata dove il pendio della collina si appianava prima di scivolare verso la pianura. Diecimila, forse di più, parevano una nuvola bassa e buia di tempesta. Quasi tutti a piedi ma bene armati, pensò Cassione. Certo: armati con le corazze dei Romani, con le loro spade. Sdegnato, calcolò la distanza che separava i due schieramenti: non più di un centinaio di pertiche. La nuvola ora sembrava un'onda irta di punte, che si sollevava e si riabbassava.

«È cambiato il vento.» Bacurio fece una smorfia di disgusto. L'aria era densa di un lezzo greve e dolciastro. «Puzzano.»

La prima fila degli *Scutarii* controllava a stento i cavalli, innervositi dal suono dei tamburi. Un arciere incoccò una freccia, la mira sui Goti che accompagnavano Ricomere.

«Fermo, stolto! Dobbiamo attendere gli ordini.» Cassione lo bloccò con un grido. Il suo cavallo si sollevò sulle zampe anteriori, scalciando. Cassione lo costrinse a una semigiravolta, frenandolo con le redini accorciate. «*Mehercules!* Non li tratterremo a lungo in questo bordello.» Si fermò, tese l'orecchio, con un sorriso brutale. «Ecco la risposta.»

Dalle file della fanteria romana si innalzava il *barritus*. I legionari, in risposta al suono dei tamburi e senza che nessuno lo avesse ordinato, avevano anche iniziato a picchiare ritmicamente le impugnature delle spade contro gli scudi. Il fragore pareva quello di una frana, come se, da qualche parte, lì vicino, la collina si fosse spaccata e fosse rotolata, pezzo dopo pezzo, in un vuoto concavo, risuonante.

«Vogliamo batterci!» Un grido isolato si alzò dalle file degli *Scutarii*. Cassione e Bacurio si scambiarono un'occhiata tesa, impaziente. Poi, bruscamente, dai cavalieri si levò un mormorio. Bacurio indicò con lo scudo verso occidente.

«Guarda!» Una nuvola di fumo, percorsa da striature rossastre, costeggiava il letto del Tonzos.

«Hanno dato fuoco all'erba secca.»

«Dobbiamo attaccare!»

«Valente è sceso dal poggio. Presto ci sarà l'ordine.» Cassione era sconcertato. Gli *Scutarii* non riuscivano più a tenere calmi i cavalli, che piroettavano su se stessi, scalpitando.

«Batterci! Vogliamo batterci!» Il grido isolato si ripeté.

Bacurio continuava a osservare la nube di fumo. «Non capisco.»

«Vogliono impedirci di vedere i loro movimenti.»

Bacurio scosse il capo. «Non ha senso. Da questa parte ci sono i canneti. Il fuoco si fermerà prima.» Afferrò il braccio di Cassione. «C'è qualcuno che arriva.»

Fuggendo dal fuoco che avanzava, un cavaliere in tunica bianca spronava il suo morello verso di loro.

«È il monaco. Il monaco dell'imperatore.»

«Che cosa succede?» Bacurio diede uno sguardo tutto intorno. Le linee romane si erano spezzate qua e là, per l'avanzare scoordinato di alcuni reparti. «Che cosa succede?»

Nel fragore, il gruppo che conduceva Ricomere si era arrestato, circa a metà cammino. Il generale si voltò verso gli *Scutarii*, esitante.

Poi, per un momento vi fu silenzio.

I tamburi e il *barritus* tacquero contemporaneamente e nell'aria Bacurio poté sentire il sibilo di una freccia. Il Goto al comando degli ambasciatori crollò sul collo del cavallo, un'asta di legno infissa tra le spalle. Esplose il clamore dei Goti: grida selvagge, simili a lamenti rabbiosi d'animali feriti, subito sovrastate dal battito dei tamburi. Due dei barbari corsero a sostenere il compagno, mentre un altro, la spada sguainata, il volto contratto in uno spasimo di rabbia, galoppò verso Ricomere.

Fu allora che gli *Scutarii* fecero partire un nugolo di frecce. Le frecce si alzarono, raggiunsero l'apice, ricaddero: i Goti si abbatterono a terra, mentre Ricomere si precipitava a briglia sciolta verso le legioni.

Una pausa. Tutto parve immobilizzarsi.

Poi gli *Scutarii*, senza che fosse stato dato un ordine, lanciarono un unico, breve grido e si gettarono in avanti, contro l'ala destra dei barbari. Bacurio venne trascinato dal cavallo, rischiando di essere scaraventato a terra. Sfoderò istintivamente la spada, istintivamente accompagnò il grido dei suoi uomini. Sentì un rombo cupo nelle orecchie e rise.

Gettò un ultimo sguardo a sinistra.

Vivido contro la barriera rossa delle fiamme, Ertegul era immobile. Nella destra impugnava ancora l'arco.

2

Al centro dello schieramento, Traiano udì il grido di battaglia e scorse l'ala sinistra della cavalleria precipitarsi contro la fanteria gota.

Era sconcertato. Non aveva ancora ricevuto l'ordine di attaccare e poteva vedere Valente avvicinarsi alle retrovie, al piccolo trotto. Tutto pareva ancora sospeso. Tutto normale, come prima della battaglia. Si voltò: gli *Scutarii* avanzavano coperti dagli arcieri. Le file dei Goti ondeggiarono. Il successo, la gloria, stavano là. Bruscamente, prese la sua decisione. Levò alta la destra, osservando il sole che si rifletteva sul metallo della spada. Non s'era nemmeno reso conto d'averla estratta dal fodero. «È il segnale!» gridò.

I trombettieri al suo fianco alzarono le lunghe trombe diritte, con una serie di squilli laceranti. Il *barritus* si alzò più intenso, e le legioni gridarono a loro volta. Un suono unico, che riempì la valle; poi, in silenzio, i Romani iniziarono a correre incontro ai Goti, in un rumore assordante di metallo. I barbari attendevano immobili, protetti dagli scudi, le lance protese. L'aria era colma del rumore dei passi dei legionari, dello strepito delle armi che si urtavano nella corsa. Una nuvola di polvere si sollevò, avvolse tutto, offuscò la vista.

«*Pila*.» L'ordine dei *centenarii* risuonò nel silenzio innaturale e i giavellotti si abbatterono sulle prime file dei barbari.

«E uno!» Sesto Autronio, il respiro ansante, cercava di

non perdere l'allineamento con i compagni. Sfilò un secondo giavellotto dal fascio che portava dietro lo scudo, pronto a lanciare. Il volto dei soldati accanto a lui era sfigurato dalla sete, dal sudore, dalla rabbia. Dalla paura.

Un secondo lancio.

«Ancora tre» mormorò Numerio.

«E poi ci guarderemo in faccia!» Sesto Autronio rise, correndo, tossendo. «Questo è meglio del vino di Falerno.»

«Perché non ci vengono incontro?» Numerio contrasse le labbra, mentre sentiva lo scroto farglisi piccolo e dolorante.

Di fronte a loro i Goti non si erano ancora mossi. Avevano parato i primi lanci dei giavellotti grazie agli scudi e ora attendevano, i piedi nel sangue che aveva preso a scorrere imbevendo il terreno asciutto.

«E cosa vuoi che ne sappia!» Sesto Autronio accelerò, sulla breve salita che li avrebbe portati a contatto con il nemico. Spinse sui polpacci, il fiato sempre più corto. Gli pareva di avere la testa affondata tra le spalle, in attesa di una freccia, del sasso scagliato da un fromboliere. Dietro di sé avvertiva la presenza delle punte delle lance dei commilitoni. Se si fosse fermato, sarebbe stato trafitto, infilzato come un cinghiale allo spiedo. «Corri! Cerchiamo di finire presto!»

Al suo fianco, nella confusione, Rutilio ruzzolò tra le gambe dei legionari che li seguivano. Con uno strattone, facendo forza contro i corpi che premevano da tutte le parti, Sesto Autronio lo risollevò. Si fissarono per un momento, poi di nuovo echeggiò secco l'ordine:

«*Pila!*»

Fermarsi, inarcarsi, piegare il ginocchio, scagliare. Riprendere a correre. Un legionario cadde accanto a Sesto Autronio, l'asta di un giavellotto mal diretto infilata nella nuca, sotto l'elmo.

Correre, correre.

Vide i volti dei guerrieri che lo attendevano. Gli parvero, per un istante, assurdamente simili al suo.

3

Batraz raggiunse il monaco subito dopo l'attacco degli *Scutarii*. Gli strappò l'arco dalla mano. «Pazzo bastardo! Cosa hai fatto?»

Intorno a loro, confusione e fragore. Gli elmi crestati di rosso dei *centenarii* degli *Scutarii* scomparivano nel mare delle corazze luccicanti. A oriente, la fanteria aveva lanciato la prima ondata di giavellotti e si preparava per la seconda. Solo la cavalleria dell'ala destra ancora esitava. «I miei uomini.» Scagliò l'arco a terra. «Vittore, maledetto Vittore» imprecò. Si voltò verso Ertegul senza vederlo. «Vittore ha paura.»

Diede coi talloni nel fianco del sauro, poi, con un brusco strattone, lo costrinse nuovamente a fermarsi. Il cavallo ruotò su se stesso due volte, senza capire i comandi, la bocca rigurgitante bava verdastra.

Batraz fissò Ertegul. «Cosa hai fatto?» ripeté, i denti scoperti dalle labbra contratte.

«Ho fatto quel che si doveva fare.»

Immobili, restarono a guardarsi mentre intorno a loro il sole era offuscato dalla polvere e dal fumo dell'incendio. Per un momento a Batraz parve di essere in un altro luogo: quiete e silenzio stavano negli occhi del monaco.

«Il tempo dell'Anticristo è ora.» La voce di Ertegul era serena. «Tutto è connesso. Gog e Magog percorreranno la terra, come dicono le Scritture. E la Bestia vincerà. Tutto deve perire nel fuoco e nel dolore.» Sorrise. «Non lo sapevi, figlio? Eppure te l'ho detto.» Scosse il capo con un sorriso paziente.

«Tu sei pazzo» sussurrò Batraz senza riuscire a distogliere lo sguardo.

Continuando a sorridere, Ertegul estrasse un pugnale dalla tonaca e si passò la lama sul braccio. Le gocce di sangue caddero tra l'erba, dilatandosi. «Dio vuole anche il mio sangue. Come il tuo, come quello del mondo. Solo così, dopo l'Anticristo, verrà il Suo Regno.» Portò il braccio alla bocca, succhiando avidamente la ferita. Risollevò il capo. «È buono, il sangue.» Tese il braccio verso Batraz. «Bevi, figlio, bevi anche tu.»

Un dolore alla nuca. Un ansimare profondo, proprio lì, vicino, al loro fianco, sopra di loro. Batraz si passò la mano sulla fronte. Il dolore aumentava e con esso il clamore delle grida. Quella era Adrianopoli. Quello era il giorno. Il giorno del sangue. Sfilò con fatica la spada dal fodero, puntandola alla gola di Ertegul.

«Colpisci» bisbigliò il monaco. «Colpisci. Uccidimi. Prendi il mio posto. Sarai tu l'Anticristo. Guiderai la fine di tutto. Ho sempre saputo che saresti stato tu. Figlio.» Il monaco sorrideva, la bocca dischiusa, come fosse stata pronta per un bacio osceno.

La lama vacillò nella mano di Batraz. Con uno sforzo feroce, il Sarmata voltò la testa, sfuggendo agli occhi del monaco. La spada si abbassò.

«Tu sei pazzo» ripeté Batraz, colmo di rabbia e di paura. Fece voltare il cavallo. Gli *Scutarii* stavano raggiungendo la prima fila dei Goti. Al centro la fanteria s'era lanciata all'attacco, lasciando i *Lanciarii* e i *Mattiarii* di riserva. E l'ala destra era immobile.

Leimeie.

Il pensiero gli attraversò la mente come una frustata. Affondò i talloni nel ventre del sauro.

«Non puoi cambiare nulla!» La voce lo raggiunse da dietro le spalle. «Nulla! Non si può mai salvare nessuno!»

4

Fianco della collina, tratto pianeggiante; centro dello schieramento goto.

Marco piantò la lancia nel terreno, inclinandola in avanti ad angolo acuto. Assestò lo scudo. Gettò uno sguardo fulmineo sui fianchi. Dopo il primo lancio di *pila*, i Goti si erano allargati, allontanandosi tra loro di circa due passi. La seconda fila era disposta analogamente, ma in modo che ogni uomo chiudesse lo spazio lasciato libero da quelli della prima. E tutto questo senza ordini, ebbe il tempo di pensare. Tornò a guardare avanti. I fanti romani salivano in silenzio, rallentati dal pendio. Era quel silenzio che temeva: lo stesso che, da tribuno, aveva imposto ai suoi. Ora poteva intravedere le fattezze dei legionari. L'urto, attendeva l'urto reggendo la lancia, presentendo l'impatto nella spalla.

Fianco della collina, pendio; ala sinistra romana.

Gli *Scutarii* furono i primi a entrare in contatto. Dopo un'ultima salva di frecce si lanciarono sull'ala destra dei Goti, che oscillò come un ramo. Guadagnarono subito diverse pertiche di terreno.

Bacurio percosse con il piatto della spada un barbaro bruno, che indossava quella che pareva una corazza romana da parata. L'uomo vacillò, istintivamente cercò di afferrare la lama che lo aveva colpito. Uno strattone e le dita del Goto volarono nell'aria, mentre un getto di sangue inondava gli occhi di Bacurio. Senza vedere, il Romano allontanò con un calcio l'uomo che gli si era aggrappato alla sella e si voltò, roteando alla cieca la spada. Un sussulto: la lama era penetrata nella spalla di uno dei barbari che cercavano di serrarsi attorno al suo cavallo. Bacurio si rese conto di avere il respiro mozzo, il torace che doleva. Liberò la spada gettandosi indietro sul dorso del cavallo e sforzandosi di respirare. Intorno a lui gli *Scutarii* macellavano i Goti con colpi disciplinati e potenti. Spronò il cavallo, evitando una lancia puntatagli alla gola.

«Avanti!» Con un gesto incitò il *vexillifer*, a pochi passi da lui, ad avanzare. Ancora poche decine di pertiche e sarebbero arrivati ai carri. Sentì il cavallo scivolare nel sangue, arretrare e poi gettarsi di nuovo innanzi.

Piana; dietro le linee romane.

Batraz lanciò il sauro al galoppo lungo il retro dello schieramento romano. In fondo, presso il letto secco del fiume, vide i suoi uomini ancora immobili, disposti ordinatamente. Alla sua sinistra, correvano le legioni, insetti luccicanti coperti di metallo. Il sole si rifletteva sulle corazze, abbagliandolo. Batraz si chinò sulle orecchie del sauro. «Vola» sussurrò e sentì il dorso dell'animale flettersi e tendersi sotto di lui. Percepiva il dolore montargli lungo la schiena fino alla nuca, riempiendolo di forza e di desiderio di sangue.

L'ombra nera che gli correva davanti ululava al sole ormai rossastro.

Fianco della collina, tratto pianeggiante; centro dello schieramento goto.

L'odore di sangue era sempre più intenso. Waduulf vacillò sotto l'urto di una lancia che gli incrinò lo scudo per tutta la lunghezza. Afferrò l'asta con la grossa mano, torcendola e scaraventando a terra l'uomo che la impugnava. Fece un passo di lato e affondò la mazza sul capo del nemico. Uno schianto, un passo indietro, di nuovo al riparo dello scudo. I Romani avanzavano disciplinatamente, in file serrate, senza spazio tra gli uomini. Waduulf mulinò di nuovo la mazza, colpendo al collo uno dei legionari.

«Dietro di te!» Il grido di Marco.

Waduulf si piegò su un fianco, abbassando il capo contro la spalla. La lama di un Romano gli sfiorò l'orecchio, mozzandone la parte superiore. Nella selva di lance Waduulf lasciò cadere la mazza e serrò la mano intorno alla gola dell'avversario. Strinse, vedendo i globi oculari dell'altro ingrandirsi e quasi sporgersi dalle orbite. Poi sentì uno schianto sotto le dita.

Lasciò cadere il corpo con un gesto indifferente.

Un momento di calma. I Goti schierati nelle seconde file erano avanzati e ora sostenevano l'urto delle legioni. Waduulf si voltò verso Marco.

«Ti devo qualcosa» disse. Poi accennò alle brache del Romano. «Te la sei fatta addosso.»

Marco annuì, appoggiato alla lancia, cercando di riprendere fiato.

«Succede» aggiunse tranquillo Waduulf.

Ora i Romani gridavano e cercavano di compiere un ultimo sforzo, spingendo i Goti contro i carri. Qua e là lo schieramento a più file dei barbari aveva ceduto e lo scontro si stava trasformando in una serie di corpo a corpo.

Prima di risollevare la mazza Waduulf gettò lo sguardo verso il Tonzos. Le fiamme erano giunte ai canneti e si stavano abbassando, mentre la cortina di fumo si faceva più nera e greve. «Ora» mormorò tra sé. «Dev'essere ora o ci massacreranno.» Alzò la mazza, parando un colpo di spada che mirava alla sua testa e allo stesso tempo, con un movimento fluido, estrasse dalla cintura il pugnale, affondandolo tra le costole dell'assalitore. Frugò, cercando il cuore, finché non vide gli occhi dell'altro velarsi mentre un rivolo scuro gli colava tra le labbra.

Poi, urlando, tornò a gettarsi nella mischia.

Piana; ala destra romana.

«Dobbiamo attaccare!» Le labbra di Farnag erano pallide, aride. «È il momento, *magister*!»

«Non abbiamo ancora ricevuto l'ordine» sussurrò Vittore. «Non abbiamo ancora ricevuto l'ordine.»

«Ma quale ordine!» Farnag scosse violentemente il polso di Vittore che fissava immobile gli stendardi dell'imperatore confusi nelle retrovie. «La battaglia è iniziata. E noi non ci siamo. Se non attacchiamo ora squilibreremo il fronte. Ci aggireranno da questa parte.»

«Non possono.» La voce di Vittore era assente. «Non hanno cavalleria. L'imperatore dice che non hanno cavalleria.»

Farnag lo guardò ferocemente, gli occhi orlati di polvere e di terriccio. Si voltò bruscamente, raggiungendo i suoi uomini. I *Gentiles Seniores* erano in prima fila, davanti alle altre *scholae.* Nella confusione che iniziava a serpeggiare tra le file retrostanti, avevano mantenuto lo schieramento, controllati dagli ufficiali. Yaguz, la bocca coperta da un telo rosso, interrogò con gli occhi Farnag.

«Non vuole?» domandò dopo un breve silenzio.

«Aspetta gli ordini.»

«E noi?»

Farnag strinse le mani sulle redini. «E noi... dobbiamo aspettare Batraz.»

I catafratti osservavano il colloquio in silenzio, senza volgere il capo verso il frastuono della lotta. Da una delle file si staccò un cavallo, che trottò verso Farnag. Leimeie, pensò il Sarmata. E le sue ombre gemelle. Dodoi e Dadakos seguivano la ragazza a poco più di un passo.

Leimeie scivolò a terra. «Cosa stiamo aspettando?»

Farnag voltò il capo dalla parte opposta.

«Cosa stiamo aspettando?» Questa volta la ragazza gridò rabbiosa, strattonando il mantello di Farnag.

«Ordini, donna! Ordini!» esplose Farnag. «Vattene al tuo posto!» Farnag sputò di lato. «O tornatene a casa!»

«A casa? Ordini?» Il volto di Leimeie era stravolto dall'ira. Per un istante Farnag ebbe paura, come di fronte a un grosso cinghiale ferito. La ragazza lo afferrò per il braccio, costringendolo a voltarsi. «E quelli laggiù? Li vedete quelli laggiù?»

5

Fianco della collina, pendio; ala sinistra romana.

Fu Cassione il primo a scorgerli. Alzò la mano, senza dir nulla, i denti scoperti, gli occhi sbarrati.

Dalla riva del Tonzos, avvolta dal fumo dell'erba incendiata, sorgevano sagome a cavallo. Ondeggiarono come ombre nell'aria che vibrava per il calore, poi un colpo di vento disperse il fumo.

Cavalli. Centinaia e centinaia di cavalli.

«I Greutungi.» La voce uscì dalle labbra di Cassione in un soffio. Poi una freccia scagliata da uno dei carri si piantò nel punto in cui la cotta di maglia lasciava scoperta la carne sopra la clavicola. Cassione sentì il sangue invadergli i polmoni, soffocarlo, affogarlo. Come acqua, pensò, come acqua. Cadde lentamente, mentre i cavalieri di Alatheus piombavano alle spalle degli *Scutarii*.

6

Piana; retrovie romane.

«Arrivano! Arrivano!»

Per un istante l'urlo sovrastò il fragore. Valente s'interruppe bruscamente, battendo la palma aperta sulla mappa, distesa sullo scrittoio pieghevole. Frigerido balzò in piedi, e lo sgabello su cui sedeva cadde nell'erba con un tonfo. Valente lo guardò, come si guarda un animale morto o il tronco che ci sbarra la strada. Poi sollevò gli occhi. Sebastiano aveva l'espressione di chi è da tempo in attesa. Lo vide sorridere, come se un coltello gli avesse attraversato il viso. Gli altri ufficiali, in piedi accanto a loro, si erano assiepati, impedendogli di vedere chi avesse gridato. Rimase seduto, gli occhi fissi su un punto scuro nel cielo. Un corvo, gli aveva detto Vittore la sera prima. Un presagio.

Poi, a fatica, Saturnino si fece strada tra gli ufficiali, la tunica sporca di polvere rossastra.

L'imperatore aveva taciuto a mezzo di una frase. Vide Saturnino avvicinarsi, il viso tondo contratto in una smorfia di paura. Seguì con lo sguardo il suo braccio, che indicava verso oriente. Gli ufficiali si spostarono, aprendosi come un sipario.

Ecco, pensò l'imperatore, alzandosi lentamente. Ecco. Come nei suoi sogni; quelli di cui aveva parlato solo con Ertegul. E il monaco lo aveva rassicurato: non devi credere ai sogni, aveva ripetuto per l'ennesima volta. I sogni sono superstizioni; non sono mandati da Dio. Ma ora una nuvola di fumo offuscava il cielo. E davanti alla nuvola, nella nuvola, un fiume scuro di cavalieri entrava nella pianura, dividendosi in due gruppi. Ombre nere nella luce rossastra e velata. Valente sentì una mano invisibile serrargli la gola. I Greutungi. Alatheus. Il primo gruppo stava attaccando gli *Scutarii* alle spalle, mentre gli altri si stavano dirigendo verso di loro. Verso di lui.

In un istante, tra gli ufficiali, vi fu il caos.

«Il monaco» sussurrò Valente. «Trovatemi il monaco.»

Sebastiano, senza parlare, accennò con il mento. Valente si fece strada tra gli ufficiali, davanti alla pianura. Rimase abbagliato dal sole, un cerchio sanguigno che bucava il cielo illividito dalla polvere.

In testa ai cavalieri goti, in groppa a un morello (è nero come il cosmetico che le donne si spargono sui capelli, pensò Valente), cavalcava un uomo avvolto in una tunica bianca. Reggeva sulla spalla una croce. Poi l'uomo deviò verso la collina e la croce per un istante fu un profilo nella luce. Sul braccio superiore dondolava la testa mozza di un asino.

Fianco della collina, tratto pianeggiante; centro dello schieramento goto.

Fritigerno si accasciò contro la fiancata del carro. Il suo cavallo era stato abbattuto durante l'attacco della fanteria romana. Aveva cercato di estrarre il giavellotto dalla larga ferita all'occhio destro, ma il ferro dolce si era piegato tra le sue mani, mentre l'animale lo fissava quieto, e la punta dell'arma era affondata ancora nell'orbita. Incurante della mischia che divampava a pochi passi, aveva estratto il pugnale e lo aveva conficcato nei vasi pulsanti del grande collo. Aveva contraccambiato lo sguardo del cavallo, finché non lo aveva visto, dolcemente, confondersi.

Poi era ritornato a battersi, a piedi, spada e ascia.

Ora i legionari erano stati costretti a voltarsi all'indietro, per fronteggiare la cavalleria dei barbari in arrivo, e avevano allentato la morsa intorno ai carri. Fritigerno respirò pesantemente, nell'improvvisa bolla di quiete che lo circondava. A pochi passi da lui, un gruppo di *Scutarii* era stato appiedato e si era riunito in un cerchio che i Goti cercavano di aprire con finte e affondi.

La gamba destra gli pulsava con un dolore sordo; si passò le dita sulla coscia, ritraendole sporche di sangue. Sentì una mano posarglisi sulla spalla. Si voltò, il pugnale proteso, per trovarsi di fronte il volto di Marco, sconvolto dalla fatica.

«Ti stavo cercando, *reiks*.»

Fritigerno annuì. Anche muovere il capo gli costava sofferenza. «Mi hanno ferito» disse.

Marco si abbassò, allargando la lacerazione nel tessuto delle brache. «Non è profonda. Un colpo di taglio. Di striscio.» Strappò un lembo della blusa fradicia di sudore e lo ridusse in una serie di fasce che avvolse attorno alla coscia di Fritigerno. «Per ora dovrebbe bastare.» Si risollevò. «Poi toccherà a Igila curarti.»

«Igila è morto.»

Marco chinò il capo. «Non lo sapevo.»

«Non potevi saperlo. Una freccia. Era il suo tempo.» Fritigerno diede un'altra stretta alle fasce. «Trovami un cavallo.» Si rimise diritto. La ferita martellava, ma il sangue aveva cessato di scorrere.

Piana; ala destra romana.

Quando Batraz raggiunse i suoi uomini, pareva essere scesa prematuramente la sera. L'aria s'era fatta torbida e grigia, e oltre la cortina di polvere il sole iniziava a calare, denso e tondo come il tuorlo di un uovo. Odore di sangue, di metallo. Di visceri. Annusò avidamente.

«Eccoti, finalmente.» Nella luce livida, a grandi passi, Farnag camminava avanti e indietro sulla riva del letto asciutto del torrente. Quando vide Batraz gli si affrettò incontro, arrivandogli a pochi pollici dal viso. «Dov'eri, maledizione?» Lo urtò sulle spalle, costringendolo a fare un passo indietro, poi lo afferrò per la cotta di maglia. Aveva le mascelle contratte, gli occhi, arrossati dalla polvere, che parevano non vedere. «Dov'eri?» Lo scosse. «Dov'eri?»

Un vento caldo spirava tra i canneti rinsecchiti, facendoli scricchiolare.

Batraz gli posò una mano sulla spalla. «Perché non avete ancora attaccato?» domandò con voce tranquilla.

Gli occhi di Farnag ritornarono a fuoco. Lasciò la presa, inspirando a fondo. «Vittore. Aspetta ordini che non arrivano.» Appoggiò la mano su quella dell'amico, stringendola brevemente, poi si passò le dita sulle guance, premendo. «Stavo impazzendo di rabbia. E stavo per spezzarmi i denti.» Mosse le labbra, stirandole in un ghigno. «Dov'è l'imperatore?»

«Laggiù.»

Dietro il muro di scudi dei *Mattiarii* e dei *Lanciarii* oscillavano le insegne dell'imperatore. Tra le due legioni e la fanteria che combatteva sulle pendici della collina s'era aperto uno spazio di un centinaio di pertiche, dove si stavano gettando i Greutungi. Alatheus aveva diviso i suoi uomini in due gruppi, incuneandosi nello schieramento romano e spaccandolo in due. Un contingente aveva accerchiato gli *Scutarii*, mentre il secondo stava per entrare in contatto con i primi manipoli delle legioni rimaste in difesa di Valente.

Farnag annuì. «Che facciamo?»

«Vittore?»

Farnag indicò un gruppo di alti ufficiali pochi passi più in là. Tacevano, i volti angosciati. Uno di loro si teneva discosto dagli altri, osservando lo scontro.

Quando Batraz lo raggiunse, volse appena il capo. «Ti aspettavo.» Sorrise ironicamente. «I tuoi uomini sono furiosi.»

«Dovevi dare l'ordine di attaccare.»

«Avevamo perduto ancora prima che la battaglia iniziasse.»

«Abbiamo perduto quando abbiamo pensato che la loro cavalleria non sarebbe arrivata in tempo.»

Sulla collina gli *Scutarii* erano in rotta. I cavalli, folli di paura, fuggivano sotto i colpi di lancia dei Goti che li spingevano lungo il pendio. Sdrucciolavano, cercando di mantenere l'equilibrio; vacillavano, rovinavano a terra, le zampe sghembe e spezzate, schiacciando sotto i dorsi i corpi scalcianti dei cavalieri. La collina era nera di sangue.

Vittore sollevò il capo. Nella foschia rossastra, un corvo volteggiava in cerchi sempre più stretti. «Avevi ragione tu, amico mio. Non c'è domani.» Il corvo gracchiò, innalzandosi lungo una corrente di aria calda.

«Che vuoi fare?»

Vittore scosse il capo. «Non ha senso far massacrare altri uomini. Cercherò di portare Valente in salvo.»

«Le riserve?»

«Solo gli *auxilia* dei Batavi. Non cambierebbe nulla.» Vittore fece un cenno e uno degli ufficiali si avvicinò, conducendogli il cavallo alla mano.

«Non c'è domani» ripeté Vittore. «Abbiamo perso.»

«Non abbiamo ancora combattuto.»

«Non servirà a nulla. Non possiamo vincere.» Vittore montò. Si sporse per fissare l'amico. «Vieni con me. Raggiungeremo Adrianopoli.»

Batraz esitò. Pensò alla città. Al cibo, al vino. Al fresco delle sere estive. Al corpo di Leimeie. Poi pensò al suo volto e ricordò la visione nel tempio della Grande Madre, a Cabyle.

«Va' tu» disse. «Io rimango.»

Vittore lo guardò a lungo. Poi annuì. «*Vale.*» Fece girare il cavallo su se stesso. Gettò un ultimo sguardo all'amico e ritornò verso i suoi uomini.

7

«Non c'è spazio!» La voce di Numerio era soffocata. Si combatteva fianco a fianco, i corpi schiacciati dai corpi, gli anelli delle maglie di ferro che penetravano nella carne. Numerio spinse con tutte le sue forze, riuscendo ad allontanare uno dei suoi compagni. Respirò profondamente l'aria secca che gli parve fresca e profumata, ma poi subito la pressione tornò a opprimerlo.

«Dove sei, ragazzo? Dove sei?» Da qualche parte, oltre il muro di corpi, oltre le grida confuse, la voce di Sesto Autronio era una cantilena roca. Numerio sentì i piedi scivolare sul sangue viscido e grumoso. Perse il contatto con il terreno proprio mentre la pressione sulla sua schiena aumentava. Si sentì trasportare in alto da quella massa di carne martoriata e urlante. Sbucò fino alle spalle oltre le teste dei suoi compagni, le gambe che si agitavano debolmente a cercare la terra, il fiato mozzo che bruciava nel suo torace come un fuoco.

Vide la pianura gremita di soldati, il sangue che si allargava in larghe pozze che la terra assorbiva. Vide la cavalleria gota dividersi in tronconi e attaccare le retrovie dove oscillavano pallide le insegne imperiali. Poi, tra i cavalieri, vide una croce innalzarsi e per un istante fu felice. La croce si voltò e vide che da essa pendeva una testa mozza, bagnata di sangue. Una testa d'animale. L'Anticristo, ebbe il tempo di pensare, poi la pressione intorno a lui aumentò e nel rombo che gli invadeva le orecchie sentì lo schianto di qualcosa che si rompeva dentro di lui.

8

Il sole stava calando oltre il Tonzos quando i *Gentiles Seniores* si mossero dalla riva del torrente in secca.

Avanzarono al passo per qualche pertica. Sulla collina, la fanteria e la cavalleria, schiacciate dai Tervingi e accerchiate dagli uomini di Alatheus, si stavano ritirando disordinatamente, inseguite dai Goti, mentre l'altro contingente di Greutungi aveva ormai attaccato le retrovie, dove i catafratti di Vittore erano giunti in soccorso di Valente. Tra i due tronconi superstiti dell'esercito romano si stendeva l'erba riarsa, ora colorata di rosso dal sangue e dal tramonto.

«Vittore cercherà di portare via l'imperatore.» Batraz s'era arrestato, le mani inerti sull'arcione.

«Non ce la faranno mai.» Farnag era immobile accanto a lui. «Guarda.»

Un altro contingente di Greutungi s'era staccato dalla battaglia sulla collina e puntava direttamente contro le legioni di Valente. «Li massacreranno.»

«Dobbiamo intercettarli.» Farnag si portò la mano alla fronte, facendosi ombra. «Quanti saranno?»

«Più di un migliaio.»

«E noi meno della metà.»

«È così. E non c'è tempo per nessuna manovra. Possiamo solo caricarli.»

Senza parlare si volsero entrambi verso gli uomini allineati alle loro spalle. Il vento era calato e il caldo soffocante. Batraz intravide la treccia bionda di Leimeie che sfuggiva all'elmo. La ragazza guardava fisso davanti a sé. Non mi vuoi al tuo fianco, gli aveva detto nel passargli davanti poco prima. Aveva ragione: più gli stava lontana in battaglia, tanto meglio era. Lui portava la morte con sé.

Chinò il capo. Lo risollevò, guardò i suoi uomini, schierati come un fiume luccicante nel tramonto. Un refolo d'aria fresca lo sfiorò e lui, per un istante, si sentì fiero e felice. Non era più tempo di pensare. Era tempo di combattere.

Alzò la mano. «Uomini!» gridò. «Diamo a costoro quel che cercano! Diamogli la morte!»

Nel boato che seguì le sue parole, abbassò violentemente la mano e i *Gentiles Seniores* si lanciarono al galoppo, verso il punto in cui i Greutungi avrebbero incontrato le legioni

9

«Stanno contrattaccando.» Waduulf, montato il cavallo che aveva sottratto a uno *Scutarius*, indicò la pianura. «Là. Scudi neri, mantelli neri.»

«Batraz.» Fritigerno, pallido, strinse i denti. La coscia aveva ripreso a sanguinare.

La fanteria romana era in rotta lungo il versante della collina. I legionari abbandonavano le armi, si calpestavano, affrettandosi precipitosamente verso la salvezza. Non erano più silenziosi, ora.

«Stolti» mormorò il *reiks*.

«Sotto li aspetta Alatheus.» Marco era sopraggiunto senza rumore. Anche lui aveva trovato un cavallo: una giumenta araba, certo di qualche ufficiale romano.

Parte della cavalleria greutungia aveva raggiunto la piana ai piedi del colle e attendeva i Romani. Si erano disposti ad arco, le lance puntate verso il basso, pronti a falciare la loro messe rossa.

«Waduulf, raduna tutti gli uomini che puoi» ordinò Fritigerno. «Non i feriti. Passeremo a destra, tra Batraz e il fiume. Dobbiamo catturare Valente.» Si voltò verso Marco. «Tu, raggiungi Alatheus. Guidalo dov'è l'imperatore. Li attaccheremo da due lati.»

Senza una parola, Waduulf vece voltare il cavallo e si allontanò.

Marco attese che l'amico fosse lontano. «Valente è mio» disse poi. «Me lo devi.»

Il *reiks* lo fissò sbigottito. «Cosa intendi?»

«Che deve morire perché la tua vittoria sia completa. E che voglio essere io a ucciderlo.»

Fritigerno scosse violentemente il capo. «Invece tu cercherai di proteggerlo. Ne abbiamo bisogno, per trattare.»

Marco sorrise ironicamente. «Trattare con chi? A Costantinopoli sono rimasti solo gli eunuchi. Tutti i suoi generali sono qui. E a Graziano faremo un favore, uccidendolo.»

«Questi sono i miei ordini, Romano.» Fritigerno parlò con calma, gli occhi ridotti a una fessura sottile. Il tono era quasi dolce.

Come un pugnale in una pezza di seta, pensò Marco. Avvertì un movimento nel ventre. Si raddrizzò sulla sella, sforzandosi di reggere lo sguardo del *reiks*.

«Hai capito bene, Romano?» Fritigerno scandì le ultime parole. «Va' ora. E fa' ciò che ti ho detto.»

Quando Marco fu scomparso, Fritigerno rimase a guardare la pianura. I mucchi di corpi. Le chiazze di sangue, nere come stagni notturni. La croce blasfema di Ertegul ondeggiava laggiù, nel cuore della battaglia.

Verso meridione, dove si snodava la strada per Adrianopoli, i campi erano una scacchiera gialla e marrone in una luce limpida, quieta.

Rovinandogli sulla spada, il Goto lo trascinò nella caduta. Vittore si ritrovò schiacciato da quel corpo inerte, mentre sentiva il sangue del barbaro inondargli le vesti. Vischioso, caldo. Girò il capo. Da quella posizione il mondo era una foresta di gambe: calzari, gambali, schinieri, piedi nudi che correvano, s'inseguivano, si fronteggiavano. Stridori metallici. Grida. Nubi di polvere che si sollevavano e ricadevano lentamente, incrostando la pelle. Un oggetto rotondo, minuscolo, gli rimbalzò accanto, fermandosi in una pozza rossastra. Un occhio, che lo fissava privo di vita. Stornò lo sguardo, sollevando il capo a fatica. Più lontano, dove i Greutungi avevano attaccato, sorgeva una catasta di corpi sghembi, spezzati. Sono all'inferno, pensò Vittore, mormorando una preghiera. Forse Dio voleva la fine del mondo.

Nel muoversi sentì un acuto dolore al polso destro e uno scricchiolio che gli fece digrignare i denti. Aiutandosi con le spalle, sgusciò da sotto il cadavere, la mano piegata in un angolo innaturale. Rovesciò il morto sul dorso e con la sinistra gli sfilò la spada dall'addome. Vi si appoggiò, ancora stordito. La battaglia si era frammentata in una serie di scontri individuali, come lampi di incubi. Volti sgomenti, che sembravano emergere dal nulla. Un cavallo senza cavaliere attraversò la foschia rossastra, fatta di fumo e polvere.

Molti dei suoi uomini erano stati disarcionati; combattevano a piedi, impacciati dalle pesanti cotte di maglia. I Goti, armati in modo più leggero, si muovevano rapidi, lavorando di spada e di ascia, mentre i catafratti che avevano continuato a impugnare la lancia non trovavano lo spazio per colpire.

«Giù le lance» gridò Vittore. «Le spade! Adoperate le spade!»

La foschia si richiuse su di lui. Nessuno pareva sentirlo. Nella caligine, accanto a lui, intravide un barbaro dal volto arrossato afferrare da dietro la spalla di un catafratto, facendolo cadere pesantemente, l'elmo che volava lontano. L'ascia del Goto piombò sul volto del Romano, in un'eruzione di sangue scarlatto. Vittore ruotò su se stesso, la spada goffamente tesa in avanti. La lama scivolò sullo scudo del barbaro, infilandosi tra le piastre della corazza. Ne sentì la punta urtare le costole e poi avvertì la morbidezza della carne che veniva squarciata. Ritrasse la spada con un movimento secco, chinandosi appena in tempo per evitare un fendente apparentemente venuto dal nulla. Poi, mentre i suoi uomini si interponevano tra lui e una coppia di Greutungi, Vittore prese a correre per il campo di battaglia, scavalcando cadaveri riversi, feriti gementi, cavalli che cercavano invano di rialzarsi. Inciampò in un braccio distaccato dal corpo, la lancia ancora nel pugno. Rischiò di cadere e nel caos schivò per un soffio il fendente di un catafratto romano. Si guardarono in viso, sconvolti. Vittore sollevò la spada in un saluto e riprese a correre. Amici e nemici si confondevano davanti ai suoi occhi.

Ecco. Laggiù. Le insegne di Valente.

Di fronte a lui si parò un cavaliere in tunica bianca, sulla spalla una croce su cui era piantata la testa mozza di un asino. Il monaco. Ertegul lo guardò con un sorriso, poi levò la croce nella luce rossastra, e si lanciò verso le insegne imperiali, che oscillavano al centro di una mischia furiosa.

Valente. Dio onnipotente, Signore degli eserciti, dov'era Valente?

Di lì a poco sarebbe calata la sera.

Quando i Sarmati intercettarono il contingente goto l'urto fu rovinoso. Da entrambe le parti i cavalieri delle prime file crollarono sotto l'impatto delle lance. A un comando di Batraz i *Gentiles Seniores* si ricompattarono, retrocedendo di qualche passo. Un altro ordine, gridato da Farnag, e si schierarono in un semicerchio, tra i barbari e le legioni di Valente. Vi fu un momento di quiete: l'impeto dei Greutungi era stato arrestato. I guerrieri si fronteggiavano in silenzio.

«Sono stanchi» mormorò Batraz.

«Hanno combattuto fino a ora.»

«È la nostra unica speranza.» Batraz si voltò, frugando con gli occhi tra i cavalieri. «Yaguz!»

«Sono qui *magister.*»

«Prendi venti uomini e cerca di raggiungere l'imperatore. Portalo via.»

Il vecchio annuì. «Dove lo devo condurre?»

Un rapido sguardo tutt'intorno. «La chiesa. La chiesa diroccata a meridione. Portalo là.»

«Vado.»

Batraz ruotò la testa. Il dolore alla nuca, dopo una breve tregua, era ricomparso. La sua mente era vigile, calma. Accanto a lui poteva vedere l'ombra immobile del mastino.

«Il dio è con noi» disse lentamente. Tornò a voltarsi. Leimeie era in una delle ultime file, affiancata da Dadakos e Dodoi. Aveva dovuto ordinarle bruscamente di allontanarsi da lui. Erano state le uniche parole che avevano potuto scambiarsi.

Una fitta acuta gli percorse la schiena, fino alla base del collo.

I Greutungi si mossero, lentamente, al passo.

Un sordo brontolio risuonò al suo fianco.

«È il momento» disse.

I *Gentiles Seniores* attendevano, immobili, ordinati, con la luce offuscata del tramonto che bagnava i loro volti.

«Dove sei? Ragazzo, dove sei?»

Sesto Autronio si aggirava tra i cumuli di cadaveri sul pendio della collina. La voce gli si era fatta stridente, lacerata. Rivoltò un corpo dall'armatura squarciata, frugò con l'asta di un giavellotto tra la confusione di membra immobili. Si allontanò, riprendendo il suo richiamo.

Con un calcio brutale, Batraz disarcionò un Goto. L'uomo stramazzò a terra, una gamba sotto il corpo. Batraz mosse rapidamente il braccio, affondandogli la lancia nel fianco. La lasciò dov'era. Troppo poco spazio per usarla ancora. Sguainò la spada e diede di sprone. Fendente a destra, fendente a sinistra. Automatico, inconsapevole. Scricchiolio di ossa. Così si muove la morte, pensò in un soffio. Nelle orecchie, un rombo sordo che era il suono della battaglia e il fiato profondo di Simargl. Con un'impossibile nitidezza vide il mastino balzare su un cavaliere goto, azzannandolo alla gola. Lo rovesciò a terra, proprio mentre Batraz stava per scontrarvisi. Sentì gli zoccoli del sauro affondare nelle carni del caduto. Sussultò, mentre il cavallo ritrovava il terreno e sollevava bruscamente il posteriore. Si resse in sella a fatica.

Gridò.

Un grido gutturale di liberazione. Alzò la spada. Colpì, senza capire che stava colpendo. Poi colpì ancora.

Un lampo chiaro alla sua destra. Poco lontano la treccia di Leimeie fluttuava lenta come un'onda, mentre la ragazza piantava la spada nel ventre di un nemico. Il Goto fu sollevato da sella e proiettato indietro, le braccia spalancate che parevano ali tarpate.

Batraz rise. Spronò ancora il cavallo. Era invulnerabile, sentì.

Poi, tutto divenne rosso.

Alla terza carica i Greutungi spezzarono la linea difensiva dei *Lanciarii*. Avanzavano urlando, le asce sollevate sul capo, i volti pallidi sotto gli elmi, i denti scoperti in un ghigno di furore e d'angoscia. Avanzavano falciando la fanteria che ondeggiava sotto l'impatto.

Fu Sebastiano il primo a reagire. Con i suoi luogotenenti si trovava su un basso rilievo coperto da radi cespugli, tra le truppe e le retrovie, dove svettavano le insegne di Valente.

«I pali!» gridò. Poi si rivolse a Saturnino. «Va' dall'imperatore. Noi cercheremo di respingerli.» Saturnino fece uno stanco cenno d'assenso prima di allontanarsi.

«Lucio!» chiamò Sebastiano. Uno dei suoi luogotenenti gli si fece a fianco. «Fai allontanare gli uomini. Sono troppo vicini tra loro. Devono aver spazio per usare le spade.»

L'uomo annuì e scomparve nella mischia.

I *Lanciarii* retrocedettero di alcuni passi, cercando di ricostituire una linea continua, mentre alle loro spalle venivano piantati nel terreno dei pali appuntiti. I legionari scavavano velocemente un foro ruotando il palo, poi lo rovesciavano, fissandolo in obliquo, in modo che la punta, modellata con le accette, fosse rivolta in avanti e in alto. A un ordine di Sebastiano i *Lanciarii* retrocedettero ancora, scivolando dietro la selva di pali. I Goti, trascinati dall'impeto, non riuscirono a rallentare e i primi cavalli si schiantarono sulle punte aguzze, mentre i legionari, da terra, cercavano di colpire i cavalieri.

La massa dei Greutungi vacillò, si spezzò, come un'onda che s'infrange contro un molo. Arretrarono, per ricompattarsi.

Fu in quel momento che Sebastiano vide gli altri. Un drappello di non più di cinquanta uomini, che emerse d'improvviso dalla polvere, gettandosi contro il fianco sinistro delle retrovie, dietro di lui. Con un rapido sguardo capì di non poter richiamare nessuno dallo scontro principale. Non c'era tempo per dare ordini. Voltò il cavallo, piantandogli i talloni nei fianchi, e galoppò verso le insegne imperiali.

Il drappello di Goti non attaccò. Tenendosi a distanza, i barbari si limitarono a scagliare una salva di frecce, senza alcun risultato. Oltrepassate le retrovie romane fecero dietrofront, ritornando indietro. Sebastiano poteva vedere Valente al centro della sua guardia, protetto da un muro di scudi. Poi, mentre i Goti si ritiravano rapidamente, un uomo dal capo scoperto, i capelli neri, rimase indietro. Per un istante Sebastiano incontrò il suo sguardo e gli parve di riconoscere quel volto. L'uomo rise, sollevò l'arco. Quasi senza puntare, scoccò.

Sebastiano vide la freccia partire e gli parve che volasse lentamente in un'aria densa, come nei sogni. Alle sue spalle sentì salire il clamore e capì che i Goti avevano nuovamente attaccato. Iniziò a gridare, senza capire che l'urlo che gli risuonava nelle orecchie era il suo.

Vide la freccia infilarsi in un varco tra due scudi. La vide affondare nel ventre dell'imperatore.

10

Il campo era cosparso di cadaveri. Vittore scavalcò a fatica il corpo di un arciere, stretto in un abbraccio grottesco con un guerriero dalla bocca spalancata. Una statua, pensò, mentre la sua mente era attraversata dal ricordo di un bordello di Antiochia e di un tempio della Dea in Anatolia, presso il mare. Si appoggiò nuovamente alla spada, ansando. Intorno a lui, nella foschia, solo uniformi romane. Era arrivato, infine.

Si voltò. Poco lontano, i barbari erano stati rallentati dalla resistenza dei suoi uomini, ma ora, in più punti, stavano per sfondare le loro linee. La croce di Ertegul era un segno nero inciso sul cielo polveroso.

Fermò un legionario che trascinava la gamba sinistra, evidentemente spezzata.

«L'imperatore. Dov'è l'imperatore?»

Il legionario lo fissò con occhi che non vedevano. Doveva essersi morso la lingua, perché un filo di sangue gli colava dalla bocca. Scosse il capo violentemente, sottraendosi alla stretta. Vittore lo vide allontanarsi, poi ritornare indietro, lo sguardo attonito, verso i Goti.

Non cercò di trattenerlo.

Vittore attraversò una zona dove l'erba era coperta di uno strato sottile di sangue rappreso. L'arrivo della cavalleria, prima di Vittore e poi di Batraz, aveva dato un po' di respiro ai *Lanciarii* e ai *Mattiarii*, che ora cercavano di riprendere posizione, mentre i feriti erano stati raccolti lì, distesi sulla terra nuda. L'aria era attraversata da gemiti e grugniti di dolore, che sovrastavano il bisbiglio di coloro che assistevano i feriti. Vittore inspirò profondamente quell'odore di caccia e di macello. Più avanzava, più il ronzio delle mosche si faceva assordante. Erano comparse d'improvviso, durante la battaglia, tutte insieme, in nugoli densi e neri. Si posavano ovunque: sugli occhi sbarrati e ciechi dei morti, sulla bocca dei vivi, sulle piaghe aperte.

Una mano gli afferrò un lembo della tunica. Vittore si divincolò, poi, con un sussulto, riconobbe Sebastiano. Si chinò su di lui, distogliendo lo sguardo dal largo squarcio che gli attraversava il ventre.

Sebastiano cercò a fatica di parlare, la bocca troppo secca e crepata dalla sete.

«Acqua!» gridò Vittore. «Un *capsarius*, presto!»

Un infermiere emerse dalla caligine, tendendogli una fiasca. Vittore fece colare il liquido tra le labbra di Sebastiano, mentre il *capsarius* esaminava la ferita.

«L'imperatore...» sussurrò a stento Sebastiano.

«Dov'è?» Vittore si rese conto d'aver gridato. Abbassò la voce. «Dov'è?» ripeté.

«Andato... via.» Il respiro di Sebastiano s'era fatto superficiale. «Un ufficiale di Batraz... è venuto... portato in salvo...»

Il *capsarius* cercava con le mani di avvicinare i labbri della ferita. Vittore lo guardò. Senza dir nulla, l'infermiere scosse il capo, poi iniziò a fasciare l'addome di Sebastiano.

«Dove l'hanno portato?» domandò dolcemente Vittore.

«Cappella... diroccata...» Sebastiano chiuse gli occhi, iniziando ad ansimare con rantoli sempre più distanziati.

«Vai, *magister*» disse il *capsarius*. «Qui non hai più nulla da fare.»

Vittore fece per alzarsi ma la mano di Sebastiano lo trattenne. Il generale dischiuse gli occhi, lontani, acquosi. Bisbigliò qualcosa e Vittore si curvò, accostandogli l'orecchio alla bocca.

«I Batavi... raggiungi i Batavi...»

Poi, più nulla.

11

Con un movimento fluido della spada, Batraz si liberò dell'ultimo avversario. Si fermò nel cuore dello scontro, d'improvviso lucido ed esausto, come al risveglio da un lungo sogno. Con stupore si rese conto che il suo sauro perdeva sangue da una spalla, e che intorno a lui i Goti avevano lasciato uno spazio vuoto, delimitato da decine di cadaveri. Un cerchio magico, pensò. Si accorse che lo stavano evitando, attaccando invece i suoi uomini. E lui non ricordava nemmeno di aver combattuto. Tutto era stato una nebbia rossa, sovrastata dal ringhio del dio che lottava con lui. Rammentava solo un guerriero alto, dai capelli bianchi, dal volto slavato. Non un Goto. Il guerriero era fuggito, gridando una parola che aveva già sentito. *Berserker.* Quella era la parola. Così lo chiamava, molti anni prima, un amico del padre che lo aveva visto battersi. Un uomo venuto dal settentrione, dalle terre oltre il mare. *Berserker*: l'orso guerriero, posseduto dagli dei.

I *Gentiles Seniores* stavano cedendo: decimati dal sopraggiungere di altre forze dalla collina, continuavano a lottare, ma il semicerchio con cui avevano fino ad allora contenuto la cavalleria si stava lacerando. Batraz non riusciva a vedere nulla, se non un muro di dorsi di cavalli e di corpi contorti nello sforzo. Si incamminò al passo, tra i Greutungi che gli lasciavano strada dopo uno sguardo. Cercava la treccia bionda di Leimeie. L'aveva persa di vista dall'inizio della battaglia.

D'un tratto, Farnag gli fu accanto. La sua cotta di maglia era lorda di sangue.

«Non possiamo più trattenerli» ansimò. «Hanno sfondato in più punti.»

«Lo so.»

Farnag sorrise. Un mezzo sorriso, un lampo bianco nel viso scuro di sole. «È ora che tu vada» disse. «Prendi la ragazza e portala alla cappella. Noi ti copriremo e cercheremo di raggiungerti.»

«Sei pazzo?»

Farnag lo fissò per qualche istante, poi gettò uno sguardo sulla mischia che li circondava. Parlavano tranquilli, in quello spazio che nessun Goto osava superare. «Devi andare per due motivi. Il primo è che l'imperatore è laggiù e ha bisogno di te. Il secondo è lei.»

«Dov'è?»

Un sogghigno. «Mentre tu eri troppo impegnato ho ordinato a Dadakos e Dodoi di riportarla indietro. Ti aspettano presso il fiume in secca.»

«Non andrò» ripeté Batraz, la voce roca.

«Lo sapevo.» Dalla sella, Farnag trasse un corto frustino. «Va', *magister*, questa volta è un ordine.» Colpì violentemente il posteriore del sauro che balzò in avanti, quasi disarcionando Batraz. Un'altra frustata e già il sauro era lontano, mentre Batraz, morbidamente, inconsapevolmente, si chinava in avanti, lanciato al galoppo.

12

«Noi non verremo. È un massacro.» Quintilio, *dux* dei *Batavi Seniores*, scosse ostinatamente il capo. «Ci ritiriamo verso Adrianopoli.»

Vittore rimase in silenzio. Presso la fattoria fortificata tutto era tranquillo. La battaglia imperversava a meno di un miglio, ma lì il crepuscolo aveva fatto levare una brezza fresca e profumata.

«Non posso più ubbidire al tuo ordine, *magister.*» Quintilio lo fissò con qualcosa che gli parve una profonda comprensione. «Vieni con noi. Non farti massacrare anche tu.»

«Devo proteggere l'imperatore.»

«L'imperatore è perduto.» Il *dux* parlava con calma. «Può solo sperare di nascondersi. E certo gli sarà più facile con pochi uomini che non con un intero reparto.» Si allontanò, per dare ordini ai suoi ufficiali. Gli uomini in attesa iniziarono a raccogliere le armi.

Vittore si passò le mani sul volto. Gettò un ultimo sguardo sulla pianura, su cui stava scendendo la sera. La cavalleria romana era in rotta e solo pochi superstiti si frapponevano ancora tra i Goti e la fattoria. Gruppi di legionari cercavano di attraversare il Tonzos, vide un soldato cadere nell'acqua e affondare, trascinato dal peso della corazza, le braccia distese a invocare aiuto che a poco a poco sparirono nel fiume.

Si voltò. I Batavi erano pronti e Quintilio lo osservava, in attesa. Girò il cavallo e s'avviò verso la strada per Adrianopoli.

13

Quando raggiunse il torrente in secca, era ormai quasi buio. Vespero luccicava bassa a occidente. Scese nell'avvallamento, dove le rive asciutte, coperte di ciuffi d'erba arida, attutivano il clamore della battaglia. Da laggiù le grida parevano lontane, irreali. Avanzava al passo, guardandosi intorno. Nessuno. Non vedeva nessuno.

La sabbia e i ciottoli scricchiolavano sotto gli zoccoli del sauro, che camminava stancamente, trascinando le zampe. Ogni tonfo risuonava con un'eco, anche il passo leggero che avvertiva alle sue spalle. Non si voltò. Sapeva che il dio era ancora con lui.

Che non era finita.

«Eccoti, finalmente, *magister.*» La voce di Dodoi non lo sorprese. Il ragazzo sbucò da dietro una roccia, nell'ombra. «Ti aspettavamo.» Gli si avvicinò.

«Dov'è lei?»

«A meno di un miglio da qui, oltre la curva del torrente.» Dodoi sorrise. Aveva il volto sfatto, eppure indurito, ma negli occhi gli brillava la luce gentile di sempre. «Seguimi.»

Batraz smontò e lo seguì, conducendo il sauro alla mano.

«Sono andato a esplorare oltre, a meridione. Pensavo che si potesse fuggire, seguendo la riva.» Dodoi sospirò. «Ma in fondo c'è un contingente di uomini. Una cinquantina. Hanno sbarrato la strada.»

Batraz non fece alcun commento.

«La battaglia?» domandò Dodoi dopo un breve silenzio.

«Perduta. Le legioni sono in rotta.»

«Farnag?»

Un'altra pausa.

«Cercherà di raggiungerci.»

«Mi ha ordinato di andare alla cappella diroccata, se non fossimo riusciti a fuggire.»

«Non abbiamo altre possibilità.»

Leimeie lo attendeva in piedi, a pochi passi da Dadakos, che sorvegliava la pianura da un masso tondeggiante. Gli corse incontro, lo abbracciò in silenzio. Non lo baciò: gli affondò il viso tra collo e spalla e rimase così, a lungo.

Dopo un po', la voce di Dodoi li riscosse. «Dobbiamo andare. Qui siamo troppo allo scoperto.»

Dadakos si lasciò scivolare dal masso. «Uomini» sussurrò. «Stanno venendo lungo il letto del fiume. Sono ancora lontani, ma ci raggiungeranno.»

Senza staccarsi da Leimeie, Batraz annuì. «Andiamo. È tempo.»

14

Quando Sesto Autronio trovò Numerio, si lasciò cadere a terra. Aveva scavato, frugato in una catasta di cadaveri. Riprese fiato, stremato, si rialzò, liberò il corpo da quel groviglio di membra, lo trascinò in uno spiazzo deserto. Ora Numerio giaceva composto, sul dorso. Non aveva ferite e il volto era livido, affilato. Soffocato, pensò Sesto Autronio. Doveva essere morto soffocato dagli altri.

Tornò a sedere accanto a lui, appoggiando la schiena al mucchio di cadaveri. Sentì, sulle cosce, il calore del sangue che continuava a sgorgare dalla ferita che aveva al ventre. Sollevò gli occhi. All'orizzonte era comparsa la stella della sera. Capì che stava per assopirsi, o così gli pareva. Non c'era dolore, solo lo stupore di vedere il proprio corpo spezzato.

Si lasciò andare, scivolò via, nel nero.

15

«È finita.» Waduulf zoppicò verso Fritigerno. Dal poggio su cui erano saliti, la pianura era una distesa buia, punteggiata da rari fuochi. I Goti si aggiravano in piccoli drappelli, raccogliendo i feriti. Altre squadre frugavano tra i cadaveri, per catturare o finire i Romani scampati.

«Sì. È finita.»

«Abbiamo vinto, *reiks.*»

Fritigerno si passò una mano sulla coscia ferita. Capì che non lo avrebbe ancora sostenuto a lungo. «Valente?» domandò.

«Non lo abbiamo trovato.»

«Che ne pensa Marco?»

Waduulf inarcò le sopracciglia. «Non lo so. È scomparso. Era accanto a me, fino a poco fa, mentre battevamo il terreno. Poi s'è fermato e senza dirmi niente si è allontanato.»

Dai carri sulla collina avevano iniziato a scendere le donne, in cerca dei loro uomini. I bambini si affaccendavano accanto ai feriti, mentre i ragazzi più grandi preparavano delle barelle con rami e fronde.

«Fate accendere dei fuochi. E curate tutti quelli che potete.»

Waduulf fece un cenno d'assenso e s'allontanò.

Fritigerno sedette a terra, la schiena contro il tronco contorto di un ulivo. La polvere della battaglia era ricaduta sul terreno e l'aria era fresca sulla pelle sudata. Tutto il corpo gli doleva. La pelle stessa, come l'avesse sfregata con un fascio di rovi.

Un uccello notturno fece sentire il suo richiamo. Per un momento gli parve di essere nelle sue terre, oltre il Danubio. L'indomani sarebbe andato a caccia, con i suoi fratelli. Ma i suoi fratelli non c'erano più. Anche di Ghiveric non sapeva nulla, dall'inizio della battaglia. Restava solo Waduulf.

Raccolse da terra un'oliva caduta, ruvida e raggrinzita. La portò alla bocca, succhiandola piano. Aveva sconfitto Roma. Ma quell'idea gli parve troppo grande per essere pensata. Ci sarebbe stato tempo, nei giorni a venire. Tutto sarebbe cambiato.

Sentì uno scricchiolio di passi nell'erba secca. Davanti a lui, un cespuglio ondeggiò. Ne emerse Marco, una torcia in mano, e sul volto un'espressione rabbiosa di trionfo.

Alle sue spalle, bianca contro il cielo notturno, la tunica del monaco.

È SCESA LA NOTTE

1

Una cappella in rovina nei pressi di Adrianopoli, Tracia. Anno MCXXXI dalla fondazione di Roma, V giorno prima delle Idi di agosto (9 agosto 378 d.C.).

Notte.

Dalla breccia nel muro veniva il frinire di un grillo. La notte era tiepida e profumata. Solo in sottofondo, nell'odore della terra e dell'erba, si percepiva una screziatura aspra e dolciastra.

«È estate» sussurrò Leimeie. «Non me ne ricordavo più.» Si scostò dal varco, le braccia strette intorno al corpo. «Non si sente nessun rumore.»

«Forse se ne sono andati.» La voce chioccia di Saturnino risuonò dall'angolo più buio della stanza. L'uomo, avvolto in un mantello lacero, era quasi invisibile: soltanto le sclere bianche talora balenavano, se muovendo la testa i suoi occhi intercettavano la luce dell'unica fiaccola.

Attendevano nell'oscurità. Nelle prime ore della notte, avevano sentito più volte un calpestio di cavalli risuonare nelle vicinanze. Poi, durante la *secunda vigilia*, più nulla.

Leimeie tornò a sporgere la testa dalla breccia, osservando il cielo nero: luna nuova. Doveva essere iniziata da poco la *tertia vigilia*; l'alba era ancora lontana.

«Sono vicini.» Dodoi, accanto a lei, teneva pronto nella mano l'arco dalla corda ben tesa. «Rimarranno qui per giorni. Devono curare i feriti e seppellire i morti. O bruciarli.»

«Seppellirli! Bruciarli!» Il tono di Saturnino s'era fatto stridulo. «Sono barbari, li lasceranno marcire!»

Dodoi si avvicinò al generale. «Sono un barbaro anche io. E anche Batraz e gli altri che sono qui. Nessuno di noi abbandonerebbe i suoi morti.»

Si udì uno sbuffo e Leimeie intuì il gesto di Saturnino che voltava sdegnato il capo. Tornando verso la breccia, Dodoi le sfiorò un braccio. «Hai ragione» disse il ragazzo. «È estate e non ce ne siamo accorti.»

Si udì uno scalpiccio. Dodoi alzò l'arco per abbassarlo subito dopo. La testa di Batraz si era chinata nella bassa apertura che conduceva nella stanza.

«Fuori è ancora tutto tranquillo.» Il Sarmata scivolò accanto a Leimeie, sedendosi sul pavimento di pietra che conservava parte del calore del giorno.

«Sei tornato» la ragazza gli strinse le mani. Le sue erano fredde, asciutte.

«Ho fatto un giro qui intorno. C'è fermento, sui colli vicino al Tonzos.»

«Ci troveranno?»

«Non lo so. Penso che stiano ancora cercando Valente.» Con un cenno, Batraz fece avvicinare Dodoi. «Come sta?» sussurrò.

Il ragazzo scosse il capo. «Ho fatto un impacco sulla ferita. E gli ho dato dell'oppio.» Si strinse nelle spalle. «È tutto quel che potevo fare.»

«Vado da lui.» Batraz si alzò pesantemente, sfilando le dita dalla stretta di Leimeie. Mentre si avviava verso la porta, lei continuò a fissarlo.

Il respiro, greve, faticoso, risuonava a lunghi intervalli per il corridoio oscuro. Valente, il colorito esangue, quasi diafano, giaceva assopito su un giaciglio d'erba secca. Mani gentili avevano ripiegato con cura il suo mantello color porpora, ponendoglielo sotto la nuca, come un cuscino. Al lume della lucerna, Yaguz, profondi canali di rughe sul volto, gli passava una pezzuola umida sulla fronte.

«Dorme.» Quando Batraz si sporse nella minuscola cella, Yaguz sollevò appena gli occhi. Cercò di sorridere, ma la bocca gli si stirò in una smorfia esausta. «Tra poco si sveglierà.»

«Va' ora. Riposa.» Batraz si accoccolò a fianco dell'imperatore. «Ho appena ordinato il cambio delle sentinelle.»

«Arriveranno. Lo sai» disse pacatamente Yaguz.

«Non è questione di molto.»

«Sai qualcosa di Farnag?»

Batraz scosse il capo. «Credo si sia ritirato, appena fatta notte. Penso che abbia tentato la strada per Cabyle.»

«Potrebbe averlo fatto. È da folli, ma lui potrebbe averlo fatto.» Yaguz si risollevò lentamente, le mani sulle ginocchia scricchiolanti. «Cercherò di dormire un po'.» Prima di uscire dalla cella, tornò a voltarsi. «Quanti uomini abbiamo perduto?»

«Migliaia.»

«Intendevo noi. I Sarmati.»

«Non lo so. Non lo so.»

Quando rimase solo con Valente, Batraz si sfilò la cotta di maglia. Controllò la voluminosa fasciatura che Dodoi gli aveva fatto alla spalla. La ferita era profonda e stentava a muovere il braccio destro. Ma i suoi uomini non dovevano saperlo. E nemmeno Leimeie. Soprattutto lei.

Si sentiva stremato: l'energia del dio era trascorsa; la mente era libera. Conosceva il vuoto che sentiva alla bocca dello stomaco, come se stesse per saltare in un precipizio. Riconosceva il dolore che avvertiva nel profondo dei testicoli e le contrazioni del ventre, che pareva doversi svuotare a ogni minuto.

Paura, vecchia compagna.

Si distese sul giaciglio, appoggiandosi sul braccio sinistro, e osservò l'imperatore. Un uomo basso, appesantito dagli anni e dagli agi. Brutto. Era stato un buon combattente, da giovane. Mai un grande generale. E lo avrebbero ricordato solo per quella sconfitta.

Il volto di Valente era imperlato di sudore. Il naso, arcuato e largo, s'era fatto affilato, quasi traslucido. Le palpebre gli vibravano appena, per poi fermarsi. Un tremito ancora, più lungo, poi si dischiusero e l'occhio buono fissò smarrito il soffitto di pietre, mentre quello malato si spostava bruscamente, come spinto all'infuori, finché l'iride parve incastrarsi nell'angolo dell'orbita.

«Sei al sicuro, Augusto.»

La mano di Valente si alzò, cercando quella di Batraz.

«Sei tu. Come sempre quando mi sento perduto.»

«Sono io.»

«Hai mandato i tuoi uomini a prendermi. Mi hai portato via dalla battaglia.»

«Tu eri ferito. E la battaglia era perduta.»

Valente si voltò verso la stretta feritoia da cui entrava un soffio di brezza notturna. Inspirò avidamente, con un suono basso e roco. «Lo so.»

Tacquero entrambi.

«Quante perdite?» domandò infine Valente.

«Molte, Augusto. Migliaia di uomini. Sebastiano. Traiano.»

«E i tuoi?»

«Non ne so nulla. Non ancora.»

«Ho perduto tutto. Di me si ricorderà solo che sono morto in questo buco.» Valente iniziò a muovere il capo, oscillando da una parte e dall'altra. «Non voglio» sussurrò. «Non voglio. Non voglio. Non voglio.» Cercò convulsamente di mettersi a sedere. «Non deve essere!» gridò. La benda che gli fasciava l'addome s'inumidì di sangue fresco. Afferrandogli le spalle, Batraz lo costrinse a stare giù. Ne sentì la pelle ardergli sotto le dita.

«Non puoi alzarti.»

Valente si lasciò ricadere sul giaciglio. «Arriveranno anche qui. Tu lo sai, vero? Vogliono me.» La sua voce era ritornata tranquilla.

Batraz non rispose.

«Fammi uscire» sussurrò Valente. «Prenderanno solo me.»

«Non sei in grado di camminare. E poi, non servirebbe a nulla.»

«Fritigerno vi lascerebbe andare.»

«Forse.» Batraz fece una lunga pausa. «Ma c'è Ertegul con lui.»

Valente si coprì gli occhi con la mano. Attese a lungo prima di riprendere a parlare.

«Ertegul. Il mio consigliere.» Rise, con disprezzo. Fu colto da un attacco convulso di tosse, che gli fece sputare un grumo di sangue.

Batraz gli asciugò le labbra. «Riposa.»

Bruscamente, Valente gli scostò la mano. «Il mio consigliere. Il mio padre.» Cercò con gli occhi Batraz. «Hai visto la sua croce?»

Batraz annuì.

«Sai cosa significa?»

«No, Augusto.»

«È l'Anticristo. Il male che scenderà sul mondo. Il mondo sta per morire. Lui me lo diceva sempre, ma io non capivo. Non capivo che parlava del mio mondo.»

«Forse è giusto così.» La voce di Batraz era un sussurro.

Valente non rispose subito. L'occhio sano si fece distante, per poi ritornare a fuoco.

«Tu lo pensi davvero?»

«Non lo so. Ma il nostro mondo è vecchio. E quello di Fritigerno ha fame. E chi ha fame spazza via tutti coloro che gli si oppongono.»

«Non ci avevo mai pensato. E tu? Tu non hai ancora fame?»

«Io so soltanto combattere. Ma sono stanco. E vecchio.» Batraz si accorse che l'imperatore non lo stava più ascoltando.

«Forse è così.» Valente aveva ripreso a scuotere il capo. «Forse è così. È così che deve finire il mondo.»

Un suono concitato di passi nel corridoio. Dadakos sporse il capo nella cella, ansante.

«Stanno arrivando, *magister*. Stanno arrivando.»

2

I Goti portavano fuochi. Una colonna a cavallo, che giungeva dai poggi coperti di viti e di olivi nelle vicinanze del Tonzos, snodandosi lungo la pianura, alla luce delle fiaccole.

«Non possono averci visti» sussurrò Saturnino.

«Non ne hanno bisogno.» Batraz si ritrasse dal muro slabbrato che circondava la cappella e gli edifici collegati.

«C'è il monaco, con loro.» Leimeie appoggiò le mani sulle pietre fredde, percorsa da un brivido. «E quel Romano traditore. Loro sanno dove cercarci.»

«Sanno che l'imperatore è ferito e che non è possibile trasportarlo.» Dodoi rise, un chiocciolio soffocato. «E che non lo avremmo abbandonato.»

«Che cosa ti fa ridere, ragazzo?» domandò severamente Yaguz.

«Ho pensato a mia madre. Se sapesse che sono qui mi direbbe: "Non cacciarti nei guai, figlio mio".»

«E come farai a non cacciarti nei guai?» Nel buio, Dadakos sollevò le sopracciglia.

«Volerò via, naturalmente.»

«Tacete!» L'ordine di Batraz fu seguito dal silenzio. «Dobbiamo dividerci. C'è una scala, nella cappella, che conduce a una cripta. Di lì parte un cunicolo. Non l'ho percorso, ma dalla direzione credo che vada verso il letto del fiume in secca.»

«Una via di fuga» disse pensieroso Yaguz.

«Per i preti» sogghignò Baxagos.

«Non è servita a molto. Nella cripta ci sono i resti di una decina di corpi.»

«È l'unica via che abbiamo.» Batraz fece un gesto reciso con la mano. Esaminò gli uomini raccolti intorno a lui. «Siamo rimasti in venti.»

«La maggioranza deve restare, per rallentare i Goti» disse Dadakos.

Batraz annuì. «C'è bisogno di due uomini per portare l'imperatore lungo il cunicolo.» Fece una pausa. «E di una terza persona, per far luce.»

«Il conto è semplice.» Dadakos sorrise. «Resteremo in diciassette.»

«Tu hai già deciso di restare?» domandò Dodoi.

«Non mangio da ieri mattina, e questo mi mette di cattivo umore. Ho voglia di menare le mani.»

«Diciassette è un numero che porta male» intervenne

cupo Baxagos. «La diciassettesima legione fu la prima a essere massacrata a Teutoburgo.»

Cadde un breve silenzio.

«Bene.» Batraz sollevò il capo. «Dadakos rimane. E io pure. Chi altri?»

Tutti fecero un passo avanti. Leimeie si accostò a Batraz. «Io resto con te.»

Batraz non la guardò, come se non l'avesse sentita. «Il più vecchio e il più giovane porteranno l'imperatore. Yaguz e Dodoi.»

«Perché loro?» Saturnino si fece avanti. «E poi, perché devi essere tu a comandare?»

«Se credi di poterti far ubbidire dai miei uomini, il comando è tuo.»

Dai Sarmati sorse un cupo brontolio. Dadakos sogghignò ostentatamente. Con una smorfia, Saturnino sollevò le mani, i palmi rivolti in avanti. «Va bene. Va bene.» Sollevò il mento in gesto di sfida. «Ma perché il vecchio e il ragazzo?»

«Perché sono quelli meno utili in battaglia.» Batraz gli voltò le spalle. «Avete sentito?» domandò. Posò una mano sulla spalla di Yaguz. «Mi hai sentito, vecchio?» domandò dolcemente.

Mentre Yaguz chinava il capo con un gesto di sconfitta, Dodoi si sentì ribollire il volto e ringraziò il buio che ne nascondeva il rossore. «*Magister...*» iniziò.

«Non discutere, ragazzo.» Dadakos gli appoggiò una mano sul torace, spingendolo indietro. «Hai sentito gli ordini del *magister*. Va'.» Si rivolse a Batraz. «E il terzo?» domandò.

Batraz passò uno sguardo circolare sui suoi uomini. Tutti annuirono silenziosamente.

«La donna» disse Batraz.

Saturnino sputò rumorosamente a terra e si allontanò, avvolgendosi nel mantello lacero.

«Io non andrò.» Leimeie scosse il braccio di Batraz, le unghie che gli scavavano la pelle. «Io non andrò.» Sollevò il viso verso di lui. Nei suoi occhi, rabbia e dolore.

«Andate a prendere posizione.» Batraz aveva posato la

mano su quella della ragazza, trattenendola. «E voi due, preparate l'imperatore.»

Gli uomini si avviarono, scomparendo nel buio.

«Dadakos, tu resta» disse Batraz, senza lasciare la mano di Leimeie. Poi si chinò verso di lei. «Tu devi andare» sussurrò. «Lo sai.»

Lei lo fissò, gli occhi come pozze chiare nella notte.

«Perché?» mormorò.

«Per me.» Con un movimento lento, Batraz le sfiorò le labbra. Annusò l'odore dei suoi capelli, del suo sudore. Sentì le sue mani sulle spalle. Restò così, appoggiandosi a lei, mentre i suoi muscoli si rilassavano, come per permettergli di aderire a lei, di scivolare dentro di lei, di farsi portare via con lei.

Da meridione s'era levato un vento fresco, che recava un odore speziato. Dalla pianura giunse, ancora lontano, il trapestio dei cavalli.

Una fitta di dolore gli percorse la ferita. Si scostò da lei, senza guardarla. «Dadakos» mormorò. «Accompagnala dentro.»

Non si voltò più. Nella pianura, la colonna di fiaccole era sempre più vicina.

3

«Sei certo che siano là?» domandò Fritigerno.

«È una cappella.» Ertegul sollevò gli angoli della bocca, senza dischiudere le labbra. «E Valente è un buon cristiano. Quale rifugio migliore?» Il volto del monaco era nascosto quasi per intero dal cappuccio. Solo il suo sorriso obliquo balenava nella luce delle fiaccole.

«Valente è stato un avversario leale. E io non mi fido di te, prete.» Il *reiks* si rese conto di provare rabbia per quell'uomo, accompagnata da un disagio che non comprendeva. Si mosse inquieto sulla sella.

Ertegul scrollò le spalle, indifferente. «Che importa? Cerchiamo la stessa cosa.» Un nuovo, ambiguo, sorriso. «Tu perché lo cerchi?»

La colonna alle loro spalle procedeva al trotto. Cento uomini, i più freschi. Waduulf e Marco cavalcavano davanti a tutti, in avanscoperta.

«Devo finire il mio lavoro. Tu, piuttosto, perché hai tradito il tuo imperatore?»

«Io servo un re che non è di questa terra.»

«E il tuo re ti ha ordinato di tradire?»

«Il mio re ha deciso che questo mondo è alla fine.»

Fritigerno scosse la testa. «Tu sei pazzo, prete.»

«Molti lo dicono. Ed è possibile. Ma servo Dio.»

Prima che il *reiks* potesse ribattere, furono raggiunti da Marco, ritornato rapidamente indietro.

«Sono laggiù» ansimò il Romano. «Ci sono due arcieri sul tetto. E ho visto qualcuno muoversi lungo il muro.»

Fritigerno scambiò un'occhiata con Ertegul. «Andiamo» disse. «Al galoppo.»

4

Le prime furono frecce incendiarie. I Goti, arrivati di fronte alle rovine, si erano schierati a semicerchio; gli arcieri accostavano a una fiaccola la punta della freccia, avvolta in uno straccio intinto nella pece e, uno alla volta, lanciavano il cavallo in avanti. Scoccavano, colpivano, ritornavano indietro.

In silenzio.

Le travi del tetto iniziarono ad ardere col crepitio secco di un legno vecchio e asciutto. Lo schianto di un crollo. L'urlo rabbioso di un uomo sfiorato dalle fiamme. La luce arancione del fuoco, che disegnava sui muri le ombre dei guerrieri.

«Mirate alle fiaccole!» ordinò Batraz. Sentiva crescere in sé una sensazione brutale e definitiva. Sconosciuta. *Angor,* pensò in un lampo di lucidità. Angoscia. «Alle fiaccole, bastardi!» Tacque bruscamente, sorpreso di sé, il corpo percorso da un tremito.

Dadakos gli posò una mano sul braccio. Strinse. «Si tengono fuori tiro, *magister.*» Abbassò l'arco, la voce tranquilla. «È inutile. Sprecheremmo solo le frecce.»

Batraz chinò il capo. Per la prima volta nella sua vita, si sentiva impotente: i Goti non accennavano ad avvicinarsi; loro non potevano muoversi. Inchiodati, prigionieri.

Dadakos lo fissò, poi, distogliendo lo sguardo, lanciò un urlo breve e gutturale, e i guerrieri sul tetto si lasciarono cadere a terra, per correre, la schiena china, a ripararsi dietro il muro.

Batraz respirò a fondo. «Hai fatto bene.» La voce gli usciva con difficoltà. «Potrebbero continuare fino all'alba.»

«O finché non saremo tutti morti» disse con calma Dadakos.

Batraz annuì. La cappella alle loro spalle stava bruciando. Ed era l'unico rifugio. L'unico luogo dalle mura abbastanza solide.

«Dobbiamo trattenerli, dare tempo a Yaguz.» Lo sguardo di Dadakos era urgente, preoccupato.

Batraz sentì una contrazione del ventre. Doveva decidere. Presto. Subito.

«Manda Baxagos con un paio di uomini al pozzo nel cortile. Che spengano il fuoco.»

Mentre Dadakos correva via, un guerriero accanto a Batraz cadde senza un gemito, l'asta di legno ardente piantata tra le maglie della cotta. Con un crepitio sinistro le fiamme gli avvolsero la barba e i capelli, mentre nell'aria si diffondeva un odore di carne bruciata. Convulsamente, Batraz cercò di spegnere le vampe con le mani, prima di rendersi conto che l'uomo giaceva immobile.

Una freccia rimbalzò sul muro a un passo da lui. Una seconda ondata. Una terza. Grida. Nel cortile un guerriero cercava freneticamente di liberarsi dalle vesti incendiate, mentre la brezza notturna alimentava le fiamme. Batraz lo vide alzarsi oltre la protezione delle pietre e crollare a terra, piegato in due, un dardo conficcato nella bocca urlante.

Poi i Goti avanzarono lentamente, coperti dagli arcieri.

«Ora» gridò Batraz. I Sarmati lanciarono, ma con scarsi risultati, mentre la cappella ardente era un bersaglio nitido contro il cielo stellato. Altri tre uomini caddero, come rami secchi.

«Maledetti! Sono gatti» imprecò Dadakos. Era ritornato accanto a lui strisciando lungo il muro. «Vedono anche al buio.»

Un gorgoglio soffocato. Un Sarmata lasciò cadere l'arco e piombò al suolo, come colpito dal calcio d'un mulo, una freccia conficcata nel collo. Il getto di sangue fiorì scarlatto nella luce del fuoco.

«Siamo troppo visibili. Dobbiamo ripiegare all'interno.»

Dadakos scosse il capo. «Impossibile. Il pozzo è asciutto. C'è solo un fondo d'acqua. Non possiamo spegnere l'incendio.»

«Dov'è Saturnino?»

«Fuggito.» Dadakos tirò. Una fiaccola si spense. «L'ho visto correre via.» Gettò un rapido sguardo a Batraz. «Verso i Goti.»

La pioggia di frecce s'arrestò bruscamente. Nella notte l'unico rumore era il ruggito delle fiamme.

«Che fanno?» domandò Dadakos.

Un'ombra scura si avvicinava lentamente. Un cavaliere. Solo. Dadakos alzò l'arco, ma con un gesto Batraz glielo fece abbassare.

«Aspetta.»

Il cavaliere s'arrestò a meno di uno stadio dal muro. Alzò la mano, appena visibile nell'oscurità.

«Vuole parlare.»

Batraz si alzò, ombra scura contro i bagliori dell'incendio.

«Che fai?» Dadakos cercò di trattenerlo.

Senza rispondere Batraz lo scosse via e scavalcò il muro.

Camminò nella notte quieta e profumata. La pianura si stendeva pacifica intorno a lui, indifferente.

«Sei tu» disse, raggiungendo il cavaliere.

«È finita, Sarmata. Lo sai.» Fritigerno si lasciò scivolare dalla sella.

«Lo so.»

«Consegnaci Valente e lasceremo andare te e i tuoi. E la donna.»

«Non posso.»

Il *reiks* annuì. «Immaginavo che avresti risposto così. A che ti serve?»

«A nulla. Ma il mio onore è la fedeltà.»
«Questo lo capisco. Allora dovremo uccidervi.»
«So anche questo.»
«Bene.» Fritigerno tornò in sella. «Ti lascerò il tempo di ritornare indietro. Poi attaccheremo.» Lo guardò dall'alto. «Buona fortuna, Sarmata.»
Si allontanò al passo. Batraz lo seguì con lo sguardo, poi ritornò indietro. La cappella era avvolta dalle fiamme e il vento caldo dell'incendio gli arroventava la pelle.

«Che cosa voleva?» domandò Dadakos.
«Offrirci la resa.»
Dadakos si voltò verso oriente. «Yaguz dovrebbe essere arrivato al fiume.»
«Dobbiamo trattenerli.»
«E allora sia.»
Un urlo si alzò nella notte. I Goti si lanciarono al galoppo.
Frecce. Una nuova pioggia di frecce. Poi i cavalli dei barbari furono presso il muro, lo oltrepassarono di slancio. La lancia di Baxagos affondò nel fianco di un cavaliere, facendolo roteare nell'aria. Batraz vide sopra di sé il ventre scuro di un cavallo. Colpì alla cieca, gettandosi di lato. Batté il capo contro un sasso sporgente, rialzandosi a fatica. Un'ascia luccicò sopra di lui. Alzò la spada, di taglio, in parata, e sentì l'urto ripercuotersi sulla ferita. La lama della sua spada si spezzò in due e l'ascia lo raggiunse di striscio alla spalla, strappandogli la cotta e il bendaggio. Gridò, rabbiosamente, cadendo in ginocchio, e conficcò il troncone acuminato della spada nel ventre del barbaro. A pochi passi da lui, Baxagos era circondato da un gruppo di Goti. Prima di riuscire a rialzarsi, Batraz vide le spade alzarsi e ricadere, come le falci dei contadini, mentre gli schizzi di sangue giungevano fino a lui, inondandogli il viso. Si risollevò facendo forza sul braccio sinistro, il destro che gli pendeva lungo il fianco come un pezzo di legno. Tutto intorno a lui pareva muoversi a scatti, come se le immagini fossero immobili nei guizzi delle fiamme. Un Sarmata inchiodato da una lancia contro il muro della cappella. Un altro decapitato da un colpo

d'ascia. Un terzo a terra, sovrastato da un gigante biondo che teneva sospesa sul suo capo una pietra grande come la testa di un cavallo.

La pietra cadde, con uno schianto, e nello stesso momento Batraz sentì qualcosa conficcarglisi nella coscia, come una falce ardente che lo avesse mietuto. Sentì il ginocchio cedergli e cadde bocconi, la bocca urlante piena di terra.

Un'ombra scura incombente su di lui. Un violento dolore al capo.

Buio.

5

L'alba stava sorgendo.

Si risvegliò con un sapore di bile tra le mascelle serrate. La sua testa era un maglio che batteva regolare, e il braccio destro era del tutto insensibile. Tutta la gamba sinistra pulsava brutalmente, facendogli stringere le labbra tra i denti per non gridare.

Socchiuse cautamente gli occhi, sentendo la pelle tendersi e tirare sotto le incrostazioni di sangue.

Era appoggiato al muro di recinzione, braccio e gamba fasciati sommariamente. A ogni battito del cuore le bende s'inumidivano di sangue.

Davanti a lui, la cappella era un mozzicone nerastro e fumante, da cui provenivano crudeli soffi d'aria rovente. I Goti stavano trascinando via i corpi dei loro compagni, lasciando i cadaveri distorti dei suoi uomini abbandonati nel cortile. Con una fitta al ventre, Batraz riconobbe Baxagos solo dalla spada, ancora stretta nella mano insanguinata. Tossì, senza riuscire a trattenersi.

Quando sentì avvicinarsi dei passi, tornò a serrare le palpebre. Un tonfo sordo, poi i passi si allontanarono. Riaprì gli occhi. Dadakos era stato gettato al suo fianco: aveva una larga ferita al torace, ma respirava regolarmente. Lo sfiorò, muovendo appena un piede.

Dadakos gemette, fissandolo con uno sguardo annebbiato. Parve impiegare qualche tempo per riconoscerlo.

«*Magister.* Sono morti tutti. Perdonaci» sussurrò.

Batraz non rispose. Due paia di gambe entrarono nel suo campo visivo. Gambali pesanti.

Abbassò le palpebre.

«Sveglia, *magister.*» Un calcio brutale lo colpì alla gamba ferita, facendolo mugolare. «Ecco, bravo, apri gli occhi.»

Il Romano. Marco. Lo fissava con un largo sorriso, gli occhi che brillavano, lucidi di ferocia come quelli di un furetto, nel volto scarno. Fece per colpirlo di nuovo ma il gigante biondo accanto a lui lo fermò.

«Lascialo. È un prigioniero. E si è battuto bene.»

Marco si passò il dorso della mano sulla bocca. «Come vuoi tu, Waduulf. Ma dovrà dirci che ha fatto di Valente.»

Il gigante si voltò. «Ecco il *reiks.* Ci penserà lui.»

Fritigerno, il viso pallido e serio, veniva verso di loro. Marco e Waduulf si fecero di lato, mentre il *reiks* osservava Batraz e il suo compagno con qualcosa che pareva simile alla pietà.

«Ci rivediamo ancora, Sarmata.» Accennò ai cadaveri dei *Gentiles Seniores.* «Li faremo seppellire o bruciare, come ci dirai tu.»

Batraz cercò di parlare, ma gli pareva di avere la bocca piena di stoffa asciutta.

«Dategli da bere» ordinò Fritigerno.

Waduulf accostò una fiasca alle labbra di Batraz. L'acqua era fresca. Meravigliosa. Batraz ne trattenne un ultimo sorso in bocca, prima di deglutirla. Fu un momento infinito.

«Dov'è l'imperatore, Sarmata?» La voce di Fritigerno era gentile. «So che era qui.»

«Non l'abbiamo visto» mormorò a stento Batraz, le labbra crepate.

«E questo cos'è?» domandò una voce ironica.

Un involto color porpora gli venne gettato in grembo. Batraz sollevò il capo. Due gambe scarne. Una tunica bianca. Quella voce.

«L'ho trovato in una cella» disse Ertegul. «È quello di Valente.»

Il monaco mostrava il suo solito sorriso, gli occhi immobili e vuoti.

Fritigerno prese il mantello. Lo esaminò. Si chinò, accostandosi a Batraz. «Dov'è?» disse con voce dura. «Parla, è meglio per te» aggiunse in un sussurro inintelligibile per gli altri.

Batraz scosse il capo. Un dolore al braccio, come una lama di fuoco. Marco gli aveva afferrato la spalla e stringeva, affondandogli le dita nella ferita. «Bello avere un braccio inutilizzabile. Vero, *magister*? Come quello che mi ha lasciato la tua puttana.»

«Basta» ordinò Fritigerno.

Continuando a fissare Batraz, Marco lasciò la presa, non prima di un'ultima stretta maligna.

«Facciamo parlare l'altro» propose indicando Dadakos.

Fritigerno lo spinse via con un gesto brusco. «Non torturo i prigionieri.»

Un clamore di grida si levò, poco lontano. Un gruppo di cavalieri si avvicinava al trotto, trascinando con una corda un uomo appiedato, i polsi legati davanti al corpo. Il più anziano volteggiò a terra.

«Li abbiamo trovati» disse. «C'è Valente. E c'è una donna.» Accennò alle sue spalle: «È stato lui a guidarci». Diede uno strattone alla corda che teneva in pugno, costringendo l'uomo appiedato ad avanzare. Barcollando, Saturnino si fece avanti, un'espressione di sfida sul volto sfigurato dal dolore.

Fritigerno tornò a guardare Batraz. «Mi dispiace, Sarmata» mormorò.

6

I cespugli frusciavano al vento sulle sponde del fiume in secca. Fritigerno fu il primo a smontare e si avviò, preceduto dai suoi uomini, verso un cerchio di rocce tappezzate d'erica e di muschio. Ertegul lo seguiva, il capo coperto dal cappuccio, le mani piamente unite sul grembo.

Con cautela, Waduulf aiutò Batraz a scendere di sella,

attento a non sfiorargli le ferite. Batraz si trascinò dolorosamente fino alle rocce, poi Marco lo afferrò per le spalle, spingendolo con brutalità e facendolo cadere con il volto nella polvere.

«Ecco i tuoi amici, *magister.*»

Batraz sollevò faticosamente la testa. Dodoi, una chiazza di sangue sul fianco, era stato legato con le mani dietro la schiena, le braccia stirate dolorosamente in basso. L'imperatore giaceva tra lui e Yaguz, che i barbari avevano costretto a inginocchiarsi.

Il capo di Valente era appoggiato in grembo a Leimeie. La ragazza aveva il volto striato di sangue, i capelli incrostati di terra. I suoi occhi, enormi nel viso pallido, erano fissi su Batraz, colmi di pena e di dolore. Stirando le labbra doloranti, Batraz cercò di sorriderle.

Waduulf si accostò a Valente. «Respira ancora» disse, rivolto al *reiks*. «Ma non per molto» aggiunse.

Fritigerno si avvicinò al suo nemico. Valente aveva gli occhi socchiusi, il respiro sibilante. La fasciatura sul ventre era intrisa di sangue scuro.

Si guardarono in silenzio. Poi, con uno sforzo estremo, Valente si aggrappò alle spalle di Yaguz. Si levò a sedere, ansimando. Fritigerno allungò una mano, per sostenerlo, e Valente vi si aggrappò. Mentre continuavano a fissarsi, Ertegul si fece strada tra i Goti. Reggeva tra le mani, come una reliquia, il mantello dell'imperatore. Gli si avvicinò e glielo gettò addosso. Il mantello s'impigliò tra le spalle e il capo di Valente.

«La tua dignità, Augusto» disse il monaco con sarcasmo.

Valente si liberò dalla stretta di Fritigerno e afferrò con dita convulse un lembo della stoffa, scoprendosi il capo, il mento in avanti. Sforzandosi di mantenersi eretto, il respiro sempre più corto, cercò di avvolgersi il mantello attorno al corpo.

Fu allora che, repentinamente, Marco estrasse la spada e gliela piantò tra le scapole.

Il vento rinforzò sollevando veli di polvere e per Batraz il tempo si arrestò, spezzato in immagini vivide: il sorriso di

Ertegul, un uccello immobile nel cielo, il volto sbigottito di Fritigerno, un sasso tondo e lucido, con una lunga striatura cinerina, gli occhi sbarrati di Yaguz. Anche il grido di Batraz era bloccato, duro nella sua gola come un cristallo.

Il vento cadde e Batraz urlò nell'aria ferma e calda, e Leimeie balzò in piedi con un grido selvaggio, gettandosi su Marco. E Batraz vide il corpo della ragazza scagliarsi in avanti, e subito, con un movimento lento, come nei sogni, Ertegul fare un passo verso di lei.

Vide il braccio del monaco sgusciare dalla tunica, armato di un corto pugnale che luccicò nel sole. Vide Ertegul afferrare la ragazza per una spalla, costringendola a voltarsi. Vide il corpo di Leimeie inarcarsi e quello di Ertegul accostarlesi, come in un abbraccio sensuale. I loro volti vicini che si sfioravano.

Poi vide il pugnale affondare tra i seni indifesi di Leimeie.

Gridò ancora, ululando come un cane e sentendo quell'ululato risuonare nella pianura; strisciò in avanti, lasciando sulla sabbia un solco insanguinato. Gridò, nel raggiungerla e toccarla, mentre tutt'intorno s'era fatto silenzio. Fritigerno, le braccia lungo i fianchi, osservava muto, mentre Ertegul puliva il pugnale e lo riponeva, come un attrezzo che avesse fatto bene il suo lavoro.

Batraz affondò il viso nel ventre di lei, nel suo sangue. Sentì ancora un calore che sfumava.

Poi svenne.

DOPO

1

Nei pressi di Adrianopoli, Tracia. Anno MCXXXI dalla fondazione di Roma, XVII giorno prima delle Calende di ottobre (15 settembre 378 d.C.).

Quando videro in lontananza i cavalieri, il pomeriggio iniziava a calare. Venivano da meridione, lungo la strada di Adrianopoli. Nessuna insegna.

Dodoi lasciò cadere il secchio di cuoio e l'acqua si sparse sull'erba. «Uomini!» gridò.

Yaguz scivolò fuori dalla capanna di travi annerite presso il letto del torrente in secca. Socchiuse gli occhi. I cavalieri erano una ventina e procedevano al passo verso di loro. Mantelli neri. Scudi neri. I capelli dell'uomo in testa al drappello luccicavano rossi nel sole. Yaguz si accostò a Dodoi, in piedi nella pianura assolata. Un richiamo alle loro spalle.

«Chi arriva?» Dadakos correva verso di loro, tre pernici, strette per il collo, nelle mani. «Chi arriva?» ripeté.

Yaguz accennò con il capo, un lieve sorriso sulle labbra.

Quando Farnag smontò, li abbracciò a uno a uno. Afferrò Dodoi per le spalle e lo fissò. «Ho detto a mia sorella che sei vivo, ragazzo.»

Dodoi annuì, distogliendo lo sguardo.

«Com'è la situazione a Costantinopoli?» domandò Yaguz.

«Tutto cambierà. E forse non cambierà nulla. Si mormora che Graziano nominerà Teodosio Augusto per l'Oriente.»

«Quello che fu *dux* della Mesia?»

«Proprio lui.»

«Un buon generale» mormorò Yaguz.

«Un altro cristiano. Pare che vieterà di adorare gli dei.»

Dodoi scrollò le spalle.

«Che c'importa. Gli dei non esistono.» Dadakos rise amaramente.

Rimasero in silenzio, mentre gli uomini di Farnag dissellavano i cavalli.

«Vi abbiamo portato delle provviste» disse infine Farnag.

«Non ne abbiamo bisogno.» Yaguz batté una sonora pacca sulla spalla di Dadakos. «Abbiamo il nostro cacciatore.»

Si sorrisero, felici di essere lì. Vivi, nella pianura inondata di sole, dove l'erba aveva ripreso un verde intenso dopo le piogge di fine agosto.

Un'ombra increspò lo sguardo di Farnag. «Lui dov'è?»

Dodoi accennò con il capo verso meridione. «Da lei. Come sempre.»

Farnag s'incamminò lungo la sponda. Le piogge avevano trasformato il letto arido del torrente in un minuscolo rivolo che scorreva lungo il fondo, tra sassi e ciuffi d'erba. Nell'aria ronzavano api tardive e si udiva talora il fruscio profondo delle ali di una libellula. Il sole alla sua sinistra stava per tramontare e gettava sull'erba il colore di una melarancia spaccata.

Trovò Batraz accanto ai due tumuli. Sedeva a gambe incrociate, la mano su quello più piccolo, gli occhi rivolti a oriente, dove il cielo iniziava a scurirsi. I capelli, tagliati cortissimi, erano completamente bianchi. Salutandolo con un cenno, Farnag sedette accanto a lui.

Rimasero a osservare il buio invadere il cielo, mentre alle loro spalle il sole calava. Quando giunse il crepuscolo, Farnag si assestò meglio sull'erba.

«Ho portato della carne secca e del vino.»

«Non ho fame. Più tardi, forse.»

Farnag strappò un filo d'erba portandoselo alle labbra. Soffiò, traendone un suono acuto. Un uccello rispose da un albero oltre il fiume.

«Marpessa dice che le manchi.»

«Ha te, per tenerle compagnia.»

«E caldo il letto» provò a ridere Farnag.

«E caldo il letto.» La voce di Batraz era piana, senza modulazioni.

Il silenzio tornò a calare tra di loro.

«Graziano nominerà Teodosio imperatore d'Oriente.»

«È una buona scelta.»

«Vuole sapere se ritornerai a Costantinopoli.»

Batraz non rispose.

«Se così non fosse, toccherà a me guidare i nostri uomini.»

«Questa è una scelta ancora migliore.» Batraz appoggiò una mano sul ginocchio dell'amico. «Sarai un grande *magister.*» Si voltò a osservare pensoso il tumulo più grande. «Volevo piantare qualcosa di suo tra le pietre. La spada, l'elmo. Ma non ho trovato nulla.» Scrollò le spalle. «Il mantello lo abbiamo usato per avvolgerlo.»

«Sarà una tomba anonima.» Farnag si passò una mano tra i capelli. «Perché non vuoi che si sappia dov'è seppellito Valente?»

«Perché so che non vorrebbe essere ricordato. Così si dimenticheranno più in fretta di lui. Si potrà pensare a una morte da eroe. Da imperatore.» Batraz sollevò lo sguardo. «Inizia a fare freddo.» Si alzò, facendo forza sul braccio sinistro.

«Come va l'altro?»

«Migliora. Tra un paio di settimane sarà a posto. Ma già ora posso cavalcare.»

Indugiarono di fronte alla tomba di Leimeie. Batraz si chinò a frugare tra l'erba, raccogliendo dei rametti e preparando un piccolo fuoco.

«Tornerò più tardi per accenderlo» disse. «Non voglio che si senta sola. Non questa notte.»

«Ecco.» Farnag aprì un lungo involto di stoffa nera che aveva posato accanto a sé. Ne estrasse una spada, tendendola all'amico. «Eccola. Te l'ho riportata.»

Per la prima volta Batraz sorrise. Passò le dita lungo la lama, poi la fece scomparire nel fodero. «È arrivata al momento giusto.» Fissò l'amico, che si sorprese a vedere il buio profondo che gli si annidava negli occhi. «Perché sei venuto proprio oggi?»

«Perché ho buona memoria.» Si avviò. «Vieni, andiamo a mangiare.»

Nell'aria c'era odore di carne arrostita e si sentiva il vociare dei soldati.

«Allora hai deciso?» domandò Farnag.

Batraz annuì, la spada appoggiata sulla spalla. «Partirò domani. Lo troverò» disse con calma.

«Non puoi sapere dove sia andato.»

Batraz scrollò le spalle. «Andrò verso settentrione. E poi troverò le sue tracce.»

«Non pensi sia rimasto con Fritigerno?»

«No. Dodoi ha visto Fritigerno far frustare sia lui sia Marco. Li ha scacciati.»

Farnag annuì. «E qui intorno, come va?»

«I Goti si stanno sistemando nelle fattorie. Il mondo è cambiato.»

Si fermarono entrambi, nel crepuscolo. La pianura intorno a loro era immersa nella quiete.

«Sì» disse Farnag. «Il mondo è cambiato.»

FINIS TERRAE

... me mare, me venti, me fera iactat hiems.

OVIDIO

Mors et fugacem persequitur virum.

ORAZIO

... le acque di questa palude sfociano nel Ponto...
Essa è chiamata Meotide, o anche la Madre del Ponto.

ERODOTO

1

Scizia. Foce del fiume Tanais, palude Meotide, a settentrione del Ponto Eusino. Anno MCXXXII dalla fondazione di Roma, IV giorno prima delle None di febbraio (2 febbraio 379 d.C.).

Qui il mare è ghiacciato. Perché di mare si tratta, anche se gli antichi l'hanno sempre chiamata palude. La Meotide.

L'uomo dai capelli bianchi costeggia la sponda. Alla sua destra le acque sono coperte di lastre di ghiaccio che galleggiano sull'acqua bassa. Talvolta le lastre stridono e si scontrano e quel rumore è l'unico che risuona nella bassa pianura, fitta di canneti.

Due giorni fa l'uomo ha lasciato alle sue spalle le rovine di una città, abbandonate da decenni, dove ha vagato a lungo per le strade deserte, entrando in case prive di tetto ma che parevano aver conservato gli odori del tempo. Da allora s'è inoltrato nelle paludi, in una distesa bianca che pare senza fine. Da allora, appena visibili sull'orizzonte innevato, sono comparsi i cavalieri. Si tengono lontani, ma non lo perdono mai di vista. Si fermano quando lui si ferma; riprendono quando lui riprende.

Verso oriente, questa mattina, è comparsa una lunga striscia scura. Avvicinandosi al passo, l'uomo ha iniziato a distinguerne i particolari. Una fortificazione: alte mura di legno scuro e umido, con passaggi aerei che scavalcano gli stagni. Issata sui pali, una croce che pare enorme. Nel pomeriggio l'uomo è riuscito a vedere i crani che la ricoprono quasi completamente. A giudicare dalle dimensioni, solo alcuni sono di origine animale. Gli altri, di uomini.

Manca meno di un miglio, ormai, alle porte della fortezza. Da qualche ora, i cavalieri si sono fatti più presso e lo seguono a poco più di uno stadio di distanza. Cavalcano in silenzio, come lui. L'aria è gelida e grigia: una coltre di nuvole basse copre il cielo, lasciandone filtrare una luce chiara e monotona. Dagli stagni, dove l'acqua non è ghiacciata, inizia a salire una fitta nebbia.

Quando raggiunge le porte, fatte di tronchi legati gli uni agli altri, la nebbia si sta infittendo nel pomeriggio che muore e i cavalieri sono ormai alle sue spalle. L'uomo si arresta, sollevando lo sguardo. Dalle alte mura incombenti, decine di barbari dal volto dipinto d'azzurro lo guardano. Nel silenzio ghiacciato della pianura, senza che sia risuonato alcun ordine, le porte si aprono, con uno schianto e uno scricchiolio che rimbomba a lungo.

L'uomo entra in un grande spiazzo circondato da basse capanne e tende di pelli, dove s'intrecciano vicoli angusti e bui, attraversati da ruscelli di fango ed escrementi. Il villaggio è cresciuto sulla terra e sulla neve come un enorme animale deforme, percorso da fremiti, scalpiccii, respiri. Le capanne hanno porte basse che danno sull'oscurità, e di fronte a ciascuna è stata piantata la croce con i teschi. L'uomo non ha dubbi: sono teschi umani. Nell'aria, odore di corruzione e di sangue.

Al centro del villaggio c'è una strada più larga, che s'inoltra nell'interno. I barbari sono schierati lungo essa, le lance appoggiate alle spalle, gli occhi immobili.

L'uomo guarda dietro di sé, incerto. Il drappello di cavalieri è fermo a pochi passi da lui e ora il capo si stacca dal contingente e gli si avvicina. Quando gli giunge di fronte, sorride, con i denti anteriori limati, che gli danno l'aspetto di un felino. C'è qualcosa di noto in quel volto e in quei capelli neri che sfuggono dall'elmo su cui troneggia una testa di lupo. Il guerriero scosta il mantello, mostrando un corpo sottile e muscoloso. La spada che gli pende dal fianco è, senza dubbio, romana.

«Sei arrivato, finalmente, Uccisore.» Il guerriero bisbiglia nel silenzio. «Ti aspettavamo da tempo.»

L'uomo con i capelli bianchi tace. Tiene le redini molli, le mani appoggiate sull'arcione.

«Non mi riconosci?» Il guerriero si passa la lingua tra i denti limati. «Sono così cambiato, in questi mesi?» Si toglie l'elmo e lo getta a terra, poi si passa le mani sul viso, cancellandone irregolarmente la patina azzurra. Occhi neri, capelli neri, le guance scavate. Un accento inconfondibile.

«Marco.» La voce di Batraz è priva di emozioni.

«Ti seguiamo da quando sei partito da Adrianopoli.» Il Romano è passato al latino.

«Lo so.»

«Avremmo potuto ucciderti molte volte.» Una smorfia di disprezzo. «Ma lui non ha voluto. Lui voleva che tu arrivassi qui.»

«Sono qui, ora.»

Marco scuote il capo. «Il nostro incontro è diverso da quel che mi aspettavo. Credevo mi avresti subito aggredito. Ho ucciso il tuo imperatore.» Accenna ai guerrieri che seguono senza capire la loro conversazione. «Hanno l'ordine di non attaccarti. Qualunque cosa tu faccia.»

«C'è tempo. Portami da lui.»

«Tu non sei cambiato, *magister*. Solo più vecchio.» Marco fa un cenno ai guerrieri che iniziano a smontare. Poi si volta verso Batraz. «Loro resteranno qui. Seguimi. Ho qualcosa da mostrarti.» Si avvia lungo la strada centrale del villaggio.

Occhi. Occhi che seguono il loro andare. Occhi privi d'espressione, che fissano immobili tra l'azzurro della tintura. Nella nebbia spessa i barbari lasciano loro il passo, e tra le capanne sale un fumo denso e untuoso. Il silenzio ora è rotto da un suono cupo. Tamburi.

A mano a mano che avanzano, le croci s'infittiscono e si fanno più alte. Da molte di esse pendono non solo crani ma interi scheletri, di animali, di uomini. Le ossa sono bianche e fragili, come se fossero state bollite. Le croci sono imbrattate di sangue secco e gli zoccoli dei cavalli affondano in una poltiglia nerastra. Il suono dei tamburi ora si sovrappone a un altro rumore, basso e monotono, che cresce a ogni passo.

La strada in fondo è chiusa da una costruzione più grande: una capanna dal tetto a punta, con una porta i cui stipiti sono due tronchi di quercia incisi e scolpiti. Il rumore viene da lì.

Nello smontare, Marco indica gli stipiti e Batraz ne segue con lo sguardo i disegni e le figure in rilievo. Sono scene infernali: uomini e donne torturati da esseri alati che conficcano punte nelle loro carni, che li trascinano su fuochi ardenti, che li lapidano dopo averli seppelliti fino al collo. Che li issano su croci, e ridono. Gli esseri alati sembrano quelli che i cristiani chiamano angeli. Gli uomini sono uomini. Niente di più, niente di meno. Solo sull'architrave spicca un'immagine diversa. Un uomo alto e magro, in abiti da sacerdote, che sgozza un agnello.

Senza una parola, Marco spinge i pesanti battenti. L'interno è costituito da un'unica sala avvolta dalla penombra, al cui centro arde un fuoco. Le ombre danzano tra le capriate del tetto. Vi sono corpi, corpi ovunque, corpi vivi, che si muovono, formicolanti. Uomini e donne scuoiati e legati, altri con gli arti mozzati, i moncherini avvolti da fasce e cinghie in modo da fermare l'emorragia. Bambini impalati, animali coperti di ferite. L'aria è colma di gemiti: non c'è più forza per le urla. Un uomo più anziano è stato inchiodato per i polsi e le caviglie contro la parete di fondo, le braccia e le gambe a formare una X grottesca. Mugola un richiamo inarticolato, e quando Batraz gli si avvicina, il vecchio spalanca dolorosamente la bocca, sporgendo la lingua ridotta a un moncone.

Nel riflesso del fuoco il volto di Marco è estatico.

«Ecco» dice. «Questo è il mondo nuovo. Il mondo di Gogmagog.»

Batraz lo fissa in silenzio.

«Lui è l'Anticristo. Lui è Dio.» Marco sorride. «Sia fatta la sua volontà. Solo attraverso la sofferenza verrà il Regno.»

Gli occhi di Batraz sono duri e immobili. Sguaina lentamente la spada e inizia a camminare tra i corpi. Fissa ogni essere vivente negli occhi, poi affonda la lama nel cuore. È un lungo lavoro. È un lavoro faticoso. Non distoglie mai lo sguardo. Accoglie la sofferenza e la liberazione di quelle morti.

Quando finisce, il braccio è stanco, la lama arrossata, l'elsa scivolosa. Marco non ha fatto nulla per fermarlo.

«Che cosa credi d'aver fatto? Ce ne saranno altri. Tutti finiranno qui, tra questi corpi. Il mondo è morto.»

«Lui dov'è?»

«Lui ti attende sul ghiaccio.» Il volto di Marco è una maschera di odio. «Ma prima ci batteremo, Uccisore. Poi ti porterò da lui. Trascinandoti per i piedi. Come abbiamo fatto con la tua cagna.»

Batraz non si muove e, mentre Marco snuda la spada, rinfodera la sua.

«Estrai la spada» la voce di Marco vibra per l'ira. Batraz lo guarda in silenzio, scuotendo il capo in un cenno di diniego. Il Romano scopre i denti da gatto. «Come tu vuoi, *magister*» dice e poi, mentre ancora sta parlando, attacca, con un fendente che Batraz evita facendo un passo di lato. Marco affonda una stoccata e Batraz fa un altro passo di lato: si muove nell'ombra come danzando, come ha visto fare tante volte all'amico Farnag, il fratello di un'altra vita. Non è il *Berserker* in questo momento. È lucido: non vuole perdere nulla di quello che sta accadendo. Un taglio alto di Marco, e Batraz si china rapido, subito evitando, con un balzo, il successivo taglio basso inverso. Mentre Marco attacca, Batraz attende, segue il gioco di gambe dell'avversario, lo anticipa, lo evita. Marco gronda sudore, i resti di colore che gli si sfanno sul viso, e ogni volta aumenta la rapidità e la violenza dei colpi. Batraz pare muoversi senza sforzo. Attende. Attende fino a che, in un affondo meno coordinato degli altri, Marco si ritrova proiettato in avanti, la gamba sinistra piegata, tutto il peso sul ginocchio. Batraz schiva, ruota su se stesso, e nel ruotare sfila la spada dal fodero, per un momento rimane immobile nell'aria, poi atterra morbidamente prima con il piede destro, molleggiando si china a sua volta e vibra un colpo in diagonale, di filo dritto, che affonda nella coscia dell'avversario, profondo come il morso di una fiera.

La lama ha reciso i tendini del ginocchio e Marco crolla, come un tronco abbattuto; sussulta, menando colpi alla terra impregnata del sangue delle sue vittime. Batraz lo guarda e si china su di lui, reggendo la spada con entrambe le mani. Se la solleva davanti agli occhi, che d'improvviso sembrano annebbiarsi, poi, con un gesto solo, la affonda nella gola del Romano.

Quando, con un calcio, spalanca le porte della capanna, i guerrieri sono radunati nella strada. Batraz esce, trascinando per le caviglie il cadavere di Marco. Con un gesto violento lo manda a rotolare nel canale di scolo e rimane in piedi di fronte ai barbari, la spada sguainata e abbassata.

In lontananza i tamburi continuano a risuonare. Batraz s'incammina e davanti a lui il muro di uomini si apre, lasciandolo passare. Dalla punta della spada stillano pesanti gocce di sangue.

Cammina tra i guerrieri, che lo osservano in silenzio. Nel passare davanti a uno di loro tende la mano, indicando l'ascia che l'altro tiene in mano. Senza una parola il barbaro gliela porge. Batraz la impugna con la sinistra, soppesandola, e riprende il cammino. Si ferma di fronte a ogni croce e con un colpo violento dell'ascia l'abbatte. Nessuno fa un gesto per fermarlo.

Quando raggiunge il cortile le porte sono spalancate. Il suo cavallo è fuori, a frugare col muso tra la neve. Batraz si volta verso i guerrieri che lo hanno seguito e uno di loro indica con la mano verso oriente. Batraz annuisce e s'incammina.

Attraversa la nebbia, raggiungendo il punto in cui la palude è ricoperta di ghiaccio. Nella foschia, una figura avvolta in un mantello bianco è immobile a pochi passi da lui, campita contro il cielo grigio.

Il viso di Ertegul è un reticolo di rughe. Ha il capo scoperto, e la neve che inizia piano a scendere si posa sul suo cranio rasato, sulla barba ingrigita, sulle sopracciglia folte.

«Sei giunto infine, figlio. Ti ho aspettato a lungo.»

«È stata una lunga strada.»

La neve scioglie il sangue seccatosi sulla spada di Batraz e il rosso impregna il bianco.

Il monaco annuisce. «Ora siamo entrambi qui. Alla fine di tutto.»

«Tu sai perché sono venuto.»

«Lo so. Fa' ciò per cui sei venuto.»

Batraz solleva la spada dal pomolo d'oro, che luccica nell'aria cinerea. La riabbassa. «Voglio sapere perché» dice.

«Perché?»

«Perché l'hai uccisa.»

Una risata breve e secca.

«Perché l'ho uccisa, domandi?» Ertegul fa un cenno. «Guarda dietro di te» dice.

Accosciato tra la neve, nero ed enorme nel bianco, il mastino li osserva con i suoi occhi vuoti.

«Domandalo a lui. Al tuo dio.»

«Tu... tu lo vedi.» La voce di Batraz è roca.

«Lo vedo. Mi segue e mi precede. Come segue e precede te.»

Batraz si passa una mano sul volto. «Non capisco.»

Il monaco scrolla le spalle. «Non c'è nulla da capire. È il volere di Dio. E Dio è cieco e noi siamo i suoi strumenti.» Guarda il guerriero e per un momento nei suoi occhi pare trascorrere qualcosa di caldo. «Ho ucciso la tua donna perché tu uccidessi me. Solo così le cose potranno accadere.»

«Perché?» Questa volta la domanda di Batraz è un urlo.

«Che cosa vuoi sapere? Dio è crudele. La tua donna per lui non conta. Come te. Come me. Quello che conta è il cambiamento. E questo mondo doveva morire. Io sono stato il suo strumento perché il mondo morisse. E tu quello perché morissi io e tutto potesse ricominciare.»

Batraz si guarda intorno, lo sguardo smarrito. Osserva il muso del mastino, imperscrutabile come una pietra, come il cielo. Osserva la sua spada, la spada di un re morto, di un altro mondo morto prima di questo in cui sta vivendo. Osserva la fortificazione di Gogmagog, scura contro il crepuscolo che scende.

«Quindi, tu intendi dire che non c'è mai stata libertà. Che Valente doveva morire. Che lei doveva morire. Che io dovevo uccidere Marco. E uccidere te.»

Nel silenzio che segue il monaco annuisce.

«Ma tutto questo.» Batraz indica la fortificazione. «Le croci, i torturati, i morti, i villaggi bruciati. I bambini. Perché? Perché lo hai fatto?»

Le labbra di Ertegul si schiudono, mostrando i denti candidi.

«L'ho fatto perché potevo farlo. Tutto qui.» Un nuovo sorriso. «E ho amato farlo. Come ho amato uccidere la tua donna.»

È ora che, senza una parola, senza pensare, Batraz solleva la spada e la affonda nel ventre del monaco. Il corpo di Ertegul crolla in avanti, si appoggia a Batraz. Stanno immobili, avvinti in un abbraccio, perché le braccia del monaco si sono strette intorno alle spalle di Batraz.

«Ecco» bisbiglia Ertegul, mentre dalla sua bocca il sangue scorre nero. «Ecco. *Consummatum est.*»

Alle loro spalle un ululato profondo che sembra incrinare il tessuto della sera.

«Mettimi a terra.»

Batraz appoggia il corpo del monaco tra la neve. Cerca di alzarsi, ma Ertegul lo afferra per un braccio, trattenendolo.

«Fuggi, ora. I miei uomini hanno ordine di lasciarti andare. Ma il mio sangue ne chiamerà dell'altro. Come quello della tua donna ha chiamato il mio.»

Batraz si volta, fruga con lo sguardo nella semioscurità. «Il dio è scomparso.»

«Dio ha vinto.» Ertegul ride, mentre dalla sua bocca il sangue ora è misto di bolle trasparenti. «Ha vinto, come sempre.» Stringe il braccio di Batraz. «Ricorda. Non c'è nessun senso. Nessuna speranza.» Scuote il capo. «L'orrore non ha mai fine.»

Quando Batraz riporta il cadavere alla fortezza, gli uomini si sono lavati con la neve e mostrano il loro volto pallido. Prendono il corpo del monaco dalle sue braccia e lo portano via, verso la grande capanna. Poi, uno di loro tende a Batraz le redini del suo cavallo e una bisaccia colma di cibo.

Il Sarmata monta, avvolgendosi nel mantello, e s'avvia verso oriente.

La notte è appena iniziata.

DEBITI E RINGRAZIAMENTI

Per mantenere un'accettabile unità spazio-temporale in una vicenda tanto complessa come quella che si dipana tra la richiesta di attraversamento del Danubio da parte dei Goti e la catastrofe di Adrianopoli, sono stato costretto a sorvolare su molti episodi e altrettanti personaggi centrali sul piano della Storia ma meno su quello della storia da me narrata. Allo stesso modo ho inserito consapevolmente alcune imprecisioni o inesattezze (come ad esempio la lunga permanenza di Fritigerno nei pressi di Cabyle), senza le quali non sarei stato in grado di contenere il racconto in limiti tollerabili per il lettore.

Alcuni episodi forzano, per motivi narrativi, la realtà storica o geografica. Ad esempio, è estremamente difficile, a causa della distanza fra le sponde del Danubio, che da Durostorum Marco potesse intravedere la corona di Fritigerno, come anche è impossibile che Batraz distinguesse i particolari della croce fatta erigere da Fritigerno come segnale per Ertegul. Tant'è: Salgari ci insegna che talora la veridicità è più limpida e affascinante della verità storica. E un romanzo storico è comunque opera di fantasia. Ho però cercato di rispettare al meglio la cronologia dei fatti e di ricostruire un'ambientazione quanto più possibile realistica. Ho inserito temi, quali il complotto contro Valente, di pura invenzione, legati alle necessità che i personaggi fittizi, innanzitutto Ertegul e Batraz, *magister scholae palatinae* dei *Gentiles Seniores*, mi imponevano. E d'altronde, sempre per portare qualche esempio, pare che i circa cinquecento uomini di questa *schola* fossero d'origine germanica e non sarmatica e non fossero presenti ad Adrianopoli. Anche della legione *Claudia Pia et Fidelis* non si conosce la dislocazione all'epoca dei fatti.

Di grande utilità mi sono stati, naturalmente, molti libri, in particolare *Le storie* di Ammiano Marcellino, *9 agosto 378, il giorno dei barbari* di Alessandro Barbero, *Adrianople, AD 378* di Simon Mac Dowall. Una citazione anche per vari volumi editi dalla Osprey, casa editoriale angloamericana specializzata in *militaria*. Ho pure fatto un uso, parco e attento, di molti siti della Rete e dell'inestimabile Google Earth.

Sono profondamente grato ad Alessandro Barbero, amico, scrittore e storico, docente presso l'Università del Piemonte Orientale, per l'aiuto che mi ha dato nei momenti più complessi della mia ricostruzione. I meriti storici sono fondamentalmente suoi; le inevitabili sviste, mie. Un grazie a Marzia Mortarino e a Laura Cerutti e uno speciale a Sergio, "Alan D.", Altieri, amico, scrittore, editor di grande abilità, nume tutelare di questo libro.

In ultimo, amici lettori: spero che vi siate divertiti, appassionati e commossi a leggere questa storia buia quanto io a scriverla.

INDICE

IL ROMANZO DI ROMA

1 - Emma Pomilio - *Il ribelle*
2 - Franco Forte - *Carthago*
3 - Mauro Marcialis - *Spartaco il gladiatore*

4 - Emma Pomilio - *Il sangue dei fratelli*
5 - Claudia Salvatori - *Il mago e l'imperatrice*
6 - Franco Forte - *Roma in fiamme*

7 - Massimo Pietroselli - *L'aquila di sabbia e di ghiaccio*
8 - Claudia Salvatori - *Il Sole Invincibile*
9 - Alessandro Defilippi - *Danubio rosso*

«Danubio rosso»
di Alessandro Defilippi
Oscar bestsellers
Arnoldo Mondadori Editore

Questo volume è stato stampato
presso Mondadori Printing S.p.A.
Stabilimento NSM - Cles (TN)
Stampato in Italia. Printed in Italy

LA RIVOLTA DEI GOTI

Ad Salices
GREUTUNGI
Tomi
Durostorum
SCIZIA MINORE
Callatis
Battaglia di
Marcianopoli
cianopoli
PONTO EUSINO
Odessus
Develtum
Apollonia
ssedio fallito
Andrianopoli
Salmydessus
Costantinopoli
Perinto
PROPONTIDE